China's Financial Rule of Law for 30 Years

By Huang Yi

中國金融法治三十年

黄毅 著

法律出版社
LAW PRESS·CHINA

法治基石上的中国金融业

（代　序）

中国真正意义上的金融业，启承于改革开放，随着市场经济和中国特色社会主义法律体系的进步推进。其间，金融业的每次转折和跨越，都以一部或几部关乎行业发展方向的法律的颁行作为标志。或者说，金融业从无到有、从兴起到繁荣，纵然离不开市场经济这个前提，但真正支撑金融业走向持续发展的却是法治这块基石。站在新时代的节点上回首与瞻望，以法治流向为主线之一的金融业已经走过了六个阶段。未来，金融业的繁荣，仍将也必须立于法治之上。

一、银行经济职能法定化开启专业银行时代

1979年2月，国务院发出《关于恢复中国农业银行的通知》，3月，中国银行从人民银行分设。1984年，工商银行和建设银行先后独立建制，中国正式进入四大专业银行时代。但彼时，经济改革刚刚起步，连计划与市场之间的关系都争论不休，银行的角色定位当然也不够清晰，这种局面一直持续到1986年《银行管理暂行条例》的颁行。现在看来，这部法规并非市场框架下的银行法，与当时的国际银行管理理念更是相去甚远。但它是新中国第一部对银行职能和经营行为进行

规范的法律，也正是这部法规的颁布，标志着中国银行业正式开启了专业银行时代。

《银行管理暂行条例》最大的贡献在于它对人民银行、专业银行和其他金融机构进行了区分，明确专业银行是“经济实体”，从而将行政意义上的银行与经济意义上的银行分别界定。这既是对经济改革现实需求的回应，也是中国建构现代金融业体系所迈出的第一步。从此以后，以四大银行为主体的金融体系，在货币、财政与市场所构建的社会发展机制中扮演了至关重要的角色，中国由银行主导的投融资模式和信用循环体系应运而生，并且一直延续到现在。

当然，专业银行并不是商业银行，按照《银行管理暂行条例》的规定，其主要职能是负责本系统的资金调度，实行信贷监督和结算监督等，并非自主经营的金融企业，这注定了其具有历史局限性和过渡性。

二、市场经济体制加速金融商业化和法治化

1992 年 6 月，中央首次明确提出建立社会主义市场经济体制，计划与市场之间的关系问题从此定分止争。改革方向的明确，为金融业的突破发展带来了契机，以银行为主的各类金融机构和各种投融资行为遍地开花，但由于配套法治体系的滞后，失范现象逐渐滋生，金融秩序的混乱程度不断增加，这为后来的“治理整顿”和国有商业银行不良资产剥离埋下了伏笔，当然这也印证了尽快确立适应于市场经济的金融法治体系的紧迫性。作为应急性的措施，国务院于 1993 年 12 月发布了《关于金融体制改革的决定》，确定实施金融改革，并且，这一次的改革要法治先行。

1995年被誉为“金融法治之年”,因为在这一年中,全国人大及其常委会先后通过了《中国人民银行法》(以下简称《人民银行法》)、《商业银行法》、《保险法》、《票据法》、《担保法》和《全国人大常委会关于惩治破坏金融秩序犯罪的决定》。这“五法一决定”涵盖了货币调控、金融监管、银行业务、融资模式和金融犯罪惩治等内容。1998年又制定了《证券法》,从而建立起了市场经济背景下的金融法律基本框架,同时确立了分业经营的金融业态。这一年也是中国金融业进入商业化时代的元年。1998年亚洲金融危机席卷了东亚和东南亚各国,中国几乎未受影响,这纵然与当时的市场开放程度相关,但也不可否认与国家及时对金融业实施法治化管控有关。

在中国金融法治体系初步建构完成后不久,便迎来了加入WTO的历史机遇,包括金融业在内的整个市场业态焕发出新的活力。四大银行更是通过资产剥离,甩掉了计划经济时代的历史包袱,得以轻装上阵,金融市场和资本市场因此而快速扩张,金融产品和交易模式日益丰富。在这种形势下,似乎刚刚才找到感觉的金融法治调控,再次面临机制和能力上的挑战。为适应新的发展形势,2003年12月全国人大常委会修订了《人民银行法》和《商业银行法》,并制定了《银行业监督管理法》,将人民银行和银行业监督管理机构分设。这一举措将中央银行职能与金融监管职能分开,继分业经营体制之后,清晰地确立了分业监管的体制。至此,中国金融业的行业架构基本确立,中国金融法治体系和理论框架也随之成型。

在中国金融业一步步走向分业经营和分业监管的体制之时,大洋彼岸的美国却出台了《金融服务现代化法》,这部法律支持金融控股公司的经营模式,以及不同金融产品之间交互渗透的合法性,被认为是推动金融混业经营的标志性法案。中美两种不同的金融模式在这个时间点上未能交汇，其原因用发展阶段来归结显然过于简单，这两种模式的优劣至今仍然是一桩历史悬案。但至少可以肯定，美国的混业经营模式是金融危机的成因之一，而中国真正的分业模式持续的时间也并不够长。

三、商业银行破解公司治理难题

在银行商业化之后，另一个难题就浮出水面，那就是如何建立起与现代商业银行相适应的企业治理机制，毕竟，市场经济主体应该是公司的形式或其他符合“主体法”的形态，金融业概莫能外，这就要求对以银行为主的金融机构实施公司制改造。2005 年《公司法》的修改因应时宜地强化了这种导向。国有商业银行由此开启了股份制改造和上市之路。

中国建设银行和中国银行在 2004 年先后引入国际先进银行作为战略股东，建立了董事会、监事会、高管层三权制衡的治理结构，完成了股份制改造，随后不久实现了上市，并且参照国际通行模式改进经营管理机制。中国工商银行几乎也在同期完成了股份制改造工作。中国农业银行则在 2010 年最终实现了 A 股上市。四大国有银行的上市标志着中国金融市场主体已经完成了向现代公司的转变，直接融资和间接融资市场开始深度交融。

身份的转变给金融业带来了新的生机，外资股东的引入则促进了中国银行业国际化布局的加快。此后，中国金融机构不仅发展迅速，对标国际监管规则，而且参与国际金融治理规则制订的能力也不断增强。国有大行的市值排名和影响力快速上升，中国银行业真正崛起为世界级的金融力量,中国金融法治体系也真正开始与国际接轨。

四、金融监管理论之争与转型路径

金融法治的主要功能同样在于确立秩序。对于金融业而言,首先要靠法治来建构和维护交易秩序,这方面存在普世共识。但对于监管秩序的建构,甚至是监管存在的必要性,历来争议巨大。极端的观点认为监管完全是多余的,或者是私人利益导向的;相对温和的观点认为监管过程中的政治诉求占居主导地位;不过主流的观点认为监管有利于市场秩序和行业发展。在中国金融监管体系化的过程中,这些理论思潮无可避免地都会施加一定的影响。

从全球维度来看,金融监管经历了从合规性监管到审慎监管,再到微观审慎、宏观审慎与合规性监管并重的过程。风险管控的范围也从信用风险到全面风险,再到全方位、多维度风险的综合管控。在这个过程中,以巴塞尔规则为核心的国际通行规则体系不断修正改进,而这些规则的本国化则构成了各国监管法治体系演进的主线。中国同样如此,经过数十年的努力,我们国家秉持分业监管的宏观设计,在资本约束、流动性管理、逆周期性、合规性管控等方面出台了一系列的规章制度,最终建立起一套对标国际体系,甚至领先于西方国家的金融监管规则制度,但这并不意味着目前的监管制度是符合市场发展需求的。

事实上,金融风险的来源一直在增加,这与金融业地位的上升和财富整合能力的不断提升有关。随着经济的货币化、虚拟化程度加深,世界货币与主权货币之间的角力日益激烈,金融业的风险已经渗透到政治、经济、市场、文化、货币、技术等各个领域，靠一套或几套叙事逻辑根本无法涵盖。金融风险不再是金融业自己的风险，金融风险管控不是金融监管所能解决的问题。这是西方国家并不急于适用最新的国际规则的原因之一，同时也是中国金融监管总是力有不逮的根本原因。

客观而言，金融业已不再是一种行业分工的结果，其主权工具性不断显现，但金融监管的基本逻辑仍然停留在金融机构的业务操作及其与实体经济的互动方式上，金融法规的层级也以规章为主，局限于部门利益和单纯的行业视角。这种局面之下，化解金融风险无论多么努力，也只会出现首尾无法兼顾的结果，金融风险越聚越多。因此，金融监管和金融法治都需要不断地转型。

五、金融危机及后危机时代金融法治

正当全球都在为审慎监管和混业经营体制给金融业带来的繁荣欢呼雀跃时，由次贷危机引发的金融风暴不期而至。姑且不论这场危机所造成的危害，更为值得关注的是其对原有金融监管和行业发展逻辑的真伪辨别。因为危机爆发之前，几乎所有的监管指标和风险推演模型都未能作出有效预测。所以，危机之后，国际金融监管体系经历了巨大变革，包括传统合规手段的强化，曾经被弃用的粗糙模型的重新启用，如流动性等宏观工具的使用等。这套以《巴塞尔协议Ⅲ》为主的监管制度已经被中国用于实践，但其真正功效到底如何还有待时间检验。

对于金融行业和金融法治体系而言，金融危机所带来的更大改变在于重新界定了监管与创新之间的关系，以及秉持新的理念继续改进相关法律制度的需求。金融创新与金融监管之间是“猫鼠游戏”,这只是公众对金融业的情绪性表达,并不准确,但创新与监管的交互作用毫无疑问一直是助推金融业发展的动力之源。2008 年金融海啸被视为金融创新过度的结果,危机过后,监管当然会占据道德高地。所以,从那时到现在,萧条经济学的复兴和强监管模式一直是主流。这期间涌现出了诸多像《多德—弗兰克法案》之类严字当头的监管法规。

但中国的情况有所不同,因为危机发生之时,中国正处在金融深化改革方兴未艾之时,国有银行在改善公司治理结构之后,踌躇满志,金融监管愈加审慎。金融危机对中国的影响与其说是带来了严监管,不如说是放慢了金融市场化的节奏。像 ABS、CDS 等当时已经如箭在弦的创新产品都暂时搁置,配套法规的出台也无限拖后。反倒是危机过后,为了保增长,M2 快速上升,金融总量快速膨胀,各种理财产品、保险产品、表外通道等纷纷涌现,给市场带来了实实在在的风险。所以,中国真正的严监管直到最近几年才到来,但这并不影响监管的强度。在新的监管形势下,P2P、民间金融,甚至以包商银行为代表的中小银行,以及其他处在流动性边缘地带的金融机构,都有可能暴露出潜藏已久的风险。

银行危机处置和破产制度一直是中国金融法治体系的短板。面对新的形势,如何让存款保险制度真正落地,如何建构操作层面的恢复与处置规范,尽快出台《金融机构破产条例》等,都是迫在眉睫的课题。像其他行业一样,有效的出清是保证金融业持续繁荣的必由之路。

六、金融科技挑战金融法治

金融作为一种中介性质的行业,其经营行为的标的主要是信息,尤其是纸币成为主流货币之后,金融业脱离了所有的实体价值物,而且几乎完全信息化了。这意味着当信息时代到来之时,首先受到冲击的必将是金融业。金融科技从货币载体和结算过程的电子化开始,因为互联网和移动通信技术的突破而不断迭代升级。虽然这些技术并未改变金融业跨时空调配资源、融通资金的本质属性,但它改变了金融的实现方法和产品,尤其是改变了金融资源的配置路径和结构。新兴的支付公司在C端甚至已经取得了支配性的地位,P2P、ICO等各种互联网融资工具则诠释了完全不同的资金聚散方式。所有这些,都决定了金融业的生态发生了改变,金融监管必须随之改变,金融法治也必须迎接新的挑战。

正是由于法治的迟缓和监管不力,互联网金融在短期内迅速泡沫化,许多互联网公司在活跃金融市场的幌子下肆意妄为,积聚了无数金融风险。后果则是各种融资平台不断爆雷,P2P整个行业沦为非法集资的重灾区,大数据、区块链等前沿技术大量被用于非法吸取公众存款等异化金融领域。所有这些,都与未能及时建立起新兴金融业态的监管法治体系有关。

金融科技趋势之下的金融法治如何升级进步,从理论到实践都是一个尚未解决的问题。当前最为主流的方法依然是传统手段。首先是扩大牌照管理的范围,从传统金融机构扩展到支付公司、P2P、金融交易所等;其次是对类金融交易行为的扩张监管,将具有金融中介属性的各种行为都纳入监管范围;再次是规模化的整治行动,对出现问题的相关行业进行集中清理;最后是限制和取缔,禁止从事特定领域、特定种类的交易行为。这些方法大多属于应急性的手段,而并非法治意义上的长效机制。

事实上,金融科技对金融业的改变绝非表面上的交易活动,而是深入到了金融法律关系的各个要素。例如,数字货币就是一种全新的法律客体,建立在大数据之上的权利也是一种现行法律体系无法解释的权利形态。因此,当今时代的金融法治不是简单的 Regtech 和 Fintech 等概念上的推演,而应当是新型法律关系的诠释,以及新型权利种类和交易主客体的创设。也唯有超越传统法理范畴的创新思维,才可能真正迎接金融科技所带来的挑战。

中国的改革开放事业已历经四十余年,但金融法治的进程只能按三十余年来匡算,基于国际国内金融业态和监管体系的变化演进路径,以时代性和历史性为标准进行特征叙事,这三十余年大体上可以划分为上述六个阶段。而第六个阶段之后,就是未来。

未来金融业和金融法治的方向事实上已经明朗,除了金融与信息科技继续融合的趋势之外,"开放"将会是另一个关键词。无论是人民币的国际化,还是国内外金融市场的融合,都只有通过不同市场之间的对接来完成,或者说,开放的实质就是市场化。而市场经济就是法治经济,市场对接的前提是规则对接,如果没有健全的法治调控体系,则无论多么严格管控的市场都将走向失序。所以,金融业最为牢固的那块基石始终会是法治。

我本人长期从事金融监管和商业银行管理工作,有幸见证了中国金融法治从建立到进步的过程,并且深度参与了其中的重要节点和重大事件。本书基于划分历史阶段的叙事方法,汇集了笔者本人在各个时代最有代表性的理论文章，这些文章对那些具有时代价值的理论观点、重要法规，以及重大事件一一进行了解析，以期从中梳理出支撑金融业持续发展的内在逻辑主线。我一直相信这条主线就是市场化和法治化，只有坚持走市场化和法治化方向，更加积极主动拥抱科学技术，才能有效支撑中国金融业的未来。

China's Financial Industry on the Cornerstone of the Rule of Law

(Preface)

China's financial industry, in its modern and proper form, came into existence in the wake of the Reform and Opening-up, and evolved with the development of the market economy and the legal system under the Socialism with Chinese characteristics. Every subsequent iteration and advancement in the financial industry was marked by the issuance of one or few accompanying laws. In other words, while the market economy was a precursor to the financial industry's emergence and prosperity, the nation's financial legal framework—guided by the principle of the rule of law as applied to financial legislation and regulation—played a pivotal role in the sustainable development of our financial system (financial rule of law). The financial rule of law has been one of the overarching threads throughout the six distinct phases in the financial history of modern China and will remain a cornerstone for the prosperity of the financial industry in the future.

First, the legal definition of the bank's economic function opened the era of professional banks.

In February 1979, the State Council issued the "Notice on Reopening the Agricultural Bank of China". In March, the Bank of China spun out from the People's Bank of China. In 1984, the Industrial and Commercial Bank and the China Construction Bank were established as independently operated institutions. Subsequently China's financial industry officially entered the era of four major professional banks. With the economic reform still in its a nascent exploratory state, the relationship between planned economy and free market remained fiercely debated. A key issue in the debate was the appropriate role for banks. This situation persisted until the creation of the "Interim Regulations on Bank Administration" in 1986. Based on today's standards, this regulation does not constitute a banking law under the market framework, and it was far from being on par with the international banking management philosophy at the time. However, it was the first law in China to regulate the functions and operations of banks since 1949. The introduction and enforcement of this regulation marks the beginning of the professional banking era in China.

The biggest contribution of the "Interim Regulations on Bank Administration" is that it demarcated the difference between the People's Bank (effective regulatory body, or central bank), professional banks, and other financial institutions. It clarified that professional banks are "operating entities" distinct from administrative and regulatory bodies. This was not only a response to the real needs of the economic reform, but the first step towards China's construction of a modern financial system. From then on, the financial system with the four major commercial banks as anchors has played a vital role in China's monetary policy, fiscal policy, and market-oriented mechanism of social development. Thereafter China's bank-centric ecosystem of investing, fundraising, and credit lending emerged and continues to play a vital role in our financial market today.

Surely, professional bankswere not yet commercial banks. According to the "Interim Regulations on Bank Administration", the professional banks' main functions are capital allocation, credit and settlement supervision, etc. These functions determine that professional banks were not full-fledged, independently run operational financial institutions, herein sowing the seeds for its limitations and transitional nature.

Second, the establishment of the market-driven economy accelerated the process of commercialization and the rule of law in the financial industry.

In June 1992, the central government proposed the establishment of a "socialist market economy" system for the first time. Thus, the dilemma between the planned and the market-driven economies was resolved. The clarification of the path for reform brought opportunities for the breakthrough development of the financial industry. Financial institutions, the core of which were banks, and investing and financing activities flourished. However, as the legal framework generally trailed these innovative businesses practices, certain malpractices were given room to grow, and the financial system was becoming increasingly more disorganized. The deteriorating situation pushed the government to implement "reorganization and rectification" and the sheet restructuring of non-performing assets from the balance sheet of state-owned commercial banks. This verified the urgency of establishing a system based on the financial rule of law that was suitable for the market economy in China. As a contingency measure, the State Council issued the "Decision on Financial System Reform" in December 1993 to implement financial reforms under principle of the rule of law.

1995 was hailed as "the year of financial rule of law". Within this pivotal year, the National People's Congress passed the "Law on the People's Bank of China", the "Commercial Bank Law", the "Insurance Law", the "The Negotiable Instruments Law", the "Guarantee Law", and the "National People's Congress Standing Committee's Decision on Punishing Crimes that Undermine the Financial Order". These "Five laws, One decision" cover monetary policy, financial regulation, banking and credit practices, and relevant punitive measures for financial crime. In 1998, the Securities Law was enacted, establishing the basic framework of financial law for the market economy and mandated the separation of operational functionalities of the financial industry. This year also marked the beginning of commercialization for China's financial industry. In 1997, the Asian financial crisis swept across East and Southeast Asian countries, but China was mostly unscathed. This is to some extent because of the low degree of market openness at the time, but undeniably, timely implementation of the rule of law in the financial industry was a key contributing factor as it guided market practices and laid clear foundations for disciplined growth.

Shortly after the initial construction of China's financial rule of law system, China had the historic opportunity to join the WTO, and the entire market, including the financial industry, was jolted with renewed vigor. The four major banks successfully restructured away previously distressed assets, alleviating the accumulated burdens of the planned economy. Subsequently, rapid expansion of the financial and capital markets followed along with innovation in financial products and trading methodologies. At this crucial junction, the recently updated regulatory framework based on the financial rule of law once again found itself in need of adjustments. To adapt to the new situation, in December 2003, the Standing Committee of the National People's Congress revised the "Law on the People's Bank of China" and the "Commercial Banking Law" and formulated the "The Law on Banking Regulation and Supervision" so that regulatory functionalities were divided between the People's Bank and the banking and financial regulators. This move further delineated clear and separate functions for the central bank and financial regulatory bodies. Following the demarcation of operational functionalities, a system of supervision was also established. By this point, the basic structure of China's financial industry had been created, and its financial rule of law system and the underlying theoretical framework had also taken shape.

As China was building an increasingly robust operational and regulatory system, the United States introduced the "the Financial Services Modernization Act of 1999", which helped bolster the business models of financial holding companies, and between different financial products and cross-marketing action. The law is considered a landmark legislation to de-regulate, and allowed different financial institutions to cross-sell products and invest in each other's businesses. Citing the difference in stage of development alone isn't a sufficient explanation for the divergence in the financial industries of the two nations. To this day, there is no conclusive analysis that could point to the superiority of one over the other. While the United States' more integrated and complex financial system is one of the main reasons of the financial crisis, the short period of truly independent operation model in China cannot be easily taken as evidence for the superiority of the alternative.

Third, exploring ways to solve commercial banks' corporate governance problems.

After the commercialization of banks, another problem surfaced: how to establish a corporate governance mechanism compatible with modern commercial banks. After all, the identity of a market economy entity should be the company or other forms that conform to the "subject law". The financial industry is no exception. This required the implementation of the corporate restructuring of financial institutions, the majority of which were banks. The revisionin in 2005 of the "Company Law" strengthened this orientation. State-owned commercial banks thus initiated the process of joint-stock reform and the ensuing public listing.

In 2004, China Construction Bank and Bank of China introduced pioneering international banks as strategic investors, established the governance structure of the board of directors, the board of supervisors and the senior management, and completed the joint-stock reforms. After the ensuing IPOs, these two banks continued to improve operations and management mechanisms with international best practices as benchmarks. The Industrial and Commercial Bank of China completed the joint-stock reform during the same period, and the Agricultural Bank finished its A-Share IPO in 2010. The listing of the four major state-owned banks signified that the main players of China's financial market had completed the transition into modern corporations, and consequently, that direct financing and indirect financing markets had begun to deeply interact.

The change of identity has brought new vitality to the financial industry. The introduction of foreign shareholders accelerated the internationalization of Chinese banks. Since then, Chinese financial institutions not only rapidly developed and set regulatory rules against international practices, but also increasingly participated in the lawmaking process of international financial governance. As the market capitalization and influence of state-owned mega banks rapidly increased, the Chinesebanking industry truly emerged as a global financial force. It was against this historical backdrop that the Chinese financial rule of law system truly began to integrate with its international counterparts.

Fourth, the disputes of financial supervision theories and the path of transformation.

The function of the financial rule of law is to establish an order. For the financial industry, the rule of law must be used to construct and maintain the transaction order firstly. There is a universal consensus in this respect. However, the construction of the regulatory order and even the necessity of supervision have always been controversial. An extreme view is that regulation is completely redundant or private-oriented; a relatively moderate view holds that political demands in the regulatory process dominate; however, the mainstream view is that regulation is conducive to market order and industry development. In the process of systematization of China's financial supervision, these theories inevitably exert certain influence.

From the global perspective, financial regulation has evolved from compliance-oriented regulation to prudential regulation, then to a simultaneous focus on micro-prudential, macro-prudential and compliance-oriented regulation. The scope of risk management and control ranges from credit risk to comprehensive risk, then to control of comprehensive and multi-dimensional risks. During the same period, the internationalsystem of rules with the Basel agreements as the core was revised and improved, and the localization of these rules constituted the main driver of the evolution of regulatory regime in each nation. China's regulatory reform followed that path. After decades of efforts, Chinese lawmakers, guided by the high-level design of separate supervision, have introduced a series of rules and regulations in the realms of capital constraints, liquidity management, counter-cyclicality, and compliance control. While benchmarking against international systems, the Chinese regulatory regime even introduced innovations that surpassed its Western counterparts. Despite the progress made, the current regulatory system in China still has room to improve so as to better accommodate the needs of the development of the nation's financial markets.

In fact, sources of financial risk have been ever increasing, which is caused by the rising importance of the financial industry in the economy and the continuous improvement of wealth integration capabilities. With the continuous monetization of the economy and the deepening of virtualization, the wrestling between global currencies and sovereign currencies has become increasingly fierce. The risks of the financial industry have been intertwined with politics, economy, market, culture, personnel, currency, technology and other fields. One or few isolated frameworks could not address the present interdisciplinary regulatory challenges. Financial risks are no longer the risk of the financial industry itself. Financial risk management and controlare not problems that financial supervision can solve by itself. This is precisely why Western countries are not keen to implement the latest international rules. It is also why the development of China's financial supervision often falls behind financial practices.

Objectively speaking, the financial industry is no longer the result of a division of labor in the industry, and its sovereign instrumentality isincreasingly obvious, but the basic logic of financial supervision still stays on the level of financial institutions' operations and their interaction with the real economy. Financial regulation is primarily based on rules and limited by departmental interests and a simple perspective of the financial industry. Despite efforts to de-risk the financial system, the aforementioned dilemma leads to a lack of comprehensive regulation and accumulation of financial risks. So both financial regulation and the financial lawmaking require constant transformation.

Fifth, the financial rule of law in the financial crisis and post-crisis era.

While the world is cheering for the prosperity brought about to the financial industry by prudential supervision and mixed operation system, the subprime mortgage crisis broke out unexpectedly. Regardless of the harm caused by this crisis, what was more worthy of attention was whether the original financial supervision and industry development logic were valid. Before the crisis broke out, almost all the regulatory indicators and risk calculation models failed to make effective forecasting. Therefore, after the crisis, the international financial regulatory system has undergone tremendous changes, including strengthening traditional compliance methods, re-enacting old, crude models that have been abandoned, and using macro tools such as liquidity. The Basel III-based regulatory system has been adopted by China for practice, but its effectiveness needs to withstand the test of time.

For the financial industry and the financial rule of law system, the greater changes which were brought about by the financial crisis are to redefine the relationship between regulation and innovation and to continue to improve the relevant legal system with new concepts. The general public's perception of the "Catch Me if You Can" dynamics between innovation and regulation might not be accurate. However, the interaction between innovation and regulation has undoubtedly been the driving force behind the financial industry. The 2008 financial tsunami was deemed as a result of excessive financial innovation. After the crisis, regulation would certainly occupy a moral high ground. From then until now, the revival of the Depression Economics and strong supervision framework have been the mainstream. During this period, several strict regulatory regulations such as the "Dodd-Frank Act" emerged.

But China's situation was different because, at the time of the crisis, we were deepening our financial reforms. After improving the corporate governance structure, state-owned banks were full of enthusiasm and preferred cautiously financial supervision. It would be more accurate to conclude that the crisis slowed down the pace of financial marketization than to state that the crisis brought strict supervision in China. Innovative products imminently available such as ABS and CDS had been put on hold at that time, and the introduction of supporting regulations had been delayed. On the contrary, in the post-crisis effort to maintain growth, M2 rose rapidly and the total size of the financial market expanded rapidly. In this period, various wealth management products, insurance products, and off-balance-sheet channels emerged, thereby creating tangible risks to the market. Therefore, while China's actual strict supervision has only begun in recent years, this does not affect the intensity of supervision. The new regulatory regime may help uncover the long-standing, latent risks in P2P, private finance, small and medium-sized banks such as Baoshang Bank, and other financial institutions at the marginal areas of liquidity.

Bank crisis settlement and bankruptcy system have always been shortcomings in China's financial rule of law system. In the face of the new regulatory challenges, it is urgent to understand how to implement the deposit insurance system, how to construct recovery and disposal specifications on the operational level, and how to promulgate the "Financial Institutions Bankruptcy Regulations" as soon as possible. Like other industries, effective clearing is the only solution to ensure the prosperity of the financial industry.

Sixth, the financial industry's technology empowerment trends have brought challenges to the financial rule of law.

Information sits at the core of the operations of financial institutions, which function as key intermediaries in the market. Especially after banknotes became the mainstream currency, the financial industry has left all the physical tokens of value and is almost completely informatized. This means that when the information age comes, the financial industry would be impacted first. Financial technology began with the electronification of the currency carrier and settlement process, and iteratively evolved due to breakthroughs in the Internet and mobile communication technologies. Although these technological advancements have not changed the financial industry's essential attribute of circulating financial resources across time and space, technology has changed the methods of implementation and financial product design, especially the path and structure of allocating financial resources. Emerging payment companies have even achieved a dominant position in the consumer space, and various Internet financing tools such as P2P and ICO have demonstrated innovative ways of raising and distributing funds. All of these have determined that the ecology of the financial industry has changed, that financial regulation must change, and that the financial rule of law must meet new challenges.

It is because of the rule of law's delayed response and weak regulation that Internet finance has rapidly bubbled in the short term.

Many Internet companies have been aggressive under the disguise of activating financial markets, which accumulated numerous financial risks. The consequence is that various financing platforms have been exploding consecutively, and the entire industry of P2P has become the hardest hit area for illegal fund-raising. Cutting-edge technologies such as big data and blockchain have been usedto illegally absorb public deposits and in other alienated areas of the financial industry. The root cause of the aforementioned risks is the failure to establish a regulatory legal system for emerging financial formats promptly.

How to upgrade the financial rule of law under the trend of financial technology has always been an unresolved issue not only for theorists, but also for practitioners. The mainstream thinking still resorts to the traditional means. The first is expanding the scope of license control from traditional financial institutions to payment companies, P2P, financial exchanges, etc.; the second is broadening the supervisory scope of financial transactions to encompass all activities of financial intermediation; the third is remediating at scale relevant industries that have incurred risks; the fourth measure is implementing restrictions and bans prohibiting specific types of transactions. Most of these methods are emergency measures rather than long-term mechanisms under the rule of law.

The change that financial technology has brought to the financial industry is not simply introducing new ways of transaction as it appears, but on a deeper level permeates the various elements of legal relationships in finance. For example, digital currency is a brand-new legal object; the right based on big data is also a form of rights that cannot be explained by the current legal system. Therefore, the financial rule of law in today's era should not be a simple conception of Regtech and Fintech, but should be an interpretation of new legal relationships, the creation of new types of rights, and the invention of subjects and objects of the transaction. Only by thinking creatively beyond the scope of traditional jurisprudence can we meet the challenges brought by financial technology.

China's Reform and Opening-up was launched more than four decades ago, but the development of the financial rule of law has only existed for more than 30 years. This 30 - year period can be roughly divided into the aforementioned six phases based on the development of international and domestic financial industries and the evolution of regulatory framework. The end of the sixth phase ushers in the future of the financial rule of law.

The future direction of the financial industry and the financial rule of law is already clear: in addition to the trend of continued integration of finance and information technology, "opening" will be another keyword. Whether it is the internationalization of the Renminbi or the integration of international and domestic financial markets, these reforms can only be accomplished through docking different markets. In other words, the essence of "opening" is marketization. The market economy by definition is an economy under the rule of law. In this sense, the precondition of docking different markets is the integration of rules and regulations in different jurisdictions. If there is no sound regulatory framework guided by the rule of law, the market will descend into a lack of order no matter how strict the regulations are. Therefore, the cornerstone of the financial industry will always be the rule of law.

I have been working in financial supervision and commercial banking management for an extended period of my career. I was fortunate to have witnessed the establishment and evolution of China's financial rule of law, and deeplyinvolved in many of the important legislative and regulatory events in this process. This book divides the narrative into different historical periods, and compiles the author's most representative theoretical articles from each period. These articles analyze the theoretical viewpoints, key regulations, and major events that the author believes had important implications on the respective period's legislative and regulatory thinking.

This book hopes to delineate an overarching logic behind the prosperity and sustainability of the financial industry. I have always been convinced that this overarching logic is embodied in marketization and the rule of law. I also uphold a strong belief that, compared to technology, the market and the rule of law can better support the future of the financial industry.

目　　录

第四章 金融法治的理论与实践

第五章 金融法治下的商业银行公司治理

第六章 金融危机与法治问题讨论

Table of Content

Chapter Ⅲ Trends in the Financial Rule of Law System

Chapter Ⅳ Theory and Practice of Financial Rule of Law

Chapter Ⅴ Corporate Governance of Commercial Banks under the Rule of Law

Chapter Ⅵ Discussion on the Legal Problem in the Financial Crisis

第一章　金融法律制度演进

从《银行管理暂行条例》到《商业银行法》[①]

提示：商业银行资产规模在中国金融行业中居压倒性地位，《商业银行法》亦在中国金融法律体系中占据核心地位，在中国商业银行制度中居母法地位。该法源于1986年国务院《银行管理暂行条例》，其确立的金融法律原则与规范在中国金融体系发挥着支柱作用。笔者认为只有准确把握历史，方能准确完整地领会《商业银行法》所确立的原理、原则与规范，才能理解中国商业银行的经营与监管步入法制化、迈向现代化商业银行的重大意义。因此，本文从历史分析角度，重述了《商业银行法》所秉承的法律原理、原则与规范渊源。梳理了《商业银行法》所确立的商业银行企业法人制度、统一法人制度、银企分业原则、风险管理制度、信贷行为规则及存款人利益保护这六大原则与制度。

2003年《商业银行法》虽作出首次修订，中国商业银行法律制度取得了一定的进步与改善，但是，对比中国经济社会发展，尤其是中国加入WTO之后的环境对商业银行法律制度提出的更高要求，2003年的修订更多表现为多方面折中的结果，有明显的临时性与过渡性特征。今后《商业银行法》的进一步修订与改进亟待解决的问题有：银

---

① 本文发表于《中国金融》2005年第13期。

行业金融机构市场退出制度、存款保险制度、WTO过渡期后的银行业市场化、改进商业银行资本补充制度、农村金融风险机制、信用体系建设以及配套的法律法规的改进。

一部法律经过了10年的实践检验,在这个时候回顾其立法背景、评价其实施效果,展望其未来,应当十分有意义。《商业银行法》作为中国金融立法史上的一个里程碑,作为中国金融法律体系框架的重要支柱,是中国金融体制改革的经验总结和银行业发展的有力保障,尤其值得我们去回顾和思考。

一、银行业法制建设开疆拓土的十年

中国银行业立法的历史,可追溯到改革开放之初。在金融体制改革刚刚开始时,在大量调查研究和比较分析的基础上,作出了在银行业法制建设方面分步进行的决定。首先是在1986年制定了《银行管理暂行条例》,明确了中国人民银行的中央银行地位,赋予了其对专业银行及其分支机构的审批管理权限,确立了专业银行的独立经济实体地位,并赋予了专业银行信贷监督、结算监督、工资基金监督、现金管理和国营企业流动资金管理等权限。《银行管理暂行条例》为银行业的监管起到了一定的作用,可以说是中国银行业发展和法制建设的起点。

自《银行管理暂行条例》制定后,从1986年到1995年的10年间,中国经济改革和开放经历了风风雨雨,经济建设步伐不断加快,银行业也不断发展壮大,银行立法也经历了一个曲折的发展过程。1989年至1992年,人民银行数易其稿,起草了《商业银行法》送审稿并上报国务院,但该稿仍然是立足于旧的金融体制。1992年,党的十四大正式确立了社会主义市场经济体制的目标,为金融体制改革和金融业发展明确了新的方向。1993年,国务院颁布《关于金融体制改革的决定》,对改革的目标、内容、要求和步骤作了具体部署。根据市场经济体制改革的目标,在银行改革方面,要求加快银行体制改革的力度,要求专业银行按照企业化的模式运作,真正做到自主经营、自负盈亏、自求平衡、自我约束和自我发展。同时,要求对金融机构实施严格的监管,保障金融体系的稳健运行并要求加快制定《商业银行法》,促进专业银行向商业银行转变。20世纪90年代初在银行领域发生的上述变化,使得局限于《银行管理暂行条例》模式的立法思路已远远不能适应银行改革和发展对法律规范的需求,要求从社会主义市场经济对银行业长远发展的根本要求出发,为银行业制定新的法律规范。当时中国银行体系虽已得到建立和发展,对支持中国经济体制改革和国民经济发展发挥了积极作用,但由于多方面原因,也存在两方面的突出问题:一是对金融机构的监督管理难以适应形势的发展,二是银行信贷资产质量不高,呆坏账比例过大。这些问题的原因在于银行内部缺乏自我约束机制,外部又缺乏对其监管的有效手段。在上述背景下,1993年人民银行再次组成起草小组,并组成银行法起草顾问小组,参照国际上的通行做法,在新的理念下重新开始起草《商业银行法》,并上报国务院。国务院于1994年8月将法律草案提交人大常委会。1995年5月10日,第八届人大常委会第十三次会议最终通过了《商业银行法》。从重新开始起草到立法机关通过,虽然仅有一年多的时间,但法律中规定的各项制度是经过十多年酝酿,多年磨砺而成。《商业银行法》是中国银行业十年改革发展的结晶,以"十年磨一剑"来形容当不为过。从该法的字里行间,我们今天还依稀可以看到当年中国银行业发展的曲折历程。

《商业银行法》的颁布和实施标志着中国商业银行的发展和监管开始步入法制化、规范化的轨道,为中国银行业向真正的现代化商业银行迈进明确了方向,是中国银行业法制建设史上的重要里程碑。《商业银行法》中各项原则和制度的确立,结合了中国金融体制改革的现状和发展方向,借鉴了国际上的成功经验和通行做法。10 年之后,这些原则和制度的作用已得到充分验证,仍然是中国商业银行监管和经营的基本原则和制度。

一是商业银行的企业法人制度和商业化经营原则。《商业银行法》规定,商业银行是依法设立的吸收公众存款、发放贷款、办理结算等业务的企业法人,明确了商业银行的独立民事法律主体地位。《商业银行法》还规定,商业银行以效益性、安全性、流动性为经营原则,实行自主经营,自担风险,自负盈亏,自我约束。在市场经济环境下,上述原则和制度是毋庸置疑的,但从中国商业银行的特殊发展历史和当时的经济环境来看,要使中国国有商业银行实现从专业银行向商业银行的转变,摆脱各种行政干预,消除对商业银行社会责任的误解,确立商业银行的商业化经营原则和企业法人制度十分重要。即使在 10 年后的今天,仍然还有一些人对商业银行的法律地位和自主经营权存有疑义,坚持这一原则和制度仍具有现实意义。

二是商业银行的统一法人制度。《商业银行法》规定,商业银行在境内设立分支机构,不受行政区划的限制。商业银行分支机构不具有法人资格,在总行授权范围内依法开展业务,其民事责任由总行承担。统一法人制度打破了专业银行时代上下级银行之间的行政管理模式，从法律上确立了总行对分支机构的统一管理权，为商业银行总行健全内控制度和风险管理制度提供了重要基础。在商业银行大力进行结构调整，推进扁平化管理的今天，不应忘记统一法人制度曾经起过的历史作用。

三是金融分业管理、分业经营的原则。《商业银行法》明确规定商业银行不得经营信托、证券、保险及实业投资业务。这一原则借鉴了国际金融业立法的经验，吸取了中国金融混乱时期的教训，并综合考虑了当时中国银行业金融机构的管理水平、人员素质和市场环境等实际情况。这一原则的确立对20世纪90年代中期之后中国金融业的清理整顿发挥了重要作用，直至今天仍在很大程度上发挥着稳定金融市场的作用。其影响可说是相当深远的。

四是引入一系列风险管理和风险监管的制度。该法规定了对商业银行风险预防、控制和化解的法律措施，第一，规定了资本充足率要求，要求商业银行维持足以防范和化解风险的资本水平，保证商业银行的经营实力；第二，要求商业银行提取足额准备金，及时冲销因业务经营风险而造成的损失，保证商业银行资本金的安全；第三，规定了具体的资产负债比例，限制商业银行承担风险的水平，分散商业银行的风险。这些规定为商业银行的审慎经营和监管指明了方向。

五是重点规范了商业银行的信贷行为。《商业银行法》规定商业银行的信贷自主权受法律保护，任何单位和个人不得强令商业银行发放贷款或者提供担保，同时，《商业银行法》也要求商业银行实行审贷分离、分级审批制度，要求借款人提供担保，要求商业银行按照法定程序办理信贷业务。

六是存款人利益保护制度。《商业银行法》规定："商业银行与客户的业务往来,应当遵循平等、自愿、公平和诚实信用的原则,并不得损害国家利益、社会公共利益。”并设专章规定了“对存款人的保护”。这为保护存款人和银行客户的合法权益,使商业银行能够为社会公众提供安全、优质、规范、便利的金融服务提供了法律上的保障。

上述制度足以确立《商业银行法》在中国商业银行法律体系中的母法地位,也成为制定金融行政法规和金融规章的基本法律依据。在10年的运行中,这些制度控制了金融风险,确立了严格的风险防范、化解的法律措施,有力地维护了中国的金融秩序。

二、全新监管体制法治建树

由于银行业监管体制的改革,2003年12月27日第十届全国人民代表大会常务委员会第六次会议通过了《关于修改〈中华人民共和国商业银行法〉的决定》,对《商业银行法》进行了修改。2003年修改《商业银行法》时,存在大改和小改的争论,随着实践的发展,法律中的很多规定已经不利于银行业的发展,需要对法律作出全面修改。但是,由于《商业银行法》的修改牵涉方方面面,各种利益和观点的协调需要费以时日。经过充分讨论后,最终确定修改的主要目的是适应银行业监管体制改革,而对重大问题,只有非改不可的才进行了修改。修改的内容主要有以下几个方面:

一是扩大商业银行的业务范围。商业银行拓展新业务,是发展的必然趋势,此次法律修改顺应了实践的发展,将商业银行已普遍从事的票据承兑、买卖金融债券和结售汇业务增加为法定业务范围。

二是强调商业银行的安全性经营原则。10年前制定《商业银行法》时,为了促进专业银行向商业银行的转变,将“效益性”作为商业银行的首要经营原则。时至今日，中国也与国际上其他国家一样，银行的安全性问题成为监管层和社会关注的首要问题，因此立法者将“安全性”修改为商业银行的首要经营原则，体现了审慎经营和审慎监管的理念。

三是履行 WTO 承诺，取消商业银行设立的经济测试标准。《商业银行法》原第 12 条中规定，审查商业银行设立申请时，应当考虑经济发展的需要。这一规定不符合 WTO 协议中关于禁止在银行业准入中采用经济测试标准的原则，因此立法机关删除了上述规定，而修改为进行审慎性条件审查。这一修改与国际上的通行做法是一致的。

四是给商业银行混业经营预留法律空间。《商业银行法》原第 43 条严格禁止商业银行混业经营，是基于当时金融市场混乱的特殊环境，随着中国金融业改革的进展，这一规定已在一定程度上束缚了银行业的发展，不得不改。但鉴于中国目前的市场环境还不太成熟，商业银行自身的风险管理能力还有待提高，修改后的《商业银行法》没有放弃分业经营原则，而是结合中国经济体制渐进式改革的特点，采用了为商业银行混业经营预留法律空间的方式，由国家根据银行业改革和发展的进程逐渐扩大商业银行从事多元化金融业务的资格。

五是进一步划分了人民银行和银行业监管机构对商业银行的监管职责。在制定《银行业监督管理法》和修改《人民银行法》的基础上，为了在银行业监管中进一步体现监管效率原则，避免重复监管和交叉监管，修改后的《商业银行法》在存款准备金、同业拆借、境外借款、金融债券的发行和买卖、利率管理、结售汇业务等方面对人民银行和银行业监管机构的监管职责作了细分，明确了各自的监管职责。

六是严格法律责任，加大对商业银行及其工作人员违法违规行为的打击力度。《商业银行法》原来规定的罚款最高额为50万元,这一限额已不符合现在的实际情况,不利于打击商业银行及其他主体的违法违规行为。修改后的《商业银行法》将罚款的最高额提高到了200万元,并针对不同的违法违规行为规定了不同的处罚档次,更符合打击违法违规行为的实际需要。

从《商业银行法》的上述修改,我们可以看出该法仍具有临时性和过渡性。在本法修改的过程中,有关商业银行监管和经营的各种理念和各种利益都得到了正面交锋,但很多没法达成一致意见的问题都留了下来,没有作出修改。这一过程也体现出中国银行业,尤其是国有商业银行改革和发展的艰巨程度。

三、银行业法制建设任重道远

《商业银行法》的起草背景和指导思想,决定了其具有明显的新旧体制转换特征,很多条款还保留着专业银行体制时期的监管理念和经营理念。《商业银行法》颁布以来的10年,是中国金融业深化改革和迅速发展的10年。金融市场化和对外开放程度不断加深,金融创新层出不穷,金融风险的规模和性质也发生了质的变化,商业银行所处的社会经济环境已经发生了重大变化。今天再来全面回顾《商业银行法》,我们可以发现其仍然存在许多突出的问题。一是时效性不够,很多法律规范已不能适应银行业改革、开放以及金融业务创新的需要,一些过时的法律规范尚未得到修订或废止;二是系统性差,一些迫切需要法律予以明确的内容,要么没有规定,要么规定得过于原则,缺乏可操作性;三是银行业法律规范之间还存在抵触和矛盾,不衔接、不一致之处多。

目前,银行业法制建设的迫切任务主要有以下几个方面:

一是银行业金融机构的市场退出法律制度建设。目前的《商业银行法》中虽有关于商业银行市场退出的条款,但是过于原则,可操作性不强。实践中,中国很多有问题的银行业金融机构需要以撤销、关闭和破产等方式实施市场退出,由于缺乏具体的法律规定,这些有问题机构多年退而难出,损失不断扩大,债权人利益得不到保障,严重影响了金融市场秩序和社会稳定。因此,通过立法建立完整的银行业金融机构市场退出机制已刻不容缓,应明确规定商业银行市场退出的条件、程序、资产清偿顺序、债权人利益保护等重要内容。目前尤其应当加强银行业金融机构撤销和破产法律制度的建设,尽快为银行业金融机构的有序市场退出构筑坚实的法律基础。另外,《商业银行法》还应当增加关于商业银行合并、分立的规定,以适应日益增多的市场化银行并购重组实践需要。

二是加快存款保险制度的建设。为解决目前中国隐性存款保险体制带来的问题,急需在法律制度上建立存款保险制度,强化对银行业金融机构的市场约束,降低其道德风险,为市场化退出提供有力的前提条件。

三是加强 WTO 过渡期后银行业应对市场化加速的法律问题研究。随着 WTO 过渡期的结束,中资商业银行将与外资银行在同等法律环境下竞争,国有商业银行必须加快市场化和商业化改革。因此,如何按照公平原则修改现有《中华人民共和国外资金融机构管理条例》,解决外资金融机构在中国享受“超国民待遇”的问题,给中外资银行业金融机构提供公平竞争的法律环境,是银行业法制建设不可回避的任务。

四是改进商业银行的资本补充机制。制定《商业银行法》时主要是考虑规范国有商业银行,对商业银行资本金管理规定比较薄弱,致使《商业银行法》实施以来对商业银行的资本约束效果不理想,商业银行忽视风险和效益扩张资产规模的问题比较突出。因此必须严格规范对商业银行的资本金管理,在法律中对商业银行的资本来源、结构、资本补充机制和资本金的使用等方面作出详细的规定。

五是农村合作金融法律制度的建设。农村合作金融机构是中国农村金融的主要力量,其数量大、风险高、影响面广。长期以来,农村合作金融机构缺乏法律制度的规范,其法律地位、经营管理、投资人权利都缺乏法律规范,存款人权利也得不到保障。目前中国农村合作金融体制的改革正处于深化攻坚阶段,需要充分发挥前瞻性的法律制度对改革的引导和推进作用,加快农村信用合作金融立法,规范其经营和管理。

六是市场风险的规范和管理。随着中国银行业改革开放的不断深化,利率市场化、金融创新和多元化经营不断深化,商业银行越来越多地涉足有价证券、外汇和衍生产品交易,市场风险问题将越来越突出。因此,《商业银行法》中应就商业银行对市场风险的管理和有关监管事项作出具体规定。

七是加强信用体系建设。商业银行的信用资料是全社会信用资源的重要内容,中国信用体系的建设离不开商业银行的信用资料,商业银行业务的发展也离不开良好的社会信用环境。《商业银行法》中应当在为银行客户保密原则的基础上,对征信机构获取、利用信用信息,以及在征信行为中保护客户利益等方面作出规定,以促进中国信用体系的建设,提高社会的信用水平。

另外,为确保法律规定落到实处,还要进一步做好《商业银行法》配套法规和规章的制定工作,弥补法律规定过于原则的缺陷。

总之,全面修改《商业银行法》并制定配套法规已成为银行业法制建设的迫切任务,银行业法制建设依然任重道远。尤其是在中国将立即兑现 WTO 承诺,银行业全面对外开放的前夕,各界都应该对此予以高度关注,未雨绸缪,将《商业银行法》的全面修改工作提上议事日程,为中国商业银行的改革和发展提供一个良好的法律环境。

美国《金融服务现代化法》对中国的影响[①]

提示：美国《金融服务现代化法》的出台是20世纪70年代以来美国具有里程碑意义的金融立法，其颁布标志着现代金融法律理念已经由早期的规范金融交易行为到强调对风险的管理和防范，再到放松金融管制，以法律制度促进金融业的跨业经营和竞争。《金融服务现代化法》为中国金融业法律制度的改进提供了经验借鉴。鉴于此，笔者从美国《金融服务现代法》草案审议阶段起就对其进行了跟踪研究，形成多份重要研究成果，包括翻译出版《金融服务现代化法》法条文本，撰写了对该法的介绍、评论等。

1999年11月美国国会通过《金融服务现代化法》并经克林顿总统签署成为正式法律。该法对美国金融业乃至全球金融业的结构调整和发展方向已经或正在发生重要影响，而且，这种影响将随着金融全球化和自由化的发展而逐步扩大和增强，甚至可以认为，《金融服务现代化法》的出台既是美国20世纪70年代以来金融改革和金融立法史上具有里程碑意义的法律，又是美国金融制度法律史上继建立联邦储备体制以来的又一重大事件。

---

① 本文摘自美国《金融服务现代化法》(序言3)，黄毅、杜要忠译，中国金融出版社2000年版，第7～22页。

一、《金融服务现代化法》介述

《金融服务现代化法》也称 *Gramm-Leach-Bliley Act*,后者是以法案的三位发起人的名字命名的。这三位发起人是来自得克萨斯州的参议院议员、参议院银行业小组委员会副主席 Phil Gramm;众议院议员、众议院银行与金融服务委员会主席 James A. Leach;众议院议员、已经连续三届出任众议院商务委员会主席的 Tom Bliley。《金融服务现代化法》对美国20世纪60年代以来的有关金融监管、金融业务的法律规范进行了突破性修改,将美国数量极为巨大的金融法律法规中的很大一部分进行了规范,并在一个法律文件中作了清理,以成体系的形式将他们表述出来,在放弃分业走向混业的道路上"整合"了美国的金融法律。同时,对美国金融法作出了权威性的"重述",特别提出了一些重要的研究方向,可以认为是迄今为止美国金融法律领域包容金融业务规范最为宽泛的一部法律。

二、效率与竞争的立法理念

更为重要的是,该法还强调了一个重要的法律精神,就是将金融业改革和发展中"效率与竞争"的法律理念作为法律制度的理论背景。它的颁布标志着现代金融法律理念已经由最早的规范金融交易行为到强调对风险的管理和防范,再到放松金融管制以法律制度促进金融业的跨业经营和竞争。如该法减少了1965年美国《银行持股公司法》对银行持股公司在金融业务上的限制和要求,以加强金融机构之间的竞争为出发点,确立了银行业、证券业与保险业之间参股和业务渗透的合法性,提出了全新的"金融控股公司模式"。在它颁布以后,美国金融持股公司可以从规定实施时间起,从事法律许可的所有金融活动,包括银行、保险、证券发行和交易、投资银行等。在对金融机构的监管方面,该法案保留了联邦存款保险公司职能,修改有关证券交易的法律规范,并将其纳入对银行证券业的功能性监管体系,同时,美国依据该法的规定建立了一个全国性的保险监管体系;在金融机构业务范围的审批制度方面,该法强调了对附属债务(存款保险)在保护金融体系方面的作用,有效地防止和消除了存款保险制度形成的投保储蓄机构"太大而不会倒闭"的窘境。这从法律制度上解决了一个重大的问题,即既节约监管成本,又强化了对金融机构的有效监管。

《金融服务现代化法》的颁布,与美国适应20世纪七八十年代以来出现的金融全球化和自由化趋势密切相关。因为美国率先以立法形式实施金融改革,并成为世界上金融全球化的最大受益国。从法律意义上来说,美国是一个普通法国家,在普通法制度下可以不断地采用法院判例的解释,解决金融创新和金融衍生工具发展的法律限制问题。同时,还可以通过颁布修正法令不断满足金融业提高效率和参加竞争的需要,法律的修正和判例的解释为金融市场操作留出了永远开放的空间。但是直至20世纪70年代,美国法院对银行、证券和保险业务交叉引起的法律纠纷以及与金融机构并购有关的法律问题的判决还是较为保守。20世纪80年代以后,由于直接金融和金融创新的兴起和扩展,金融市场上不断出现了新的金融品种和金融工具的组合,美国法院的判决明显支持金融机构并购和业务交叉,对金融机构提高效率、增强竞争力产生了积极的影响。如1984年11月9日,美国联邦存款保险公司发布规则允许州非会员银行通过设立证券子公司从事广泛的证券业务，引起证券业协会和投资公司协会的反对，从而导致一场法律纠纷，结果法院的判决支持了联邦存款保险公司。尽管如此，法院的个案判决对金融机构的联合和竞争的影响力，与整个金融体制对金融活动的约束力比较还是微乎其微。法院对许多银行兼并和收购案的处理仍然有无法绕过的法律障碍，以致积压了大批因金融机构并购而引发的法律纠纷案件，但上诉金融法律诉讼和司法判决却为美国金融监管体制改革和联邦立法提供了大量案例和依据。在《金融服务现代化法》颁布之前的 20 年时间里，美国金融立法领域坚持分业与放弃分业、放松管制和重新管制、强调风险与鼓励竞争的争论愈演愈烈。这些争论使 1933 年的《格拉斯—斯蒂格尔法》所确立的银行业、证券业和保险业严格分业的经营模式受到了严峻的挑战而开始动摇。在从《金融服务现代化法》提出并经过立法当局讨论到最终出台的 10 多年时间里，美国国会先后通过了四部法律：即《1980 年存款机构放松管制和货币控制法》（*Depository Institution Deregulation and Monetary Control of act* 1980，DIDMCA）、《1982 年存款机构法》（*Depositor Institution Act of* 1982），又称高恩 · 圣杰曼法（*Grarn-St. Germain Act*）、《1987 年银行业平等竞争法》（*Competitive Equality Banking Act of* 1987，CEBA）、《1989 年金融机构改革、复兴和实施法》（*Financial Institution Reform Recovery and Enforcement Act of* 1989，FIEREA）。这四部法律确认了金融业结构调整以后新的法律关系，在放松存款利率管制、逐步取消银行业务的地域限制、突破金融业分业经营模式、鼓励金融机构的联合与竞争等方面迈出了实质性的步伐，但是，美国金融业专业化分工格局、银行业务的地域限制、多头监管格局的问题还是没有得到根本的解决，直到《金融服务现代化法》的颁布，以法律制度推动金融机构的联合与竞争的法律理念才得以实现。

三、金融立法与金融改革

以立法形式引导金融改革并非美国独有。英国、日本等发达国家在过去10多年里，也以法律改革形式推进并逐步实现了以金融全球化为目标的金融改革。具体地讲，英国、日本的金融改革也是以集中清理修订法律法规为突破口，通过颁布新法律的形式来设定金融改革的方向、原则、步骤和实施形式，并且，对法律不能设定的金融活动规范，或者对新颁布的金融法律在实施中可能产生的问题设定了协商解决机制。在美国立法当局开始讨论制定《金融服务现代化法》的这一时期里，英国也开始以立法形式确认，在同一金融组织架构内为金融机构提供更宽阔的业务领域。在1986年推出《金融服务法》以后，1997年5月英国政府向议院提交了两份法律文件，一份是《英格兰银行法》(*Bank of England Act*)，该法已经通过；另一份是《金融服务市场法案》(*Service Market Bill*)，目前已经进入议院审查程序之中。日本在经历了多次金融震荡的深刻教训以后，政府也开始了金融改革。其金融改革始于1998年12月通过的《金融体制改革法》，其改革原则定位为自由、公平和全球化，金融改革理论改变了过去只强调风险而过多地限制市场的法律规定，重新出台和修订了40多部法律，撤销由法律设定的对金融业务范围的各种限制，授予银行、证券、保险以及其他金融机构更多的自由竞争权利，促进金融机构真正成为国际金融市场上的自由竞争者。

四、法案影响与中国法律界认知

基于以上对《金融服务现代化法》的评述,可以认为,美国《金融服务现代化法》的颁布对中国金融业的改革开放影响是不可估量的。因为,不管我们承认与否,中国的金融体制及在此基础上建立的法律制度,在技术制度层面上较多地借鉴了美国的经验和做法。站在加入世贸组织的门槛上,中国金融业还将面临适应金融全球化要求的诸多挑战。这个挑战的核心问题之一就是清理和修订原有的金融法律,使之适应国际金融服务和交往的要求。从这个意义上来说,美国《金融服务现代化法》对中国金融法律的发展具有极其现实的借鉴价值。基于上述价值判断,我和杜要忠博士最近几年以来一直关注美国立法当局对这个法案的讨论,同时收集和整理了大量的包括美国等发达国家金融立法改革的第一手材料和信息,我们尤其关注这些国家的金融改革和金融立法的理论设计。1999 年 11 月 15 日,中国与美国就加入 WTO 的双边谈判达成协议,在此之前 3 天,美国总统克林顿签署了《金融服务现代化法》。这两件事对我们产生了剧烈的震动。兴奋之余,我们决定将这个法案翻译成中文。但是,我们知道美国金融法律是美国法律体系中影响很大的一个部门法,甚至可以说没有任何一个部门或行业的法律像金融法那样在美国社会经济生活中发生如此宽泛的影响。但作为美国法律体系的一个重要组成部分,美国金融法律体系复杂多元、立体交叉并不断变化,要学懂弄通绝非易事,即使我们这些专攻法律的人士,因为文化和制度背景的差异,要真正掌握美国金融法律也是困难重重。我们也知道,做好一个法案翻译不是一件容易的事,甚至可以说是一项费力难讨好的事情,但是,我们认为,未来的中国金融改革,无论是金融改革理论的设计还是金融法律的改革问题,需要有更多人的关注和参与。有不少大专院校的大学生、研究生,还有金融部门的同人们,希望得到更多的美国金融法律改革方面的信息,却因工作忙碌或者其他原因,不可能对如此众多的英文信息进行专业化的处理。于是,我们将美国政府提交国会审议的《金融服务现代化法》(草案)进行翻译整理,并委托朋友将美国国会刚刚通过的法案文本通过互联网发给我们。我们两人将原有的译稿与正式通过的法律文本逐一对照,不舍昼夜开始了这项翻译工程。在翻译过程中,我们尽最大努力收集了《金融服务现代化法》修订和涉及的其他金融法规,并将其翻译为中文作为脚注,以期读者通过阅读这个译本能够尽可能多地了解美国金融法律。

同时,通过对这个法案的翻译和注释,我们更加迫切地感到让国内金融、法律从业人士更多地了解美国的金融改革和金融法律的发展,对中国正在进行的金融改革和金融法律的修订有着十分重要的现实意义。因此,我们决定对英美金融法律研究的初级成果和掌握的大量英美金融法律的信息资料进行整理,在近期内写出一本全面介绍美国金融法律的普及型读本,在这个法案的中文译本出版以后的较短时间内出版。

世贸规则与银行法律的修订[①]

提示:加入 WTO 对中国市场体制的建设意义重大,对金融领域同样如此。为满足基于规则体制的 WTO 规则要求,中国金融法需要做较大的修订与改进。本文是笔者在 2000 年前后在银行业监管机构主持法制工作时所作的研究。文章内容对认识中国近二十年来金融法,提供了有价值的资料。其中,一些观点与建议所涉及的法治建设工作仍在进行之中。

自中国与美国、中国与欧盟就加入世贸组织谈判以来,中国银行业加入 WTO 以后的生存和发展问题已经提到了比较重要的位置。政府已经采取措施对银行业经营体制机制、市场份额、重视人才、剥离不良资产、补充国有银行资本金等问题进行研究,有的问题已经开始付诸实施,但加入 WTO 以后,如何为中外金融机构提供一个必需的法律支持环境问题仍然没有得到足够的重视。如外资金融机构进入中国市场,如果中国没有一个良好的信用环境和法律环境,外资金融机构即使看好中国市场也无可奈何。外资对中国市场潜能有兴趣,同时对投资和法律环境也提出了新的要求。1979 年外资金融机构开始

---

① 根据 2001 年系列研究成果整理。

进入中国(特批、贸易);1997年外资金融机构总资产397亿美元,1999年317亿美元;许多外资金融机构因中国市场不盈利或者盈利水平较低,都在等待观望。同样,如果不能适时解决我们现行银行法律符合WTO规则问题,也会影响中国金融业融入国际金融体系,成为国际金融市场的参与者和竞争者的进程。为此,我认为,研究和修订现行的金融法律应该引起有关方面的重视。

一、WTO规则相关金融服务的法律

WTO的法律框架是由各种文件构成的。乌拉圭回合通过的有关WTO的法律文件相当繁多复杂,其最后文本就包括21项内容,由45个文件组成,长达550页,还不包括WTO成立之前的1947年关税与贸易总协定及其40多年来的各种法律文件。根据《建立世界贸易组织的协定》WTO法律体系可以划分为七个部分:

一是基本法,具体规定了WTO的宗旨和原则、活动范围、职能、组织结构、成员制度、法律地位、决策机制、协定修改等内容。

二是货物贸易的法律制度。由1994年《关税与贸易总协定》和其他有关货物贸易的多边协定组成。

三是服务贸易法律制度。《WTO服务贸易总协定》规定WTO服务贸易的六大原则:透明度、自由化、最惠国待遇(国民待遇)、发展中国家参与、服务贸易的禁止和限制、服务提供申请和获准。对成员国的权利和义务都有具体规定,其具体的义务规范有市场准入、国民待遇和争端解决。除此之外,还包括一些补充规定,调整金融、电信和航空运输等诸领域的法律。

四是与贸易有关的知识产权法律制度。该部分法律文件集中体现在《与贸易有关的知识产权协议》中，规定与知识产权有关的法律问题。

五是争端解决机制的法律制度。规定了 WTO 争端解决的有关规则和程序。

六是关于贸易政策审议机制的法律制度。

七是多边贸易协定。指不为 WTO 全体成员所接受，而是部分成员所接受的贸易协定。

金融服务是服务贸易的一种，是指一成员金融服务提供者提供任何金融性质的服务，包括所有保险和与保险相关的服务，以及所有银行和其他金融服务（保险除外）。

保险及其相关服务。直接保险（包括共同保险）包括寿险、非寿险、再保险和转分保，保险经纪和代理在内的保险中介服务以及诸如咨询、精算、风险评估和理赔服务等保险辅助服务。

银行和其他金融服务。银行服务包括接受公众存款和其他应偿还基金；所有类型的贷款，包括消费信贷、抵押信贷、商业交易的代理和融资；财务租赁；所有支付和货币转移服务，包括信用卡、赊账卡、贷记卡、旅行支票和银行汇票；担保和承诺；交易市场、公开市场或场外交易市场的自行交易或代客交易，包括货币市场工具（支票、汇票、存单），外汇、衍生产品包括但不仅限于期货和期权，汇率和利率工具，可转让证券，可转让票据和金融资产。其他金融服务包括外汇、金融衍生产品和各种证券交易、证券承销、货币经纪、资产管理、结算和清算、金融信息的提供和信息传输以及咨询等。

1997 年 12 月 12 日达成了《日内瓦协议》，将全球 95% 的金融服务贸易纳入逐步自由化的进程中。根据这个协议，各国允许外国在国内设立金融服务公司并按竞争原则运行;外国公司享受同国内公司同等进入市场的权利,取消跨边界贸易的限制,允许外国资本在投资项目中所占比例超过50%,70个国家(欧盟15国)和地区同意开放各自的银行、保险、证券和金融信息市场,签署了于1999年3月生效的第五议定书。该议定书简称《金融服务贸易协议》(WTO'S *Financial Services Negotiations*)。新的金融服务承诺具有特别意义的是商业存在方式的承诺有了改善,对外资参与本地金融机构的股权限制,对商业存在形式(分支机构、子公司、代理、代表处等形式的限制,以及扩展现有业务)的限制等都有了放宽,甚至取消。亦即不仅在银行、保险、证券三大金融服务的主要领域,而且在资产管理、金融信息提供等方面都有了重大突破。该承诺重新确立了金融服务范围。

二、依照加入WTO承诺清理、修订法律法规

根据加入WTO的要求,提出中国适应WTO进程的法规修订方案(44件)。

(1)2000年需要修订完成13件法规,涉及中外合资、合作,外资企业、专利、反倾销和反补贴、海运和电信等。其中,涉及金融法规有《外汇管理条例》(修改)、制定《外资保险公司管理条例》。

(2)承诺在过渡期内修改的法规有11件。涉及金融、对外贸易、机电产品、进口配额海洋石油开采、法律师执业、旅行社管理。其中金融法规有三件《外资金融机构管理条例》(修订)、《中外合资基金管理暂行规定》(制定)、《中外合资证券公司管理办法》(制定)。

(3)加入WTO以后成员国提出异议必须修订的法规有21件。涉及商品检验、动植物检疫、注册会计师税收、贫困救助灾害救济、著作权、商标法、机算机软件保护等。其中，金融法规有《商业银行法》（修订）、《保险法》（修订）和《证券交易所管理办法》（制定）。

三、适应 WTO 规则有关银行法律修订需要解决的十大问题

WTO 规则是现代经济体制的一种根本的游戏规则，这种规则是市场经济有效运行的必要条件。其作用主要有两个：一是约束政府行为，即减少和规范政府对经济活动的任意干预；二是约束经济人行为，其中包括产权的界定与保护，合同和法律的执行、公平裁判，维护市场竞争秩序。依据这个规则审视现行的金融法律法规，需要解决的问题很多，而且，不少问题涉及国家的基本法律制度。自 1948 年中国人民银行成立 38 年以来，中国的金融活动主要依靠不断变化的规范性文件指挥和协调。1986 年国务院制定了《银行管理暂行条例》规定中国人民银行作为中央银行和金融监管当局的职责。1995 年全国人大通过《人民银行法》规定："中国人民银行是中华人民共和国中央银行"，其职能是在国务院领导下，制定和实施货币政策，对金融业实施监督管理。继《人民银行法》通过后，《商业银行法》和《票据法》、《保险法》、《证券法》。这些法律的颁布与实施，为规范金融机构的经营行为，维护金融秩序的稳定，提供了强有力的法律依据。但是，与 WTO 法律规则比较，存在不少冲突和缺失。

（一）关于市场主体法律平等

现行的法律和政策没有给予国内民营金融机构应有的"国民待遇"，但在加入 WTO 以后必须给予外资金融机构"国民待遇"；国有商业银行还没有完全按照《商业银行法》和《公司法》的规定来改造其组织经营构架，外资商业银行必须依照现行的法律来设立运行，但外资

机构实行比国有银行较低的税率，形成了对外资的“超国民待遇”（15%的所得税税率征收所得税，而内资企业的所得税率为33%）；还有中国的政策性银行以及从事金融活动相关的企业组织等的法律地位问题至今没有相应的制度安排。

（二）法律法规统一和透明度原则

依照WTO规则，各成员国实施的有关贸易的政策、法令及各成员国间签订的影响国际贸易的协定，都必须公布，使其具有透明度，使企业和个人都容易了解到。要保证达到WTO要求的政策、法规透明度原则，必须保证所有的管制措施都必须预先颁布。

因为我们没有完整的民事法律制度，对经济领域的许多立法条件不成熟的，先由国务院以行政法规的形式加以规定。原来计划是在条件成熟后，再由全国人大立法。但由国务院从事具体经济管理工作实质上是由各部委为国务院起草了大量的行政法规。这种做法的负面影响是各部委从自己业务的角度出发制订规章，实际上也造成了市场活动规则的分割。更突出的问题是，各管理部门不可避免地带有部门局限性，受维护部门利益和权力的影响，部门规章以及事实上由部门起草的国务院行政法规带上了部门利益、行业利益的色彩。许多金融业务的管理，连我们中国从业人都搞不清楚，外国机构的人就更难搞清我们的规则了。

（三）行政机构自由裁量权

金融机构的基本权利和义务应该由基本法加以规定，但是，现在对信用社、信托投资公司等金融机构的生死存亡主要是由国务院做决定。行政权利过大往往造成金融机构不能按商业原则运行，对造成的损失，没有人负责，最终又由政府将金融债务集中到自己头上。

（四）法律之间的协调问题

法律之间的协调一致是法律有效性的保证，由于现代金融业务的复杂性以及金融主管部门分立等原因，法律规定之间的协调是一个突出问题。一是某些法律规范不改进。例如，1998 年版《证券法》的第 161 条规定，出具虚假报告的中介机构“应就其负有责任的部分承担连带责任”。但是，“应负责任的部分”究竟是什么？《证券法》和其他相关的法律法规并没有加以明确。二是个别法律规范之间存在矛盾。例如我们的《票据法》一方面承认票据的“无因性”（不问票据的来源）和“高度流动性”，另一方面又有限制和排斥“无因性”的地方。如该法第 10 条中规定：“票据的签发、取得和转让，应当具有真实的交易关系和债权债务关系”。这实际上否定了票据的无因性，妨碍了票据的快速流转，不仅会降低市场运作的效率，且与国际惯例不一致。

（五）货币政策的法律运作机制

1. 对中央银行的风险管理、外汇和国际收支管理（第五章），以及在国际收支不平衡时的应急办法并未作出规范，因而我们就不能享受 WTO 成员国关于《服务贸易总协定》中“对保障收支平衡的限制”条款，寻求金融服务贸易的特殊保护。另外，《人民银行法》规定货币政策委员会如何由咨询机构变为决策机构。

2. 关于利率市场化。目前我们的国债回购市场和同业拆借市场的利率已经放开了，但是，中央银行的再贷款利率和商业银行的存贷款利率没有放开，而利率市场化的关键是放开贷款利率。利率市场化的最终目标是建立以中央银行利率为基础，以货币市场利率为中介，由市场供求决定金融机构存贷款利率的市场利率体系和形成机制。

3. 关于人民币与外币可自由兑换问题。我们现在正在实行的是以市场供求为基础、有管理的浮动汇率制度。重点在于改进汇率机制,提高人民币汇率生成机制的市场化程度,增加汇率政策的弹性。在此基础上,按照 WTO 规则修改《外汇管理条例》,规范对服务贸易和非居民外汇的管理,坚持人民币经常项目下的可兑换,创造条件推进资本项目的可兑换。

4. 中国股票指数纳入货币政策管理的问题。

(六)金融监管的法律

1. 监管机构协调的法律机制。人民银行、证监会和保监会已经建立了监管联系会议制度。以此研究银行、证券和保险监管中的重大问题,协调银行、证券和保险业务创新的政策和金融对外开放政策,交流有关监管信息。但是,联席会议制度没有规定如何通过条例或命令对有关经营机构的资本、管理以及经营机构之间、经营机构与其子公司和联营者的交易和关系加以限制或要求,也没有规定有关监管与监管之间数据共享的具体内容和程序。

2. 最低资本金要求。如《商业银行法》的资产负债比例管理,只规定了资本充足率不低于 8%,未规定风险权数概念。而《巴塞尔协议》中风险权数与资本率共同构成了约束银行发放贷款规模和经营规模。现在,我们采取 4 条措施补充国有银行的资本金(到 2002 年需 4067 亿元):一是银行创利;二是降低商业银行营业税,3 年内由 8% ~5%;三是发行中长期金融债券;四是通过股份制改造上市。如何建立一个补充资本金的法律机制是一个亟待解决的问题。

3. 财务披露。按照加入 WTO 增加透明度的承诺,将使长期存在的非市场行为和长期累积的金融风险逐步暴露,影响民众对金融业的信心。

4. 关于消费者地位、监督、存款人隐私等权利保护，联营金融机构间关系的具体内容和程序。

（七）信用立法

建立社会信用制度，既是中国建立市场经济体制的需要，也是迎接 WTO 必须加以解决的问题。为外资金融机构提供一个良好的信用环境，需要尽快制定信用法，把政府信用、企业信用、个人信用和信用中介机构纳入法治轨道，从提高信用的透明度，强化信用监督，维护信用的安全性出发，建立统一、规范、公正和共享的信用信息数据系统，以法律形式规范信用资料的提供、获取、整理、保存和征信行为。同时，规范信用公告的发布程序和信用公正机构、咨询机构、评估机构的法律地位，以及权利和义务。

（八）社会监督

加强社会监督，对于维护公众对金融监管部门和银行业的信心至关重要：一是银行监管活动要从维护公众的利益出发，提高监管活动的透明度，建立"阳光工程"，提高信息披露、资产评估的真实性和权威性；二是监管机构有责任宣传金融知识，提高社会公众对银行业务和活动的了解程度和知识水平；三是发挥社会中介机构（如会计、审计、资产评估事务所）的审计监督作用，加强媒体监督，鼓励和利用媒体的曝光功能，进行监督和揭露违规违法及腐败行为，发挥投资人、债权人等市场参与者的监督约束作用；四是要建立良好的金融自律机制，要进一步完善组织机构建设，建立和完善同业公约及规章，建立规章制度执行情况的检查披露制度及奖惩制度，处理好各金融监管部门间的关系。

（九）金融机构的市场退出问题

现阶段对高风险金融机构的处置与退出机制建设已不是纯学术

问题,而是一个紧迫的实践问题。但金融机构处置和市场退出机制是一项复杂的系统性工程,必须精心设计。一是要设计能及时识别和发现高风险金融机构的监测系统。监管部门在日常监管中动态监测金融机构所存在的问题和风险积累程度,分析判断问题的严重程度和风险等级作为分类处置的依据。二是设计与风险等级相适应的处置手段。广义的处置包括早期纠正措施,如限制金融机构业务开展、要求股东注资、限制股东权利、整改内控制度、更换高级管理人员等,一般适用于风险等级不太高、问题不太严重的情形。对高风险金融机构所采取的措施包括促其重组和撤销清算。三是研究运用存款保护机制。实践证明"购买与承接"方式是一种效率最高的清算模式,可最大限度地减少资产变现与兑付存款的缺口。但很多情况下还会出现缺口,因此需要额外的保护机制抵补缺口以维护存款人信心。20 世纪 30 年代美国建立存款保险制度后,越来越多的国家建立了类似的存款保险基金来抵补兑付存款的缺口,也有部分国家使用中央银行或财政资金来抵补缺口。这个"三位一体"的高风险金融机构处置与退出机制安排还是较为成功地遏制了金融风险的传染与外溢,在单体金融机构风险与系统性危机之间竖起了一道坚实的防火墙。特别是在 20 世纪 80 年代末美国发生储贷机构危机期间,监管部门和存款保险公司共同处置退出了 2000 多家小型存款类金融机构,较为成功地将这场中型危机控制在局部范围之内。

(十)国家对金融的控制权问题

1. 金融控股公司的子公司从事新金融服务带来的问题(混业)。

2. 金融现代化对小企业和农业企业方便获得贷款方面的影响,金融法律要解决的问题很多,而且,不少问题涉及国家的基本法律制度。

3. 对附属债务(存款保险)在保护金融体系安全方面的作用研究，防止和消除存款保险金制度形成的投保储蓄机构“太大而不会倒闭”的窘迫情况。

4. 对网上银行和网上贷款对现行法律要求的适应情况作出制度性安排。

金融监管法律体系雏形①

提示：无论普通法系，还是大陆法系国家均未就银行(或金融)监管单独立法。2003年年底全国人大通过的《银行业监督管理法》开创了金融业监管单独立法的一个先例。分析阐述、启发讨论中国金融监管法治的由来、内涵、方法逻辑、重点、立法宗旨、实质内容及基本特征是构建形成中的中国金融法治理论的重要环节。

2003年12月27日，第十届全国人民代表大会常务委员会第六次会议通过了《银行业监督管理法》。《银行业监督管理法》的颁布实施是中国银行业甚至可以说是金融业发展史上的重大事件，也是中国银行业法律制度建设史上具有里程碑意义的重要事件。它不仅标志着中国金融分业监管的法律框架的基本形成，有利于提高中国银行业管理的水平，而且表明了中国政府建设市场经济体制，依法治国，依法加强对银行业的有效监管，控制和化解金融风险的坚定决心。

《银行业监督管理法》从银行业监管角度规范监管者和被监管者的权力和义务，对银行业监管目标、监管对像、监管原则、监管独立性、监管者保护、监管协调机制、监管管理机构的设置和要求、监管管理机

① 本文录自黄毅主编：《银行业监督管理法讲座》，中国法制出版社2004年版，序言和导论部分。

构的具体职责、监管管理机构的权限、法律责任等作了明确的规定。这些规定为中国银行业的发展和促进中国建立一个安全、稳定和有效的银行体系提供了必要的法律支持环境，赋予了中国银行监管机构充分的监管权力和手段，有利于树立监管权威，加大监管力度，也有利于解决中国银行业所面临的重大问题。《银行业监督管理法》在给监管机构相应授权的同时对监管权力运用设定了一些限制性规定，如强化了银行监管机构的内部监督机制和公开监督管理程序，建立监督管理责任制度和内部监督制度；要求银行监管机构在履行监管职能时遵循依法、公开、公正和效率的原则；对银行业监管机构行使监督权力、采取监管措施规定了程序要求和约束条件，并规定国务院审计、监察部门等机关，依法对银行监管机构实施外部监督等。《银行业监督管理法》以及修改后的《人民银行法》和《商业银行法》内容相互衔接，相互补充，是规范银行业的三部支柱性法律，也是今后相当长时间内中国银行业的监督和银行业发展的主要法律依据。

2003 年 3 月，第十届全国人大第一次会议决定设立中国银行业监督管理委员会。4 月 26 日，第十届全国人大常委会第二次会议决定授权银行业监管机构履行原中国人民银行履行的银行业监督管理职责，并授权国务院组织修改《人民银行法》《商业银行法》和制定其他相关的法律法规。《银行业监督管理法》主要根据全国人大决定，依照国际银行业监管的通行做法和 WTO 规则，总结中国金融监管立法的经验和教训，针对中国银行业需要解决的突出问题，借鉴普通法系（英国、美国）、大陆法系（德国、法国）国家、亚洲国家和地区（日本、韩国、中国台湾地区）的金融立法理念和先进法律制度，最终形成了法案的基本内容。

大家知道,中国是发展中国家,银行业的市场化改革和发展正处在关键时期,有关银行业发展的一些重要问题还需要实践检验论证,正在实践过程中的一些问题是否需要用基本的法律制度规范,以及如何设计此类规范尚不能在较大范围内形成一致意见。同样地,中国法律传统与普通法系国家的法律传统有较大差异,中国传统式的法律框架在吸收欧美市场经济国家金融法律的先进理念和制度方面还存在体制和技术上的困难。

从《银行业监督管理法》体系布局、逻辑结构观察,其在监管权力的运作规范和约束规范的技术处理方面,仍有较大的改进空间。不过,我们有理由相信,《银行业监督管理法》结构体例设计与实质内容匹配,具备一个法律的规模,不仅没有妨碍银行业监管机构履行职责的规定,而且对银行业监管机构授予一些特别的权力,基本解决了中国银行业监管机构依法履行职责的问题,其实质内容对于推动中国银行体系的改善和银行监管理念的更新将起到积极作用。随着中国银行业的发展和社会各界对银行业认识的深化,这些问题将会得到较好的处理和解决。

法律是一种对适用主体的权利与义务、权力与责任的规范。法律规范的核心要素是权利,权利的基础关系是利益。利益是以生产关系为核心和基础的全部社会关系在社会主体(任何组织)身上的落实和体现,权力是正当追求利益的行为。更进一步说,法律是用来调节利益矛盾的,对利益的划分、界定、选择、协调和整合构成了法律规范的基本主题。国家制定法律就是试图将矛盾和纷争限制在秩序的框架内。法律创制是社会生活中若干因素的不断分化组合,社会中各种力量不断冲突妥协的过程。在这个过程中,不同国家和地区的不同的文化冲突、不同意识形态、不同经济发展水平对法律的形成具有重要的作用。《银行业监督管理法》的制定过程,也就是对银行业监管机构授权的合理判断,中国的银行监管与国际监管规则接轨,人民银行与银行业监管机构职责划分等问题,由参加此项工作相关部门共同研究、讨论,最后形成的法律文本是对银行监管的各种思想观念、价值观念、利益矛盾和职责划分共同参合的产物。所以,《银行业监督管理法》对一些不能在短期内达成共识的问题有的设计了生成机制,有的只能在今后的实施过程中去改进。我们也将在法律实施过程中不断按照法律规定调整工作机制,制定相应的规章和业务规则推动《银行业监督管理法》的有效施行。

《银行业监督管理法》起草和审议得到了社会各界的密切关注。政府部门和金融机构、法学界和经济金融学界的专家教授提出很多有益的意见和建议,参加起草工作的同志们认真研究借鉴国际银行业审慎监管的经验教训,比较充分吸收和借鉴国际银行业有关鼓励金融创新,合理使用监管资源,合规监管与风险监管并重,以及制定和实施银行业金融机构审慎经营规则等先进的立法理念和法律制度。专家的意见和建议以及起草人员的研究成果是制定《银行业监督管理法》的基础。为了便于银行监管工作者和银行业金融机构的工作人员更好地理解和执行《银行业监督管理法》,同时,让广大读者共享立法过程中与《银行业监督管理法》相关的信息与知识,中国银行业监管机构参加立法工作的同志举办了《银行业监督管理法》专题讲座。

作为《银行业监督管理法》主要起草人,我认为本文对监管机构工作人员,经济学、法学科研机构研究人员,理解和把握《银行业监督管理法》本文实质内容是有所裨益的。本篇将在对名称、体例统一进行规范的同时，就本法案形成的主要理念、实质内容和结构特征作一个简要的描述。

一、《银行业监督管理法》的立法背景与制定过程

（一）银行监管立法的国内外环境

银行监管的产生是社会经济和金融活动发展的产物。银行监管的出现，从根本上说，是人们对银行发展的历史经验教训总结的结果。也就是说，银行监管之所以有必要，主要的原因是因为银行机构在实施其承担的社会功能的过程中，由于不完全信息和银行体系自身的脆弱性等原因，面临着许多可能导致银行经营失败的风险，而银行经营失败的后果会产生很大的负外部性，即银行倒闭不仅会严重损害存款人的利益，使存款人终身的积蓄化为乌有，在严重的情况下，还会危及社会政治、经济的稳定，造成社会福利的极大损失。

从法律角度讲，银行业务产品市场交易活动涉及银行机构、投资人和借款人之间的契约关系，比一般商品市场复杂得多。如货物贸易都是有形商品市场交易，交易双方可以在事前、事中、事后对商品的效用进行评估，即使交易失败，交易风险也是有限的。例如，商业银行作为贷方与借款人作为借方的交易，涉及借贷资金使用权的让渡。借款人支付的只是资金使用权的租金（利息）和未来还款的承诺。一般来说，商业银行并不能完全了解借款人的真实借款目的、也难以了解投资项目的收益和风险状况；而作为资金借方的借款人则完全了解这些内部信息。由此形成了资金借贷交易双方信息结构存在很大差异，即存在严重的信息不对称问题。在对银行业缺乏监管的情况下，信息不对称问题的存在会导致非理性预期和银行业脆弱性、市场不完全性和

市场缺失、“搭便车”和低效率、不完全竞争和市场失灵,客观上需要政府对银行经营活动进行干预,以保护社会公众的利益,从而使银行业成为一个需要政府从外部加以监督管理的行业。但是,政府对银行业的监管又需要一个合理的界限。政府过于干预银行业的经营活动,不仅会大大增加银行监管的直接费用,而且会影响市场机制的正常运行,形成市场扭曲,使得社会经济不得不为过度监管支付高昂的间接成本,抑制银行业的正常发展,最终仍然会导致公众利益的损失和社会福利的减少。

解决政府实施银行监管的适度性和有效性问题,既要避免银行监管缺乏权威性和必要的手段,又要防止监管公共权力的滥用,最有效的办法就是通过立法,通过法律制度界定市场和政府干预的边界,在赋予政府对银行业实施监管的同时,规范银行监管行为。同时,调整银行以及银行经营活动相关的管理主体和市场主体的权利与义务。

20 世纪 80 年代以来,随着经济一体化、金融全球化趋势的发展,金融工具品种已经发展到可以组成“金融百货公司”或“金融超级市场”,金融产品已经实现跨国界交易市场。金融产品在同一市场规则下同质同价交易大大提高了金融机构的效率,银行电子信息的发展由规范金融交易到强调风险的管理和控制,再到以法律制度促进金融机构的效率和竞争,金融法律成为金融改革理论设计的核心。在 20 世纪最后 20 年左右的时间,美国、英国、法国、德国和日本等发达国家以法律改革形式推进并逐步实现了以金融全球化为目标的金融改革,在这个历史阶段内,美、英、法、德、日等国的金融改革往往以大规模的法律法规集中清理与修订为突破口,以经过清理修订后的新法律来明确规定金融改革的方向、原则、推进步骤及实施形式;对修律时尚不能明确加以规定的金融活动规则,或者对新法所规范的金融活动在实施中可能产生的新问题,新修订的法律预先制定了协商解决机制,如明确规定在新法实施之后的一个确定时间段内由数个相关的金融监管机构评估相关金融活动的效果并进一步制定法律法规的实施细则。[①] 从公开社会媒体与中国金融管理机构建立信息交流的国家的咨讯看,主要市场国家都用立法形式对其金融体制包括银行监管体制进行了大规模整合与修正。如美国1999年颁布实施了《金融服务现代化法》,对其全部金融法律进行了突破性的修改和整合,提出了金融控股公司的经营模式,欲从法律上解决风险分散与效率和竞争问题。英国提出了综合性监管的理念,并将有关内容纳入了2000年《金融服务与市场法》,同时由财政部、英格兰银行与金融服务局签署谅解备忘录,明确规定了三家机构各自承担的金融稳定职责,以建立在维护金融稳定目标之下的合作、协调框架。还有德国、法国、澳大利亚、日本和韩国等国家,都通过相关的法律就监管体制改革后新的监管机构的职能、组织机构、运作方式及与其他相关机构之间的关系进行了界定。

从世界范围观察,主要市场国家或者发达国家都用立法手段处理和解决金融体制问题,其中,影响范围广泛,尤其是对中国影响最大的是美国的《金融服务现代化法》,如银行的分业与联合经营等几乎成了中国金融问题的焦点。为此,我择要对其立法基础理念和基本内容做一介绍。该法立法宗旨就是建立准许银行、证券、保险公司和其他金融服务提供者之间相互联营、管理审慎的金融体系,从而加强金融服务业的竞争。其基础理念如下:第一,美国任何一个地方,无论是中心城市还是偏僻乡村,都需要信贷服务。第二,在市场体制下,金融业

① 陈征宇:《我国银行保险发展的环境与模式选择》,载《新金融》2002年第11期。

内竞争的加强，有利于消费者以最合理的价格获得更广泛的金融服务。第三，加强金融业竞争的同时，维护、加强工商业和银行业相互分离的美国模式，该法还堵塞了商业公司可以控制参加联邦存款保险的储贷协会这一法律漏洞。第四，将保护消费者隐私的重要性提高到空前重要地位。第五，将法律条例理性化。为实现法律理性化，将现有法律制度之间不衔接的空缺加以弥补，比扩大法律规范管理的范围更为重要。第六，支持美国公司在国际上的竞争；在美国的外国机构不应获得比美国公司更优惠的待遇。其基本内容是：

1. 鼓励银行、证券和保险之间联合经营，加强金融机构的竞争

（1）银行与证券业之间联营。废除《格拉斯—斯蒂格尔法》第 20 条和第 32 条，拆除了银行业与证券业分离的"防火墙"，为银行、证券公司的联合经营提供了机构和人事方面的保证。

（2）银行与保险公司之间的联营。准许国民银行及其联营机构从事产权保险，以及货币监理署确认的"授权产品"范围内的保险销售。此前，银行只能通过银行控股公司以规避法律的方式从事上述的保险活动。

2. 强化银行业与商业的分离，实现金融体制的现代化

《金融服务现代化法》的立法者继承了将金融服务业与工商行业严格分离的美国金融传统，对将金融业与工商业结合的日本模式持坚决的批评态度。

（1）单一储贷协会的现代化。规定单一储贷协会可以从事提供更广泛的银行产品的业务，但否定了将商业和银行业混合发展的倾向。禁止商业机构控制储贷协会；禁止商业机构收购原有的储贷协会；不再批准新的储贷协会。

(2)彻底否定了美国大型零售公司试图控制参加存款保险的银行的倾向。

(3)改革联邦住宅贷款银行系统。

(4)新法律强化了原有的禁止开办存款产品事务所的禁止性规定,彻底杜绝了大的银行控股公司从某些社区只吸收存款不发放贷款的行为。

3. 发展监管机构,加强金融监管

(1)对有关监管部门提出金融业务限制性要求作出授权。授权有关监管机构在符合法律规范和原则的前提下,通过条例或命令对有关经营机构的资本、管理以及经营机构之间、经营机构与其子公司和经营者的交易和关系加以限制或要求。

(2)加强机构之间的数据共享。该法规定了有关金融监管机构、联邦贸易委员会、财政部和司法部之间数据共享的具体内容和程序;并要求有关联邦监管机构在向监管对象获得数据时,应先从直接监管该金融机构的监管当局获得,以避免经营机构重复提供数据、防止重复备案,以减轻经营性金融机构的监管负担。

(3)建立联邦储备理事会和财政部长之间的协商制度。规定在许多重要问题的决定前,由联邦储备理事会和财政部长之间进行协调,既避免冲突又发挥多重监管的效力。

(4)建立联邦保险管理机构。美国保险业的立法和管理一直是州当局的管辖范围。《金融服务现代化法》除对保险业经营提出一系列规范外;强化了全国保险监管专员协会(NAIC)和全国保险代理商和经纪人协会的管理职能,在保留各州对保险业监管权力的基础上,正式发展起了两个相互制约的联邦一级的保险监管机构。全国保险代理商和经纪人协会理事会主席又由 NAIC 提名，由总统任命、对总统负责；理事会直接向总统和国会报告工作。全国保险代理商和经纪人协会理事会主席又必须由 NAIC 成员出任，而且 NAIC 对全国保险代理商和经纪人协会的动议和处罚有审查权。

4. 强调对消费者保护

（1）加强隐私权保护。《金融服务现代化法》将隐私保护提高到空前重要的地位。规定每个经营性金融机构和监管机构有尊重客户隐私的义务，对经营业务和监管中涉及客户隐私的使用、披露作出了细致的规定。

（2）加强金融产品方面的消费权益的保护。对电子资金划拨的收费作出明确规定，要求一切电子资金划拨方面的收费，必须在顾客使用柜员机划拨资金之前明示；强调妇女接受金融顾问服务中的平等待遇，等等。

5. 强调对小企业和农业企业提供金融服务

放宽对联邦住宅银行的授权。准许社区小银行向联邦住宅银行借款，向小企业和农场放贷，该法还明示有关监管当局对社区小企业和农场获得便利金融服务进行研究，并于规定的几个月时间内提出改进性的立法建议。

6. 以法律形式对有关课题的研究作出明确要求

对一些现在尚无确切解决方案的重大问题，该法要求财政部部长和联邦储备理事会进行研究，并在规定期限内向国会提交报告。这些问题有：（1）金融控股公司的子公司从事新金融服务带来的问题；（2）金融现代化对小企业和农业企业方便获得贷款方面的影响；（3）对大型的参加存款保险的金融机构可能出现的破产带来的问题及其防范对策;(4)对附属债务(存款保险)在保护金融体系安全方面的作用的研究,防止和消除存款保险金制度形成的投保储蓄机构"太大而不会倒闭"的窘迫情况;(5)对网上银行和网上贷款对现行法律要求的适应情况作出的研究和报告。

(二)银行监管立法的方案比较

起草《银行业监督管理法》是国务院法制办和银行业监管机构联合组成工作小组共同决定的,这个决定是经过大量资料的研究和广泛协商、提出若干方案并充分论证的基础上,依照《宪法》和《立法法》的相关规定而做出的。作出这一决定有两个基础:一是修改《人民银行法》有关银行业监管的条文、《商业银行法》有关监督主体和监督对像、监督业务范围。按照金融监管体制改革的要求,解决银行业监管机构履行监管职责的法律授权和为强化监管提供必要的法律手段等问题,需要制定《银行业监督管理法》。也只有制定《银行业监督管理法》才能与《人民银行法》《商业银行法》的修改相衔接和匹配,才能有利于处理中国人民银行与中国银行业监管机构以及其他金融监管机构之间的监管协调和信息共享,才能有效解决银行业的监管和银行业金融机构的安全稳健运行,推动银行业监管观念的创新和监管方式的专业化和技术化,控制和化解金融风险,促进银行的健康发展和安全、稳健运行;二是我们通过对《人民银行法》和《商业银行法》的条款进行了逐条研究,以及对其实施8年以来社会各界的认同感和商业银行从业者的呼声的充分关注,参考借鉴了美国、英国、德国、韩国、新加坡、中国香港、中国台湾地区等一些国家和地区银行业监管的立法经验和司法实践的相关信息资料,特别是对照巴塞尔银行监管委员会《核心银行监管原则》进行了比较分析研究,认为修改《人民银行法》《商业银行法》和制定《银行业监督管理法》是历史的选择,也是现实的选择。

为什么呢?这是因为在研究提出制定《银行业监督管理法》方案的过程中,我们也提出并试图制定《银行法》,将银行业务和银行机构的界定;银行机构的市场准入,包括银行分支机构的设立,银行的并购重组,高级管理人员的任职资格,股东资格和股权结构、股权转让;银行的业务运作,包括审慎监管规则和经营规则,如资本充足率的要求,关联交易等;银行的监督管理包括:监管机构的权利、义务、程序、约束,银行的监督评级,手段等,银行的外部审计;对存款人的保护;信息披露;监管者和被监管者的问责制;监管协调;反洗钱报告制度;银行服务收费;银行对社会的回报;市场退出;惩罚条款集中在一个法律来规范。大家知道,从20世纪80年代以来,在经济一体化、金融全球化的背景下,主要市场国家如美国、英国、法国、德国和日本等国家都不同程度地通过监管机构单独立法对监督体制进行了大规模重组,大多数国家通过法律形式对监管体制调整以后并对各方面关系进行了界定和规范。经过大量中外银行监管资讯的研究,提出起草《银行法》。将《商业银行法》整体并入《银行法》,将有关商业银行、非银行存款类金融机构、合作金融机构、政策性金融机构、资产管理公司等的法规和银行业监管的法规纳入《银行法》统一规范。对合作金融机构、政策性金融机构、资产管理公司做原则性的规定,为以后制定相关法规、规章提供法律基础。将监管者、银行机构、非银行业金融机构、自然人和其他相关主题纳入同一法律规范,不仅可以解决过去《人民银行法》和《商业银行法》不能和没有解决而又必须解决的问题,而且制定《银行法》可以有效解决多个监管部门之间的监管协调问题,减少只制定银行业监督管理法(条例)可能出现的人民银行与银行业监管机构监管职能交叉产生的足以影响银行监管效率的诸多问题。同时,与市场经济国家银行业监督管理法律的立法和司法理念很近,便于银行业监管的国际协调和交流。而且,《银行法》与《人民银行法》《证券法》《保险法》《担保法》《票据法》《价格法》等法律的效力等级一致,有利于这些法律在司法化过程中的匹配和协调,有利于用法律规范解决金融业发展面临的重大问题,有利于加快中国金融法制建设的进程。

但是,制定《银行法》的立法技术比较高、还涉及废除《商业银行法》,同样是立法史上的重大事件,无法在较短时间内与立法、行政和银行机构等诸多方面协商一致。而修改《人民银行法》有关监管的内容,对《人民银行法》中有关银行业监管的基本法律需要相等的法律形式来承接,新设立的中国银行业监督管理机构需要明确而全面的法律授权。尤其是在中国已经加入 WTO 的条件下,银行业的依法监管受到国际社会的普遍关注。如果没有明确的事先公布法律解决银行的有效监管,不仅无法解决中国银行业监管的独立性、专业性和权威性,而且无法与《人民银行法》《证券法》《保险法》《商业银行法》《票据法》《担保法》等法律相匹配,不利于中国银行业监管机构与中国人民银行和其他金融监管机构建立银行业监管协调机制和信息共享机制,不利于银行业监管机构与其他国家的银行监管机构实行跨境合作,不利于树立银行业监管机构的监管和权威,提高银行监管的有效性,因此,只能选择制定《银行业监督管理法》。

还需说明的是,在研究比较方案的过程中,我们也提出制定《银行业监督管理条例》。该条例属于行政法规,只需经国务院通过,程序较简单。该条例的制定仅是简单的法律合并,技术要求低、工作量小。但是条例是行政法规,法律效力低于《人民银行法》《证券法》《保险法》《商业银行法》等其他法律，银行业监管机构依据《银行业监督管理条例》发布的监管规则和其他监管机构依据法律发布的行政规章，在实际操作中出现矛盾，不利于银行监管机构与其他监管机构相协调。而且将《人民银行法》和《商业银行法》有关银行业监管的核心内容用行政法规（条例）承接的合理性也将受到质疑。另外，银行监管机构作为一个国务院独立履行银行监管职责的法人主体，要着力解决中国银行业转轨时期的突出矛盾和问题，仅仅行政授权无法处理银行业在适应世贸组织规则和市场经济发展过程中出现的问题，不利于提高监管的有效性和防范化解金融风险。因为国际银行监管的实践证明，对有问题银行机构和银行的重大风险的处理，需要特殊的授权，而这种授权一般条件下超过了行政授权的范围。所以，解决中国银行业监管机构依法履行职责的问题，需要将银行业监管的主要内容：监管的目标宗旨和原则；监管机构的组织和运作；对机构、人员、业务、股东资格的审批；对银行的非现场检查和要求商业银行报送监管数据；对银行的现场检查；负责制定审慎监管的规章制度和指引；对有问题银行机构的处置；监管协调；存款人利益的保护；反洗钱；信息披露与透明度；监管收费；监管罚则；问题银行机构的处理等纳入一个法律规范。

历史和现实选择制定一部专门的《银行业监督管理法》。当然，第一次将有关银行业监督的公权集中在一个法案表述，与其他国家和地区银行立法不同，没有现成的经验可以直接借鉴，我们也被金融业内和法学界、经济学界的学者们不同意见所困扰。

二、中国银行监管立法的重点问题

1995年以来，中国先后颁布了《人民银行法》《商业银行法》《保险法》《证券法》,以及与金融相关的法律法规,但是金融法律体系并没有有效地解决中国金融业发展过程中许多重大的问题。尤其是人民银行有关银行监管的规定少而原则,全部罗列也只有如下内容:

即原《人民银行法》(1995 年版)第 4 条第 3 项,按照规定审批、监督管理金融机构;第 4 项按照规定监督管理金融市场;第 5 项发布有关金融监督管理和业务的命令和规章。

第 30 条中国人民银行依法对金融机构及其业务实施监督管理,维护金融业的合法、稳健运行。

第 31 条中国人民银行按照规定审批金融机构的设立、变更、终止及其业务范围。

第 32 条中国人民银行有权对金融机构的存款、贷款、结算、呆账等情况随时进行稽核、检查监督。中国人民银行有权对金融机构违反规定提高或者降低存款利率、贷款利率的行为进行检查监督。

第 33 条中国人民银行有权要求金融机构按照规定报送资产负债表、损益表以及其他财务会计报表和资料。

第 34 条中国人民银行负责统一编制全国金融统计数据、报表,并按照国家有关规定予以公布。

第 35 条中国人民银行对国家政策性银行的金融业务,进行指导和监督。

第 45 条违反法律、行政法规有关金融监督管理规定的,中国人民银行应当责令停止违法行为,并依法给予行政处罚;构成犯罪的,依法追究刑事责任。

如何在《人民银行法》有关金融监管条款的基础上和《商业银行法》有关监管主体变化导致的部分内容修改的基础上设计一个监管法

草案，涉及若干问题。其中，最主要的问题如下：

（一）WTO 规则和国际法律制度借鉴

20 世纪 80 年代以来，经济全球化、金融自由化主题从理论到实践已经对中国产生了深刻的影响。中国政府有关中国金融业的改革和发展，包括良好的金融监管体系的建立和安全、稳健的金融体系的形成的决策，都必须对经济全球化、金融自由化的发展趋势作出一个正确的判断。特别是十多年来市场经济国家以立法形式对监管体制进行了大规模重组，新设监管机构的职能范围扩大，组成也比较复杂，有通过法律对各方面关系进行界定和规范的必要。具体说来，至少应考虑两个问题：

第一，银行业如何应对加入 WTO 挑战是全社会关注的焦点，但是挑战是什么，不同的人有不同的理解。不过法律或者规则是应对挑战必须要解决的问题，这是无可争议的事实。制定《银行业监督管理法》的基本内容要符合 WTO 规则。对于这些原则，很少有人说不遵守世界贸易组织规则，但在对具体条文体现和落实，对这个规则的内容，不同的人认识也就千差万别。在中国加入 WTO 的条件下，中国政府承诺以修改和起草法律法规的形式，全面履行责任和义务。我们必须遵守金融服务贸易协议的法律原则。该协议关于法律原则的规定可以分为两类：一是一般性的义务，适用于所有的服务部门，无论成员方是否将某个服务贸易部门对外开放，在采取有关措施时都必须遵循的原则。如最惠国待遇、透明度原则、发展中国家成员的逐渐参与原则和法规客观合理原则等都属于一般性义务。二是市场准入原则、国民待遇原则。还有 WTO《服务贸易总协定》（GATS）第 3 条规定："除非紧急情况下，每一参加方必须将影响本协议实施的法律、法规、行政命令及所有的其他决定、规则，以及所有的习惯做法，无论是由中央或地方政府作出的，还是由非政府有权制定规章的机构做出的，都应最迟在他们生效之前予以公布。”

第二，我们说监管标准要与国际通行规则接轨也不会有人反对，但是，我们国家的现有公众出版物有关国际金融监管通行做法理论和实践的介绍，没有回答有多少人认可这些做法可以适用解决中国金融业面临的问题。世界上大多数国家，包括市场经济国家和新兴市场国家普遍采用巴塞尔银行监管的核心原则，尤其是新兴市场国家的银行监管法律大量吸收了巴塞尔银行监管核心原则的精神理念和实质内容，如日本、韩国和中国台湾地区、中国香港特别行政区的法律。中国的金融市场逐步开放以后，大批外资金融机构进入中国，中国金融机构需要进入国际金融市场，中国银行监管要按照国际银行监管的通行做法，与其他国家的银行监管机构建立监管合作机制，共同实施跨境监管。《银行业监督管理法》是银行业监管的基本法律，如果核心内容与国际银行监管规则差距较大，不仅影响中国银行业监管机构有效履行职责，而且，也将影响我们国家的对外开放形象。

（二）监管机构授权的合理性判断

改革开放以来，中国银行业取得了举世公认的成就，但是，其市场化改革也面临一些重大问题，如银行机构规模不经济；大型银行机构“太大不能倒闭”；缺乏约束（市场约束不灵，是因为大银行垄断市场份额70%以上）；产权约束不灵（是因为国有独资，即使进行股份制改造，国有控股的局面也不会改变）；不良资产比例偏高，处置不良资产的任务极其艰巨。在经济一体化、金融全球化的大背景下，政府的选择只能设立一个直属中央政府强有力的监管机构对其实施监管。这种现实的选择客观上促进了中国分业监管体制的形成。国家对证券、保险监管机构已经有了立法,《证券法》《保险法》及其配套的规章解决了证券和保险两个监管机构依法履行职责的问题。解决中国银行业监管机构的设立及依法履行职责的问题,涉及对银行业监管机构的法律授权。对银行业机构的法律授权必须与中央银行的货币政策、金融稳定和金融设施相匹配,与证券保险监管机构相衔接,必须与中央银行和证券、保险监管机构建立监管协调和信息共享机制,并在此基础上,从法律上解决银行业监管机构有效监管的问题。同时,为了防止权力滥用,必须对监管权力的运作和约束进行规范。我们在修改《人民银行法》《商业银行法》两部法律和起草《银行业监督管理法》的过程中,我们就银行业监管机构的职权与责任、权力运作规范和权力约束规范,与相关的部门、专家进行讨论,向国务院领导、全国人大常委会组成人员汇报和说明,如非法集资和非法从事金融业务;对银行业机构董事、高级管理人员的罚款;对银行业金融机构的罚款标准;行政强制措施;延伸检查权;查询权;等等。已经颁布实施的《银行业监督管理法》大多数条文对上述问题作了明确的规定,部分条文仍比较原则,甚至含糊,需要在实施过程中逐步改进。这就是社会各界对银行监管机构授权的合理判断的结果。

（三）专门监管机构与中央银行的职能配置

长期以来,虽然理论和实务界对各种监管模式孰优孰劣一直存有争议,但对有一点是达成共识的,就是货币政策与金融监管是相互联系、相互影响的,货币政策和金融监管的目标、业务常常会有所交叉,并相互补充,在某些情况下甚至会有角色冲突。[①] 但是,一个不容争辩

---

① 李文泓:《国际经验:中央银行与金融监管机构的协调合作机制》,载《中国金融》2003 年第 15 期。

的事实是，无论采用什么样的银行或金融监管模式，都必须兼顾货币政策与金融监管的目标，都必须为货币政策与金融监管两项职能建立良好的合作与协调机制。如果货币政策与金融监管两项职能分由两个不同的机关来承担，则必须在两个不同机关之间建立起充分、可靠、及时的信息交流机制，并有强有力的制度保证信息交流机制的有效性，否则，无论是货币政策，还是金融监管，其有效性都会受到严重的制约与损害。具体说来，中央银行因承担着货币发行与信用扩张与收缩的重大职责，而且由此成为商业银行的最后贷款人，因此，无论法律是否明确规定由中央银行承担金融监管职责，中央银行都承担着维护金融稳定的重要职能。而金融监管机构监管职能的主要目标之一就是维护金融稳定。因此，中央银行和金融监管部门在维护金融稳定方面的职能各有侧重、各有优势。中央银行通过货币政策、支付清算金等具体职能，主要通过对流动性的调节来防范系统性风险；而金融监管部门则通过对金融机构实施直接外部监管，从公司治理、审慎经营到产品与服务的管理，来提高金融机构的稳健性，以防范和化解具体金融机构的风险。

中国是发展中国家，发展中国家货币政策还没有独立于行政权力而成为公共政策。银行监管机构专司银行业监管的职责，涉及银行业规则制定、银行机构和业务的审批、对银行业机构的非现场监管和现场检查、处罚，这些职责的履行与中央银行负责制定和实施货币政策以及管理利率和外汇，承担管理金融基础设施的职责和维护金融稳定职责都存在不同程度的关联。一方面，中央银行从履行职责的需要出发，应该保留部分对银行的监管权，但是，银行监管机构与中央银行之间在行使相关权力时，没有合作和协调的规则，就有可能导致重复监管，浪费资源，增加成本等问题；另一方面，金融业务不断交叉，银行、证券和保险监管机构（部门）之间也越来越需要加强合作与交流，相互协调监管政策和手段，避免出现监管真空和重复监管。只有银行（金融）监管机构与中央银行的密切合作，才能实现共同维护金融稳定的目标。在《银行业监督管理法》的制定过程中，相关部门就支付结算的管理、报表资料的报送、检查权和处罚权规范行使等，进行了认真的讨论。如报表搜集问题，其实质有两个：一是节约社会成本，减轻金融机构的负担；二是避免重复报送可能导致的数据信息混乱影响统计数据的可比性、系统性和完整性。因为，金融统计指标是一个动态的体系，统计指标和统计口径经常会进行调整。统计手段还主要以手工和纸质的报送为主。要求商业银行同时向银行业监管机构和人民银行报送统计资料，不仅会增加银行类金融机构的经济负担，也会影响资料信息的准确性和时效性。从国外的经验来看，英国、日本在货币政策与银行监管分离后，都明确规定了单一的银行财务、统计数据的日常收集主体，以避免加大银行的负担。比如，英国《财政部、英格兰银行和金融服务局之间的谅解备忘录》规定，英国金融监管机构可以通过行使其法定职权，大范围的收集其审批和监管的银行（公司）的数据，英格兰银行只能根据其行使职责的需要收集履行职责所需的数据和信息；为减轻金融机构的监管负担，两家或两家以上对金融机构负有管理职责的机构应避免向同一家金融机构收取同样的数据；在两家以上管理机构均需获得金融机构信息与数据的情况下，财政部、英格兰银行和金融服务局之间应该协商达成协议并明确发布规定，明确由谁向金融机构收集信息与数据，以及如何向另一方或另两方传递信息与数据。此类信息共享协议中一方可以全面、自由地共享另一方所需要的与其职责有关的信息，而在我们国家，中央银行管理统计信息系统，银行监管机构要建立银行业监管信息系统至少需要两年以上的时间，中央银行和银行业监管机构只能通过其他合作方式解决。还有支付结算规则制定、信贷政策的制定等，都受到类似条件的影响。但是，《银行业监督管理法》、《人民银行法》和《商业银行法》的条文对职责划分问题解决没有交叉和矛盾，人民银行与银行业监管机构的一些具体的职责还需要双方根据法律的要求和具体职责制定规则。

三、《银行业监督管理法》的立法宗旨

《银行业监督管理法》的制定，从根本上说，就是基于对以上问题的思考和研究，根据中国金融监管体制改革和金融业发展的实际需要，明确银行业金融机构的监管主体、规范银行监管行为、加强监管、提高银行业的风险管理水平，从根本上保护存款人的利益、维护国家的金融稳定和安全。这既是《银行业监督管理法》的立法宗旨也是创制银行监管法的主线。

整部《银行业监督管理法》实际上就是按照银行监管一般原理和银行监管立法机关一般规律，根据中国银行监管立法需要坚持的原则，为满足中国银行监管立法的要求确定立法宗旨和目的，其具体体现如下：

（一）由立法宗旨到立法目的

《银行业监督管理法》第 1 条规定，“为了加强对银行业的监管管理，规范监督管理行为，防范和化解银行业风险，保护存款人和其他客户的合法权益，促进银行业健康发展，制定本法”。本条开宗明义，阐

明了《银行业监督管理法》的立法目的。

银行业监管工作始终是中国金融工作的重中之重,既关系到国家经济乃至整体的安全,又与千家万户的切身利益密切相关。加强银行业的监督管理,是本次金融监管体制改革的出发点,也是制定《银行业监督管理法》的归宿。加强银行监管,提高监管水平,关键在于“依法监管”,提高银行业监督管理行为的规范性。因此,“规范监督管理行为”,是制定《银行业监督管理法》的逻辑主线,贯穿于《银行业监督管理法》的始终。“规范监督管理行为”包含两层含义:一是通过法律的形式赋予银行业监督管理机构法定的监管权力,明确监管机构应承担的责任与义务,确定监管机构行使监管权力的权威性;二是防止监管权力的不当使用,提高银行业监督管理活动的透明度,降低不当监管行为对社会造成的不利影响。

加强银行监管的最终目的,在相当长的一段时间内,就是要“防范和化解银行业风险,保护存款人和其他客户的合法权益,促进银行业健康发展”。这是制定《银行业监督管理法》,加强监管要解决的最主要问题。

中国仍处于社会主义初级阶段,经济转型尚需经历一个相当长的时期,金融市场还有待于不断发展改进,在一定时期内,间接融资仍将是中国资金资源配置的主要方式和途径。据统计,中国金融资产的80%以上是由银行资产构成,近10年银行贷款的增量仍是证券市场融资量的10倍以上。同时,由于历史因素,中国银行体系积聚了大量的不良贷款,对整个社会经济的发展和稳定都构成了潜在的威胁。在这种情况下,加强银行监管需要解决的迫切任务之一,就是要防范和化解银行业的风险,维护经济金融体系的安全,促进中国金融业的健康发展。

保护存款人的利益,降低银行风险对社会的外部性影响,是银行监管活动存在的前提,也是“执政为民”思想的体现。由于银行的经营活动既涉及各类市场主体和大部分的市场活动,又具有寡头垄断的性质,保护存款人和其他客户的合法权益,避免存款人和银行客户因市场地位的不对称而受到损害,有利于形成公平的市场环境,培育消费者对银行体系的信任和信心,从根本上有助于金融体系的稳定和银行业的健康发展。

(二)明确银行监管的目标

银行业监督管理的目标是根据《银行业监督管理法》立法的总体思想和主线,对《银行业监督管理法》立法目的和宗旨的具体化,也是对监督管理活动提出的立法要求,是实施银行业监督管理的总方向。

一般而言,银行监管活动的目标主要包括:一是维护公众对金融体系的信心和金融稳定;二是保护消费者的利益;三是维护金融交易的公平市场环境和有效运行;四是培育公众的金融意识;五是减少金融犯罪。《银行业监督管理法》第3条规定,中国“银行业监督管理的目标是促进银行业的合法、稳健运行,维护公众对银行业的信心。银行业监督管理应当保护银行业公平竞争,提高银行业竞争能力”。

在中国经济体制和特定的市场背景下,保护消费者(存款人和其他客户)的合法权益,维护金融稳定,不仅是银行监管的目标,而且是一切金融工作的最基本要求,是《银行业监督管理法》的立法宗旨之一。这些要求落实到银行业监督管理的具体目标上,就是要“促进银行业的合法、稳健运行”。这是维护金融体系稳定、保护消费者利益的基础,也是减少金融犯罪的基础。银行业的合法、稳健运行,首先是要求银行经营活动要“依法而行”,遵守市场秩序,符合市场规范。其次是要求银行的经营活动要坚持稳健性原则,建立健全各类规章制度,加强风险管理,有效防范和化解风险。

维护公众对银行业的信心包括三层含义:一是银行监管活动要从维护公众的利益出发,提高监管活动的透明度,加强对银行活动的社会监督;二是监管机构有责任宣传金融知识,提高社会公众对银行业务和活动的了解程度和知识水平;三是要大力打击金融违法违规行为,惩处金融腐败。

与市场经济和新兴工业国家的银行业相比,中国银行业的国际竞争能力还较差。由于银行的治理结构和约束机制不健全,不公平竞争甚至恶性竞争的现象在一定程度上还比较普遍。如果不能有效地解决这些问题,银行监管的目标就难以实现。同时,中国目前仍是一个转型经济国家,金融监管机构在加强监管的同时,还需要积极促进市场发展,维护市场秩序,保持政策的一致性。因此,保护银行业公平竞争,提高银行业的竞争能力,就成为银行业监督管理机构为实现银行监管目标而必须承担的一项义务,同时也是维护金融市场有效运行、提高金融效率的具体体现。

(三)监管主体及其职责、权力和手段

《银行业监督管理法》第2条规定:“国务院银行业监督管理机构负责对全国银行业金融机构及其业务活动监督管理的工作”,具体来说,就是银行业监管机构作为专业化的监管机构,负责银行业的监督管理工作,行使银行业监督管理的权力,承担银行业监督管理的责任。

银行业监管机构对银行业金融机构及其业务活动实施监管,是对市场约束机制失灵的一种校正,不能替代市场机制,也不能干扰市场的正常运行。因此，在法律对银行业监管机构授予了一定的公共管理职权后，必须对银行业监管机构行使公共管理权力的基本原则、范围、方式和程序等进行界定。

首先，《银行业监督管理法》第 4 条规定："银行业监督管理机构对银行业实施监督管理，应当遵循依法、公开、公正和效率的原则"。

遵循"依法、公开、公正"原则，是一般行政法规中的普遍规范，虽然银行业监管机构是国务院直属的事业单位，但其承担的是公共管理职责，同样应该遵循这一原则。此外，根据中国银行业发展的需要，总结以往银行业监管的经验，银行监管的原则中特别增加了"效率"原则，通过提高监管效率和质量，减少监管活动对银行业金融机构正常经营活动的影响，节约监管成本。

其次，《银行业监督管理法》第 15 条、第 16 条、第 17 条对银行业监管机构的监管范围进行了规定。

一是对银行业监管机构规章规则制定权的规定，第 15 条规定："国务院银行业监督管理机构依照法律、行政法规制定并发布对银行业金融机构及其业务活动监督管理的规章、规则"；第 21 条规定："银行业金融机构的审慎经营规则，由法律、行政法规规定，也可以由国务院银行业监督管理机构依照法律、行政法规制定"。

二是对银行业监管机构审批和管理范围及方式的规定，第 16 条规定："国务院银行业监督管理机构依照法律、行政法规规定的条件和程序，审查批准银行业金融机构的设立、变更、终止以及业务范围"；第 17 条规定："申请设立银行业金融机构，或者银行业金融机构变更持有资本总额或者股份总额的规定比例以上的股东的，国务院银行业监督管理机构应当对股东的资金来源、财务状况、资本补充能力和诚信状况进行审查”;第 20 条规定:“国务院银行业监督管理机构对银行业金融机构的董事和高级管理人员实行任职资格管理。具体办法由国务院银行业监督管理机构制定”。

三是《银行业监督管理法》对监管行为,包括监管手段、程序等进行了规范,同时也规定了对监管者的监督管理。

第 23 条规定:“银行业监督管理机构应当对银行业金融机构的业务活动及其风险状况进行非现场监管,建立银行业金融机构监督管理信息系统,分析、评价银行业金融机构的风险状况”;第 24 条规定:“银行业监督管理机构应当对银行金融机构的业务活动及其风险状况进行现场检查。国务院银行业监督管理机构应当制定现场检查程序,规范现场检查行为”。

对于监管者的监督问题,《银行业监督管理法》第 12 条规定:“国务院银行业监督管理机构应当公开监督管理程序,建立监督管理责任制度和内部监督制度”;第 14 条规定:“国务院审计、监察等机关,应当依照法律规定对国务院银行业监督管理机构的活动进行监督”。

(四)多方主体的权利与义务界定

《银行业监督管理法》第 2 条界定了银行业监管机构的监管对象。被监管者必须按照法律的要求接受银行业监管机构的监督管理,否则需要承担相应的法律责任。对于监管者与被监管者权利与义务的界定,构成了《银行业监督管理法》的主要内容。

对于银行业监管机构和其他行政机构、金融管理部门的关系,《银行业监督管理法》第 13 条规定:“银行业监督管理机构在处置银行业金融机构风险、查处有关金融违法行为等监督管理活动中,地方政府、各级有关部门应当予以配合和协助”;第 29 条规定:“国务院银行监督管理机构应当会同中国人民银行、国务院财政部门等有关部门建立银行业突发事件处置制度,制定银行业突发事件处置预案,明确处置机构和人员及其职责、处置措施和处置程序,及时、有效地处置银行业突发事件”。

(五)国际监管信息交流和监管协作

《银行业监督管理法》第7条规定:“国务院银行业监督管理机构可以和其他国家或者地区的银行业监督管理机构建立监督管理合作机制,实施跨境监督管理”;第11条规定:“……国务院银行业监督管理机构同其他国家或者地区的银行业监督管理机构交流监督管理信息,应当就信息保密作出安排”。

四、《银行业监督管理法》的实质内容

《银行业监督管理法》整部法律体现了银行监管的立法宗旨和立法目的,从体例上看,各章逻辑结构采用了列举排序和逻辑层次递进的方式,如监管机构和监管职责用列举式,总则和监管措施各条采用层级递进方式。《银行业监督管理法》共6章50条,包括总则、监管机构、监管职责、监管措施、法律责任和附则。从总体上看,《银行业监督管理法(草案)》的结构体例具备一个法案架构,《银行业监督管理法》的体例布局基本合理,符合中国传统法律模式的形式要求,在征求意见的过程中,得到了法学专家的积极肯定。

(一)总则

总则包括立法宗旨、监管对像、监管目标和原则、监管者的独立性和法律保护、监管的境内外协作与合作共7条。

(二)监督管理机构

包括监管机构派出机构的设立、监管人员专业知识、廉洁要求和

保密义务机构的内部、外部监督制度、地方政府和各级政府部门在处置银行业金融机构风险和查处金融违法行为过程中的配合义务共7条。

(三)监督管理职责

本章共18条,明确规定了监管机构的主要职责,包括:制定和发布银行业监管的有关规章和规则;审批银行业金融机构的设立、变更、终止以及业务范围,审查股东资格和董事、高级管理人员的任职资格;对银行业金融机构进行非现场监管和现场检查,实行并表监管;建立监管评级体系和风险预警机制;会同有关部门,建立银行业突发事件的发现、报告、处置制度;同意编制并公布银行业金融机构的统计数据和报表;指导、监督银行业自律组织的活动;开展与银行业监督管理有关的国际交流、合作活动等。

(四)监督管理措施

为确保监管机构对银行业实施有效监管,本章强化了银行监管的手段和措施,其9条分别规定了监管机构有权要求银行业金融机构报送各类报表和资料;有权采取必要的措施,实施现场检查;有权要求与银行业金融机构董事、监事、高级管理人员进行监管会谈;有权要求银行业金融机构按照规定进行信息披露;有权区别不同情况,对未遵守审慎经营规则的银行业金融机构采取递进的监管强制措施;有权对有问题的银行业金融机构进行接管、机构重组或撤销,并对其直接负责的董事、监事、高级管理人员和其他直接责任人员采取必要的限制措施;有权查询涉嫌金融违法行为人的存款或申请司法机关冻结违法资金等。

(五)法律责任

本章共6条,对监管机构和银行业金融机构分别规定了相应的法律责任。如《银行业监督管理法(草案)》第41条规定,银行监管机构违反规定审查批准银行业金融机构的设立、变更、终止以及业务范围和业务范围内的品种,违反规定对银行业金融机构进行现场检查,违反规定查询存款,违反规定对银行业金融机构采取措施或者处罚,或者有滥用职权、玩忽职守的其他行为,应当依法给予行政处分;构成犯罪的,应当依法追究刑事责任。

(六)附则

本章共3条,规定监管机构应按照本法有关规定,对经其批准在境外设立的金融机构进行监管,以及对两类特殊机构——政策性银行和金融资产管理公司的监督管理,还应遵守其他法律、行政法规的有关规定。

五、《银行业监督管理法》的基本特征

从金融监管法律框架设计看,大多数国家的银行业法律框架由"中央银行法"和"银行法"组成。迄今为止,无论是普通法系国家,还是大陆法系国家均未就银行(或金融)监督管理的问题单独立法,关于银行监管机构的授权和监管的实施通常为银行法的一部分内容(在英国为《金融服务与市场法》的部分内容)。至于监管的手段、方式和程序,则一般不由法律来规范,而是体现在监管当局制定的审慎监管标准、规定、指引或监管手册中。

对监管机构或监管问题单独立法的主要是近几年来对监管体制进行了大规模重组,建立综合性监管机构的国家,如德国、澳大利亚和韩国等。大多数市场国家都以立法形式对监管体制改革后新的监管机构的职能、组织结构、运作方式及其他相关机构之间的关系进行了

界定。如韩国的《中央银行法》对金融监督委员会(FSC, Financial Services Commission)、其下的证券期货委员会(SFC, Securities & Futures Commission)和监管的执行机构金融监督院(Financial Supervisory Services)的组织结构、人员组成、职能范围、运作方式及三家机构之间的关系、金融监督委员会与韩国银行和财政金融部之间的关系做出了规定。值得注意的是,上述为监管机构的职能范围较大,组成也比较复杂,有通过法律对各方面关系进行界定和规范的必要。但这些法律也没有涉及监管的手段、方式和程序等具体的监管实施问题。英国没有为新设的综合性监管机构——金融服务局单独立法,而是将有关内容纳入了《金融服务与市场法》,同时由财政部、英格兰银行与金融服务局签署谅解备忘录,明确规定了三家机构各自承担的金融稳定职责,以建立在维护金融稳定目标之下的合作、协调框架。美国 1913 年的《联邦储备法》、1933 年和 1935 年的《银行法》、1950 年的《存款保险法》、1978 年的《国际银行法》、1989 年的《金融机构改革、复兴和加强法》及 1999 年的《金融服务现代化法》(*Gramm Leach Bliley Act*)等,都没有对银行监管专门立法。英国《2000 年金融服务与市场法》(*Financial Services and Markets Act* 2000)是对过去相关银行法律的重组。德国有《中央银行法》、2001 年《银行法》(*Banking Act*)、2002 年通过的《综合性金融服务监管法》(*Law on Integrated Financial Services Supervision*)。澳大利亚有《联邦储备银行法》、1959 年《银行法》(*Banking Act*)、1998 年澳大利亚《审慎监管局法》(*Australian Prudential Regulation Authority Act* 1998)。韩国有《中央银行法》、《银行法》(*Banking Act*)、2000 年《金融监管机构设立法案》(*Act on the Establishment of Financial Supervisory Organisations*)。新加坡有《金融管理局法》(该机构同时负责货币政策和金融监管)、《银行法》(*Banking Act*)。中国香港有《银行业条例》(*Banking Ordinance*)。中国台湾地区有“中央银行法”和“银行法”等。当然,仅是制定专门银行监管法也不能说明什么问题,因为经济决定金融,金融发展模式决定法律形式。这里需要说明的不是我们国家制定了第一部专门的《银行业监督管理法》,而是为了从法律上解决银行发展和银行监管面临的问题,我们对《人民银行法》《商业银行法》修改以后,需要一部专门的《银行业监督管理法》与之配套。从世界主要国家银行立法的情况看,迄今为止颁布实施的单独法律基本上都涉及银行管理、银行业务交易、对银行违反规则的处罚和金融犯罪等内容。从法理上讲,涉及立法权、行政权和司法权行使。所以,任何一部银行法律都不同程度地包括行政、民事、商事和刑事等内容,制定《银行业监督管理法》需设计将银行监管的权力集中在一个法律文本单独规范,在立法技术上有一定难度,仅仅凭借参与者有限的知识和经验,不可能不留下某些缺憾。但是,《银行业监督管理法》的实质内容体现了监管理念的变化和监管立法的创新,得到了国内外同行和经济学、法学界的肯定。其特点如下:

(一)借鉴国际先进立法经验

主要是指借鉴国际银行业的先进监管理念和法律制度,将国际银行监管的通行做法转换为基本法律制度。

《银行业监督管理法》的实质内容大量吸收和借鉴了巴塞尔银行监管委员会的《有效银行监管的核心原则》,并参阅了巴塞尔银行监管委员会发布的其他指导性文件及美国、英国、德国、韩国、中国香港和中国台湾地区等国家或地区关于银行监管的法律制度。《银行业监督管理法》除“法律责任”和“附则”外共有 41 个条款，其中 27 条（67%）都直接体现了核心原则的思想，如银行监管的目标和原则，银行监管的独立性和监管者保护，监督管理协调和信息共享，跨境监督管理，信息披露，监管谈话等。

（二）获得国家特别授权

从现实需求看，这种特别授权有利于解决银行业的一些特殊问题。

世界上大多数国家或地区也均在相关法律中明确赋予监管当局一些特别权力：如中国台湾地区“银行法”、《韩国银行法》、《德国银行法》等，美国货币监理署（OCC）有权采取措施以纠正银行已发现的问题。监管措施一般会明确纠正银行机构错误的做法，如改善贷款程序、提高资本、拟定合适的政策和程序以及纠正违规行为。这些措施按照情节轻重程度分为董事会决议、命令函、谅解备忘录、正式合约、终止或停业命令等形式发出，同时 OCC 会估算出对银行的罚金，并在极端情况下托管或清算银行。当有重大不当行为发生时，OCC 还可以采取措施对董事或其他机构关联方予以撤职或停职，并有权对其进行罚款。《银行业监督管理法》规定：监管机构有权区别不同情况，对未遵守审慎经营规则的银行业金融机构采取监管强制措施；有权对有问题的银行业金融机构实行接管、指令合并和予以撤销；有权对被接管、指令合并或撤销的机构直接负责的董事、高级管理人员和其他直接责任人员采取强制措施或申请司法协助；有权查询涉嫌金融违法行为人的存款。上述措施设计旨在使用司法权解决中国银行业的一些特殊问题。

（三）规制银行监管权力

银行监管立法规范监管权力，尤其是约束权力运作，很大程度上体现了现代政府的法治精神。《银行业监督管理法》规定了银行业监管机构及其派出机构及其从事监管人员履行职责的廉洁要求、保密义务、内部监督,同时规定了不履行上述义务应承担的法律责任。在授权监管机构使用监管手段和措施的同时,还规定了相应的监督制约措施和法律责任,如监管机构进行现场检查时,检查人员不得少于两人,并应出示合法证件和检查通知书;银行业金融机构经过整改,符合有关审慎经营规则的,监管机构应当在3日内解除对其采取的有关限制措施;对违法采取监督管理措施的,还规定了相应的法律责任。这些规定的实质内容体现的立法思想符合民主法治的要求,表明了中国政府依法监管银行业的坚定决心。

银行业依法监管的宏观环境

提示：此文系2007年笔者为《中国金融法治报告》[①]撰写的部分文稿，旨在阐明中国银行业依法监管的深刻内涵。本文开篇回顾了中国《银行管理暂行条例》颁布之后20年间中国银行监管发展，对比起美国19世纪80年代从反垄断领域发展起现代监管制度，中国银行业依法监管有自身的特点及特殊的形成背景与规律。政府治理框架下，中国银行监管机构的法律定位是依照法律设立的履行银行业监督管理职能的金融监管机构，其职能配备侧重于银行业金融市场监管，其职权职责主要由法律规定，其运行机制与一般政府行政部门有重大差异。银行监管与行政管理的区别在于，行政管理权力源于一般授权，而银行监管权力来自专门授权；行政管理权主要是执行权，而银行监管权包括：准立法权、准行政权和准司法权；行政管理不具备法理上的独立性，而银行监管具有突出的独立性；银行监管还具有比行政管理更强的专业化要求。

法律是使人类行为服从规则治理的圭臬，[②]法律编制了现代国家

---

① 本文收录于《中国金融法治报告》，社科文献出版社2007年版。

② 美国法学家富勒曾指出，法律是使人类行为服从规则治理的事业。参见 Lon Fuller, *The Morality of Law*, rev. ed., Yale University Press, 1969, p. 106。

治理与社会发展的经纬。改革开放以来,中国社会发生了经济模式与国家治理方略的双重转换。由计划经济到市场经济、由依据政策治国到依据法律治国,这一过程是缓慢而艰难的,而它又是那样的清晰与深刻。作为国家治理与政府监管的重要组成部分,银行监管坚持了依法监管的基本要求。从 1986 年国家颁布第一个专门监管银行的行政法规起,中国银行业依法监管经历了前后 20 年的发展历程。[①] 其间有过成功的激昂与张扬,也有过难以驱除的迷茫与困惑,银行业依法监管的成就、经验抑或是教训,堪为回顾、总结和反思。

银行业依法监管是一个重大而复杂的课题,它既是监管的本质要求,又是动态的发展过程。依法监管进程中,银行监管实现了从缺乏规则到具备规则,从具备规则到具备合法规则,再到架构基本符合现代有效银行监管的规则体系的历史演变;实现了规则制定权、现场检查权、行政许可权、行政处罚权等核心监管公权的法律控制;实现了对银行业金融机构、银行业从业人员和社会大众的自主经营、合法竞争和相关权益的制度保障;开展了旨在统一规则、提升质量和规范监管者法律行为的制度建树。诸如此类依法监管进程中的制度成就,无疑为银行业依法监管的进一步发展奠定了良好基础。

然而,中国银行监管的规则理念、立法技术、法律协调和监管行为规范诸方面,也尚存在缺陷。中国银行监管的法制建设,还不能完全满足现代银行有效监管的发展要求;而且,随着国家治理模式的变迁、

---

① 1986 年国务院颁布的《银行管理暂行条例》,是对新中国成立以来特别是党的十一届三中全会以来银行管理实践的总结,为当时规范银行管理关系和强化金融调控发挥了重要作用,其历史作用不可磨灭,因而可以将该行政法规的颁布视为中国银行业依法监管的开始。鉴于 1994 年中国先后颁布《外资金融机构管理条例》《金融机构管理规定》等金融监管法规;1995 年,全国人大先后通过了《人民银行法》、《商业银行法》、《票据法》、《保险法》、《担保法》和《关于整治破坏金融秩序犯罪的决定》等金融法律,故而也有学者认为,以这两年为标志,中国金融监管开始走上依法监管的轨道。参见韩汉君、王振富等编著:《金融监管》,上海财经大学出版社 2003 年版,第 78 页。

政府环境的变化和依法治国建设法治国家方略的推进，中国银行业依法监管事业将面临新的机遇和挑战。但我们完全可以预言，基于业已形成的国家治理背景，银行监管将更加服从现代法的价值取向和法治精神；将会出现更加有效的现代银行监管法律规则体系；将更加注重监管法律规则的真实执行与能动运作。21 世纪新形势下，中国银行监管现代化与法治化，是银行业依法监管确定不移的价值目标。

现代监管制度产生于美国，是适应美国政府反垄断职能而建立起来的，以 1887 年建立州际商务委员会（ICC）为标志，美国产生了现代意义的政府监管制度。[①] 在中国现代社会，随着市场经济的发展，政府整体职能进行了深刻转换，中国建立了专门的监管机构，对相当重要的金融、电力、安全等领域或行业予以特殊监管。2003 年 3 月成立中国银行业监管机构，行使从央行分离出来的对全国银行业金融机构及其全部业务活动的监管职能，从而形成了中国银行监管的新型体制。

一、政府治理框架下金融监管机构的法律定位

政府监管不但是政府治理领域的重要范畴，更是现代公法规制的主要对象。它既催生于整个政府体制与治理模式的根本性作用，又反映出分明的公法属性，是现代公法与政府治理理论共同关注的

---

① 铁路业曾于 1879 年成立类似于行业自律组织的联合执行委员会（Joint Executive Committee，JEC），但事实表明，JEC 的作用有限，1881 年、1884 年、1885 年美国都发生了激烈的铁路业价格战，创设强而有力的独立监管机构成为必然，ICC 由此应运而生。在后来的管制历史中，ICC 又被逐渐增加了监管州际汽车货运和水运的价格和市场准入、通信、输油管道等项权力。

重大课题。[1] 一方面,政府监管的产生与发展,监管体制的形成与定型,均受制甚至是决定于整个政府体制与治理模式;另一方面,产生于整个政府体制与治理模式的政府监管,又必须得到公法的确认和规范,又必须依赖公法予以制度化与常态化构建。因此,考察政府监管和监管体制,就必须首先立足于整个政府体制与治理模式背景,继而着力于公法分析和公法评判;就必须从政府治理角度进行政府监管的法律定位。现代政府治理理论认为,政府监管体制涵盖了监管机构设置、监管职能配置和监管运行机制等核心范畴。而对照公法理论,即可发现公法重点关注的是监管机构的法律性质、监管机构的权责体系和监管权能的有效规制。具体分析中国银行监管及其体制,可以认为,基于整个政府治理体制,银行监管机构得以组建和设立,而公法予以确认和规范的过程,也即对银行监管机构的法律定位过程;基于整个政府治理体制,银行监管职能得以确定和划分,而公法确认和规范的方法,也即对其作出严格的职责职权归集,以形成明确完整的法律意义上的权责体系;基于政府治理模式要求,银行监管确立了相关运行机制,而公法对其分析和评价,则主要着眼于监管权能运行的程序控制。当然,认为监管机构设立、职能划分与运行机制诸方面属于政府治理范畴;监管机构定性、监管权责归集和监管权能控制属于公法范畴,这也是相对而言的,事实上,现代公法与政府治理的各自领域与边界的确难以严格区分,更多的时候,二者是相互影响、相互渗透和相

① 对政府监管的学术研究,大抵集中于政治学、经济学和法学诸领域。较早时期,政府监管主要是微观经济学的研究范畴,后来,随着监管制度的进一步发展,政府监管成为政治学、法学的研究重点,其中又以政府管理学和公法学对其最为关注。参见余晖:《谁来管制管制者》,广东经济出版社 2004 年版,第 3 页;郭志斌:《论政府激励性管制》,北京大学出版社 2002 年版,第 2 页;经济合作与发展组织:《OECD 国家的监管政策——从干预主义到监管治理》,陈伟译,法律出版社 2006 年版,第 2 页;参见 Jordana, Jacint, *The politics of regulation: institutions and regulatory reforms for the age of governance*, 1962, p. 3; KennethButton, Dennis Swann, *The Age of regulatory reform*, Oxford: Clarendon Press, 1989. contents。

互融通关系。[①] 正因如此，我们在考察银行监管与监管体制时，需要结合如下四个方面内容予以综合分析：

其一，银行监管机构的法律地位。根据现行法律规定，国务院银行业监管机构是银行业监管机构，它是依照法律设立的履行银行业监督管理职责的金融监管机构，是区别于一般行政机关的政府监管专门机构。当前国外和香港特区，这样的监管机构设立相当普遍。在美国，独立监管机构就多达60多个，而一般的行政部门仅14个。美国的监管机构法律上被称为独立监管机构，中国经济界有时译为独立管制机构。适用国家法律和履行法定职责方面，中国银行业监管机构一般被称为根据法律法规授权的履行公共管理职能的组织，以区别一般行政部门。

其二，银行监管机构的职能配置。银行业监管机构的职能设定，主要是由政府整体职能转换决定的。考虑与国家市场经济模式相适应，当今中国政府整体职能确定为经济调控、市场监管、公共管理、社会服务四个方面。[②] 整体职能需要分解到政府不同机构，这些机构有的侧重经济调控，有的侧重公共管理，有的侧重社会服务，有的则侧重市场监管。银行业监管机构和中国其他几个监管机构，主要侧重市场监管职能。从国务院三定方案，到人大的授权法律，所确定的银行业

---

① 在探求公法性质时，英国著名学者马丁·洛克林提出了“公法是一种复杂的政治话语形态”的论断，这一论断有助于理解公法与政治乃至政府治理的区别与交融关系。参见［英］马丁·洛克林：《公法与政治理论》，郑戈译，商务印书馆2002年版，第8页。

② 1985年9月，中国共产党全国代表大会通过的《中共中央关于制定国民经济和社会发展第七个五年计划的建议》最早出现“转变职能”的提法。1987年10月，中国共产党十三大报告在论述政府机构改革问题时，正式提出要切实转变政府职能。此后，中国数次政府管理体制改革均以转变政府职能为重点。2002年11月，江泽民在《全面建设小康社会，开创中国特色社会主义事业新局面》政治报告中阐述了转变政府职能的具体内涵。2005年10月，中国共产党十六届五中全会审议通过《中共中央关于制定国民经济和社会发展第十一个五年规划的建议》，正式提出将政府职能确定为经济调控、市场监管、公共管理、社会服务四个方面。

监管机构的职能,应当说都是侧重于银行业金融市场的监管。最近,银行业监管机构又增加了协调金融机构安全保卫、处置非法集资这两个职能,但这些从整体上看并不影响它偏重市场监管的特性。从现代政府监管一般理论层面观察,银行业监管机构现在的职能设置是准确和合适的。

其三,银行监管机构的权责划分。根据职权法定原则,银行业监管机构的职权职责主要由法律法规规定。适应履行职能的需要,法律法规对银行业监管机构职权和职责作了具体规定,建立了明确、完备的权责体系。而且,根据监管现实需要,银行业监管机构还会向立法部门提出立法需求,推动银行监管职权职责立法。例如,2006 年,银行业监管机构推动修改《银行业监督管理法》,获得了进行相关事项调查的职权。当然,在具体领域怎样处理好和一些相关部门权责重叠、交叉的问题,还是比较复杂的,银行业监管机构现在正采取一些措施,力图使这些问题得到较为彻底的解决。

其四,银行监管机构的运行机制。运行机制主要是指决策、执行、反馈等连续不断的运行活动。银行业监管机构机制运行方面有如下特点:一是监管主要是为市场主体制定规则和标准,激励、促进合规和守法,纠正、惩戒违规和违法;二是监管讲究整体性,讲究全国一盘棋,银行业监管机构地方机构是派出机构,全系统实行垂直领导;三是监管不是简单的命令与服从,更强调与被监管者之间的良性互动,监管主体既加强规制和约束,又着力于指导和服务;四是监管重点是防范风险,促进公共利益,实行功能监管和风险控制相结合,重视监管的过程化和动态化;五是监管尤其重视依据法律法规进行,其他行政部门推进依法行政,银行业监管机构则推进依法监管,以依法监管促进有效监管。

二、银行监管与行政管理的区别

从公法角度分析银行监管与一般行政管理的区别，就必须先考察行政和管理两个概念。“行政”一词，中国古籍中早已出现，如《左传》中有“行其政事”“行其政令”等记载，[①]《史记·周纪》中有“共和行政”的记载，意指推行政令，执掌政务。[②] 在国外，古希腊亚里士多德最早使用行政一词，现代英语中行政（administration）是从拉丁文 adminiatrare 而来的，意指国家事务的管理。通常人们对行政有三种理解：

1. 从权力分立的角度解释，认为行政是指除国家立法、司法系统以外的行政系统所实施的管理活动；[③]

2. 从政治与行政分离的角度解释，认为行政是一种与政治分离的、实现国家目的的管理活动；[④]

3. 从管理功能的角度解释，认为行政是国家所有公权力机构和所有企事业单位的行政事务活动。[⑤]

中国现时的主流观点认为，行政是对国家事务的一种有组织的管理活动，目的在于实现统治阶级的意志。再看管理一词的含义，管理

---

① 左丘明：《春秋左传》，上海人民出版社 1997 年版，第 237 页。

② （西汉）司马迁：《史记·周纪》（第 4 卷），载国学网：http://www.guoxue.com，最后访问日期：2006 年 12 月 11 日。

③ 对此观点的理解，参见［美］威洛比：《公共行政原理》，约翰·霍普金斯出版社 1927 年版（英文版），第 1 页；［美］菲利克斯·A. 尼格罗、劳埃德·A. 尼格罗：《公共行政简明教程》，郭晓来等译，中共中央党校出版社 1997 年版，第 1 页。

④ 要理解这一提法，可参见［美］弗兰克·J. 古德诺：《政治与行政》，王元译，华夏出版社 1989 年版，第 10 ~ 12页。

⑤ 持这一看法的西方学者不乏其人，具体可参见 L. H. Gulick & L. F. Urvick, eds., *Papers on the Science of Administration*, New York: Columbia University, Institute of Public Administration, 1937, p. 187；［美］赫伯特·H. 西蒙等：《行政学》，艾尔弗雷德·克诺夫联合公司 1950 年版，第 1 页。

原意是指照管、约束、管辖和处理。[①] 就其基本含义而言,是指把人力、资源通过计划、组织、控制来完成一定的组织目标的过程,[②]其英文对应词一个为 administration,意指公共领域的管理或曰公行政,另一个为 management,意指私人领域的管理或曰私行政。从纵向上看,管理的历史比行政更先,资格更老,自出现人类群体活动以来,就出现管理活动;从横向上看,管理的外延更宽,凡人类涉足的地方,均有管理活动,它是一个大系统。而行政的外延窄得多,是这个大系统中的子系统。从本质上讲,行政与管理并无多大区别,人们通常将行政与管理通用,行政与行政管理并提。

考察银行监管与一般行政管理的区别,还应该考察行政管理和监管两个基干词的含义。行政管理提法的固定化,是科学管理运动兴起的结果。在科学管理理论的推动下,人们认为,行政应特别注重管理方法、程序和管理操作,行政在本质上是一个实际和广泛的运作过程。具体而言,行政管理是指国家通过行政机关依法对国家事务、社会公共事务实施的有效管理。其主体是国家行政机关,客体是依法管理的国家事务与公共事务,核心是公共权力的有效运行和公共资源的有效配置,特征是追求行政绩效和实现公共利益。监管的全称是监督管理,考察监管含义,又必须先对监督和管理作分析。管理一词的含义如前所述;监督一词,汉语的含义是查看并督促,与之对应的英文为 supervision,按《布莱克法律词典》解释,其词义为照看、主管或检查。[③]监管不同于监督,也不同于管理,它并非是监督和管理两个词的内涵的简单叠加,监管有其特定的含义。从广义上讲,监管通常含有监督

① 中国社会科学研究院语言研究所:《现代汉语词典》,商务印书馆 1979 年版,第 403 页。

② 单宝:《中国管理思想史》,上海立信会计出版社 1997 年版,第 1 页。

③ Henry Campbell Black, *Black's Dictionary*(fifth edition), p. 1290.

和管理的内容,而狭义上的监管则是指监督性管理,其英文对应词为regulation,意指规制、管制和监管。[①] 国外有人认为,监管是国家凭借政治权力对经济个体自由决策所实施的强制性限制。国内有学者将监管表述为,监管者为实现监管目标而运用监管手段对监管对像采取的控制活动。[②] 考虑到监管权力作为典型的公共权力,应当受到公法的规制;监管不是单纯的执法,应当具备主动干预性,当前人们倾向认为,监管是政府专门机构为实现特定目标,依法采取措施对一定领域或行业予以主动干预和控制的活动总称。

在现代语境中,考察银行监管与一般行政管理之间关系时,除对构成这两个词的原生基干词进行区别外,应当着力分析它们在政府管理与公法理论中的各自含义,尤其应当从机制、权能和相关主体等层面考察它们公法意义上的不同之处,具体包括如下四个方面的内容:

1. 权力来源不同。一般行政管理权力来自一般授权,监管权力则来自专门授权。一般行政管理权力,大多来源于宪法与组织法的直接授予,宪法与组织法规定的政府及其组成部门的职权,是一般行政管理主体的固有职权,这种授权可以视为一般授权。在三权分立国家,一般行政管理权主要来源于立法、行政、司法三权分立制衡的宪法规定。[③] 在中国,一般行政管理权主要来源于《宪法》第 89 条

① 对 regulation 一词,经济学界通常译为管制,参见茅铭晨:《政府管制法学原论》,上海财经大学出版社 2005 年版,第 5 页。公法学界有人译为控制,参见王名扬:《美国行政法》(上册),中国法制出版社 1995 年版,第 172 页;还有人直接译为管理,参见姜明安:《外国行政法教程》,法律出版社 1993 年版,第 246 页。本文译为监管,主要是考虑到与中国现行监管制度相对接。

② 参见赵锡军:《论证券监管》,中国人民大学出版社 2000 年版,第 1 ~2 页。

③ 例如,美国是实行三权分立制度的典型国家,其立法、行政、司法三权由 1787 年宪法作出严整设定,三权之间相互制约、互为均衡。参见 Constitution of the United States(1787). Article Ⅰ. Article Ⅱ. Article Ⅲ。载公法评论网:http://www.gongfa.com/constitu%20of%20america.htm,最后访问日期:2006 年 12 月 14 日。

关于国务院职权的规定，以及《国务院组织法》关于国务院各部委组织原则的规定。[①] 公安、民政、教育、科学、文化、卫生、体育等领域的一般行政管理权，都是随国务院获得宪法规定的职权而来的，不需要法律另行作出专门规定。虽然，行政管理中，各领域先后有不同的行业管理法律出台；虽然这些法律有部分条款涉及对一般行政主体予以授权，但是，这些法律基本是或主要是进行行政管理活动规范和控制。

监管权力，它往往来源于特定法律、法规的专门授权，或者是来源于权力机关或上级行政机关专门决议的再授权。监管权力来源的特殊性，在不同法制的国家又各具特点。政府监管制度成熟的国家，监管权力通常由法律直接授予，监管机构及其监管权力，往往依统一法律同时产生，并且法律对监管机构的创制、执行、裁决这些职权进行了明确设定。例如，美国州际商务委员会（ICC），就是直接根据 1887 年州际商务法案设立的，它同时获得了监管铁路的权力。中国现今的政府监管权力，也是主要来源于法律明确的专门授权。在实践中，国务院根据《国务院行政机构设置和编制管理条例》，[②]制定了“定机构、定职能、定编制”的三定规定，报全国人大常委会批准，再由全国人大常委会通过专门法律，进行专门授权。例如，根据全国人大常委会批准后的国务院三定方案，国家成立银行业监管机构，全国人大常委会随即颁行《银行业监督管理法》，授予银行业监管机构银行监管

① 《中华人民共和国宪法》第 89 条；《国务院组织法》第 3 条、第 9 条。参见国务院法制办公室：《法律法规全书》，中国法制出版社 2002 年版，第 8 页、第 30 页。

② 1997 年 8 月，国务院颁布《国务院行政机构设置和编制管理条例》，尝试实现国家行政机构和编制法定化。

权力。[①]

2. 权力范围不同。一般行政管理主要在于执行法律,监管则拥有规则制定、执行和仲裁权力。在现代政府管理中,一般行政管理仅限于执行立法机关制定的法律,这在三权分立国家表现得更为明显。例如在美国,一般行政管理权力主要是指执行议会通过的法律的权力,这种行政管理权实质上就是执法权。监管权力通常不限于执行立法机关的法律,它还可以创制规则、执行规则与裁决争议。美国监管权与一般行政管理权相比,具有更多的特殊性。它的监管权包括三类:

(1)准立法权。一为制定行政法规,即根据授权进行委任立法或次级立法;二为制定标准,也即根据监管事务制定意义广泛的普遍标准;三为提出立法建议,也就是针对监管事项,向立法机构提出制定法律或者修改法律的建议。

(2)准行政权。监管者不仅制定抽象的规则,而且处理具体事务,就具体事件适用普遍规则。

(3)准司法权。对监管对象是否违反法律,监管者不仅拥有查处权,而且拥有裁决权。[②]

中国现时的监管权没有欧美国家监管权那么广泛,与一般行政管理权相比,也没有多少特殊的地方。行政管理中,由于一般行政管理机关,早已获得了行政立法权和部分争议裁决权。因此在规则创制权、执法权与规则执行权,以及监管争议裁决权等方面,监管权在整体

---

① 2003 年 3 月 10 日,第十届全国人大第一次会议审议通过国务院机构改革方案,决定成立中国银行业监管机构。4 月 26 日,第十届全国人大常委会第二次会议审议通过《全国人民代表大会常务委员会关于中国银行业监督管理委员会履行原由中国人民银行履行的监督管理职责的决定》,授予中国银行业监管机构监管职责职权。12 月 27 日,第十届全国人大常委会第六次会议审议通过《银行业监督管理法》,正式赋予中国银行业监管机构法定的监管职责职权。参见张肖等编:《中华人民共和国银行业监督管理法讲话》,中国财政经济出版社 2004 年版,第 1 页、第 273 页、第 284 页、第 289 页。

② 参见王名扬:《美国行政法》(上册),中国法制出版社 1995 年版,第 177 ~ 178 页。

上与一般行政管理权基本相同。只是在具体措施方面，监管机构可以采取一些适应现代监管需要的特殊措施，例如，在银行监管中，监管者可以采取限制有关人员出境、禁止有关人员从业、取消高管资格等监管措施，可以行使相关调查等监管权力；[①]证券监管机构可以采取查询账户、查封、冻结等准司法权性质的监管措施。[②] 不过，中国有的行业监管权，甚至还没有一般行政管理权那么广泛与有力，例如安全生产监管、电力监管等。这些行业监管者，既不具备一般行政管理的现实权威，也不具备类似金融监管特殊措施的权力。

3. 独立程度不同。一般行政管理不具备法理上的独立性，监管则具备较大的独立性。在法律上，一般行政管理不具备独立性，行政管理部门是政府行政体系的当然构成部分，无论是机构设置，还是管理事项，都与政府密不可分。不仅如此，政府管理中，命令与服从关系还是行政管理的重要特点。监管的本质特点则在于其独立性。西方政府监管，尤具有突出的法律独立性。美国监管机构分为两类：一是独立监管委员会，二是半独立监管局。前者一般由5～7名委员组成，避免独任制的缺点，委员由总统提名，经参议院同意后任命，任期超过总统任期，一般为5～7年。这类机构包括联邦贸易委员会（FTC）、证券交易委员会（SEC）、联邦储备委员会（FED）等。后者的独立地位是一种妥协的结果，它的形式或者是存在于部内，行使法定独立权力；或者是对部完全独立，但仍隶属于总统领导。它的负责人由总统任免，活动直接向总统报告。这类机构包括环境保护局（EPA）、食品与药品管

① 参见王林清、陈晓军：《中华人民共和国银行业监督管理法释义》，中国法制出版社2004年版，第150页。

② 参见《中华人民共和国证券法》第180条。

理局（FDA）等。[①] 再看法国，它的监管机构叫第三类行政主体，它独立履行监管职能，产生权利、义务和责任，具有独立的法律人格。[②]

中国政府监管的独立性程度，也可以分两类来看：一类是传统的部委管理的国家局；另一类是新近成立的监管委员会。从类别形式上看，中国政府监管与美国情形有点相似：中国部委管理的国家局，恰像美国的半独立监管机构；中国的各类监管委员会，恰像美国的独立监管机构。从法律地位上看，中国新近成立的金融、电力等监管机构，又与法国的公务法人相似。再看实质层面，中国监管独立性远比不上欧美国家：中国部委管理的国家局，还是按传统的行政管理模式运行，从属于部委并依附于部委；中国金融、电力等监管机构，实质上直接对国务院负责，受国务院领导并报告工作。可见，中国的监管独立性有限，只能叫做具备相对独立性。而事实上，在现代银行监管中，很多因素都不足以影响银行绩效，而唯一发挥重要作用，甚至是决定性作用的因素，则是银行监管的独立性。2002～2005 年，国际货币基金组织发布的银行业金融监管方面的诸多工作报告，不但极其崇尚银行监管独立性的核心作用，而且较为详尽地阐释了衡量监管独立性的方法和相关具体标准。需要说明的是，构建相对独立的人力资源管理、预算管理和薪酬制度，一直为各国金融监管的通行做法。比如，英国的《金融服务和市场法》规定，金融服务局是金融业独立监管机构，它的监管活动、人才管理、预算和薪酬均实行特殊制度。美国联邦储备委员会、货币监理署、加拿大金融监管署等，也大抵如此。

---

① 到 1993 年 7 月 1 日为止，美国有 62 家机构被列为“独立机构”或“监管机构”，尽管不是所有的都是真正的独立监管机构。The United States Government Manual，1993 – 1994（Washington，D. C.：Government Printing Office，1993），p. 290. 另外，监管机构民用航空管制委员会（CAB）于 1938 年成立，1985 年撤销，其职能转入联邦航空局（FAA）；州际商务委员会（ICC）于 1887 年成立，1995 年撤销。

② 参见王名扬：《法国行政法》，中国政法大学出版社 2003 年版，第 41 页。

4. 专业要求不同。一般行政管理专业化程度有限,监管具备较强的专业化要求。一般行政管理活动可谓浩繁复杂,行政管理当然要有一定的专业要求,与其他国家管理活动相比,行政管理的专业化趋势,甚至还构成当代行政管理最典型特征之一。但是相比之下,政府监管更具备突出的专业化要求。这是因为,专业监管的领域往往事关国计民生,事关国家发展大局,其重要性产生专业监管的现实需要。在有的国家,业务性质的特殊还是实行专门政府监管的首要条件。例如,日本人认为,国家公务员考试、任免、工资和职务分类属于专业事项,应该实行独立监管;国家财政的监察与审计,属于特殊事项,应该实行独立监管,因此日本设立了人事院、会计检查院等独立监管机构,对人事、审计等重点事项进行专门监管。① 在美国,议会批准设立独立监管机构的初衷,就是使政府面对工业社会产生的大量社会问题时,能够及时反馈和能动应对。美国官方与民间都认为,只有设立独立监管机构,授予它特殊权力并让它高度专业化运作,才能解决当代社会发展所带来的复杂多变的各类问题。②

中国监管专业化程度也区别于西方政府监管。中国实行专门监管制度后,监管者都从人事、业务、事项处理等方面着手,努力提高监管专业化程度,下大力气提升行业监管能力,以适应新型政府监管的

① 参见姜明安:《外国行政法教程》,法律出版社 1993 年版,第 339 页。

② 在美国,议会批准设立独立监管机构的初衷,是虑及"随着时间的推移,议会显然不再有时间、耐心或者特殊的才能来监管美国社会所有能保持秩序和繁荣的重要活动。法院也没有能力处理那些发生在当事人和监管机构之间因执行公共政策所必然出现的争议"。美国人相信,当政府面对工业社会产生的诸多社会问题时,独立监管机构能够及时反馈与能动应对。美国人还相信,绝大部分公共行政人员和监管人员正像他们日常所了解的那样,都工作在能够反映各自特殊技术的机关里,而这些机关设立的目的是要监管与社会息息相关的特殊领域,如住房、交通、能源或健康。人们都"期望能在美国的房屋和都市发展署(HUD)找到训练有素而又有经验的房屋事务专家,也希望能在美国的能源部(DE)找到大量的能源专家"。参见[美]肯尼思·F. 沃伦:《政治体制中的行政法》,王丛虎等译,中国人民大学出版社 2005 年版,第 30 页。

现实需要。在新近成立的金融、电力等监管机构中，依靠专业化建设实现有效监管和依法监管的监管理念已日益强化；规则制定、规则执行、执行监督的专业化运作成分亦日益增加；政府监管专门化、业务化建设方面，整体上也已取得了初步成效。例如，银行监管中，考虑到银行业是知识和科技含量居高的行业，是人才和知识高度集聚的行业，也是风险和社会责任高度集中的行业，银行业监管机构加强了监管人员素质、技能、操守的专门性建设，采取了很多措施，力图吸引人才，激励人才，留住人才，以更好地为专业监管服务。当然，实事求是地说，政府监管专业化建设也存在一些局限，例如，各监管机构的监管人员，都是各相关部委或者是一般行政机关成建制转划而来的，监管人员结构不尽合理，专业化监管方面的问题相当明显。他们的优势是熟悉监管领域的一般业务，从事一般管理性事务经验丰富；他们的弱点是缺乏现代专门监管的思维和技能，能真正成为胜任现代监管工作的专家型人才恐怕还有待时日。

三、银行业依法监管的制度动因

欲推进银行业依法监管，就要认真审视、考察和研究国家法治精神和政府理念。具体可从如下三个方面来理解：

一是国家实行依法治国方略，这为银行业依法监管设定了制度前提。1996 年第八届全国人大第四次会议通过了关于国家“九五”计划和 2010 年远景目标纲要的报告，首次正式提出了依法治国的重要主张，[①]1997 年中共十五大进一步作出政策强调，1999 年国家修改宪法，对依法治国方略予以宪法确认，2002 年中共十六大报告又对依法治

① 参见《中华人民共和国全国人民代表大会常务委员会公报》，1996 年第 2 号，第 8 页。

国作出专门阐述。依法治国的本质就是厉行法治，所以 1999 年《宪法修正案》第 13 条规定，国家实行依法治国，要建设法治国家。依法治国要求反对人治（rule by men），实行法治（rule of law），依法办事。就此意义而言，中国提出的依法治国，与西方发达国家主张的“法律统治”“法律主治”“法治国家”的含义相比较，基本上是相同的，所不同的是，在我们国家，依法治国要体现人民主权、党的领导和依法治国的有机统一，这就是依法治国的中国特色。在中国国情和语境下，依法治国至少包含这样一些内涵：人民主权；宪法、法律至上；尊重和保障人权；权力机关优位等方面。

依法治国的原则和精神要求，中国银行监管要有法可依、有法必依、依法办事。制定银行业监管规则，关键在于树立宪法和法律权威，在于使银行监管规则符合宪法、法律至上的原则。依法治国，首先是依宪法治国。宪法的权威与至上性，又首先体现于它对法律、行政法规、地方性法规和政府规章等规则体系的统一规范。2000 年中国通过了《立法法》，确立了宪法之下的各类法律、法规与规章的制定权限与效力层级。2004 年 5 月，全国人大成立了法规审查备案机构，试图建立法规审查机制。2005 年 12 月，第十届全国人大第四十次委员长会议又修订了《法规备案审查工作程序》。[①] 通过这些逐步推进的法律工作，中国初步形成了法规合法性审查制度。法规备案审查工作的加强，体现了依法治国理念的深化，也反映出银行监管规则合宪合法性要求的严格化趋势。目前中国银行业监管规则，绝大部分以规章或法规的形式施行，这就要求以依法治国的宪法精神为指导，使银行业规则真实合乎宪法和法律规定；这就要求中国银行监管的执法工作，

---

① 石国胜：《中国建立健全法规和司法解释备案审查制度》，载《人民日报》2005 年 12 月 20 日，第 2 版。

也应当严格遵循依法治国的基本原则；制定银行业监管规则与行使银行监管权力，许多方面涉及银行业金融机构、从业人员的制裁和权益限制，故此就要设定严格的法定权责和程序，就要遵循并实现尊重和保障人权的宪法原则。完全可以认为，依法监管与依法治国是一脉相承的，依法治国的宪法精神，推动了银行业依法监管的深入发展。

二是政府推进依法行政，这为银行业依法监管提供了政策导向。依法行政是银行业依法监管的直接来源。从世界范围来看，依法行政产生于资本主义立国初期，各国的称谓和内容也并不完全相同。英国称为法治或依法行政，法国称为行政法治，德国称作依法行政，美国将依法行政包含在法治内，日本则称作依据法律行政或法治行政。它们的相同点都是对中世纪人治政府的否定。依法行政，通常包括以下要求：(1)行政权的作用不得与法律相抵触。(2)没有法律依据，不得使人民承担义务，不得侵害人民的权利。(3)没有法律依据，不得免除特定人应负的义务，不得为特定人设定权利。(4)在法律听任行政做出自由裁量的场合，其决定不得超过法律规定的范围和界限。(5)行政机关有违法或不当行为，对公民、法人和其他组织的合法权益造成损害的，当事人有权申请复议或直接向法院起诉，通过行政复议程序和行政诉讼程序纠正其行政违法或不当行为，并对造成的损害予以行政赔偿。

依法行政主要体现在法律制度的建设上，但在特定时期却离不开现代政府的政策推行。世界范围内，政府权力主要是行政公权，行使公权的主体又主要是行政人员，因此要治官治权，关键在于依法行政。但依法行政主要是限制体制内的权力和官员活动，推行时存在事实上的困窘和难度，故而世界各国在建立依法行政法律制度的同时，它的政府也要利用政策和体制途径予以推进，即便是现代西方法治国家也莫不如此。例如英国,1987 年,它的政府法制局(TreasureSolicitor,原译为财政部律师)就制定了一个政策文件——《法官在你肩上:英国政府官员依法行政指南》,用不太长的篇幅,写清了依法行政的主要问题和解决办法,指导行政官员依法办事,收到了显著的行政法治效果。[①]

在中国现时,“吃皇粮”干部的70%是行政机关公务员,中国法律的80%是由行政机关和它的公务员来执行的,因此,中国的依法治国和法治建设的成败,更是系于依法行政的成败。1993 年,第八届全国人大第一次会议通过政府工作报告,正式以政府文件的形式确定了依法行政的原则。报告明确提出:“各级政府都要依法行政,严格依法办事。一切公职人员都要带头学法懂法,做执法守法的模范”。[②] 2004 年 3 月,国务院颁发了《全面推进依法行政实施纲要》,这份纲要描绘出国家法治建设和依法行政的蓝图,明确了指导思想、基本原则和主要任务,规定了推进依法行政的基本要求和系列措施。纲要确定国家未来 10 年社会发展的总目标是全面建设法治政府;确定行政法治所要求的具体目标为政府定位、行政立法、行政执法、行政决策、解纷机制、监督机制和法治观念七个方面。[③] 同时,为了对依法行政予以体制化推进,国务院将纲要界定为政府政策文件,要求国务院各部委、各直属机构从立党为公、执政为民的高度,把落实纲要和推进依法行政,作为当前和今后一个时期政府的重点工作。在这种体制推行的背景下,作为广义政府的一部分,银行监管机构必须落实国务院精神,在银行

① 英国政府法制局:《法官在你肩上:英国政府官员依法行政指南》,叶逗逗、何海波译,载最高人民法院行政庭编:《行政执法与行政审判》(第 12 辑),法律出版社 2005 年版。

② 李鹏:《政府工作报告》,载《中华人民共和国全国人民代表大会常务委员会公报》,1993 年第 2 号,第 20 页。

③ 参见国务院 2004 年发布的《全面推进依法行政实施纲要》。

业推进依法行政和依法监管。银行业依法监管是依法行政在银行金融领域的具体表现形式,要落实和推进依法行政,就要推进和发展银行业依法监管;真实地推进和发展了银行业依法监管,则理所当然地践履了行政法治的精神与原则。

三是政府理念由管理转向治理与善治,这为银行业依法监管输送了良好动因。政府是权威而经典的公共机构,它的合法性来源于公民权的有限让渡,它的正当性基础在于最大限度地谋求公共利益。在政府行动中,主流社会思想影响其执政原则和执政纲领,就产生了政府的基本理念。传统社会的政府理念是秩序,中华人民共和国成立之初到改革前的政府理念是管制,改革初期的政府理念,则基本可归纳为走向开放的管理理念。经过20余年的改革开放洗礼,中国当前的政府理念逐渐从管理走向治理和善治。当代政治、法律科学理论认为,治理是一种公共管理活动或过程,其要义在于构建多元的制度关系,引导、控制和规范社会成员的各种活动,最大限度地增进公共利益。实现公共利益最大化的社会管理过程,则构成了难能可贵的善治(good governance)。[①] 善治的本质特征被描述为"是政府与公民对公共生活的合作管理",其基本要素包括如下10个方面:合法性(legitimacy)、透明性(transparency)、责任性(accountability)、法治(rule of law)、回应(responsiveness)、有效(effectiveness)、参与(engagement)、稳定(stability)、廉洁(cleanness)、公正(justice)。[②]

政府理念的变迁,极大地推进了中国的行政法治进程。为了建设责任政府,中国制定了《行政诉讼法》,开始了对行政权力的司法审

---

① 参见俞可平:《政治与政治学》,社会科学文献出版社2003年版,第26页。

② 同上书,第26~27页。

查;为了建设有限政府和透明政府,中国颁布了《行政处罚法》和《行政许可法》,建立了规范的行政处罚和行政审批制度;为了建设廉洁政府,中国施行了《行政监察法》和《公务员法》,构建了制约与激励机制;为了建设诚信政府和便民政府,中国政府确立并遵循了信赖保护原则和以人为本的施政原则。[①] 政府理念的发展,也极大地影响了中国银行业依法监管。例如,基于法治理念,公共权力由国家和政府分散流向社会,形成了公共权力主体的多元化态势,在这种大背景下,中国银行监管权从行政机关中分离出来,转由专门监管机构行使;基于法治理念的合法性要求,银行监管机构成立随即制定并施行了《银行业监督管理法》;基于善治理念的有限政府要求,银行监管中严格执行《行政许可法》,规范银行业行政审批权;基于善治理念的透明政府要求,中国推进了银行监管电子化、信息化建设,并在银行业处罚和许可中设置了严格的公开、公正、公平程序。

① 参见姜明安:《中国行政法治发展进程回顾——教训与经验》,载《政法论坛》2005 年第 5 期。

第二章　金融监管法治化道路

金融监管法治化的早期试验①

提示：本文探讨了2003年《银行业监督管理法》颁布实施以后中国金融监管法制建设的成效得失，为下一步金融法治的修订改进提供理论基础。文章具体梳理分析了《银行业监督管理法》所处的安全、效率和竞争原则的背景与主要安排，对监管法律体制形成后改进的银行监管有效性作出正面评估，归纳了监管有效性提高的五个方面的表现，即坚持市场化原则、放宽市场限制；优化监管资源，强化了有效监管；防范金融风险，促进金融创新；建立问责制度，规范和约束监管权力；建立信息交流机制，强化国际监管工作。最后，文章指出了银行监管法律实践对法律法规的规范及统一已提出了迫切需要，分析规范及统一需要的内涵与表现，提出笔者对实现整体法规规范和统一的具体策略与措施。

近20多年来，中国银行业在市场化改革、参与国际金融市场、公司治理结构等方面发生了巨大的变化。尤其是在政府推行依法行政的背景下，1995年《人民银行法》和《商业银行法》的颁布实施，银行业监管规则以及银行金融业务管理和交易规则成体系的出现充分表明

---

① 本文发表于2005年《法制日报》。

了中国银行业依法监管和依法经营工作已经获得了社会广泛的认同。

2003 年银行业监管机构成立并专司履行银行业监管职能是中国银行业改革与发展的重要标志。我们坚持把建设功能齐备、稳健安全的银行业监管法律体系作为一个目标,并把安全、效率和竞争的原则作为制定、实施和培育新的银行业监管法律制度的基础理念。在上述目标和立法理念的基础上,我们修改《商业银行法》《人民银行法》,颁布《银行业监督管理法》,并根据“三法”的要求和国际上银行监管的一些通行做法以及市场体制下先进的法律制度,总结中国金融立法和执法实践,不断检讨、试错,改进银行业立法理念、立法技术、执法体系以及执法方式,提供了一些经验。我们希望这些经验能够改进我们的银行监管,为创建一个稳健、安全、有效率而又充分竞争的银行业环境提供良好的法律支持。

一、安全、效率和竞争的原则

在金融全球化背景下,金融市场和金融体系的安全、竞争与效率已经成为一种共同趋势。但同时全球化趋势在一定程度上也加大了对制度转轨国家的冲击和体制运行风险,进而影响了金融安全。因此,我们将金融安全、效率与竞争作为银行业发展、创新以及银行业监管立法的基本原则。

在金融全球化以及银行业运行规则日益趋同的情况下,各国金融监管在指标、技术等方面相互借鉴是不可避免的,也是十分有益的。近年来,英美等国家根据国际金融监管的新趋势对本国金融监管体制进行了改革,并且在法律制度方面进行了创新,如美国出台了《金融服务现代化法案》,英国颁布了《金融服务与市场法》等。由于中国现代意义的银行监管历史不长，因此我们一方面需要科学而理性地学习外国的监管技术和经验，另一方面也要进一步加快银行业监管的专业化和监管合作的国际化进程。

2003年12月26日，全国人大通过了《银行业监督管理法》。该法大量借鉴了巴塞尔银行监管委员会《有效银行监管的核心原则》所提出的银行监管的最佳做法，参阅了巴塞尔委员会发布的其他指导性文件以及美国、英国、德国、日本、韩国、新加坡、中国香港特别行政区和中国台湾地区等国家和地区银行业的先进监管法律制度。

同时，我们也注意到《新资本协议》在提高银行风险管理和资本监管要求等方面给发展中国家的商业银行带来的巨大挑战。目前，中国商业银行首先按照《商业银行资本充足率管理办法》的要求，大力提高资本充足率水平，确保绝大多数商业银行资本充足率达到或超过8%。同时，银行业监管机构加强风险评级与预警的法规体系建设，对银行风险进行全面评估，对银行资本充足率进行衡量与检查；鼓励大银行开发内部评级体系，当条件成熟时采取内部评级法进行资本监管。另外，银行业监管机构还将加快对新协议要求的资本计量、信息披露以及监管审核等方面的立法研究，抓紧开发内部评级法体系，尽快改进和提高银行风险管理能力，争取在规定的时间内符合新资本协议要求的内部评级法体系，进一步提高银行业运行安全与效率，提升中国银行业的整体竞争力。这些都体现了银行监管法律工作的国际化原则。

在银行业对外开放方面，我们能否处理好对外资银行开放与对中资银行保护之间的关系是一个涉及银行业安全、效率和竞争的关键问题。为此，我们在法律条文设定时要考虑到符合WTO规则、坚持市场开放以及积极借鉴 WTO 其他成员国保护国内金融业的监管法律经验,加快改进有效的中外资银行监管法律体系,逐步将监管法律的发展阶段融入中国银行业发展不断走向成熟的体系之中。

《银行业监督管理法》和修改后的《商业银行法》的基本精神实质内容也体现了安全、效率和竞争的立法理念。第一,作为中国第一部专门的银行业监管法律和有效银行监管法律框架体系的核心,《银行业监督管理法》立足中国银行业实际,借鉴国际银行业先进监管经验,全面贯穿和体现了中国银行业监管的新要求和新方向。《银行业监督管理法》把"促进银行业的合法、稳健运行"和"维护公众对银行业的信心"确定为中国银行业监管的总体目标,凸显了以风险监管为核心的新型监管理念。第二,《银行业监督管理法》明确规定银行业监管机构应当建立银行业监督管理信息系统、银行业金融机构监督管理评级体系和风险预警机制,要求对银行业金融机构的风险状况进行分析评价并根据银行业金融机构的评级情况和风险状况确定对其现场检查的频率、范围和需要采取的其他措施,标志着中国银行业监管方式由合规性监管向审慎性监管的重大转变,从法律上确立了中国银行业的审慎监管制度。第三,《银行业监督管理法》注重加强金融机构内控制度的建设与监管,明确规定提高银行业监管透明度。同时,还十分重视提高中国银行业竞争力,将"保护银行业公平竞争,提高银行业竞争能力"列为中国银行业监管的目标之一。第四,修改前的《商业银行法》将"效益性"作为商业银行的首要经营原则,但是鉴于银行的安全性问题已经成为国内外监管层和社会关注的首要问题。因此,修改后的《商业银行法》强调商业银行"以安全性、流动性、效益性为经营原则,实行自主经营,自担风险,自负盈亏,自我约束",把安全性经营原则作为商业银行的首要原则。同时，修改后的《商业银行法》还要求“商业银行开展业务，应当遵守公平竞争的原则，不得从事不正当竞争”。这些都体现了银行业审慎经营和审慎监管的理念。

为了建立良好的监管规范，促进银行业稳健发展，银行业监管机构根据《银行业监督管理法》和《商业银行法》体现的立法精神提出了新的监管理念，即：一是坚持法人监管，重视对每个金融机构总体风险的把握、防范和化解；二是坚持以风险为主的监管内容，注重对风险的早期识别、防范和控制；三是坚持促进银行内控机制的形成和内控效率的提高；四是增强银行业监管机构依法履行职责的透明度。正是这些监管立法新理念的实施在很大程度上树立了银行业监管机构依法监管的权威和形象。

根据银行业监管的新理念，银行业监管机构制定了《提高银行监管有效性中长期规划》，规定在2006年以前，要形成银行监管法规制度的基本架构，建立风险监管的基本框架；在2008年年底以前，进一步改进银行审慎监管的法规体系，建立科学的风险监管体系，确保各项监管法规制度、监管方法和措施得到有效的贯彻实施。为此，银行业监管机构将进一步改进内部规章制定程序，加强整体规划，做到规章制度制定的及时、连续和有效，逐步构建一个结构完整、层次分明、公正透明、逻辑清晰，涵盖从市场准入、持续监管到市场退出监管全过程的银行业监管法律、法规框架体系。

根据《提高银行监管有效性中长期规划》的要求，我们将银行业立法基本价值取向定位为：一是在设定银行业监管法律体系时，应以提高法律运行的实际效益、以保证金融资源优化与风险防范为主要目标。二是在具体的立法过程中，当需要对某一权利和义务加以界定时，应充分考虑立法的选择是否有利于提高相关行为的综合效率，是否有利于安全与竞争的需要。三是在执法实践中，当需要在法律规范的既定框架中对某种法律措施作出选择，或在法律规范不够明确，而又必须对某一行为作出法律评价时，要充分体现安全、效率、竞争的基本标准或评价依据。

二、银行监管法律体系的有效性

围绕“管法人、管风险、管内控和提高透明度”的监管新理念，银行业监管机构先后制定和出台了一系列监管规章和规范性文件，初步形成了以《银行业监督管理法》和《商业银行法》为核心，以各项审慎性监管规章和审慎性经营规则为主要内容的银行业有效监管的法律框架体系。截至 2005 年 4 月底，银行业监管机构已发布了 127 件规章和规范性文件，其中按风险监管分类，信用风险类 22 件，市场风险类 6 件，操作风险类 12 件，综合风险管理类 23 件，其他 64 件。与此同时，银行业监管机构还和人民银行一起清理公布了第一批 110 件原人民银行制定的规章和规范性文件。这些法规文件不仅在加强法人监管和增强机构控险能力方面作了详细规定，使得中国商业银行资本充足状况和机构风险控制、内控制度等方面有了明确的监管依据，而且在加强对银行业金融机构风险识别与防范、支持金融创新和金融机构发展等方面也做了大量工作。另外，银行业监管机构在规范和改进监管工作以及在促进国内外监管信息的充分交流与共享，有效防范银行业跨境、跨市场的经营风险等方面也做了有效的工作。新的银行业监管法律体系的形成和贯彻实施，从效果上来看，体现出了以下几个特点：

（一）坚持审慎性原则，放宽监管限制

银行业监管机构成立后着力建立有效银行监管法律体系的一个突出特点就是坚持审慎性原则，放宽监管限制，给予银行业金融机构更大、更为广阔的发展空间。具体地说，一是取消了一大批商业银行业务和高管人员市场准入的审批项目，简化审核程序。二是适时地放宽了银行机构市场准入的标准。2004 年颁布的《外资金融机构管理条例实施细则》有效地降低了外国银行在华经营成本，有利于促进外资银行在华的长期稳定发展。三是进一步放松了商业银行服务价格的管理，给予商业银行更大的自主空间，有利于培育银行业服务市场机制。四是《境外金融机构投资入股中资金融机构管理办法》突破了长期以来中国对境外金融机构投资入股中资金融机构的严格禁止性规定，进一步放宽了境外金融机构对中资金融机构股本投资的限制，对于改进中资商业银行的资本状况，提高中资商业银行的经营管理水平和国际竞争力具有重大意义。

（二）优化监管资源，强化有效监管

银行业监管机构重视建立健全监管协调机制。根据《人民银行法》《商业银行法》《银行业监督管理法》以及相关法律法规，银行业监管机构与人民银行、证监会、保监会、财政部以及地方政府等部门在共同防范金融风险，维护金融体系的稳定与提升金融市场信心等方面开展积极、有效的合作。

银行业监管机构同人民银行就商业银行设立基金公司、资产证券化、风险处置等重大金融领域开展了有效的合作，并就有关工作协调和信息共享初步建立制度性安排。

2003 年 6 月初成立的三方监管协调专门工作小组标志着三方监

管协调机制的正式开始。三方起草了《中国银行业监督管理委员会、中国证券监督管理委员会、中国保险监督管理委员会在金融监管方面分工合作的备忘录》(以下简称《备忘录》),并建立了“联席会议机制”和“经常联系机制”,由此跨行业的监管协调开始走向规范化。按照分业监管、职责明确、合作有序、规则透明、讲求实效的原则,三方确立了对金融控股公司的主监管制度,即对金融控股公司内相关机构、业务的监管,按照业务性质实施分业监管,而对金融控股公司的集团公司可依据其主要业务性质,归属相应的监管机构负责。《备忘录》明确了三家监管机构对其监管对象的信息收集与交流制度,并明确就重大监管事项和跨行业、金融控股集团的监管、跨境监管中复杂问题及时进行磋商;建立了每季度召开联席会议的工作机制讨论、协调具体专业监管问题的经常联系机制。三方通过建立金融监管方面的协调合作机制,实现信息共享,将更加有利于促进金融创新,加强金融监管,防范金融风险,促进金融业健康发展。

根据《商业银行法》的规定:“商业银行应当依照法律和国家统一的会计制度以及国务院银行业监督管理机构的有关规定,建立、健全本行的财务、会计制度。”银行业监管机构和财政部建立健全监督检查商业银行财务、会计制度等方面的合作机制。

银行业监管机构积极参与国有企业政策性破产和“债转股”的法律协调工作,促进维护银行债权,并会同有关部门和地方政府妥善处理涉嫌非法集资案件,积极推动明确非法集资处置工作的部门职责。

在银行业监管的具体实践中,银行业监管机构制定的银行业监管法律体系重视简化监管程序、提高监管效率,突出了对监管资源的有效利用。如《关于调整银行市场准入管理方式和程序的决定》将原来

“下管一级”、筹建和开业两次重复审批、银行业监管机构发证的烦琐审批程序，改为由银监局直接受理和审查筹建申请，开业由银监局直接核准和颁发许可证。与此同时，新颁布的《外资金融机构管理条例实施细则》将原来机构设立、变更、业务范围的多重审批制度修改为“一审直报制”，较大程度地简化了外资金融机构市场准入审批程序。以上这些措施通过减少审批环节，简化审批程序等手段，提高了银行监管工作的效率，节约了监管资源。同时，也直接或间接地减少了对商业银行执行监管制度的成本。

（三）防范金融风险，促进金融创新

在新的银行业监管法律体系中突出了审慎性监管规章和审慎性经营规则的内容，凸显了以风险控制为中心的审慎监管理念。这些审慎性规定，从法人治理，内控制度，风险的内部监测、控制与评价，风险的外部监管等多角度、全方位地强化了对银行业金融机构的经营风险监管，有利于促进银行业金融机构稳健经营。在强调防范金融风险的同时，新的银行业监管法律体系又突出了对金融创新的规范和发展。如 2003 年修改的《商业银行法》进一步拓宽了商业银行的业务范围，并对商业银行经营其他金融业务预留了法律空间。《银行业监督管理法》放宽了对商业银行分支机构开办业务范围内新的业务品种的监管限制，有利于调动商业银行实施金融创新的积极性。

（四）建立问责制度，规范和约束监管权利

《银行业监督管理法》对银行业监督管理机构工作人员尽职要求做了明确规定，并对各种违规监管行为规定了严格的责任追究制度和处理措施。银行业监管机构《监管职责分工和工作程序暂行规定》对违反职责行为具体规定了明确的纪律和行政责任，在可操作性规定上落实了对监管者的问责制度。而其他新的银行业监管法律体系进一步明确了监管者与被监管者在工作各个环节上的应尽职责，建立了严格的问责制。如《商业银行授信工作尽职指引》充分借鉴了巴塞尔委员会的监管理念及国外银行监管的有效做法，引入了授信尽职调查的概念，要求各商业银行建立授信业务岗位职责和建立贯穿业务发起、决策、授信实施后管理以及问题授信等全过程的授信尽职调查制度。同时，对授信尽职问责制做了具体规定，严格了授信责任追究制度，明确了责任认定和处理措施，提出了对勤勉尽职的工作人员予以免责的规定。

(五)建立信息交流机制，强化国际监管合作

银行业监管机构通过与美国、加拿大、韩国、中国澳门、中国香港等国家或地区签订《监管合作备忘录》或《双边监管信息交换协议》，有效地建立了监管机构定期磋商机制、定期交流信息机制、对方在本辖区进行现场检查的互助机制等多种合作机制。通过这种合作机制的建立，双方可以对有关监管信息进行沟通和核实，及时了解互设机构的经营情况，及时发现问题或不良发展趋势。同时，及时向银行机构提出警示，对银行机构不审慎经营行为或违规违法行为进行及时的惩戒，并督促互设机构合规合法稳健经营。通过监管合作和监管信息的交换与共享，母国监管机构可以大大减少跨境现场检查，有效地节约监管资源和降低监管成本。这对于确保两地监管当局对其银行的跨境业务进行持续有效的并表监管发挥着重要作用。

综上所述，银行业监管机构认真落实《银行业监督管理法》确立的银行业监管新理念，并以建立和改进审慎性监管制度为目标，将新的监管理念、监管目标和要求具体细化、落实到了一系列新的监管规

章制度中。这种立法理念奠定了银行业监管法律体系框架的基础,改进了银行业监管的有效性,从而促进了新的监管制度和监管专业化的逐步建立。

三、统一规划银行监管法律实施的标准和程序

从《行政复议法》、《行政诉讼法》、《行政处罚法》到《行政许可法》、《全面推进依法行政实施纲要》的出台,一系列行政法律的颁布实施,对银行业监管机构的依法行政、依法监管问题提出了前所未有的要求。同时,有效银行监管长效机制的建立,新的监管理念的落实,均需要一个良好的法律制度基础。随着银行业务的发展与创新、经营环境的变化,相关法律制度必须作出及时、统一的符合实际和国际惯例的调整。为此,银行业监管机构正在逐步走向"两规一统"监管法律实践,努力加强银行业法律法规体系建设。所谓"两规"就是规划与规范。在规划上,不仅要注重制定近期立法计划,还要结合后 WTO 时代银行业面临的挑战制定中长期立法规划,保障整体法规工作的系统性和统一性。在规范上,不仅要注重规范整个法规调研、立法实施、执法检查以及监管监督的全过程的程序、职责与运作机制,而且还要注重规范整个系统的法律解释与咨询制度等问题。而"一统"就是要求法律工作中建立集中规划立项、审查、发布、解释、执法检查、跟踪评价以及清理编纂的统一制度。

(一)规划、规范与统一的必要性

银行业监管机构法律工作面临着重要而迫切的任务。在以往取得初步成绩的基础上,需要对法律工作进行全面提升和改进。根据 2004 年 10 月我们组织的法规执行情况调研结果、2005 年 4 月全系统

法律工作会的反馈意见以及日常工作的切身体会,我们总结了法律工作存在的一些不容忽视的问题。

第一,在立法方面。一是缺少对总体的把握和对问题的深入了解。对银行业监管法律体系的总体框架和其中的难点法律问题缺乏深入的研究。二是存在法律空白。从落实“管法人、管风险、管内控、提高透明度”的监管理念看,现有监管法律体系在法人机构、风险类别等多方面均存在制度的空缺。三是缺乏立法之间的协调性。各部门起草发布的规章、规范性文件,在与上位法、下位法和同一法律效力层级其他规范性文件之间,均缺少协调与衔接,导致规范上的重叠或遗漏、内容上的矛盾和冲突、相同法律概念用词的不一致、逻辑存在较多混乱。四是一些法规文件缺少可操作性。目前,许多规章、规范性文件往往过于原则,在实施中难以把握和执行,严重影响监管权威。五是忽视罚则规定。多数规章没有规定相应的处罚条款或监管措施条款,致使实践中难以对违法行为及时给予定性、处罚和纠正。根据《行政处罚法》的规定,行政处罚应当由法律、法规、规章规定,没有法定依据或不遵守法定程序,行政处罚无效。六是忽视法律形式。根据《立法法》、《行政法规制定程序条例》和《规章制定程序条例》的规定,行政法规、规章、规范性文件的存在形式、起草、用词、发布形式、实施时间等均有明确的法律要求。但目前银行业监管机构在起草规章、规范性文件时往往忽略这些要求,严格地讲,不能满足这些形式要件有时会导致该规范性文件没有法律效力。

第二,在执法方面。一是在法律法规的信息披露方面,银行业监管机构通过网站、报纸等形式公布了规章和部分规范性文件,有助于金融机构和公众及时全面掌握和了解银行业监管机构的各项政策法规。但是,我们还需要进一步改进信息披露机制,提高法规实施的有效性。二是法规释疑方面,缺乏对银行业监管法律、行政法规的具体适用问题的行政解释,同时也缺乏对银行业监管机构制定的规章和规范性文件的基本含义的立法解释。银行业金融机构和社会公众缺少一个有关银行业监管法律法规的解释渠道。三是在法规落实方面,由于缺少常规性的检查、监督和对违规的处罚,许多规章和规范性文件在发布实施后并没有得到较好的执行,多数情况是被搁置或被选择性适用。四是在法规评估与改进方面,目前缺少对法规、规章和规范性文件实施情况的检查和评估制度。因此,法律法规在实施过程存在的问题就不能及时被发现,或者发现的问题没有合适渠道反映也使法规的修订与废止不能跟上实际需要。五是法规清理方面,对现有的法规、规章和规范性文件没有定期的、制度化的清理和编纂。因此,存量法规文件处于一种无序的状态,增量法规文件与存量法规文件没有一个对照协调的框架,结果比较容易导致新旧规定重复、遗漏或前后不一致。六是在法规宣传和普及方面,由于缺少对规章和规范性文件的深度宣传和培训,银行业金融机构和社会公众普遍反映对规章和规范性文件的立法背景和具体内容的理解不充分,或理解不正确,结果导致在实施过程中难以准确掌握和操作。

以上问题的出现最为直接的原因还是对法律工作的各个环节及其协同运转没有制度性的安排,使各部门之间、系统上下之间的相关工作,缺少一个有序框架,形不成合力、难以互补。因此,实行规划、规范与统一对法规建设工作是十分重要,也是十分必要的。

(二)做好法律法规实施的统一规划

根据2005年银行业监管机构政策法规工作会议精神,我们强调规章和规范性文件的制定需要规划性、系统性、针对性和可操作性。为此，银行业监管机构起草了《中国银监会法律工作规则》，从立法规划、论证起草、审查公布、清理汇编、解释咨询顾问、检查评价、法制保障等方面建立一系列制度，使各项工作之间能够协调互补、形成合力，全面规范和改进银行业监管机构的法律工作。

第一，建立立法规划和年度规章制定制度。立法规划是中长期的立法构想，是在国家金融方针政策的指导下，根据中国银行业监管和银行业发展的实际需要而制定的监管规章建设的指导性框架。年度规章制定计划是立法规划分步骤实施的方式。国务院《规章制定程序条例》规定，国务院部门内设机构或者其他机构认为需要制定部门规章的，应当先向本部门报请立项，各部门的法制机构负责对制定规章的立项申请进行汇总研究，并拟订本部门的年度规章制定工作计划。银行业监管机构的法制机构根据立法规划，结合新的立法需求，拟订年度规章立法计划。

目前，中国银行业监管法规体系建设仍处于起步阶段。两年来的立法工作实践中也存在规划性不强、前瞻性不够的问题。为此，银行业监管机构通过立法规划和年度规章制定计划，可以对有效银行监管法律体系框架有个初步的研究和总体的把握，并在此基础上统一规范银行业监管机构系统的立法工作，控制立法冲动、掌握立法进程、协调立法内容。

第二，规范规章起草制度。目前，银行业监管机构规章起草分为单独起草、牵头起草和共同起草。由于银行业监管机构监管的金融机构种类多，各类金融机构分别由不同的内设机构实施专门监管。为充分利用现有监管资源，提高立法工作效率，银行业监管机构各内设机构负责起草属于其职责范围内的规章。规章内容涉及两个或两个以上部门的,采取牵头起草的方式;综合性的规章,由法律部门组织起草。对于内容涉及面广,不宜由一个部门单独起草或牵头起草的规章,由银行业监管机构法律部门组织有关内部部门成立起草工作小组,共同起草。

第三,建立规章审查制度。为了规范规章制定程序,保证规章质量,根据《立法法》的有关规定,国务院制定了《规章制定程序条例》(国务院令2001年第322号)并于2002年1月1日起实施。《规章制定程序条例》将规章制定分为立项、起草、审查、决定、公布、解释等环节,其中第四章专门规定"审查",第18条明确规定,"规章送审稿由法制机构负责统一审查"。《国务院关于贯彻实施〈中华人民共和国立法法〉的通知》(国发〔2000〕11号)明确要求,"起草工作完成后,起草单位应当将草案及其说明、各方面对草案主要问题的不同意见和其他有关资料送政府的或者部门的法制机构对草案进行统一审查"。从目前立法的客观需要和立法实践经验看,法律审查是保持法制统一的需要。法制统一是依法监管的基本前提,是保障制定规章符合法律规定的要求。《规章制定程序条例》第3条规定,"制定规章,应当遵循《立法法》确定的立法原则,符合宪法、法律、行政法规和其他上位法的规定"。法律部门具有法律专业优势,对国家法律、行政法规熟悉,通过审查,可以保障规章符合宪法、法律、行政法规和其他上位法的规定。同时,法律审查也是规章与规章之间衔接一致的需要。由于规章由不同部门起草,对法律概念、法律逻辑的把握,很容易产生不一致;同时不同部门出于不同利益角度也难以保障法制的统一。这就必然要求一个部门综合审查,维护规章与规章的一致性。鉴于上述原因,银行业监管机构十分重视建立法律审查制度，并决定由一个专门的内设机构来统一审查所有新起草的规章；同时，注重规范从立法构想、规章内容、条文表达、起草程序、体系协调、规范适用几个方面的审查标准。

第四，建立法律解释、咨询与顾问制度。规章立法解释是提高规章操作性和灵活性的重要手段，与修改规章相比，规章解释具有成本低、维护规章权威性和稳定性的特点。因此，应该加强对规章的解释。根据《规章制定程序条例》（国务院令 2001 年第 322 号）第 33 条的规定，规章解释权属于规章制定机关，银行业监管机构将适时根据现有规章需要进一步明确的问题、制定后出现的新情况等方面进行规章解释工作。银行业监管机构十分重视法律咨询工作，积极建立包括银行业金融机构和有关司法机关参加的银行业法制联席会制度；同时，根据法律咨询属地管辖的要求，注重保持法律咨询意见的一致性和正规性，有效维护银行业金融机构和金融消费者的利益和权益。而相比于法律咨询工作，法律顾问是银行业监管机构对内部提供法律服务的一种职能，主要是根据需要为本机构的重大决策进行法律论证、提供法律意见和法律解决方案；同时，对市场准入、日常监管和市场退出监管中涉及的法律问题提供法律咨询和出示法律意见，为监管的合法性和有效性提供法律方面的意见。

第五，建立执法检查与评价制度。检查与评价是指银行业监管机构就银行业法律、行政法规、规章以及其他规范性文件的立法质量和执行效果进行检查、评估和改进的制度。检查评价的主要目的是，评价银行业法律、行政法规、规章以及其他规范性文件的实施效果；检验银行业监督管理机构的执法水平；发现银行业法律、行政法规、规章以及其他规范性文件存在的问题。银行业监管机构在检查评价过程中遵循的评价标准为合法性、实用性、实效性、完备性、推广度、守法率、满意度七项标准。

第六,建立法律保障制度。我们设立法律工作专家委员会,增加法律工作的理论深度和社会广度;同时,规范开展制度化、长期化和形式多样的宣传与培训,阐释立法意图、意义、内容和实施中应注意的问题,提高法律实施的效果。

第七,建立法规文件的清理编纂制度。不仅规定规章和规范性文件定期进行修改、合并、废止等清理工作;同时,结合清理结果对规章和规范性文件进行分类汇编,以此保证存量立法框架清晰、便于查阅、适合监管实际等。

总之,银行业监管机构通过一系列制度安排积极提高法律工作的有效性。其基本目的就是通过规划统筹、统一审查、及时跟踪评价等一系列制度规范与工作流程,发挥工作连接和协调的作用,将处于分散状态的各部门乃至全系统的力量整合起来,共同推进银行业监管机构的法律工作。

金融监管立法的理念之争[①]

提示：当前世界正处于金融监管变革的关键时期，有关问题引发广泛关注。本文对中国金融立法理念中几个突出的争论作了具体梳理，包括安全与效率的争论，也涉及金融消费者保护与金融机构社会责任，最后，笔者明确提出安全性优先原则不能动摇。

做好金融立法，必须在金融立法涉及的重要理论问题上有深刻的思考与正确的判断。第一个问题是如何确定金融法律体系的规则层级？宪法、法律、行政法规及部门规章和规范性文件四级结构是中国法律体系的通论，在金融法律体系层级问题上层级划分不是问题，但不同层级金融法规范的协调及规范效力的有效发挥是问题的关键，要解决这个问题从长远上讲，需要建立改进中国立法权限制度，而在短期内，需从改进法律规制运行机制，加强规则系统性以及在金融行业立法中强化法治意识。

第二个问题是当前中国金融立法的理念是什么？中国金融监管立法理念的形成是具体的历史进程，受诸多复杂的国内外情势的影响，目前中国金融立法已包含安全、稳定、促进行业发展与强化金融监管等理念，也包括法治的“良法”、透明度及公共利益等共性理念。至

① 本文收录于《转变经济发展方式的法治保障研讨会文集》，中国法制出版社2011年版。

于中国金融监管引申理念中是否要强调效率和竞争，应该慎重，需做深入研究。

第三个问题是中国金融立法水准和技术如何？笔者认为可从法系归属做具体分析，其中涉及技术性问题，可通过努力近期就加以改善；涉及立法理念的转变，那就是一个随时代进步而渐次实现的历史进程了。

第四个问题是如何看待金融立法存在的缺陷？缺陷主要有三：一是立法滞后，二是立法不完整，三是规范不完整。

第五个问题是如何建立规范金融法律工作的长效机制？笔者认为，制定出一个有效的法律工作规划的前提是对经纬交错的银行法律工作进行细致严密的法律分析。

我们处在一个全球金融监管变革的关键时期，有关银行监管立法问题突出地引发大家的思考和焦虑。围绕金融市场的健康稳健与银行金融业务创新，大家都在议论，如功能监管或是机构监管，分业监管或者综合监管，宽银行监管或者窄银行监管，监管的范围和边界如何划定呢？银行大而不倒问题，金融消费者权利保护问题，系统性金融风险问题，金融机构的社会责任问题，如此种种，见仁见智。作为一个长期从事银行法律工作，也试图为银行法治建设贡献毕生时间和研究成果的专业人士，对包括上述问题在内的中国金融发展和运行中其他重大问题，常常难以释怀。今天，我选择一个监管立法最基础的问题，也就是银行监管立法理念问题，谈谈我的想法，供大家批评和讨论。

综观历史上重大金融监管立法的背景和目标，我们可以看到，现实的危机，往往又是理论危机与理念危机的折射，作为对危机的应对，法律制度设计者不得不回到本源问题。那些明显反映时代面貌之立法理念,实际上主导了一切法律和监管规则制定的全过程,如银行甚至金融监管理念变迁历史上的强化管制与放松管制之争,安全与效率之辩,就是最好的明证。当然,我们也毋庸讳言,一定时期银行监管理念的最终确立,毫无疑问是由对多元价值进行取舍与排序的政治决断来完成,并通过法律的形式表现出来。

中国银行业的改革开放的历史和经验无可争辩地说明,中国银行业监管立法从无规则到有规则,从有规则到规则被金融市场认同,再到规则有效发挥作用,以及规则体系建设初具规模的过程,凝聚着几代金融人尤其金融法律人的智慧和心血,折射了那些具有相当国家责任意识和法律人风骨的人们追求。在全球银行监管或者金融监管处在巨大变革的关键时期,检讨和反思银行监管理念问题,对确立未来制度建设的方向和重点,推行银行的法治建设和依法监管,确实是一件有价值、有挑战的事情。

一、安全与效率之辩

中国在经济治理领域的法律移植与融合,是近几十年来法律变革的突出形态,当然,在这一时期,世界范围内金融监管规则呈现出趋同的趋势。一方面,我们必须对监管规则移植的有效性保持清醒的认识,因为毕竟法律制度不仅包含具有内在异质性的原则、规则与概念体系,还包含解释、运用和执行规则的人们;另一方面,一个无法否认的事实是新兴经济体构建的法律制度,从未彻底偏离发达经济体的基础法律和监管框架。对于转型国家而言,对初次经历的特定经济现象在作出法律回应时,参考吸收别国经验是一种理性的选择。别国经验也许不能直接回答与解决我们面临的问题，但是有助于我们把握问题的要害。

历史的一页抵得上逻辑的一卷。不妨先以19世纪以来美国金融监管的发展历程为例，透视金融监管领域安全和效率之争。19世纪末至20世纪初的一系列金融恐慌导致了美联储的建立。1929年证券市场的崩盘和银行恐慌以及随后的大萧条，催生了1933年《格拉斯—斯蒂格尔法》，该法案将证券业务和银行业务分离；创立了联邦存款保险制度和联邦存款保险公司，确立了美国现代金融监管的框架；与此同时，实行利率约束，限制银行和存贷机构可以为储蓄账户支付的利率。此后，长期的稳定与繁荣使人们忘记了危机引发的悲痛，认为监管不再是市场有效运作的必要条件，而成了繁荣的障碍。在此背景下，美国开始了金融的去管制化。1980年《存款机构放松管制与货币控制法案》和1982年《高恩·圣杰曼存款机构法案》的通过，逐步取消了对定期存款和储蓄存款的利率上限管制和各类存款机构在业务管制方面的差别。1994年《里格—尼尔银行跨州经营和跨州设立分行效率法》对长期禁锢美国银行开展州际业务的《麦克登法》和《1956年银行控股公司法》进行了修正。1995年《金融服务竞争法》促进了银行界在商业银行和投资银行业务领域的全面竞争。1999年《金融服务现代化法》则将去管制化推向顶点，以金融业的“效率和竞争”为立法理念，彻底废除《格拉斯—斯蒂格尔法》关于银行证券分业经营的条款，修改《银行控股公司法》关于收购金融机构的条款，促进银行、证券公司和保险公司的联合经营。

上述去管制化浪潮在带来空前繁荣的同时，也积聚了巨大的风险。在回顾次贷危机风险的来源时，美国金融业界及金融监管当局乃至于国际社会普遍认为,在美国金融去监管化的潮流下,美国金融领域以房地产次级贷款为核心的金融衍生产品的激剧发展是这次席卷全球风险的主要渊源。在复杂且不受监管的金融产品泛滥冲击之下,影子银行在整个金融体系中快速发展。当然,在次贷危机最终暴发之前,在金融去监管化进程中,美国金融已发生过三次局部危机。这三次局部危机都引起了美国立法机关不同程度的反映,美国金融监管也发生了一些调整与改进。但是,直到次贷危机暴发之前,美国金融法并没有彻底扭转去管制化的趋势,金融创新、去管制化与自由化仍在持续发展,金融监管已远远落后于金融创新的步伐。以至于在次贷危机暴发时,美国金融监管机构既不能判断风险的性质、也不能评估风险的规模。

美国如此,其他国家呢?20 世纪 80 年代以来发达国家金融自由化浪潮席卷全球,扩展至发展中国家,引发了不少问题,区域性金融危机频发,先后爆发了拉美债务危机、墨西哥金融危机和东南亚金融危机等。片面追求金融深化与金融效率,忽视金融安全与风险的处置,最终危机的爆发不仅抵消了效率提高所带来的社会福利,而且打击了整体经济增长。

2008 年国际金融危机是美国自大萧条以来遭遇的最为严重的金融危机,作为对危机的回应,2010 年 7 月时任美国总统奥巴马签署了《多德—弗兰克华尔街改革和消费者保护法》,在对现存金融监管体系进行了重大变革的同时,也彻底扭转了金融领域的去管制化思潮,强调加强对大而不倒机构、衍生产品和系统性风险的监管,凸显对金融稳定的重视,在政府与市场的关系中重新寻求平衡。

再看中国,中国 2003 年修改《商业银行法》,对第 4 条关于商业银行的经营原则作了重新表述，调整了“三性”的顺序，将安全性、流动性置于效益性之先。这一监管理念的变迁，反映出银行业改革开放30年来立法者对于银行业发展自身规律认识的深化。

为什么呢？中国是发展中国家，而且是从集中计划经济模式向市场经济模式转型的国家。这一特点决定了始于20世纪80年代的中国金融改革与开放，不能不与同时期全球范围的金融自由化浪潮联系起来考察。金融机构多元化、金融工具多样化、放松对金融业务管制、推动利率和汇率市场化，以及开放外资金融机构的准入和经营限制等等改革目标的提出与部分实现，与同时期世界金融改革的走向是一致的。30年来发展中国家金融自由化改革中遇到的诸多问题，如通货膨胀、银行不良债权、企业债务危机等，中国均不同程度地遭遇过，而且由于体制的原因，中国还曾面临非法设立金融机构、非法从事金融活动、非法集资、企业逃废银行债务等特殊问题。信托、证券等领域出现了行业性的治理整顿，城市信用社经历了从盲目膨胀到规范治理，个别银行业金融机构由于严重资不抵债被依法关闭清算。

必须特别说明的是，作为银行业改革中心环节的国有商业银行改革，在政府注资、不良贷款剥离、股份制改造和资本市场上市以后，国有商业银行自整体而言已经确立了追求增长、做大做强的内部激励机制。自外部而言，存在政府的隐形担保以及依靠存贷款利率管制维持的息差收入。在这样一种内外部环境下，商业银行片面追求增长、风险意识薄弱和风险管控能力不足问题日显突出。

在此背景下提出安全性为银行的首要经营原则，正是基于上述种种处理，已经出现局部危机的经验和对银行业累积风险的认识与判断。

二、金融消费者保护与金融机构的社会责任

消费者承担了他们既不了解又无法承受的债务，是引发此次次贷危机和金融危机的直接原因。金融消费者保护的失败，不仅损害了消费者自身的利益，也给金融体系带来了系统性风险，最终给金融市场和整体经济带来了灾难性后果。作为对危机的反省与应对，保护金融消费者并为实现此目的改革监管体制，成为美、英等国提出的金融监管改革方案中的重要内容。此举可能不乏重振民众信心的政治考量，但是在金融监管框架中，金融消费者保护第一次被提到了维护金融稳定、消除金融风险的战略高度。

金融市场和金融机构的终极功能，在于满足人们的消费需求，包括对食物、衣服、住所和教育等在内的全部基本生活必需品的需求。随着金融创新和金融机构零售业务的拓展，社会公众和普通家庭更为广泛和深入地参与到金融体系中来。一方面他们成为金融资产的重要持有者，另一方面也享受到了住房、教育、日常消费等诸多方面的金融服务。但是长期以来，监管者更关注金融机构的完好性和竞争能力大小，对消费者利益的保护并没有得到很好的落实。经营者和消费者处于一种共生关系之中，一方利用信息优势，对另一方的过度剥削和掠夺是不可持续的。完整的金融市场监管，要求监管者保护金融消费者获取清晰和准确的金融产品信息的权利，对失衡的利益格局予以校正，维护金融市场的公平和正义。

在这种背景下，要求金融机构承担社会责任成为一项监管要求，其核心是要求金融机构在服务客户、促进社会整体福利的过程中实现自身可持续发展。在消费者保护方面，“了解你的客户”就成为金融

机构践行社会责任的具体要求。

三、安全性优先的原则不能改变

30 年的行政执法实践，我们没有有效改变应用政策调控和监管的方式，但是将安全性作为最基础的立法理念无疑是一种相对较好的选择，法律虽不如政策灵活，其优于政策之处在于：其一，能够为市场主体提供稳定的预期，执法者也需受法律的约束；其二，就实体内容而言，法律既强调立法者监管目的的实现，又强调要对相对人权利进行平衡保护，单个规则要受包括宪法和上位法在内整个法律体系的约束；其三，法律提供了一套开放的、市场主体可以平等参与的程序机制，复议、诉讼等正式程序，提供了说理论辩和权利救济的机会。在这种意义上说，市场经济是法治经济，依法监管是监管工作应当坚持的首要准则。作为转型的新兴市场国家，银行业作为经济的重要方面，应当促进实体经济结构的战略性调整，同时不断提高自身发展的质量和效益。银行业的监管机构应当运用好法律赋予监管机构的独立性和监管手段，有效体现银行业发展的安全性理念。

诚然，谈银行监管以安全性优先，不是说不要效率。30 年来，金融体制改革已经在培育多元市场主体、提供多元化的金融产品、放松对资本流动限制、减少行政审批和鼓励竞争等方面取得了一些进步。但是，利率和汇率管制的改革已经成为中国金融改革难题，在处理大而不倒机构风险等方面，我们缺少相应的制度安排。在这样一种背景下，强调银行监管以安全为第一要务，既可以为改革创造良好的宏观和微观环境，又可以避免出现社会经济动荡。

安全性理念还体现在强化金融消费者保护，提高金融服务的可获得性等方面。如同普通服务和商品的提供者一样,银行业金融机构担负着向消费者出售同类中的好商品而非有毒商品的责任。但是,由于金融产品的复杂性和金融市场的高度信息不对称,消费者在没有帮助时难以作出明智的判断。银行监管者应当担负起消费者保护的责任,从源头上消除和减少风险。因为银行业发展的好坏与否,一些财务指标说了不算,得让消费者叫好才行。银行业的发展不能以牺牲社会福利为代价,获得超额利润,而应在促进社会福利最大化过程中实现自身的健康可持续发展。

必须指出,银行的运作特性决定了容易产生财富的马太效应:穷人因无法提供标准化的担保而无法获得信贷资本,有钱人因为拥有财富可以更容易获得信贷支持,因此会导致贫者越贫,富者越富。

还须说明的是,提高金融服务的可获得性,不是让银行业承担政府应当承担的职能,而是促进银行业金融机构转变"垒大户"式的粗放发展方式,改变金融产品单一化、同质化的局面,强调培育新的盈利模式,在此过程中促进经济社会的发展。结合中国当前经济发展现状,监管机构应当合理引导,通过金融组织的创新(如流程银行、银行再造等)和金融产品的创新,鼓励其为城市化进程中的农村发展提供金融支持,为新经济时代中小企业的发展提供资金支持,以此丰富中国的金融生态,不断提升银行业的效率和竞争力。

安全性理念是我们银行监管立法的基础性价值取向,与之相伴的银行业监管法治建设"开头难","其将毕也必巨"。树立正确的监管理念,保持日新求变的开放态度,才能不断推进银行监管法治的进步。

笔者是崇尚法治的人,而且一直躬身于中国金融法治事业,亲身经历了金融法治艰难而可贵的发展历程。多年来,我们高兴地看到了金融法治来之不易的辉煌成就，笔者想每一个人也都会为法治建设的任何有意义的举措而欢欣鼓舞。笔者也是一个金融法律工作者，准确地说目前是一位银行业监管的法律工作者，因为平时参与立法活动比较频繁，而且与学术界交流交往较多，由此有幸经常听到大家对政府金融法治的诸多评价。对积极的评价，我们当然是心向往之且倍感欣慰，但我们不可能只听到积极评价；我们同时也听到了很多批评，不少批评对我们改进工作发挥了积极作用。对这种批评，我们有过失落甚至是惶惑，但现在愈发变得乐于接受和善于反思了。所以，笔者将银行业法治建设中的一些有价值的建议、意见和批评集中提出来，再分解成五个方面来检讨。

问题一：如何确定金融法律体系的规则层级？根据中国现行的立法体制，金融法律规则从层级上讲，除最上面的宪法关于经济金融的规范外，首先一个就是法律，其次是国务院的行政法规，再次是政府部门的行政规章，最后是规章以下的规范性文件。法律、行政法规、行政规章和规范性文件之下的决定或者牌照之类，就不属于法律规则体系了。与西方法律体系比较，无论是大陆法系，还是普通法系，它们的法律规则层级是法律、规则、命令和牌照，它们的监管部门仅需依据法律制定出监管规则，再根据规则发布命令和发放牌照。美国、英国制定一个银行法律，其系统性、规范性和可操作性极强。中国的法律规则体系将规则分为四个层次，即法律、法规、规章和规范性文件，与西方各国对照，中国金融监管的规则制定难度系数较大。我们要将规则分成四个或者是三个层级来描述，这四个或者是三个层级之间如何相互协调和发挥效力，是一个难题。结果正如一些人说到的，中国的“法律不如法规，法规不如规章，规章不如批示”。虽然这种说法有失偏颇，但说出了我们法治建设中的缺陷,需要我们反思和应对。其实对这种现像,我们的学术界也进行了研究,还确定了一个术语,叫"法律规则效力倒置"。笔者认为,造成规则效力倒置的原因是复杂的,其中主要是国情、背景等客观、实践问题,如政策治国的痕迹、官僚主义的遗风和事实上的有法不依等,但笔者还是有理由认为,我们的规则体系设计有问题,我们的法律规则层级有问题。我们需要对这些问题予以反思和检讨。至于这些问题的解决,我想这在根本上可能涉及一些更宏观的制度,例如国家立法权限制度等,短期内解决这些问题显然不够现实,我们宜从现有条件出发,做一些制度和机制上的改进,可能于事有补。第一,改进我们的法律规则运行机制,例如加大法律规则审查力度等;第二,提升我们法律规则本身的质量,重点是加强法律规则的系统性等;第三,切实在全社会尤其是法治建设的专业力量中树立法治意识,主要是法律至上、法律保留和法律优位等意识。也许大家还有更多更好的办法,解决这样的问题也确实需要集思广益。当然,我们法律规则建设有很多成功的地方,这就不属于批评检讨的范围了。

问题二:当今中国金融立法的理念是什么?不少人曾问笔者,金融监管中我们到底秉持什么样的立法理念?笔者的理解是,至少应该从三个方面来考虑问题。首先是政府理念的深重影响。中华人民共和国成立以来,我们的政府理念经历了由管制到管理再到治理的变迁过程,当今可基本确定为治理与善治。治理和善治是最重视多元主体博弈和公共利益的最大化的。早在半个世纪前,英国的马丁·洛克林就提出过"政治是一切公法呈现价值之峰的地图""公法不过是复杂的政治话语形态"等命题。来自经济合作与发展组织(OECD)国家质量监管研究者的一份重要报告，也为我们提供了这样一个判断：所有监管政策和立法，都是基于政府模式、政府原则和政府理念的综合。所有这些结论，都说明了政府理念对金融立法的作用和影响。其次是法治本质的必然要求。按照亚里士多德所作的经典阐述，法治应包括两种含义："已成立的法律获得普遍的服从，而大家所服从的法律又应该是本身制定得良好的法律"。我们今天讲法治，大抵都能说出些头头道道，可能有些不同理解，但可达成共识的是，法治本质上应包含四个要素：一是法律必须是"良法"；二是"良法"必须能真实运行；三是社会成员崇尚并服从法律；四是一切偏离目的的公权行为均有救济。可以设想，在中国法治已到达的百年一问"良法何在"的历史时期，"良法"的这一法治要求，必然深刻影响中国金融立法理念的形成。最后，也即最重要的是全球金融立法理念的磅礴激荡。我们学金融的人，一定是先学货币银行学，再学金融学、金融工程学等，就像学金融一样，全球金融立法的理念也经历了一个变迁的过程。金融立法的早期阶段以规范作为基本理念，将规范货币交易、扩大交易行为作为制度安排的目的。在20世纪初，特别是全球经济大危机和金融震荡以后，大家认识到金融领域一旦出问题，对社会和经济的危害将非常重大。为了防止出现重大的震荡，需要对金融业、银行业实行严格的管制，所以从1933年、1935年美国出台两部银行法以后，金融立法进入了一个以管制和安全作为基本理念的阶段。20世纪70年代以后，随着金融全球化、经济一体化和金融创新的加剧，全球经济金融环境发生了重大变化，金融立法的理念也随之变化。1999年美国颁布了《金融服务现代化法》，把效率和竞争的理念用法律制度固定下来，从此全球金融立法理念扩大了，由规范、管制银行扩大到要依法促进金融机构的效率,促进金融机构参与国际市场之间的竞争。这种立法理念带动金融法律制度也发生了一些变化,最典型的是很多国家立法允许金融控股公司这种模式。从上面讲的三个方面,我们可以得出这样一个结论:中国金融立法理念的形成,深受诸多复杂的国内外情势的影响,也经历了一个逐步演变的发展过程。当前的金融立法,不但需要包含安全、稳定和促进行业发展等现代金融监管的固有理念,而且需要蕴含"良法"、透明度和公共利益等现代制度构建的共性理念。

至于是否要强调效率和竞争,笔者认为还是慎重一点为好。为什么这样说呢?中国的金融基础特殊,金融基础设施、业务交易规模、风险管理水平和金融从业人员素质存在较大差距,这与成熟的市场国家或者经济体不一样。如果强调效率和竞争理念,要把这种理念转化成中国的金融制度安排,然后据此监管金融机构,这还需要一定的现实基础。但是,我们又面临着金融全球化和 WTO 规则的挑战,在金融立法方面,我们既要研究、借鉴和学习国际上的通用规则和最佳做法,又不能搞拿来主义和照搬、照抄,而是要有选择地引进一些适合中国国情的先进理念。因此笔者认为,是否以效率和竞争作为中国金融立法的主要理念,需要慎重,需要深入研究。

问题三:中国金融立法水准和技术如何?大家都知道,国际上主要有两大法系:一是成文法系,就是欧洲大陆法系,它的代表法典是《法国民法典》和《德国民法典》;另一个是判例法系,就是以美国、英国为主的法系。我们国家呢,我们的法学家也许是从民族的自豪感出发,将中国的法律制度统称为中华法系。国外有人称我们是社会主义国家法系,当然这是依据了意识形态化的划分标准。不管怎样,我们大陆法系国家,是成文法国家。在我们这种成文法或说是制定法国家,要评判我们的金融立法水准和技术,就要进一步考虑到以下三个子问题:一是成文法具有特殊的立法技术要求。在成文法条件下,需要对经济社会的运行规律进行高度抽象,需要运用高超的立法技术来形成相对稳定的规则体系,而中国处于后转型时期,要将后转型社会的经济金融运行纳入法制化轨道,要将不同利益协商成一个比较符合法律文明、比较适合法律规范的文本载体,我们现有的观念和技术很难做到。就立法观念而言,无论我们现在是身处何种法系,是大陆法系还是英美法系,或是按照中华传统法系,只要我们还是处于工具价值的认识阶段,我们的金融立法水准就会有问题。二是成文法重视规则与规范的系统性。规则的系统性问题,也就是我们常说的法律协调问题。金融法律体系作为一个整体,应该保持法律、法规和规章之间的和谐,下位法不得违背上位法,具体规范不得违背立法精神,同位阶的立法之间应该衔接一致。每部新法律出台,可能要解决很多涉及法律协调的问题,至少,我们要查一遍,看跟哪些法律有冲突,有冲突的时候要用特别规则来解决。实事求是地讲,我们的规则系统性建设与法律协调问题,仍然是一个制约我们立法水准的突出因素。三是成文法条件下金融立法的专业化程度高。在我们银行监管系统,要把一些国外非常专业、非常技术性的东西拿进立法,有时真的很难。例如,我国在组织起草《银行业监督管理法》的时候,我们说借鉴"巴塞尔银行监管核心原则",要向立法机关作说明,我们把"巴塞尔银行监管核心原则"复印并逐条解释出来,把每个问题都说清楚。类似的专业化立法问题,用我们现在的条件应对还有限,我们的专业化立法还处在努力的过程中。

上面提到的三个子问题,有的涉及我们的立法技术,有的涉及我们的立法观念。无论是技术或是观念问题,都影响到中国金融立法的质量和水准,足以引起我们的重视和反思。纯粹的立法技术问题,国际上已有较为成功的经验,例如罗马尼亚、美国和中国台湾地区,就制定了旨在提高立法技术的规则体系。中国还没有专门的用以规范立法技术的相关规则,应该考虑做法制上的改进。也可以在金融立法实践中,在规章层面先行一步,我们的银行监管系统就有了这样的考虑。至于立法观念的转变问题,那不是一朝一夕的事,只能假以时日了。

问题四:怎样看待金融立法存在的缺陷?目前,大家提得最集中的立法缺陷有三个:一是立法滞后。很多搞金融的都知道,我们的金融法律不能与时俱进,赶不上形势,赶不上需求,出现立法滞后问题。很多老师都给我打电话,问我们怎么搞的。不一定都是我们的问题,多数情况下是转型发展中的问题。我们要借鉴国外的经验,要把别人的核心技术和经验学习过来,引进过来,最好的合不合中国国情是个问题,最好的拿多少是个问题,最好的拿过来也有个消化问题。而且,立法滞后特别深层次的原因,在国内大家的理解不一样,说法也不一样,我们需要辩证地看问题。二是立法不完整。我们的银行监管规则体系,只有市场准入制度,没有市场退出制度。《人民银行法》《商业银行法》《银行业监督管理法》这些支撑银行业法制框架的法律,却没有解决不良资产的处置问题,没有解决商业银行市场退出的问题,没有解决银行业存款保险的问题。我们金融资产管理公司的立法,只有政策环境的规范,比如税收优惠等,却没有规定特殊的处置手段。这些问题我们已有共识,我们正在组织力量加紧研究,预计会很快填补这些立法空白。三是不少金融立法没有相应的罚则。如果我们研究银行业规章,包括银行业以外的其他金融规章,我们就会发现,不少强制性规则没有相应法律责任，没有相应处罚措施，没有规定必要的罚则。就像规定每天上下班时间是8点钟，必须8点钟来，但是8点钟不来怎么办，没有规定。我们知道，无论是行为模式加法律后果，还是假定、处理加制裁，一般法律理论都告诉了我们：这些强制性规则必须有罚则。这个问题也引起了我们的重视，我们正在构建一些工作机制，力图尽快将这一问题解决。

问题五：如何建立规范金融法律工作的长效机制？银行业法律工作经纬交错，要对其规范并形成长效机制，我们需要将其进行适当的法理分解。其一，我们需要一个基本的银行业法律框架，根据这个框架制定相应的立法规划；其二，我们的规章论证、起草和审查过程，应该具有内容、形式和技术上的要求，使得规章具有基本质量；其三，规章执行和运行情况，我们应该有一个评价，发现执行过程中存在的问题，通过启动评价机制来改进规章。如何具体开展这些工作？我们进行了探索：将立法工作视同工程建设，建立一个“项目流程”，使得法律工作本身有章可循，有标准要求，有质量保障。我们探索后的实践是，制定一个法律工作规则，从规划立项、起草论证、审查公布、解释咨询、检查评价、宣传培训、清理汇编七个方面，规定相应标准和程序，让这一系列工作形成一个通畅的流程，让一系列工作具有质量保障。考虑到银行业监管法制中，规章上承法律法规，下启规范性文件，数量众多而适用性强；规范了规章制定和运行，也就规范了银行监管法律工作的“半壁河山”，我们法律工作规则构建的七个机制中，有四个机制是专门用来规范规章的，我们通过规章制定的事前规划机制、事中审查机制和事后评价机制，以及事后解释机制，提高规章的制定质量和运行效力。当然我们的这些机制不限于规范规章，我们的立法规划和解释咨询机制还旨在推动上位法建设;宣传培训和清理汇编机制是针对所有银行监管规则的;规范规章的规范体系同样也适用于规范性文件。我们制定这个法律工作规则,就是想建立用以规范银行监管法律工作的长效机制。

50 年前,英国著名法学家戴雪曾深情地引述过这样一段文字:"世间有许多地方因气候适宜和水土腴美而得天独厚,然而以政治制度所赋予的幸福论,没有一个民族像英格兰一样让人民普遍受惠,也没有一个民族像英格兰一样如此成功地协调了财富、秩序与自由的冲突。这些政治优势绝不源于本岛的天时地利,而是归功于英格兰的法治精神。"当前,我们的民族正在全面复兴,我们的国家正在厉行法治,笔者愿与诸君一道,务实守拙,锐意创新,以民族情怀谋法治发展,共同创造金融法治的美好明天。

银行依法监管三十年回顾①

提示:本文是2008年笔者应邀对中国金融法治建设20年的总结。1986年1月国务院发布《银行管理暂行条例》,标志着中国银行业开始实行依法监管。总结此后20年中国金融法治发展历史,最为突出的成就有:一是围绕银行监管,全方位的监管立法,基本构建了中国现代银行监管规则体系;二是以促进银行业稳健发展为目标,监管立法贯彻了宽严相济的原则,实现了放松监管基础上的有效监管;三是适应中国行政法治建设进程,制定了银行监管领域的行政许可、处罚和复议规则,有效规范了银行监管权;四是建立了新型法律工作机制,不但规范了中国金融监管规则制定行为,而且还提升了银行监管规则的质量;五是通过各类制度与机制改进,加强了银行监管规则的可操作性;六是集中开展法规清理、组织法规汇编,适应了银行业监管规则的科学性、规范性和统一性的要求;七是改进监管执法机制,实行执法质量管理,有效改善了银行监管的执法方法、执法水平和执法效果。

改革开放以来,中国银行业依法监管获得了较大的发展。特别是

① 根据2008年12月18日银行业监管机构网站和2008年《中国法律》(香港)发表文章整理。

专门的银行监管机构成立后,根据国务院依法行政要求,采取各种得力措施,大力推进银行业依法监管,并取得了良好的工作成效。通过近30年的不懈努力,银行业监管法治意识逐步增强,法律法规体系日臻改进,立法质量得到明显提高,监管执法的方法、水平与效果,已得到较大幅度的改善。当前,按照国务院全面推进依法行政的工作部署,政府部门依法行政正向纵深发展。作为政府金融监管部门,我们正切实贯彻国务院精神,全面推进银行业依法监管,着力促使银行业法制建设步入新的发展阶段。

一、以银行业监管法律为核心,进行全方位的监管立法,基本构建了中国现代银行业监管规则体系

20世纪80年代之前,中国一直没有真正意义上的银行金融机构,也没有现代意义上的银行监管,当然也没有现代意义上的银行监管法律体系。改革开放以后,随着银行业体制改革和银行业发展,中国开始了构建现代银行监管法律规则体系的过程。1986年1月,国务院颁布了《银行管理暂行条例》,标志着中国开始对银行业实行依法监管。1990年以后,银行改革力度逐步加大,为把中国的银行办成真正的商业银行,保障银行乃至金融业的稳健运行,中国于1995年颁布了《人民银行法》和《商业银行法》。以这两部法律为基础,一些旨在加强银行监管的行政法规和部门规章得以制定。这些行政法规和部门规章,涉及银行监管的许多重要领域,规范了市场准入、从业资格、业务经营、公司治理、财务会计等监管事项。由此可见,这期间制定的法律、法规和规章,初步形成了中国现代银行业监管法律框架。

21世纪之初,适应银行业发展的现实需要,中国建立了政府对银

行业实行专门监管的新型制度。2003 年成立银行业监管机构，立法机关随即制定了《银行业监督管理法》，并对《人民银行法》和《商业银行法》进行了及时修订。《银行业监督管理法》是中国第一部关于政府专门监管银行业的法律，它反映了中国银行业监管的现实需求，借鉴了国际上银行业监管的先进理念和良好做法，具备了科学性、系统性和开放性等现代银行业监管法律的基本特征。可以认为，银行业监管机构的成立，以及《银行业监督管理法》、《人民银行法》和《商业银行法》的制定与修改，标志着中国银行业监管法律体系构建步入全新的发展阶段。此后，以上述三部法律为基准，银行业监管规则制定的进程大为加快，银行业监管朝着规则体系化方向迈进。[①]

经过近 30 年的艰难努力，中国已经初步地建立了以《银行业监督管理法》和《商业银行法》为核心，以金融违法行为处罚、外资金融机构管理等方面的行政法规为骨干，以部门规章和大量规范性文件为主体，以中央立法机关和中央政府的相关法律、法规、决议和命令为辅助，以及相关金融司法解释为补充的现代意义的银行监管法律规则体系。这些法律规则体系的层次框架包括：法律与相关法律 22 部；行政法规与相关行政法规 16 部；规章 26 部；规范性文件 500 余件；相关司法解释 72 件；银行业监管国际协定等。[②] 这些法律规则体系的规范内容包括：市场准入、机构监管、高管监管、审慎监管、持续监管、监管措施、监管处罚和监管行为规范等领域；银行业监管实体性规定、程序性规定和辅助性规定等层面；银行业监管公权规制、相对人权益保护和监管主客体自身规范等维度。银行业监管法律规则的体系化构建，为

---

① 参见崔宇清：《法相宜则事有成——对银行业监管法律体系的三十年改革回顾》，载《银行家》2008 年第 10 期。

② 同上。

中国银行业监管的有效运行,提供了较为完整的法律规则依据;为中国银行业稳健和长足发展,形成了最为牢靠的制度保障。

二、为促进银行业稳健发展,坚持宽严结合的立法原则,实现了放松监管基础上的有效监管

随着金融全球化进程的加快,中国银行业对外开放逐步扩大,为了使银行业具有更为广阔的发展空间,针对传统以来银行业部分领域管制过严问题,我们采取了如下显著的放宽管制的法律调节措施:一是部分降低银行业务和高管人员准入要求。通过制定银行监管规则,取消了商业银行代理业务、法人账户透支等部分业务的审查或备案;取消了银行分支机构开办法人机构和部分新业务的限制;取消了高管人员平调任职资格和部分高管人员任职资格的限制等。二是开始放松商业银行服务价格管理。我们与发改委商定,联合发布相关规则,[①]改变商业银行服务定价方法,将原来的国家定价,改为国家指导价与商业银行自主定价相结合,给予商业银行更多自主权,拓展了商业银行服务定价的自主空间。三是允许境外金融机构向中资金融机构投资入股。通过制定并实施《境外金融机构投资入股中资金融机构管理办法》,突破了长期以来中国对境外金融机构投资入股中资金融机构的严格禁止性规定,进一步放宽了境外金融机构对中资金融机构股本投资的限制。这些放宽监管的具体措施,很好地推动了商业银行改革,促进了商业银行主体多元化格局的形成,改善了商业银行的资本结构与状况,提高了中国商业银行的经营水平和国际竞争力。

---

① 参见崔宇清:《法相宜则事有成——对银行业监管法律体系的三十年改革回顾》,载《银行家》2008 年第 10 期。

面对日益变化的监管新形势，在适应国情和合乎国际惯例的基础上，我们提出了管法人、管风险、管内控、提高透明度等监管新理念，坚持了宽其所宽、严其所严的立法原则。在部分放松监管的同时，以《银行业监督管理法》为基准，加强了银行业审慎经营与风险管理的规则建设。突出的情况是，银行业现行监管规则中，有160余件监管规则主要针对银行业审慎经营与风险管理。例如，在资本充足率方面，及时制定了《商业银行资本充足率管理办法》，弥补了以往没有具体计算标准和管理细则的空白。这一内容翔实、标准严格、可操作性很强的规则，确立了资本金监管的清偿性战略，不但有利于银行业审慎经营，也有利于银行业资本审慎监管。又如，在风险监管、风险集中和关联交易方面，我们制定了系列监管规则，具体包括《商业银行次级债券发行管理办法》《商业银行市场风险管理指引》《股份制商业银行风险评级体系》《集团客户授信业务风险管理指引》《商业银行与内部人和股东关联交易管理办法》等50余部规章和规范性文件。通过制定、实施这些规则，建立了较为严整的风险监管规则体系，加强了银行业风险监管的系统性，从而有利于促进我银行业的稳健和发展。

三、适应行政法治建设进程，制定行政许可、处罚、复议规则，有效规范了最为重要的银行业监管权力

根据依法治国的宪法精神和依法行政的政策要求，国家加快了政府法治建设进程。10余年来，中国先后颁布了《行政处罚法》(1996年)、《行政复议法》(1999年)、《行政许可法》(2003年)等法律。这些法律的制定与实施，有利于加快依法行政进程，有利于促进政府法治实践，无疑是新时期中国政府现代化建设的重要举措。作为政府金

融监管部门，我们应当牢牢把握立法精神，切实贯彻、施行这些法律；同时，应当充分评估这些法律对银行业监管理念、职能、体制、方式和监管行为的重大影响。为此，我们依据行政处罚、复议、许可法律规定，结合银行业监管现状和实践，先后制定了银行业行政处罚、复议、许可规则，并形成了较为严整的规则体系，从而有效地规范了最为重要的银行业监管权力，为促进银行业监管法治化奠定了良好的基础。

为了实施《行政处罚法》，规范银行业行政处罚行为，我们于2004年制定了《银监会行政处罚办法》。该办法规定了规范行政处罚行为、维护银行业秩序、保护相对人合法权益的基本目标；明确设定了银行业行政处罚的种类和内容；详细规范了管辖、适用、立案、调查、取证、审查、听证、决定、执行等程序事项。2006年12月，我们又根据该办法实施情况，针对需要改善的部分内容，对该行政处罚办法进行了适当修改。特别是根据处罚法定原则，删除了有关从重处罚的内容，从而使该办法更符合《行政处罚法》的立法精神。处罚办法的制定与实施，有效地规范了银行业行政处罚权力，尤其是处罚的自由裁量权；有效地维护了银行业市场，乃至金融市场的正常秩序；有效地整治了违法行为，保护了相对人的合法权益。

出于纠正银行业不当或违法监管行为之目的，我们于2004年制定了《银监会行政复议办法》。该办法以《行政复议法》和《银行业监督管理法》为制定依据，规定了合法、公正、公开、及时、便民等复议原则；明确规定了银行业行政复议的申请事由；规范了管辖、机构、期限、申请、受理、调查、答辩、审查、决定、送达等程序事项。复议办法的制定，是银行业监管系统内防止和纠正不当或违法监管的有力举措；它的有效实施，为实现银行业监管内部监督和救济提供了重要的机制途径。实践证明,银行业监管过程中,产生了为数不少的监管纷争;而有许多纷争事项,正是通过银行业复议制度得到了有效解决。

2006年1月开始,为了进一步贯彻实施行政许可法,我们先后颁布了《行政许可实施程序规定》《中资商业银行行政许可事项实施办法》《合作金融机构行政许可事项实施办法》《外资金融机构行政许可事项实施办法》等重要规章。经过前后3年的许可规则建设,中国银行业行政许可制度基本形成。这种许可制度具有如下特点:一是体现了行政法治核心原则,保障了许可申请人的合法权益和维护公共利益。二是确立了公开、公正、公平、效率、便民等许可原则,以实现许可正当程序和程序正义。三是建立许可责任机制,实行许可权力与责任相统一。四是加强银行业许可监督,建立了许可救济机制。通过建设新型许可规则体系,规范了银行业行政许可的重大事项,调整了银行监管各方主体的权利义务关系,特别重要的是,规制了银行业监管的审批权与许可权。实践表明,许可规则的实施,为中国银行业监管法治发展提供了巨大的推动力量。

四、建立新型法律工作机制,不但规范了我们系统的规则制定行为,而且提升了银行业监管的规则质量

中国银行业监管中,长时期面临着一些值得高度重视的问题:一方面,如同其他政府部门一样,我们起草监管规则的权力被分散授予各个内设机构,这是规则制定的任务重、时间紧,以及传统影响等因素造成的,这一做法虽然保证了监管规则的数量、时间需求,但是,对于监管规则的科学性、系统性与完整性,则很难兼顾好,甚至,由于不同程度地缺少整体性价值,监管规则可能违背依法监管要求。另一方面,由于起草监管规则的主体众多,各个主体的意识、水平、专业、技术等显然存在较大差异,这不但使监管规则水准不一致,而且可能造成监管规则相冲突,从而可能导致监管规则效力减弱,或者无法切实执行,进而可能引发银行业监管法制的实践困窘,最终可能削减银行业监管的权威与效果。这些情况表明,必须重视规则起草、制定工作分散化所带来的不利因素,改善监管规则多头起草条件下的规则生成机制,提升银行业监管规则的质量和水准。

为了解决上述突出问题,我们进行了艰难的制度探索,在国务院部委中,率先建立了旨在规范规则制定,提升规则质量的新型工作机制。2005 年 12 月,我们颁行了《中国银行业监督管理委员会法律工作规定》(以下简称《法律工作规定》),构建了如下重要的法律工作机制或制度:(1)立法规划制度。这一制度要求,我们以国家经济、金融政策为指导,根据银行业发展和监管的实际需要,充分吸收国际先进做法,制定银行业立法规划和计划。(2)起草论证制度。这一制度要求,我们对制定规章、规范性文件作出统一规范,起草规章和规则应当进行充分论证,所起草规章的名称、结构、内容、表述等方面都应当符合规定的规范要求。(3)规则审查制度。这一制度要求,规章起草完毕后,我们法律部门依据审查程序和审查标准,对草案进行严格审查,统一把关,以切实提高规章的制定质量。对制定规范性文件,也建立了审查机制。(4)咨询解释制度。这一制度要求,我们应当统一监管规则,尤其是监管规章的咨询解释工作,对咨询解释的条件、情形、原则、管辖、程序和形式等,作出了详细的制度规范。通过构建一个科学有序的法律工作流程,规范了监管规则的生成事项,提升了监管规则的存续质量,促进了中国银行业依法监管和有效监管。

五、通过改进相关制度、机制，加强了银行业监管规则的可操作性、实践性，以及亟待提高的执行力建设

要推进银行业依法监管，要实现银行业有效监管，就必须提高监管规则的可操作性、实践性、执行力，就必须构建银行业监管规则的执行评估机制。银行业监管中，过去执法方面存在的主要问题是：监管规则制定实施之后，没有开展持续有效的评估活动，致使法律、法规、规章、规范性文件的执行效果无从准确判断；监管规则中存在的问题，以及相关改进意见，也得不到及时反馈收集。因此，必须构建针对性较强的工作机制，促进监管立法、执法、守法之间的良性互动，最大限度地提升监管规则的可操作性、实践性和执行力。出于这样的考虑，我们应该创新一种检查评价机制；通过这样的机制，我们可以检查银行业法律、法规、规章、规范性文件的存续质量，可以评估银行业监管规则的执行效果，可以及时收集反馈意见，有效改善监管规则。

2005 年 12 月，通过颁行《法律工作规定》，我们建立了银行业监管规则的检查评价机制。这一机制的主要内容包括：(1)确定检查评价标准。合法性标准，要求监管规范应当符合上位法规定；协调性标准，要求规范之间应当相互衔接一致；操作性标准，要求规范能够得到有效执行；实效性标准，要求规范能够促进银行业规范发展；完备性标准，要求规范内容、措施明确完整；推广度标准，要求规范易于理解和能够被普遍认知；守法率标准，要求规范具备严格执行、全面遵守的特征。(2)明确检查评价形式。年度检查评价，指可以以年度为基本时限进行检查评价；专项检查评价，指可以对规章和重要规范性文件进行特殊检查评价；其他检查评价，指可以在实施现场检查时附带作出

检查评价。(3)规范检查评价报告。将检查评价报告内容规范为:依据检查评价标准,进行具体分析;银行业法律、法规、规章、规范性文件实施中,存在的问题及其原因分析;制定、修改或废止相关法律、法规、规章、规范性文件的建议;改进监管执法和责任追究的建议等。通过监管规则检查评价机制,评估了银行业监管法律、法规、规章、规范性文件的实施效果,检验了银行业监管规则质量,检测了银行业监管机构的执法水平,部分解决了银行业监管规则中存在的问题,从而有利于推进银行业依法监管。

六、集中开展法规清理,组织法规汇编,适应了银行业监管规则的科学性、规范性与统一性要求

银行业监管中,要推进依法监管,就要认真解决监管规则的冲突或矛盾,就要推动监管规则的立、改、废工作,就要加强监管规则的科学性、规范性与统一性建设,为此,必须考虑开展银行业法规清理与汇编。2004 年我们决定,将监管法规清理、整合与汇编,列为未来两年的工作重点。随后,我们组织专门力量,集中开展银行业监管法规清理、法规汇编。清理与汇编部门确定了工作方案、工作目标和任务分工;完成了对 500 余件监管法规文件的基础清理、审查论证和上报审议工作;2006 年 12 月,完成了法规汇编的技术规范和体例设计;同年 12 月,做出了相关监管规则的立、改、废决议;2008 年 1 月,正式公开出版发行了《中国银行业监管法规汇编》。

上述两项工作,都有其重心所在。法规清理的重点在于:发现上位法变动、政府政策改变、金融市场变化、规则主体变更,或者与其他规章不协调时,推动修改规则工作;发现所依据上位规则被废止、所规

范事项已由上位规则规范、新规则对旧规则予以覆盖时，推动废止规则工作。法规汇编的重点在于：法规汇编以法规清理为基础，依据清理结果进行；法规汇编以监管规则分类整理为前提，依据整理结果进行汇编；汇编文本必须方便社会公众了解、查阅和使用。

通过开展卓有成效的清理、汇编，我们有力推进了银行业监管规则的科学性、规范性与统一性建设，改进了监管规章和规范性文件的立、改、废工作；解决了长时期来因监管主体变化而带来的规则文件不配套、不协调、不完整问题；较好地总结了中国银行监管的实践经验，借鉴了国际银行监管中行之有效的规则方法。并且，从 2007 年起，以清理、汇编成果为基础，我们加大了监管立法规划的工作力度，加快了未来银行业监管法制框架的构建部署，从而为中国银行业依法监管的发展，奠定了更加坚实的实践基础。

七、改进监管执法机制，实行执法质量管理，有效改善了银行业监管系统的执法方法、执法水平和执法效果

银行业监管执法，是依法监管的中心环节。任何美好的法律规则，都需要得到真实执行；如果规则能够被有效执行，那么规则的价值就得到了有效实现；如果规则执行环节问题丛生，那么实现规则目标就无从谈起，这是人类法治建设的一个共识。银行业监管中，依法监管是一个不断发展的命题。由于传统以来规则欠缺，加强规则制定是未来法律工作的重点所在。近年来，随着规则体系的逐步改进，依法监管内涵得到了进一步扩展，具体表现为对良好规则的推崇和对规则执行的重视。正是在这样的背景下，我们采取执法质量管理措施，加强监管规则执行机制建设，并取得了较为突出的机制成效。

银行业执法质量管理,其主要做法是:一是建立健全政策法规组织体系。我们设立政策法规部门,各派出机构设立了政策法规处(科),以及政策法律办公室,或者政策法规岗位,专门负责规则制定、执行、监督等项工作。省级派出机构中,分别设立了行政处罚委员会、行政复议委员会。二是实行重要监管权力相对分立制衡机制。依据查处分离原则,在行政处罚中,实行调查与处罚相对分离制度。依据行政法治原则,在监管实践中,对重要监管事项实行法律、法规、政策审查制度。确保重要监管权力、重要监管事项得到有效法律规制。三是严格设置重要监管行为的程序制度。依据依法、公正、公开、及时、便民等原则,构建了监管许可、处罚、检查、复议等程序制度。同时,在制度中确立了告知、说明理由、期限、听证、救济等分支制度。形成了对重要监管活动过程规范的严密制度体系。

通过推进银行业依法监管,严格实施《银行业监督管理法》《行政许可法》《行政处罚法》《行政复议法》,以及我们制定的许可、处罚、复议等监管规则,我们上下改进了执法方法,提高了执法水平,收到了良好的依法监管成效。5 年来,银行业监管系统实施行政许可近 10 万起;实施现场检查近 30 万起;实施行政处罚 7 千余起;取消高管人员资格 1 千余起;查处违规金额 3 万余亿元。通过广泛全面的监管执法活动,基本实现了银行业有效监管、依法监管。尤为突出的是,在这样大规模的监管执法实践中,引发的行政复议、行政诉讼案件明显属于极少数——其中,行政复议仅为 30 余起,行政诉讼不过 10 余起。这些情况均表明,我们系统监管的执法水平较好,执法质量较高,执法效果较为优良。

金融监管法治研究展望

提示：在金融监管法律制度建设的过程中，构建符合现代金融监管发展规律的法治理念、原则与制度，方能抑制金融监管中的形式主义与有害倾向。本文以深入研究金融监管法治理论并阐明其价值取向为目的，首先梳理了金融监管法治命题的当代蕴含。从中可以看到，在改革开放以来，中国金融市场规则体系渐次改进、迅速形成，成就了中国金融业的迅猛而稳健的发展，但也暴露出诸多突出问题。为解决这些问题，亟须对包括金融监管的法治理念、法治原则、法治机制和法治发展均面临的一系列重大而现实的理论问题，予以深刻而准确地研究。笔者认为，对上述问题的研究可从金融监管法治理论的学科使命、理论意义、实践价值及研究过程展开。基于此，本文梳理、铺陈了西方与中国金融监管法治研究相关文献综述；提出了笔者关于金融监管法治研究的路径与方法，给出了对于金融监管法治重要问题的十大判断，延伸出两个开放性论点。

政府法治(rule of law)是常态化的政策目标和社会治理方式。金融监管(financial regulation)是现代政府监管的核心职能，又是典型的公共权力行为。在建立法治政府的目标背景下，构建合乎现代金融监管发展规律的法治理念、原则与制度，抑制金融监管中的法律形式主义（legal formalism）等有害倾向，[①]推动金融监管法治建设，促进金融体系稳健发展，不仅是中国金融融入国际金融体系，并在金融全球化进程中共享利益的现实需要，也是加快特定行业法治建设，更大层面推动政府整体法治建设的必然选择。为应对从公法角度研判金融监管法治理论实践重大问题的挑战，研究者常常愿意凭借学识经验不遗余力地进行深入探索，试图提炼出金融监管法治理论实践的价值取向，也期望能引起金融界、法律界同人及其他有志于研究这些问题的专业人士关注和思考。

一、金融监管法治命题的当代蕴含

20 世纪 80 年代以来，中国政府致力于改革开放，政府改革取得了重大而可贵的现实进展，取得了许多长久影响未来走向的制度性成果。其中一项主要成就在于，构建市场经济体制有着实质进展甚至是重大突破。与此紧密关联的是，通过政府职能转变和政府机构改革的不断纠试错，政府管理方式呈现出能够深刻表征现代政府属性的积极变化，譬如，由全面管制转向管理与监管的适当分离；由部委传统行政转向一般行政管理与现代专业监管的二元并立。特别是近年来，金融、电力、医药、安全等系列监管机构相继成立表明，政府监管的催生与成长，源于中国市场经济建设的本质要求，承受于欧美现代政府管制理论的深重影响，在本土国情与外域理论的双层作用下独特成型。

---

① Carl J. Friderrich, *Constitutional Government and Democracy: Theory and Practice in Europe and America* (Revised edition), New York: Blaisdell Publishing Co., 1941.

政府监管之于金融,尤具有特殊的作用与表现。金融监管就演进过程而言,考察金融市场发展、金融机构扩充和金融规则稳定,特别是金融监管机构兴设,即可看到清晰脉络。1993 年 12 月,国务院公布了《关于金融体制改革的决定》,该决定是形成金融分业监管的政策依据。1995 年以后,《人民银行法》《商业银行法》《保险法》《证券法》《银行业监督管理法》等法律的修订或制定,为金融及其监管发展提供了法律基础。1998 ~2003 年,中国金融分业监管的法律框架初步形成:明确了中国证券监督管理委员会(CSRC),对全国证券期货市场实行集中监管;中国保险监督管理委员会(CIRC),行使从央行(PBC)分离出来的对全国保险业的监管职能;中国银行业监督管理委员会(CBRC),行使从央行分离出来的对全国银行业的监管职能。与此同时,由国家外汇管理局(SAFE)继续承担外汇监管职能,保留央行对全国金融业的部分监管职能。至此,经过 20 余年的金融改革和监管变迁,中国以"一行三会"为主体的"分业经营,多头监管"的金融监管体制最终确立。新型金融监管体制的形成和发展,伴随且得力于法律的创设和作用。如同西方发达国家依据政策议程创制的政府监管,中国现行金融监管体制得到了法律的确立和维护。以《人民银行法》《银行业监督管理法》《证券法》《保险法》为基干,《商业银行法》和相关金融法律为依托的现代金融监管法律框架,确保了新型金融监管体制的有效运行,出现了西方老牌金融法学者推崇备至的现实效用——所谓"法律促进金融经济发展,良好的制度结构释放资本的能量"。[①] 进言之,在金融监管法律框架下,专业监管机构制定了大量监管规则,形成了覆盖各自监管领域的规则体系;依据监管法律规则,金融市场主体

① Frank B. Cross, *Law and Economic Growt*h, 80 Texas Law Review 1737.

普遍展开法务合规方面的积极作为，金融市场规则体系即据此基本形成。[①] 毫无疑问，得益于法律规则的日益周全和法治精神的持续感召，中国金融业出现了迅猛而又稳健的发展势头。

然而，金融监管及其规则建树的同时，也暴露出许多业已引起国际国内金融市场广泛关注的突出问题。如监管规则理念陈旧或浅薄，大多局限于金融及其监管的一般效能方面，而未能体现真正意义的法治精神，更无从上升到监管治理和监管和谐的高度；相当多的监管规则技术含量近乎低下，往往局限于应急性或应景性的简单安排，未能提炼吸纳应有的制度或规则理性；有些重要监管领域规则缺乏甚或空白，仅仅囿于低层次规则的修修补补，而缺少居高制下创设高层次规则的认识和勇气；有些规则之于监管决策，时常反映出明显的政治随意性和监管者的主观偏好；规则与规则之间冲突抵牾现象突出，[②]整个监管规则体系缺乏协调性与一致性；[③]更为实质的是，金融监管权力一直未得到有效规范；被监管者特别是金融消费者的合法权益一直未得到足够重视和有力维护；部分监管法律规则因监管者的执行偏差和被监管者的消极规避而未能真实有效地运行。诸如此类，都极大地影响了金融发展、监管权威和监管功能的发挥，不能不引发人们对金融监管法治状况的审慎估价和改进思考。

解决金融监管法治发展问题，涉及法治理论、立法技术和法律人才的储备与使用等复杂事项，其中特别需要研究者立足精准，对金融

---

① 参见成思危：《论金融改革》，中国人民大学出版社2006年版，第34～36页。

② 2003年9月，国际法研究院在进行一项专门针对银行业的法律框架项目研究时，从3000余部与银行业有关的法律、法规、规章和指南中，挑选出近200部重要的规则予以个案分析，结果发现有15项规则内容存在较严重的矛盾或冲突。参见PRC3890—银行法律法规终期报告。

③ 2005年12月至2006年10月，2010年12月至2011年9月，银行监管者连续两次集中对相关监管规则进行清理，发现近600余项法规文件不同程度存在规则问题，结合法规清理工作作出了相关改进。参见银行监管者相关内部工作报告。

监管与法治建设契合融和相关重要问题予以分析考量。这些问题主要是:其一,经济金融发展变化,要求金融监管法律临机应对。市场经济和现代金融的快速发展,需要政府监管规则着力于促进竞争、消除垄断、解决金融市场的外部性与内部性相关联的一系列矛盾;金融机构的扩展和金融市场的健全,需要法律与规则运行真正能够有力促进金融机构的内部治理和风险控制,有效规范金融市场的资源配置和要素流转。其二,金融及其监管改革,要求金融监管法律快步跟进。金融中介的生长运行和公司治理,需要金融监管着力于放松管制,逐步实现对多元产权主体的间接性与监督性管理;多种类、多层次、多投资渠道的金融市场的发育,需要金融监管法律规则适时联动和灵活调整。其三,公民社会的演进,要求金融监管法律具备能动反馈的特性。公民社会的成长与长成,需要金融监管改变传统的管制观念,确立科学、和谐、治理的发展观念,保障社会成员共享改革成果;公民精神的发育与培育,需要监管者推动被监管者改善与社会大众的非亲和关系,进而促进金融机构向社会公众提供优质服务和金融产品。其四,国际化与全球化浪潮,要求金融监管法律从容应对。金融、经济、社会、文化的全球化过程,需要金融监管消除壁垒,促进贸易;需要采用国际通行做法和良好标准;需要改良国际金融产品输出,促进全球化金融服务问题有效解决。

上述金融监管及其法律规则层面的突出问题,孕育产生了金融监管法治命题。这一理论命题至少包括以下四个方面:

(一)金融监管的法治理念

人类法治风雨百年,普遍性规律是法治观念必须先行,而后是法治的规则安排和制度构建。[1] 金融监管由法制与依据规则运作转向法治与皈依法律运行，如何从纷繁复杂的法治语义中提炼出合乎现代金融监管的法治理念，如何将这种理念根植于金融监管的诸环节与全过程，如何通过法治建树而最终实现良好的金融监管和监管治理，是一系列重大的现实问题。法治语义的取舍在公私治理领域开始分野，私域之治的法治重点在于权益的保障和权益侵害的排除；公域之治的法治重点在于公权的控制和公权行为的谦抑。金融监管法治是公域法治的重要形态，其法治含义显然不证自明。金融监管法治理念的确立，得益于多年来金融监管实践的价值沉淀和理性积累，其确立与推行虽绝非一朝一夕，却也是微风入夜润物无声而悄然成局。

（二）金融监管的法治原则

恰如一切理论的特点在于能够分解出次级理论，法治理论亦可分解为诸多表述不一的法治原则。几乎每一项法治原则的研究过程，人们都要维持或创新一些用以指导实践的原则和纲要。研究者经由甄别考察后大抵认为，金融监管法治原则宜作如下分类：一为实体性原则，二为程序性原则，三为金融监管专业性原则。前两者是政府法治中必须遵循的普遍性原则，包括依法监管、合理监管、诚实信用、权责一致，正当程序和公开、公正、公平等；后者是金融监管作为特殊行业监管的应然表现，包括安全与稳定、自由与秩序、效率与竞争、内控与合规相结合等。这些法治原则本质上是金融监管法律制定、执行、监督、评估及统率其他规则运行的基本准则，其确立目的在于克服规模庞大的规则体系可能带来的认知局限，构筑起超越单一规则与具体规范的独具制度理性价值的樊篱。

---

① 吴玉章：《法治的层次》，清华大学出版社 2002 年版，第 31 页。

（三）金融监管的法治机制

金融监管法治理念与原则的确立，本身不能确保监管法治的有效实现。金融监管法治的图景固然美好，法治运行的驱动力与机制更为重要，就某种程度而言，后者是前者的核心和灵魂。基于现代行政（监管）过程理论，[①]必须从金融监管的政府决策、体制运转、监管以及再监管等动态而连贯的过程出发，研究金融监管法治的运行条件、运行机制和保障措施。金融监管的这三大过程具体涵盖如下流程：作为金融监管发生的政府项目决策议程；金融监管机构的设置形式与法律定位；金融监管职能与职责于法律规则上的权责转换；金融监管权力的来源、边界与规范；金融监管的范围、内容、种类与监管力度；金融监管的程序要求、设定和具体制度；金融监管关系方的权益保护与损害救济；应对监管失灵的监管问责和监管评估等再监管制度等。唯有将法治理念与原则贯穿于上述流程，金融监管法治才具备了必不可少的实践与实现条件。

（四）金融监管的法治发展

金融监管法治是一种阶段性的现状描述，也是一种动态化的发展过程。法治发展进程中，影响法治水平和走向的因素浩浩茫茫。什么是影响金融监管法治发展的主要变量因素，是法治建设者必须提炼和明确回答的问题。考察金融及其监管的现状与未来，深刻影响金融监管法治发展与走向的重要变量因素即可显现：一是金融经济的发展水

---

① 行政过程理论的研究始于20世纪50年代的日本公法学界，远藤博、盐野宏、大桥洋一等学者做了细致的研究。20世纪90年代，美国的詹姆斯·费斯勒和唐纳德·凯特尔合作出版了较权威的行政过程理论专著。近年来，中国部分公法学者也对此理论予以关注，并形成了一定数量的理论成果。该理论认为，行政过程主要是行政权力配置、行政运行、行政监督和行政主体博弈的动态过程，行政法应着力于对行政的全过程和全方位的综合研究。参见湛中乐：《现代行政过程论——法治理念、原则与制度》，北京大学出版社2005年版，第8～15页。

平和内在规律将是决定监管及其法治质量的根本因素；二是OECD国家的监管改革和监管治理主义，将是影响监管及其法治状态的关键因素；三是国家法治指标化与绩效化运作，将是指导监管及其法治发展的直接因素。金融监管法治的运行过程，也是对这些重要变量作出前瞻性考量的反映过程。监管法治的动态化与常态化运行，没有理由不具备赖以长足发展的相关开放性。

二、金融监管法治研究若干范畴界说

专项研究必须立足于特定的学科理论，研究活动应该估量相关理论意义和实践价值，研究的论证过程还应划设一定的范围和遵循一定的逻辑。

（一）学科使命

金融监管是政府干预和控制金融活动的一种政策工具，其机构设置、职能划定、权力运行和监管方式，均涉及公权与私权、政府与市场以及体制内主体与权力关系，因此，金融监管及其法治必然属于公法学科的研究范畴。关于这一点，即使是民法学科也没有疑义，民法学者普遍倾向认为："由法律规范的社会关系可以分为两类：一是双方有平等地位的人之间的关系；二是双方不具有平等地位的人之间的法律关系……凡属于调整平等主体间的社会关系的法律关系，均为民法规范；凡属于调整不平等主体间的社会关系的法律规范，均为行政法规范。"[①]据此划分标准，金融监管及其法治理论研究，主要属于公法学科的固有领域。较长时期以来，中国的金融监管及其法治的相关著述，多以经济学或经济法学为主，近年来，社会学与政府管理学科偶有涉

① 教育部高等教育司组编：《民法》，高等教育出版社2001年版，第1～2页。

及，这种研究活动的学科归属可谓耐人寻味。公法学科应对现实理论需求的使命与责任问题由此产生。人们有理由认为，公法学科应该对当代金融及其监管法治倾注必要的研究精力。在经济学科和政府管理学科研究推动的基础上，公法学科从更宏观的视域下考察金融及其监管法治的理论与实践、现状与未来，是一项责无旁贷的历史使命。

（二）理论意义

由传统行政管理到现代政府治理，由一元化管理模式到监管与行政二元分立模式，由金融监管的肇始到金融监管的逐步成型，中国金融监管产生了许多制度性与具有法治取向的积极成果。这些成果主要表现在金融监管的市场性、监管机构的明朗化、监管运作机制化和金融监管有效性等方面，需要多类学科予以理论认定。就此从公法角度展开分析和论证，有利于与经济学、社会学和政府管理学研究相结合，进而从理论上确认、巩固和推介这些来之不易的法治成果。一般而言，基于现实认知和感性认识、基于资料来源和研究条件、基于政府实践和法治背景，研究者常常愿意立足本土本国范围开展研究，但由于监管法治源于西方国家而成熟于 OECD 国家，且这些国家形成了可观的监管法治成就，积累了丰富的监管法治经验，研究者必定要就此做出理论提炼，从中发现于国内监管法治建设可资借鉴之处——从这一角度看来，研究活动显然具备了国别借鉴的理论意义。此外，研究者在监管权力边界和再监管法治化等方面时常会表现出创新的努力和贡献的萌动，特别是将金融监管法治从国家法治全局中抽出来做系统专门研究的尝试，[①]似乎具备了哈贝马斯所说的"对科学知识作重构式利用"的理论勇气。[②]

（三）实践价值

金融监管体制运行中，以及金融监管改革过程中，在职能定位、机构设置、权责划分、监管方式、监管手段和运行状态等方面出现了一些新矛盾和新问题。研究者对此开展规范研究和实证探讨，进而进行比较研究和经验借鉴，有助于逐步解决这些新矛盾和新问题，有助于改进金融监管体制和监管运行，有助于进行金融监管的制度创新和制度重构，从而适应社会治理的时代要求，实现旨在谋求公共利益和社会福祉最大化的良好型金融监管。当前，国家作出"十二五"规划，确定继续推进政府改革，提出要按照转变职能、理顺关系、优化结构、提高效能的要求，加快建立法治政府和服务型政府；要深化金融体制改革，全面推动金融改革、开放和发展，构建组织多元、服务高效、监管审慎、风险可控的金融体系，不断增强金融市场功能，更好地为加快转变经济发展方式服务。[③] 作为广义行政的一部分，金融监管改革获得了体制性前提。应该利用此有利时机，对金融监管的权力边界、主要模式、职能配置、机构设置、监管范围、监管方式、监管措施、监管手段、运行

---

① 相对应的情况是，整体法治也具备和具体领域法治亲近的理论动机。对此，哈贝马斯关于法哲学与各法学流派关系的引证可以提供佐证。哈贝马斯引证说："为了寻求同社会现实的接触，法哲学进入了各个法学流派，这决不是偶然的。" W. Hassemer: " Rechtphilosophie, Rechtuissenschaft, Rechtpolitik ", *Archiv fuer Rechts-u. Sozialphilosophie*, Beiheft 44, 1991, pp. 130 – 143. 参见［德］哈贝马斯：《在事实与规范之间——关于法律和民主法治国的商谈理论》，童世骏译，生活·读书·新知三联书店 2003 年版，第 1 页、第 3 页。

② ［德］哈贝马斯：《在事实与规范之间——关于法律和民主法治国的商谈理论》，童世骏译，生活·读书·新知三联书店 2003 年版，第 1 页。

③ 中华人民共和国国民经济和社会发展第十二个五年（2011—2015 年）规划纲要，根据《中共中央关于制定国民经济和社会发展第十二个五年规划的建议》编制，主要阐明国家战略意图，明确政府工作重点，引导市场主体行为，是未来五年中国经济社会发展的宏伟蓝图，是全国各族人民共同的行动纲领，是政府履行经济调节、市场监管、社会管理和公共服务职责的重要依据。

机制和监管保障等领域进行法治探索。研究者应着力于建设符合时代要求和发展规律的金融监管法治，其研究过程和分析方法、应其理论主张和学术结论，或可为政府相关部门决策提供参考。

（四）研究过程

金融监管法治研究就其立论与论证过程而言，有两项必须界定的范畴。其一，研究范围。从金融法治的全局讲，金融契约、金融侵权和相关平等主体之间的法律关系等内容，不宜列入本项研究的考察范围；从金融法治的公权层面讲，不平等主体之间金融犯罪、金融反洗钱及相关不平等主体之间的法律关系等内容，不宜列入本项研究的考察范围；从金融监管法治的公权层面讲，银行业、证券业、保险业等金融中介和金融市场的法律关系，应该列入本项研究的主要考察范围，而外汇监管、利率监管和相关金融价格监管等方面，似乎亦应涉及。其二，论说逻辑。适宜主要依据监管过程理论，做金融监管纵向系统研究。具体涉及金融监管的政策决策过程、金融监管的体制运行和金融监管发展这一纵向逻辑结构。其中，金融监管体制包括机构、职能、权责、运行机制和再监管这一纵向逻辑结构；金融监管运行机制又包括规则制定、规则执行、规则评估和以监管流程为主体的监管内容这一纵向逻辑结构。此外，基于职能传统上属于行政学研究范围，本项研究宜不对其作重点研究；基于法治的控权精义，本项研究适宜重点探讨金融监管权力的来源、边界和控制方法。

三、西方金融监管法治研究相关文献综述

从国际范围看，西方国家金融监管及其法治理论研究，起源于美国监管制度的产生，兴于 20 世纪 70 年代，此后以降，可谓方兴未艾。

除法律学领域作出综合性、宏观性描述外，西方金融监管法治研究还散见于经济学、政治学和公共管理学对政府监管研究的文献中。

（一）法律学领域

重要的文献有吉尔洪与皮尔斯（Gellhorn & Pierce）的《管制产业》（*Regulated Industries*, 1982）；布雷耶（Breyer）的《管制及其改革》（*Regulation and Its Reform*, 1982）；黑夫兰（Heffron）的《行政管制过程》（*The Administrative Regulatory Process*, 1983）；孙斯坦（Cass R. Sunstein）的《权力革命之后：重塑监管型国家》（*After the Rights Revolution: Reconceiving the Regulatory State*, 1990）；布雷耶（Breyer）的《打破邪恶循环：向着更有效的风险监管》（*Breaking the Vicious Circle: Toward Effective Risk Regulation*, 1993）；马修·L. 斯皮策（Matthew L. Spitzer）等合著的《行政法与监管政策》（*Administrative Law and Regulatory Policy*, 2003）等。这些文献中，吉尔洪与皮尔斯将直接管制和法律限制之间做出区分，认为前者主要是规定的（prescriptive），后者则是禁止的（proscriptive）；布雷耶对六类典型管制依次做出了定义，还考虑了传统管制的替代方式；[①]黑夫兰则从法律角度，区分了经济的、社会的和辅助的（subsidiary）三类管制；孙斯坦分析了监管成因和监管法功能，提出了促进宪法目标和运作监管方案的理论方法；马修则将政府监管和监管政策形成过程纳入了行政法研究框架。

近年来，国外译著日渐增多，较有质量的译著有：肯尼斯·F. 沃伦著、王丛虎等译的《政治体制中的行政法》（中国人民大学出版社 2005

① 斯蒂芬·G. 布雷耶（Stephen G. Breyer）曾担任过哈佛大学法学院行政法教授和美国联邦最高法院大法官，他的两部著作是研究政府监管的经典文献。参见马英娟：《政府监管机构研究》，北京大学出版社 2007 年版，第 9 页。

年版)；罗伯特·E. 利坦、迈克尔·波默里诺和 V. 桑德拉拉加合著、陆符玲译的《金融部门的治理——公共部门和私营部门的作用》(中国金融出版社 2006 年版)；詹姆斯·威拉德·赫斯特著、郑达轩等译的《美国史上的市场与法律——各利益间的不同交易方式》(法律出版社 2006 年版)；彼得·穆雷尔著、韩光明译的《法律的价值——转轨经济中的评价》(法律出版社 2006 年版)；安·塞德曼和罗伯特·塞德曼合著、冯玉军等译的《发展进程中的国家与法律——第三世界问题的解决和制度变革》(法律出版社 2006 年版)；克里斯托夫·克拉格著、余劲松等译的《制度与经济发展——欠发达和后社会主义国家的增长与治理》(法律出版社 2006 年版)；艾德加多·巴斯卡哥利亚和威廉·赖特利夫合著、赵世勇等译的《发展中国家的法与经济学》(法律出版社 2006 年版)；伊夫斯·德扎雷和布赖恩特·加思合著、陆幸福等译的《全球性解决方案——新法律正统性的产出、输出与输入》(法律出版社2006 年版)；P. 艾伯·邦茨－辛普森著、洪范翻译小组译的《第三世界的法律与发展》(法律出版社 2006 年版)等。这些文献主要是从宏观层面研究经济与法律的关系，以及政府经济管制和政府监管法治，其中后六部译著侧重于研究发展中国家或曰欠发达国家的经济与法律问题。对金融监管法治，这些文献只有较少部分论及。

(二)其他学科领域

经济学领域的重要文献有：庇古(Pigon)的《福利经济学》(*The Economics of Welfare*，1934)；科斯(Coase)的《社会成本问题》(*The Problem of Social Cost*，1960)；施蒂格勒(Stigler)的《经济管制理论》(*The Theory of Economic Regulation*，1971)与《产业组织和政府管制》(潘振明译，上海三联书店 1989 年版)；植草益的《微观管制经济学》

(朱绍文等译,发展出版社 1992 年版);丹尼尔·F. 史普博的《管制与市场》(余晖等译,上海三联书店 1999 年版)等。[①] 政治学领域的重要文献有:米尼克(Mitnick)的《管制政治经济学》(*The Political Economy of Regulation*, 1980);梅尔(Meier)的《监管变迁》(*The Regulation Transition*,1985);里普莱和弗兰克林(Ripley & Frankin)的《政策执行和官僚体制》(*Policy Implementation and Bureaurancy*,1986);马佐尼(G. Majone)的《放松监管还是再监管:欧洲和美国的监管改革》(*Deregulation or Re-regulation? Regulation Reform in Europe and the United States*,1990)和《监管国在欧洲的兴起》(The Rise of the Regulatory State in Europe,1994)等。[②] 公共管理学领域的重要文献有:罗伯特·E. 库什曼(Robert E. Cushman)的《独立管制委员会》(*The Independent Regulatory Commissions*,1941);莫偌·F. 约翰(Morrall, John F.)的《监管影响分析:效率、责任和透明度》(*Regulatory Impact Analysis: Efficiency, Accountability, and Transparency*, 2001);OECD 国家公共管理委员会出具的报告《OECD 国家的监管政策——从干预主义到监管治理》(*Regulatory Policies in OECD Countries from the Intervention to the Regulatory Governance*,2003);OECD 国家公共管理委员会形成的文件《监管影响分析的运用》、《监管替代措施》、《监管透明度》、《监管问责

① 这些文献中,前三位学者分别运用了福利目标理论(又称公共利益目标理论)、契约理论和俘获理论,他们将焦点聚于公用事业和基础产业的市场准入和定价等问题上;植草益重点研究了自然垄断的政府管制;丹尼尔则考察了除金融管制外的所有经济性与社会性管制,提出了较完整的市场失灵理论(进入壁垒、外部性、内部性),并对管制目标、管制功能和克服市场失灵等方面进行了规范研究。所有这些文献成果,构成了世界范围内开展多学科研究的前提和基础。

② 这些文献中,米尼克将监管定义为一种针对私人行为的公共政策,以及从公共利益出发而制定的规则;梅尔将监管定义为"政府控制市民、公司和准政府组织行为的任何企图",认为管制是政治家寻求政治目的的政治过程;里普莱和弗兰克林提出了监管政策的形成与执行理论,将监管政策列为竞争性和保护性两类,并对利益集团的政策影响保持了足够的关注;马佐尼作为意大利政治学家,对欧洲的政府监管及其改革做了较为宏观且堪为细致的研究工作。

制——改进程序正当性和行政确定性》和《现存监管审查策略》(陈伟译,法律出版社2006年版)等。[①] 这些文献,均极少涉及具体行业监管和监管法治,但对开阔金融监管法治的研究视野仍有较大的帮助。

四、中国金融监管法治研究相关文献综述

从本土范围看,中国学者研究金融监管及其法治,起始于20世纪90年代,直至当前,多学科、多领域就此开展了一定深度的理论研究。这些研究主要侧重于西方金融监管法治理论和实践经验的介绍和借鉴,亦日益重视本国金融法治的经验观察和制度论证。总体看来,中国金融监管法治研究还处于探索阶段,有突出价值的理论成果还相当有限。

(一)法律学领域

以翻译和传播西方法律经济学经典著作为基础,出现了一批有一定质量的专著和论文。具体有:漆多俊主编的《经济法论丛》(中国方正出版社1997年版);李豪明的《英美银行监管制度比较与借鉴》(中国金融出版社1998年版);苏力主编的《规制与法律:第三部门法律环境》(浙江人民出版社1999年版);田应奎的《现代金融有效监管的国际比较》(中国言实出版社2000年版);吴志攀主编的《金融法概论》(北京大学出版社2000年版);王保树的《中国市场经济法治走向》(昆仑出版社2001年版);罗豪才主编的《行政法论丛》(法律出版社2002年版);郭志斌的《论政府激励性管制》(北京大学出版社2002年

① 这些文献中,罗伯特·E.库什曼作为美国总统行政管理委员会成员,分析了国会设立独立管制机构的政治意图、政府基础和相关政府权力的关系;OECD国家公共管理委员会更是在广泛实证研究的基础上,分析了监管的政府治理属性,提出了政府质量监管的原则和标准,论证了监管再监管的必要与可能,认为监管政策议程化是监管治理的必由之路。

版)；李东方的《证券监管法律制度研究》(北京大学出版社 2002 年版)；马卫华的《WTO 与中国金融监管法律制度研究》(中国人民大学出版社 2002 年版)；谢平等的《金融经营模式及监管体制研究》(中国金融出版社 2003 年版)；杨勇的《金融集团法律问题研究》(北京大学出版社 2004 年版)；张千帆的《宪政、法治与经济发展》(北京大学出版社 2004 年版)；吴志攀、白建军主编的《海外金融法》(法律出版社 2004 年版)；王林清、陈晓军主编的《中国银行业监督管理法释义》(中国法制出版社 2004 年版)；曾筱清的《金融全球化与金融监管立法研究》(北京大学出版社 2005 年版)；王继军的《市场规制法研究》(中国社会科学出版社 2005 年版)；曹士兵、李琦的《金融审判与银行债权保护》(法律出版社 2006 年版)；胡滨、全先银主编的《中国金融法治报告(2006)》(社会科学文献出版社 2006 年版)；吴宏、胡伟的《市场监管法论——市场监管法的基础理论与基本制度》(北京大学出版社 2006 年版)；高晋康、谈李荣的《开放条件下的中国金融法制建设》(西南财经大学出版社 2006 年版)；刘恒主编的《行政许可与政府管制》和《典型行业政府规制研究》(北京大学出版社 2007 年版)；周汉华的《政府监管与行政法》(北京大学出版社 2007 年版)；马英娟的《政府监管机构研究》(北京大学出版社 2007 年版)；周友苏的《新证券法论》(法律出版社 2007 年版)；陈天本的《行政法对金融规制的调控——以银行规制为主要考察对像》(中国人民公安大学出版社 2007 年版)；等等。[①] 上述文献从引进和研究法律经济学(Economics Law)

---

① 此外，还有一些相关文献：于雷的《市场规制法律问题研究》(北京大学出版社 2003 年版)；茅铭晨的《政府管制法学原论》(上海财经大学出版社 2005 年版)；王继军的《市场规制法研究》(中国社会科学出版社 2005 年版)；徐长浩主编的《市场监管理论与实践研究——来自行政执法的调研报告》(中国工商出版社 2005 年版)；谭玲的《市场监管法律问题研究》(中山大学出版社 2006 年版)等。

入手,早期开展的是政府监管的法律经济学分析,关注的是如何从法律层面考量政府监管和金融监管的成本和收益;近期转向于研究企业、公民和政府或金融监管机构的法律关系,有的注重于研究金融监管机构的法律地位和法律改进,有的主张要实现公民权利和金融监管权力的动态平衡,有的则强调通过法律程序对金融监管权予以规范和控制。这些研究成果,反映了法律学在金融监管及其法治建设方面的学术贡献。

(二)其他学科领域

经济学领域,在翻译和介绍西方管制经济学经典著作的基础上,形成了一批较有影响的学术文献。这些文献包括:余晖的《政府与企业:从宏观管理到微观管制》(福建人民出版社 1997 年版)、《谁来管制管制者》(广东经济出版社 2004 年版);王俊豪的《英国政府管制体制改革研究》(上海三联书店 1998 年版)、《中国政府管制体制改革研究》(经济科学出版社 1999 年版)、《美国联邦通信委员会及其运行机制》(经济管理出版社 2003 年版);张维迎的《企业理论与中国企业改革》(北京大学出版社 1999 年版)、《产权、政府与信誉》(生活·读书·新知三联书店 2001 年版);陈富良独著的《放松规制与强化规制——论转型经济中的政府规制改革》(上海三联书店 2001 年版)和合著的《企业行为与政府规制》(经济管理出版社 2001 年版);席涛的《美国管制:从命令—控制到成本—收益分析》(中国社会科学出版社 2006 年版)等。[①] 公共管理学通常被视为是政治与行政学的新发展,这一领域研究监管及其改革的专著极少(政治学领域还是空白),主

① 上述文献契合和承接了西方管制经济学理论研究,学者们有的将"管制和放松管制过程的案例研究"列为经济学研究项目;有的讨论了产业组织、实业发展的原理和政府管制的原因、限度和效果;有的研讨了政府管制改革的动因、原则、方向和方法,为中国政府监管的早期发展和初步成型,为其他学科的介入和研究,提供了有利的学科理论条件。

要是一些学术论文。例如,周志忍的《当代国外行政改革比较研究》(国家行政学院出版社 1999 年版);杜钢建的《政府能力建设与规制能力评估》(《政治学研究》2000 年第 2 期)、《中国政府规制改革的方式和途径》(《江海学刊》2002 年第 1 期)、《中国、韩国、日本规制改革比较研究》(上、下篇)(《北京行政学院学报》2002 年第 5、6 期)和《国外药品规制与监管体制比较》(《国家行政学院学报》2003 年第 1 期);王辉的《市场与政府监管:美国的经验》;胡鞍钢等编的《第二次转型——国家制度建设》(清华大学出版社 2003 年版);孙吉胜的《美国政府管制改革的分析和启示》(《中国行政管理》2005 年第 4 期);毛锐的《私有化与撒切尔时期的政府管制体制改革》(《山东师范大学学报》2005 年第 6 期);李风华的《美国的政府管制体制对中国的启示》(《中共长春市委党校学报》2006 年第 2 期)等。① 上述文献囿于学科特点,对金融监管法治涉及较少,但能为金融监管法治研究从多学科角度提供一定的参考价值。

五、金融监管法治研究的路径与方法

金融监管法治在本质上既是现代政府当然的价值目标,也是当代公共治理的一种基本方略,其理论与实践具备鲜明的公共属性。金融监管法治的功能,在于促进金融市场竞争,维护金融安全,保障金融稳定,推动开放发展。中国应当重视既往的金融监管法制进程中显露的诸多问题,借鉴国际金融监管法治的良好做法,推动金融监管法制向

---

① 这些文献,主要考察和介绍了国外政府监管体制的形成和运作。本土研究过程中,早期重点关注了政府监管政策的产生、执行和调整变化,近期则转向了政府的监管能力建设、政策水平提升和政府监管改革。其中,政府监管改革研究中,主要运用了政府行政改革原理,而将考察重点确定于行政审批、三农问题和药品监管等具体监管制度方面。这些研究成果,部分反映了公共管理学科对政府监管研究应有的学术回归,为进一步开展监管改革和监管治理研究提供了初步条件。

法治转变,并实现法治的有效运行。在现时条件下,金融监管的法治愿景明了:金融监管规则应重视形式上的和谐和实质上的品格含量;金融监管权力既要得到保障,又应予以控制;监管过程中,各方法律关系主体能够真实博弈和实现利益均衡;金融监管制度因具备必要的修复与再生能力,而呈现较强的开放态势。金融监管是规则的世界,合法、合理、比例、诚信和正当法律程序等原则,是克服金融监管规则局限的基干规则,应当得到理论确认和实践遵循。金融监管机构的独立性是良好监管的可靠前提,从法律上借鉴域外经验,维护监管独立是未来法治建树的重要问题。基于行政上的职能划定和法律上的规则设定,金融监管权力来源的正当性与合法性得以产生,金融监管规则制定权、许可权、检查权、措施权、处罚权似乎具备了权力、规则与主权上的边界意义,其控制规范是公共权力法治化运行的必由之路。就金融监管机制而言,必须重视金融市场准入、市场交易、风险控制、危机预警和市场退出等监管流程的法律再造和法律调控。金融监管程序是舒缓监管困境和控制自由裁量的法治屏障,公众参与、说明理由、信息公开、听证和期限等制度,是应当改进和健全的主要程序制度。金融监管纠错、救济与再监管能力是检测金融监管法治质量的重要指标,金融现代化、金融监管治理和国家法治进程将最终决定或影响金融监管的法治水平,监管治道和监管法治的制度融合,是金融监管法治确定不移的历史走向。

基于上述主要内容,研究者宜对一些重要问题做出判断,并据此展开理论探索。

判断一:现代法治发源于西方而激荡于世界,其演进过程也是与金融及其监管的亲近和结合过程。在法治理念沉淀和法治经验传承的基础上,法治理论得以发生发育。金融监管法治具有政府政策目标和社会治理方略的理论本质,因其公共属性而分野于公私两大治域。无论是时间上的历史变迁,还是空间上的地域流转,金融监管法治均具备稳定金融秩序、规范金融市场、防范金融风险、促进金融发展等特有功能。

判断二:金融监管法治的效应条件中,有两大条件最为关键:一是外在条件,即政府环境条件;二是内在条件,即法治张力条件。政府理念、体制与执政方略是影响金融监管法治状况的基本因素。经济性、社会性和国际性等层面的张力从根本上推动金融监管法治向前发展。在内外条件具备的基础上,即可描绘金融监管的法治愿景,包括良好的规则体系、规范的权力运作、可贵的崇法从法意识、损害行为的矫治与救济、必要的再生性、开放性制度等。

判断三:克服金融监管的规则局限,需要确立和运用公法原则。公法原则因表述不同而名目不一,其取舍运用之妙成乎研究者一心。在金融监管语境下,统率金融监管活动的法律原则应确定为依法、合理、比例、诚信、正当程序和公开、公正、公平等原则。前四类原则属于实体性原则,后四类乃为程序性原则,两大领域原则是公法原则在金融监管领域的具体化。此外,基于行业监管特性,金融监管还应当明确三大特有原则,即促进金融市场竞争、维护金融系统稳定、内部控制与外部监管相结合等。

判断四:金融监管机构是金融监管法律关系中的首要主体,其法律地位如何,反映甚或决定金融监管的法治程度。金融监管机构的政府属性、行政规格、人员安排与经费预算,均应做出法律规则上的专门设定。金融监管独立性是影响金融监管质量的突出因素,就某种程度而言,维护金融监管机构在法律上的独立性,是提升其监管作为程度的基本条件。借鉴国际金融监管独立性的法治内涵,改善中国金融监管机构的法律地位,是一项意义深远的法治举措。

判断五:基于政府职能的划分,基于正式法律或曰硬法规则和非正式规则或曰软法规则,金融监管权力来源具有正当性与合法性基础。权力的行使不是漫无边际,而应受到公法的精准规范,金融监管权力的边界止于公民权利、法律规则和国家主权。不管是传统的管理论和控权论,还是现今的平衡论,这些公法基础理论均支持对金融监管权力的防范与制约。公法对金融监管权力的规范要义在于,既要保障金融监管权力的社会需求,又要从限制、控制、转化等角度制约金融监管权力的行使,实现授权与控权、激励与约束的动态平衡。

判断六:规则制定权、许可权和非现场监测权,是金融监管领域较为隐蔽而作用宽泛的重要权能。三权在现实运作中均或多或少存在各类问题:规则权的问题主要在于行使主体泛化和规则技术局限;许可权的重要问题在于许可设定上的有法不依和相关程序上的瑕疵;非现场监测权作为日益重要的权能,而未能获得应有的法律重视。所有这些问题,均应尝试做出法治的呼应和解答。

判断七:现场检查权、相关措施权和监管处罚权,是金融监管领域具有强制性质和影响的重要权能。耐人寻味的是,这三类金融监管权力在实践中均存在虚置化与收缩化趋势,这与一般的行政公权的强悍和严厉形成了鲜明的对比,其现实表现已引起了人们正反两方面的深刻思索。但是,三类监管权力行为的公法性质应当得到理论上的论证,监管权力的行使程序应当得到法律层面的强调,这些观点目前是没有疑义的。

判断八：金融监管运行机制于法律层面的调控水平，主要取决于涵盖监管活动全范围的各类监管规则的执行程度。根据金融监管流程理论和管理流程再造理论，分析机构高管和业务等市场准入的许可性规则；考察涵盖交易范围、审慎经营、交易方式、交易关系等市场交易审慎规则；分析有利于金融市场主体公司治理和内部控制的监管指导规则；研究会计、统计、审计和信息披露等金融市场的约束性规则以及危机预警、市场退出等否定性措施规则，试图发现问题，并作出法治上的改进。

判断九：程序之于金融监管，具有意义非凡的价值与功效。在舒缓金融监管的困境和控制监管自由裁量等方面，程序的作用已获得了普遍的经验证据。几项主要的金融监管程序制度中，说明理由制度和期限制度得到了较好的遵循；听证制度作为明确的法律制度正在得到进一步强调；公众参与制度和信息公开制度问题最为突出，二者既少有明确的规则安排，又缺乏予以落实的心理基础。

判断十：现代行政（监管）法治的一个根本价值取向在于，应当充分保障行政相对人和被监管者的合法权益。金融监管行为的失当或违法，均应得到纠正或补正。一切对公民权益造成损害和偏离公权目的的金融监管行为，均应承担过错责任与法律责任。同时，应当为受到金融监管公权损害的各类主体提供给予救济的内外法律途径。在现时条件下，监管复议和司法审查制度是最重要的监管监督、纠错和救济制度。

此外，还有两个开放性层次论点，其沁透的制度理性和价值亦具有重要法治意义：

论点一：监管的再监管动因，理论上源于俘获理论和政府失灵理论，实践中源于监管失灵与失范事实，这在金融监管领域亦时有体现。监管问责、监管效应评价和监管成本效益分析是域外成熟的再监管法治经验，借鉴其合理因子，构建中国金融监管再监管制度，无疑有利于矫治金融监管失灵现象，进而有利于实现有效金融监管。

论点二：金融监管法治既是一种静态的阶段性状态描述，又是一个动态的演进发展过程。考察中国的金融监管法治走向有三大因素较为重要：一是经济金融的现代化与国际化发展规律，定然决定金融监管法治的走向；二是 OECD 国家的监管政策议程、监管影响评估等监管治理方面的改革，势必影响中国金融监管的法治向度；三是国家法治的整体性推进、法治指标化和绩效化等举措，将为中国金融监管法治建设提供良好条件。

社会科学研究如同将军布阵、雅士谋棋，方式技巧多多。研究者宜运用辩证法思维确定金融监管法治研究相关方法，具体表述如下：

其一，规范研究与实证研究相结合。依据治理与善治理论、行政（监管）过程理论和 OECD 国家的金融监管法治理论开展规范研究，从应然角度研究金融监管法治的含义、本质、特征、构造和功能，为金融监管法治建树提供范式与标本。同时，着意实情调查，开展实证研究，从实然角度研究现今金融监管法制中的问题、表象和深层原因，寻求解决问题的可行办法。将规范研究与实证研究结合起来，在此基础上，提出金融监管法治的现实愿景和改进意见。

其二，本土研究和国外研究相结合。立足国情，以本土金融监管法治研究为主。从中国金融监管法治运行的理论与实践出发，以改进和改造中国金融监管法治为归宿。放眼国外，以发达国家金融监管法治研究为辅。研究其可参照和借鉴的理念、原则和制度，研究其改进金融监管法治的方法、措施和路径。[①] 重视国别比较研究，仍须注意区分相互之间的可比性与可比度，注意借鉴中的时间序列与空间序列之要求。

其三，系统研究与过程研究相结合。宜借重生态与环境原理，开展系统研究。以国家经济、政治、社会和文化综合环境为背景，研究金融监管法律关系中不同主体和要素之间的相互关系，考察金融监管法治发展的一般原理。同时，依照金融监管的动态发展规律，进行监管法治过程研究。考察金融监管诸环节的法治运行状态，发现监管法治建设中的不足与问题，探求解决问题的办法，希冀为中国金融监管法治的进一步发展提供智识。

---

① 有学者认为，关于国别经验借鉴，我们的共识基本上还停留在"取其精华，去其糟粕"和"批判地吸收，辩证地扬弃"等格言水平上，提出必须终结域外借鉴的"格言时代"的方法论命题。参见周志忍：《当代国外行政改革比较研究》，国家行政学院出版社1999年版，第545页。

第三章　金融法治体系走向

对话银行监管者：困惑与出路[①]

提示：本文是笔者为参加2006年银行业监管机构法治工作会议而做的研究思考。面对银行业监督管理法律体系初具规模的形势，笔者不忘银行监管法律制度建设的初心，对银行法律体系工作进行了阶段性总结与思考。对法律工作中的困难，笔者坚持认为法律规范应包括对政府权力的限制、是对领导人权力的规范。法律规则滞后，既有学理上的制度性困境，也有法律规则形成过程中的具体成因，对规则滞后带来的问题与矛盾应客观理性看待。

经过三年多的探索和实践，法律部门的职能定位愈加明晰且最终确定下来：围绕监管建法规，根据法规创机制，以法规建设促进依法监管和监管法治。为不断提高法律工作认识，明确银行业法治目标，领会做好法律工作的总体要求，我们亟须分析银行业法制现状，探讨共同关注的实践问题，研究解决问题的办法，寻求应对复杂情势的方略。

以下是笔者的几点思考和理解：

① 根据2006年全国银行系统法律工作会议材料即兴发言整理。

一、怎样认识法律工作难问题

大家普遍感觉法律工作难:外部环境不理想;内部支持力度不够;工作压力大,缺人才、缺资源、缺手段等。这些反映都有一定道理,需要我们逐步解决。但是,从根本上讲,法律工作难是由现在乃至今后相当一段时间中国法律工作的性质和任务所决定的。不理解这个问题的实质,就难免怨天尤人,丧失法律工作的主观能动性,不利于我们更好地推进法治工作。

首先,法律是限制政府部门权力的。法律工作难,难就难在法律是限制政府部门权力的,也就是说,法律是对公共权力(power)的约束,目的是有效保护私人权利(right)。理解这一点,就要谈到法律本质。我们时代的法律本质是什么?有人说是管理法,是专管老百姓的法;有人说是平衡法,是公权和私权动态平衡的法;而我说呢,是控权法,是或主要是控制公权的法。为什么要强调控权呢?因为中国历史表明,我们的公权太强大,我们的民权太弱小。由此可知,法律至上、权力法定和法律保留等原则,是我们法律工作者应该始终恪守的,任何时候不得违背。这就要求我们把握三条准则:(1)行政权的作用,不得与法律相抵触。(2)没有法律依据,不得使人民承担义务,不得侵害人民的权利。(3)没有法律依据,不得免除特定人应负的义务,不得为特定人设定权利。对照上述原则和准则,联系我们法律工作的现实状况,大家可以想象做好法律工作的难度有多大。举例说明,以前我们经常讲法律缺乏,讲法律空白,要求加快法律体系建设,但现在却出现了立法泛滥的迹象,甚至出现下位法违背上位法,靠规章和规范性文件给自己授权的现象。这些迹象和现象,值得我们警惕、重视和反思。

其次,法律是规范领导人权力的。法律工作难,难就难在法律是限制官员和领导人权力的。在公权理论看来,讲权力,就不能不讲它的三个要素:一是权力主体,二是权力客体,三是权力行为人。如果说权力主体是公权部门,权力客体是权力作用对象,那么权力行为人无疑就是官员尤其是领导者。法律要控制权力,就要控制公权部门,当然也要控制官员和领导者。我们经常讲依法治国,依法治国的实质是什么?就是要求反对人治(Rule by Men),实行法治(Rule of Law)。我们讲依法治国关键是依法行政,依法行政的要害又是什么?就是要治官治权,就是要严格限制各级领导人的权力。有控制就会有反控制,而且,官员级别越高,权力越大,反控制能量就越强,大家说这些东西推进有难度吗!所以呀,世界各国在建立依法行政法律制度的同时,它的政府也要利用政策和体制途径来推行,它推行的着力点往往在于素质、操守和责任等官员自身层面的规范。大家看看英国,1987年它的政府法制局就搞了一个政策文件,叫作《法官在你肩上——英国政府官员依法行政指南》,5万字的篇幅,写清了政府官员依法行政的主要问题和解决办法,广受欢迎且成为法治实践中迎难而上的典范!

再次,法律规定的自由裁量权问题。法律工作难,还在于自由裁量权的正确运用比较难。我们基层来的同志,经常反映依法监管的手段不足,监管处罚的依据不够,实施有效监管的措施不到位。其实,权力就在大家手中,方法也可以"自由心证"。《银行业监督管理法》已经赋予了银行业监管部门较大的自由裁量权,关键是要准确、合理和正确运用。英国有一位名叫威廉·韦德的著名法学家,他对政府自由裁量权有精辟的看法。他认为核心问题有两个:一是合理使用;二是控制滥用。这就要求我们遵守两条准则:(1)在法律听任行政做出自由裁量的场合,其决定不得超过法律规定的范围和界限。(2)行政机关有违法或不当行为,对公民、法人和其他组织的合法权益造成损害的,当事人有权申请复议或直接向法院起诉,通过行政复议程序和行政诉讼途径,纠正其行政违法或不当行为,并对造成的损害予以行政赔偿。这些都表明,用好自由裁量权是有一定难度的,它要求我们对法律关系和法律行为有着深刻和准确的把握。

最后,也是最深刻的,国家法治进程问题。法律工作难,还在于它根本上是国家法治的一部分,因而影响甚或受制于国情和法治进程。大家知道,2004 年 3 月,国务院出台了《全面推进依法行政实施纲要》,明确提出用十年左右的时间和努力,在中国基本建设成法治政府。以 10 年为期自我设限,来建成法治政府,世界各国中央政府没有先例。为什么这么做?就是我们改革、发展、稳定到了今天这个地步,不能再是人治政府,不能再是转型政府,而一定要是法治政府。但问题是,建设法治政府是一个宏大的系统工程,任务非常艰巨。最突出之处在于,我们在实践中还存在不少问题,我们在观念中还存在不良倾向。大家常说,中国地广人众民族多,各地发展不平衡,这就决定了法治很难统一。大家也清楚,我们还存在法治建设的形式化、口号化、利益化和个人化倾向,解决这些问题,真可谓是任重道远。艰难曲折的国家法治进程,本身就说明了我们法律工作的难度。当然,我们应当坚信,法治是一个民族的事业,是一个实践的事业,是一个世俗但绝不卑俗的事业。我们当然有也必须有理想、勇气和决心,以自己的法律智识和实践,来影响社会并推动法治发展。

二、怎样认识法规滞后问题

现在有一种现象,我们某些同志在总结监管工作中存在问题时,总是将法规体系滞后作为一个主要问题来讲,这已成为一种习惯。但是,你真要让他具体指出法规怎样跟不上形势、法规为什么会滞后、哪些或哪条法规有问题时,他又说不出所以然。我认为,正确认识法规滞后,需要进一步搞清这么几个问题。

一是何谓法规滞后。常识告诉我们,法律是具有确定性的行为规范,法律的确定性要求法律保持相对的稳定,然而问题是,法律调整的社会生活却总在不断变化。对此,英国著名法学家梅因早就说过:“法律是稳定的,而我们所处的社会却在不断前进。”这种法律与社会生活之间,或多或少的脱节的现象,我们称为法律滞后或法规滞后。法律滞后通常表现在两个方面:一为法律救济滞后;二为法律稳定性所引申的对现实多变的社会关系的干预滞后。法律滞后是人类社会发展不可避免的现象,西方发达国家是如此,在中国现阶段更是如此。最突出的情况是,我们的法律在不少地方滞后于社会需求,我们在安乐死、器官移植、网络监管、基因技术以及高科技领域里,确实存在明显的立法滞后。而更普遍的是,我们常常感到惊讶:一部新的法律刚颁行不久,或者刚修订不久,一大批针对性极强的新的社会现象就出现了,就摆到了一线执法者面前,立马就叫你“无法可依”!我们某些同志谈法规滞后,不外乎上面这些情况。既有监管实践中的立法空白,又有因变化太快而产生的立法被动;既有法律干预滞后,又有法律救济滞后。当然反映最多的,还是立法空白和干预滞后。

二是为何法规会滞后。大家知道,我们属于成文法系,而成文法有一个显而易见的不足——它的滞后性几乎与生俱来。成文法滞后性突出，我理解有如下几个原因：一为立法技术上价值背反。从立法技术上看，成文法在价值上既追求安全，又追求灵活。我们讲安全，是指它包括了法的稳定、确定和可预期；而我们讲灵活，是指它包括法的适应、特殊与可融通。大家看看，这是一个典型的二律背反：在实现稳定性、确定性、可预期性等基本特性的同时，成文法会牺牲掉必要的适应性、特殊性和可融通性。可以说，即便具备高超的立法技术，我们也无法有效破解这一背反难题！因此，德国历史法学派代表人物萨维尼说："法律自制定公布之时起，即逐渐与时代脱节"。二为立法者智识有限。由于社会现象多变而智识有限，我们不可能预见未来的各种情形，不可能制定出包罗万象的法律，也不可能使法律成为无所不能的万能法。举例来说，当年拿破仑法典精益求精，无疑试图通灵后世，而历史的变迁却碾碎了立法者对理性的迷信。又如，美国宪法描绘武装力量时，只提到了陆军和海军，因为当时的立法者无法预见空军的出现——他们到现在还未修改。这些都说明，大家应该意识到，立法者不是无所不知的神仙佛祖，而是智识有限的生命体，况且，他们的智识并不必然高于其他同类！三为立法程序所限。立法是一种庄严的事业，不可能一蹴而就，也不可能朝令夕改，它的立、改、废有严格的程序限制。放眼全球，我们不难知道，凡是有法制的地方，必有立法程序要求；凡是厉行法治的国家，其立法程序必定周详严格。在中国，法律有《立法法》，法规、规章有程序条例，都是管立法程序的。一部法律法规出台，至少要经过这样一些程序：提案、审议、通过、公布等，其中，还有说明、询问、讨论、听证、三读等各种要求。我们的民法费时 32 年，刑法也搞了 24 年，这样旷时久远的立法，当然主要是政治原因，程序因素影响不大。但即便是1979年以来,我们的法律从起草到通过,一般也要搞上个3~5年。有没有例外呢?也有,我们搞《银行业监督管理法》就是例外,不过,它确是中外法制史上少有的立法例。这些事实说明,我们的立法周期长,程序严,耗时久。我们的行动慢于思想,立法慢于社会变化。我们容易做到敏感,但我们很难做到敏捷!

三是怎样看待法规滞后。这是要讲辩证法的,这里有个绝对和相对的问题。法律是上层建筑,是国家之利器,是天下之公器,立法过程是严肃的,社会经济生活的变化要经过一定时间的演变,被社会主流意识接受和承认后,才能反映到法律建设中来,因而法律滞后是绝对的。但是,我们不能夸大这种绝对性。例如,我们的银行监管规则体系,只有市场准入,没有市场退出;我们的《人民银行法》《商业银行法》《银行业监督管理法》等法律,竟然没有解决存款保险、不良资产处置等问题;我们不少的银行业规章,包括银行业以外的其他金融规章,竟然没有设定责任,没有设定责任措施。对这些明显滞后的立法空白,我们怎么办?当然是要下大力气来补全。所以从这个意义上讲,上面讲的绝对性里又包含相对性。法律不是旧社会官府里的婢女,你让她怎样打扮,她就怎样打扮;法律也不是手中的工具,你想怎样使用,就怎样使用;我们每一个人,无论尊卑贵贱,无论职位高低,在法律面前——只要它是既定未变的,都必须有所畏惧,因而法律滞后是相对的。但是我们不能醉心于这种相对性。例如,面临的问题矛盾集中了,非解决不可了,而既定的法律要稳定,法律的权威要捍卫,我们怎么办?我跟大家说,变化是绝对的,我们可以创新制度,可以强化解释机制,可以在司法环节中搞判例。故此从这个意义上讲,上面讲的相对性里又包含了绝对性。只要我们运用了辩证思维,所谓法规滞后问题或许真能迎刃而解。

三、怎样对待批评

我们搞法律工作，都感觉压力很大。这种压力不仅来自工作本身，而且更主要来自外界的议论甚至是批评。我们很多同志，在繁重的工作重压下，他们没有被压垮，他们兢兢业业，任劳任怨，总是能够圆满完成任务，但是，在方方面面的批评哪怕是善意的批评面前，他们却未能有正确对待的态度，他们法律工作的责任感、荣誉感和使命感，最终淹没在众人的唾沫星子里，这给我们的事业带来了损害。

一种批评是对我们个人的。我跟大家说，既然选择从事法律工作，我们就不要怕非议和批评。法律的基本功能是什么？按照老百姓通俗的说法，就是判是非、定分争。任何一个处理或是决定，没有人会完全服气，不服气就会有意见或者是批评。做法律工作不要怕别人议论、批评和指责，否则就不是一个合格的法律工作者。我们在法律工作岗位上，就是社会和上级对我们专业技能、处事能力和人格品质的信任，就是希望我们真正担负起法律工作者的责任，就是要求我们在是非曲直问题上做出专业判断，维护法律的尊严，我们不能辜负公众和上级的信任。同时，我们对事业负责，就应该在任何时候都敢于坚持原则，坚持法律工作的清贵，不要搞曲意逢迎，不要搞一味揣摩迎合他人心意的那套庸俗做法。

另一种批评是对我们立法质量的。我们每一部规章、每一个规范性文件的出台，总会有来自各方面的不同意见，这是很正常的。应对这一问题，耶鲁大学斯科特教授关于人类智识的理论值得借鉴。这位教授认为，人类智识分为技术智识和实践智识两种，前者可以流转公用,后者不能普遍适用;前者服从逻辑规则,而后者依赖具体背景。对我们法规的意见中,有些可能属于技术性的,这无疑有利于我们改进立法质量;有些可能属于实践性的,这可能有利于我们改进工作,也可能不利于我们改进工作,需要我们认真鉴别。立法本身就是一个利益表达、调整和确认的过程,也是一个平衡和妥协的过程。不同的人,站在不同的立场,从不同的角度出发,会得出不同的结论,有时甚至是截然相反的结论。我们总是希望出台理想的法规,但我们无法超越这样一个规则:理想之所以是理想,因为它不现实;现实之所以是现实,因为它不理想。理想的法律规则是永远不可能存在的,因为基于平衡、妥协而形成法律规则的多种现实力量的共同理想永远不可能存在!

因此,我总是对我的同事们说,做法律工作要守得住清贫,要耐得住寂寞;要懂得心平气和,要搞点温良恭俭让。这样生活才有乐趣,工作才有成绩,生命才有价值。现在我们政策法规部的同事们,一边承担着繁重的工作,一边还必须不断加强学习,但大家心态都很健康平实,都在不断成长和进步。

我们的先辈曾说,“雄关漫道真如铁,而今迈步从头越”。通过这次法律工作年会,我们达成共识,部署来年;立足现实,放眼前路。在我们前面,定然是雄关如铁,任重道远!毫无疑问,法治是我们共同的事业。我们要维护事业,就要继往开来;我们要开创事业新局面,就要忠于事业且锐意进取!有上级正确领导,有同志们的理解支持,我们有理由相信,在金融法治事业发展进程中,我们将再歌慷慨,再写风流!

金融法律与中国法律体系[①]

提示：本文梳理和介绍了中国法律体系与金融法律制度，是笔者在2006年的一份讲稿。第一，文章从法理学层面，介绍了法律的性质、特征，对比其他学科，提出法律的基本工具是法律关系、权利与义务。第二，提出法律分析的基本路径，确认属于公法还是私法范畴，然后明确具体法律关系；分析权力义务；权力救济与违法追究。第三，阐明法律规范的主体、假定、行为模式和行为后果四个构成要素。第四，论述了法治国家的基本内涵。第五，阐述了市场经济发展所需的基础法律制度，包括市场主体资格、财产权保护、合同自由、国家适度干预、改进的社会保障。第六，介绍法的分类。通过简约的篇幅，给非法律专业的读者基本完备了一套理解中国金融法治的法学基础理论。

文章第二部分介绍了中国的法律体系和立法体制，从法律体系概念介绍，到具体介绍中国立法机构认可的宪法、民商法、行政法、经济法、社会法、刑法和诉讼与非诉讼程序法，这七大法律门类的基本概念、性质、调整关系、目标任务、重要原则和法律位阶；之后，介绍了中国的立法体制及不同立法层次所制定产生的法律规范的性质、层次、效力范围。使读者建立起理解中国金融法治的制度基础知识。

① 根据2006年全国银行系统法律讲座稿整理。

文章第三部分具体介绍了中国金融法律制度，剖析了金融法律框架之下的法律、行政法规和规章三个层次；叙述了金融法律框架的主要内容，以及五种类型的银行业金融机构及其对应的管理法律法规。

法律在中国古代文献中，“法”与“刑”、与“律”通用，从《尔雅·释诂》等文献看，在秦汉时期，“法”与“律”二字已大致同义，主要是指刑法规则，同时有常规、划一的意思。《唐律疏义》更明确指出，“法亦律也，故谓之为律。”又指出战国李悝“集诸国刑典，造《法经》六篇……商鞅传授，改法为律。”“法”与“律”合并，作为一个复合词，在古代文献中即使出现，也只是极偶尔的文字组合。直到清朝末期以后，“法律”才成为汉语中一个固定的词语。

一、法治的法学基础

什么是法律？不同时代、不同文明、不同的法学流派有各自不同的解释，有些解释互相之间有诸多共同之处、多有因应相承的关系；也有些解释之间立场、观点分歧巨大，相互论争持续不绝。我们以马克思主义法学观点来讲述法律，则是：法是由国家制定和认可的、体现国家意志的、以权利和义务为主要内容的、由国家以其强制力保证实施的社会行为规范。

（一）法的四个特征

第一，法是调节人的行为或社会关系的行为规范。人是天生的社会动物，离开了社会、离开了他人，任何人都无法生存下去。在众多个人组成的社会环境中就必然有一个人们之间的相互关系、也就是社会关系问题。人们在相互交往中常常会发生矛盾、冲突，这就要求有一系列规则,以规范人们的行为,这样人们之间才能正常有序地进行交往。"在社会发展某个很早的阶段。产生了这样一种需要:把每天重复着的生产、分配和交换产品的行为用一个共同的规则概括起来,设法使个人服从生产和交换的一般条件。这个规则首先表现为习惯,后来便成了法律。"[①]

法律是肯定的、明确的、普遍的规范。一个社会存在很多行为规范,如宗教规范、伦理规范、道德规范等。和其他规范相比,法律规范的调整范围是限定的,即它只调整人的社会行为。而且法律规范对社会行为调整的方式是确定的、有强制效力的。一个社会必然要面对权威与服从、社会秩序与个人行为之间的矛盾,有效调控社会矛盾就是法律产生的最初需要。

第二,法是国家制定和认可的行为规范。在人类社会生活中调整人们之间交互行为的准则都属社会规范范畴,社会行为规范有多种,如习惯、教义、道德、纪律、政策等,法律规范与其他类型的社会规范不同,是由国家制定或认可的、体现国家意志的带有强制效力的特殊的社会规范。

法律不同于其他社会规范的一个重要特征是它的国家意志性。由国家制定或认可是国家创制法律的两种形式。国家制定的法律,即通常所称的"成文法";国家认可的法律一般是指"习惯法"。制定或认可社会行为规范为法律的活动,就是立法 。立法是为了实现一定目标的有意识的活动,如何对社会利益关系进行调整,取决于立法者的意愿。但是意愿不是随心所欲,是要受到诸多条件制约的。立法者不仅要表达自己的意志,也要兼顾其他利益集团的意志。公共领域的

---

① [德]恩格斯:《论住宅问题》,载《马克思恩格斯选集》(第2卷),第538~539页。

立法还要特别考虑社会公共意志。立法还必须符合事物发展的客观规律。违背客观规律的立法必然会受到规律的惩罚。

第三,法是以权利和义务为主要内容的行为规范。在国家机构和社会之间,社会成员之间分配权利和义务,是法的重要任务。第一个分配要实现权力和责任的平衡,权力和权利的平衡。第二个分配要实现权利和义务的平衡。通过合理地分配权利和义务来影响人们的行为动机和行为方式,塑造人们的行为模式,以维护正常的社会秩序。

第四,法是由国家强制力保证实施的行为规范。任何一种社会规范都必须有保证其实施的力量。然而,不同社会规范的强制性在性质、范围与程度等方面各不相同。与其他社会规范在规范强制力方面的最大不同在于,法律是通过国家强制力的保障加以实施的。国家强制力即军队、警察、法庭、监狱等,是法的后盾,其他社会行为规范都不具有这种属性。必须强调的是,法律依靠国家强制力保证其实施,只是说国家强制力是法律实施的最终保障,但并不意味着法律规范的每一个实施过程,都需要国家强制力的介入。

(二)法律规范的四个要素构成

一是“谁”,规则适用主体。在中国法律中,规则适用主体分为个人和组织两大类。个人是指自然人,组织可以分为法人组织和非法人组织。不同的法律依其调整对象的不同,适用于不同的主体。例如,《行政许可法》第2条规定:“本法所称行政许可,是指行政机关根据公民、法人或者其他组织提出的申请,经依法审查,准予其从事特定活动的行为。”行政机关、公民、法人或者其他组织是本法的适用主体。

二是“假定”,适用条件。即什么情况下对主体适用。具体、明确的法定条件清楚地限定了符合法定条件的主体。例如,《公司法》对公司设立条件的规定，企业法对不同性质企业设立条件的规定，都属于适用条件。

三是“行为模式”，是指主体在什么条件下可以从事什么行为，禁止从事什么行为，必须从事什么行为等。例如，“消费者享有知悉其购买，使用的商品或者接受的服务的真实情况的权利”“经营者应当向消费者提供有关商品或者服务的真实信息，不得作引人误解的虚假宣传”都属于对行为的规定。

四是“行为后果”。即对符合适用条件的行为的保护和对不符合适用条件行为的制裁。例如，“公司成立后无正当理由超过六个月未开业的，或者开业后自行停业连续六个月以上的，由公司登记机关吊销其公司营业执照”。

法律规范的前三个要素，使人们能够清楚地了解在什么条件下能做什么，不能做什么，可以做什么，不可以做什么。第四个要素使人们清楚地了解从事法律准许的行为和禁止的行为的后果。

（三）法律分析的基本路径

经济学是研究社会如何管理自己的稀缺资源，供给与需求，成本与收益是基本的分析工具，价格就是看不见的手用来引导经济活动的工具。而法律的基本范畴是法律关系，法律发挥作用的基本工具就是规范权利与义务。因此，法律分析与经济学的观念在诸多情形、在存在着广泛的重合与内在一致性。

法律分析的基本路径是：第一步：确认法律关系，是纵向法律关系（公法），还是横向法律关系（私法）；债权债务关系、物权关系、股权关系；以及法律关系的主体、客体和具体内容。第二步：分析权利和义务。第三步：权利的救济渠道和法律责任的追究方式。如何有效主张自己的权利和避免法律责任。

(四)法治国家

法治作为治国方略的基本含义:一是在治理国家的不同措施和手段中,法律具有至高无上的地位;二是重要的社会关系,都应由法律调整。法治是一种依据依法治国、依法办事原则而形成的法律秩序。亚里士多德说过:“法治应包含两重意义:已成立的法律获得普遍的服从,而大家所服从的法律又应该本身是制订得良好的法律。”

国家通过完备的法律体系、严格的执法制度、公正的司法制度和专业化的法律职业,科学地制定并有效地实行规则,为社会成员提供确定的、可预见的行为尺度,保持社会处于稳定有序的状态,保障人们的自由、尊严和权利。

法治国家有如下几个构成要素:

一是政权组织形式上实行民主政体;二是国家权力结构上,实行分工和制约,立法权、行政权和司法权合理配置,形成有效的制约和监督机制,避免出现“自己立法、自己解释、自己执行”的情形;三是在各种社会调控方式中,法律处于最优越的地位,其他的调控手段必须服从法律,社会整合主要通过法律实施和实现;四是法治国家的经济基础应该是市场经济;五是法治国家以理性文化作为观念基础,民主和科学精神、人权思想、公民意识、权利义务观念等理性文化要素是法治国家不可缺少的观念支持。

(五)市场经济发展的基础法律制度

市场经济的基础法律制度之一:确认市场主体资格制度

市场经济的首要条件是存在市场参加者。这些在市场过程中追求自己利益的经济参加者,构成市场经济活动的法律主体。

市场法律主体须符合以下要件:(1)他们是相互独立的人;(2)他们在法律地位上完全平等;(3)他们有完全的行为能力,能够从事法律行为;(4)他们有完全的责任能力,能够对自己行为的结果承担责任。符合这些条件的自然人或法人,没有行政依附,不存在因所有制不同而产生的身份差别,均可以真正独立、平等的市场主体资格进入市场,参加同他人的竞争。

市场经济的基础法律制度之二:充分尊重和保护财产权制度

市场经济不仅要有参加者,而且须有财产才能发生。这里所说的财产不是指社会公共财产,而是指市场参加者自己的财产。

因此,市场经济法律制度的法制基础当然应包括充分尊重和保护市场主体财产权的法律制度。

市场经济的基础法律制度之三:维护合同自由制度

市场活动参加者既然是彼此相互独立、法律地位平等的自然人或法人,任何人均不能将自己的意志强加于他人,以迫使他人接受自己的交易条件,因此他们之间的关系唯有采取合同形式。合同法律制度构成市场经济最主要的法制基础。

市场经济基础法律制度之四:国家对市场的适度干预制度

在现代化市场经济中必须有国家的适度干预。即使是自由放任主义的经济学家,也认为政府应承担维护市场公正与秩序的职能,单凭市场自发的机制不可能保障市场秩序。因此,市场经济要求适度的国家干预和宏观调控基本制度,以防止市场经济的自发性可能导致的滥用合同自由和各种违法行为。

市场经济基础法律制度之五:改进的社会保障制度

这是因为市场本身意味着优胜劣汰,可以说市场竞争是激烈的。

对于那些竞争中的失败者尤其是失业的劳动者,以及不具有竞争能力的老人、儿童和残疾者,应由社会提供相应的物质保障。在没有社会保障的条件下提倡进入市场、公平竞争,不符合现代市场经济要求,不利于维护社会的安定。

(六)法的分类

从不同角度,按照不同的标准可以将法分为若干不同的种类。例如以社会形态为标准,可以把法分为奴隶制法、封建制法、资本主义法、社会主义法;以法规范的内容为标准,可以分为宪法、民法、刑法等;以创制方式和表现形式为标准,可以分为成文法、不成文法;以法的效力范围的不同,可以分为一般法、特别法,等等。这里着重讲以下三个分类:

第一,国际法与国内法。

这是以创制主体和适用主体的不同而作的分类,国际法和国内法属于两个不同的法律体系,但不能把它们对立起来,因为实际上二者是相互联系、相互渗透、相互补充的。

中国宪法对国际法与国内法的关系没有一般性的规定,宪法只对缔结条约的程序作了规定。缔结条约的程序与制定国内法的程序基本相同,因而,可以认为只要是中国批准的条约,在国内具有与法律同等的效力。条约是否可以直接适用于国内,在宪法上没有规定,但从一些法律的规定看,是可以直接适用的。如 1982 年试行的《民事诉讼法》第 189 条规定:"中华人民共和国缔结或者参加的国际条约同本法有不同规定的,适用该国际条约的规定。但是,中国声明保留的条款除外。"1991 年修改后的《民事诉讼法》第 238 条保留了这一规定。此外,《民法通则》《商标法》《继承法》等也都有同样或基本相同的规定。

这就是说，在国内法与国际条约相冲突时，条约优于国内法。关于国际习惯在中国的适用问题，法律没有一般规定。《民法通则》第142条只是规定："中华人民共和国法律和中华人民共和国缔结或者参加的国际法条约没有规定的，可以适用国际惯例。"第150条规定："依照本章规定适用外国法律或者国际惯例的，不得违背中华人民共和国的社会公共利益。"这就是说，在民商领域可以适用国际惯例，在其他领域尚无一般规定。目前，中国已经加入了许多国际条约，国际人权两公约也已签署。

第二，实体法与程序法。

这是根据法律规定内容的不同所作的划分。

实体法是规定和确认权利与义务或职权与责任为主的法律，如宪法、行政法、民法、刑法等；

程序法是以保证权利与义务得以实施或职权与责任得以履行的有关程序为主的法律，如民事诉讼法、刑事诉讼法、行政诉讼法、立法程序法等。

第三，公法、私法和社会法。

著名的罗马法学家乌尔比安认为："公法是关于罗马国家的法律，私法是关于个人的法律。"

"私法"就是对个体利益进行法律定位，通过法律肯定个体利益的合法性，调动人们创造社会财富和保护个人尊严的积极性，并对之进行引导和规范。民法就是典型的"私法"，民法是调整平等主体之间财产关系和人身关系的规范的总和。

"公法"则是维护国家利益和社会稳定，调整人的政治活动，设定国家的组织形式，规范行政行为，对触犯国家利益的行为进行惩罚，宪法、行政法、刑法、诉讼法和经济法属于“公法”。

“社会法”包括劳动法、社会保障法相继出现，这些法律与传统私法的契约自由、意思自治、平等理念相违背，又异于公法层面上公权至上的强制效能，其立足点在于社会本身，社会利益是其最终的价值追求，这就是第三大部门法“社会法”。社会法主要是保障劳动者、老人、失业者、丧失劳动能力的人和其他需要扶助的人的权益的法律。

区分公法和私法是非常重要的。虽然没有哪一个国家的立法明文规定“公法”或“私法”概念，但是现代法以区分公法私法为必要，乃是法律上的共识。公私法的区别，是现代法律秩序的基础，是建立法治国家的前提。在现代国家，一切法律规范，无不属于公法或私法之一方，且因所属不同而不同其效果。

区分公法私法的必要性，在于市场经济本身的性质。在市场经济条件下存在两类性质不同的法律关系。一类是法律地位平等的市场主体之间的关系，另一类是国家凭籍权力对市场进行干预的关系，由此决定了规范这两类关系的法律法规性质上的差异，并进而决定了两类不同性质的诉讼程序和审判机关。对于任何法律法规，若不究明其属于公法或属于私法，就不可能正确了解其内容和意义，不可能正确解释和适用。因此，建立市场经济法律制度，要求以承认公法与私法的区别并正确划分公法与私法为前提。

二、中国的法律体系和立法体制

所谓法律体系，一般来说，是指一个国家的全部法律规范，按照一定的原则和要求，根据不同法律规范的调整对象和调整方法的不同，划分为若干法律门类，并由这些法律门类及其所包括的不同法律规范形成相互有机联系的统一整体。法律规范,是指由国家制定或者认可,体现统治阶级意志,调整社会关系,并最终依靠国家强制力保证实施的社会活动准则。

我们要建立有中国特色法律体系,需要研究和明确两个方面的问题:一方面要科学地界定这一法律体系的构成,确定它包括哪些不同效力的规范性文件,即法律体系的范围,确定它由哪些法律部门组成,即法律的分类;另一方面要阐明这一法律体系所具有的本质特征,揭示中国法律体系的性质。中国特色法律体系,应该是适应中国基本国情,以宪法为统率和根本依据,由部门齐全、结构严谨、内部协调、体例科学的法律及其配套法规所构成的各项法律制度的有机的统一整体。

关于法律门类划分,经过第九届全国人大常委会专题研究,按照基本上达成的共识,认为将中国的法律体系划分为以下七个门类比较合适:宪法及宪法相关法、民法商法、行政法、经济法、社会法、刑法、诉讼与非诉讼程序法。

(一)宪法

宪法是国家的根本法,它规定国家的根本制度和根本任务、公民的基本权利和义务,具有最高的法律效力。宪法相关法是与宪法相配套、直接保障宪法实施和国家政权运作等方面的法律规范的总和,主要包括四个方面的法律:(1)有关国家机构的产生、组织、职权和基本工作制度的法律;(2)有关民族区域自治制度、特别行政区制度、基层群众自治制度的法律;(3)有关维护国家主权、领土完整和国家安全的法律;(4)有关保障公民基本政治权利的法律。

第一,从地位看,从法律体系内部来说,宪法是母亲,一般法律是子女,宪法是“母法”,一般法律是“子法”,一切法律、法规都不得同宪法相抵触。

第二,从内容看,宪法规定的是国家的根本制度和根本任务、公民的基本权利和义务。也就是说,宪法解决的是国家政治和社会生活中全局性、长期性、根本性的问题。一般法律只是解决国家政治和社会生活中某一方面、某一领域的问题。

第三,从法律效力看,宪法具有最高的法律效力。

(二)民法商法

民法商法是规范民事、商事活动的法律规范的总和,所调整的是自然人、法人和其他组织之间以平等地位(市场主体)而发生的财产关系和人身关系,可以称为横向关系,集中地反映了市场经济自愿、平等、等价有偿、自负盈亏、诚实信用等属性的内在要求。民法属于私法,私法自治为其一般原则。它规定了自然人制度、法人制度、法律行为制度、代理制度、时效制度、物权制度、债权制度、人身权制度、知识产权制度、民事责任制度等市场经济所必需的法律制度。所以说,民法是一切市场经济国家特别是发达国家制定最早、最为完备、最为基本的法律。中国已制定《民法通则》《合同法》,正在审议《物权法》(本文写于2006年)。

商法是民法的特别法,其任务在于规范市场主体,规定交易活动的支付、融资手段,确立减少风险的途径,制定海上运输的规则、规范资本市场等,是在民法基本原则的基础上适应现代商事活动的需要逐渐发展起来的,主要包括公司、破产、证券、期货、保险、票据、海商等方面的法律。

民商法的任务主要有以下几点:

1. 为现代市场经济活动提供行为规则。民法为现代化市场提供一般规则及市场活动的行为规则。使市场参加者可以遵循这些规则从事活动,进行预测、计划和冒险,并建立和维护正常的市场秩序。

2. 为人权提供基本保障。人身权、人格权和财产权是民法上最重要的民事权利,并首先由民法予以规定和保护。尤其人格权,是享有其他民事权利和政治权利的基础。《民法通则》规定公民享有生命权、身体权、健康权、姓名权、肖像权、名誉权等人格权,被称为中国的权利宣言。因此,保障人权是民法的基本任务。

3. 维护社会公平正义。在现代市场经济条件下,民法担负着维护社会公平正义的重要作用,发挥着协调各种利益冲突的调节器的功能。所谓公平正义,指不同的人群、阶层、行业以及生产者、经营者、消费者和劳动者,在利害关系上大体平衡,不致过分悬殊。民法保护一切企业和个人在不损害他人和社会利益的前提下谋求自己的利益,不允许靠损害社会和他人利益而发财致富,妥善协调各种利益冲突,被称为社会利益冲突的调节器。

民法所遵循的基本原理叫意思自治。所谓意思自治,指经济生活和家庭生活中的一切民事权利义务关系的设立、变更和消灭,均取决于当事人自己的意思,原则上国家不作干预。只在当事人之间发生纠纷不能通过协商解决时,国家才以仲裁者的身份出面予以裁决。

意思自治的实质,就是由平等的当事人通过协商决定相互间的权利义务关系。意思自治这一基本原理,体现在民法的各个部分,例如在物权法上叫所有权自由,指所有权人在法律许可范围内可以自由占有、使用、收益和处分其所有物;在继承法上叫遗嘱自由,指个人在生前可以订立遗嘱,决定其身后遗产的处分;在合同法上叫合同自由,指当事人自己决定是否订立合同,与谁订立合同,以什么形式订立合同及决定合同内容。

须说明的是,意思自治并非不受限制,在现代市场经济条件下,国家出于对市场宏观调控和保护消费者、劳动者利益及社会公共利益的需要,有必要制定一些特别法规对意思自治予以适度限制。

民商法的基本原则如下:

1. 平等原则

所谓平等原则,是指在民事活动中各方当事人法律地位平等,任何一方不得把自己的意志强加给对方。平等原则在现行法上的根据,首先是《民法通则》第 3 条的规定:当事人在民事活动中的地位平等。其次是《合同法》第 3 条的规定:合同当事人的法律地位平等,一方不得将自己的意志强加给另一方。

平等原则,最集中地反映了民事法律所调整的社会关系的本质特征,是民事法律区别于其他部门法的主要标志,也是市场经济条件下合同关系当事人的必要前提条件。

2. 合同自由原则

所谓合同自由原则亦称契约自由,是指参加民事活动的当事人在法律允许的范围内享有完全的自由,按照自己的自由意思决定缔结合同关系,为自己设定权利或对他人承担义务,任何机关、组织和个人不得非法干预。合同自由原则在现行法上的根据,首先是《民法通则》第 4 条的规定:民事活动应当遵循自愿的原则。其次是《合同法》第 4 条的规定:当事人依法享有自愿订立合同的权利,任何单位和个人不得非法干预。

合同自由不仅是民法的基本原则,也是市场经济的基本原则。没有合同自由,就没有真正的民法和真正的市场经济。在现代市场经济条件下,合同自由原则虽受到一定的限制,但仍是民法的基本原则。

应当说明的是,现代民法上的合同自由,不同于19世纪资本主义国家所实行的自由放任主义,是在法律允许范围内的自由,并非不受限制的自由。不允许滥用合同自由以损害他人利益和社会公益。出于保护消费者、劳动者利益和保护社会公共利益的需要,法律往往对生产者、经营者和企业一方的合同自由予以某种限制。

3. 公平原则

所谓公平原则,是指民事法律行为内容的确定,应当遵循公平的原则。由当事人一方或第三方确定民事法律行为内容的,其确定只在符合公平原则时,始得对他方当事人发生效力。公平原则在现行法上的根据是《民法通则》第4条的规定:民事活动应当遵循公平的原则。《合同法》第5条规定:当事人应当遵循公平原则确定各方的权利和义务。

民法公平原则,主要是针对合同关系而提出的要求。是当事人缔结合同关系,尤其是确定合同内容时,所应遵循的指导性原则。公平的含义是,合同关系的当事人在利害关系上应当大体平衡。现代民法设立公平原则的目的,在于对市场交易的合同关系,要求兼顾双方的利益,并为法院判断具体的合同关系应否受法律保护,树立判断基准。只有符合公平原则的合同关系,才被法院认可,才受法律保护。显失公平的合同关系,当事人可以请求法院和仲裁机构予以变更或撤销。

4. 诚实信用原则

诚实信用原则,简称诚信原则,这一原则要求民事活动的当事人在行使权利和履行义务时,应当遵循诚实信用的道德准则。

诚信原则在现行法上的根据是《民法通则》第4条的规定：民事活动应当遵循诚实信用的原则。《合同法》第6条规定：当事人行使权利、履行义务应当遵循诚实信用原则。《消费者权益保护法》第4条规定：经营者与消费者进行交易，应当遵循诚实信用的原则。

诚实信用为市场经济活动中的道德准则。它要求一切市场参加者符合“诚实商人”或“诚实劳动者”的道德标准。应在不损害他人利益和社会公益的前提下，追求自己的正当利益，绝不允许通过损害对方、损害他人和损害社会公共利益，谋取自己的利益。目的是在当事人之间的利益关系和当事人与社会之间的利益关系中实现平衡，并维持市场经济的道德秩序。

特别应说明的是，诚实信用原则性质上属于授权条款。因为社会生活极度复杂，并不断变化，立法机关难以对社会生活中的各种关系和具体情形制定具体规则，当出现立法当时未预见的新情况、新问题和法律上没有具体规定的新型案件时，法院可直接适用诚实信用原则裁判，直接调整当事人之间的权利义务关系。这是现代民法一项重要原则。

5. 公共秩序与善良风俗原则

公共秩序与善良风俗原则即传统民法可说的公序良俗，是指民事法律行为的内容及目的不得违反公共秩序或善良风俗。这一原则在现行法上典型表述是《民法通则》第7条的规定：民事活动应当尊重社会公德，不得损害社会公共利益。《民法通则》第58条规定：民事行为违反社会公共利益的无效。《合同法》第7条规定：当事人订立、履行合同，应当尊重社会公德，不得扰乱社会经济秩序，损害社会公共利益。中国法律上的“社会公共利益”和“社会经济秩序”，相当于外国法律上的"公共秩序",中国法律上的"社会公德",相当于外国法律上的"善良风俗"。

在现代市场经济条件下,贯彻公共秩序与善良风俗原则还有维护国家利益、社会公共利益及一般道德秩序的功能。因立法当时不可能预见一切损害国家利益、社会公益和道德秩序的行为而作出详尽的禁止性规定,故设立公序良俗原则,以弥补禁止性规定之不足。公序良俗原则,性质上为授权条款。目的在于,遇有损害国家利益、社会公益和社会道德秩序的行为,而又缺乏相应的禁止性法律规定时,法院可直接适用公序良俗原则判决该行为无效。

6. 禁止权利滥用原则

所谓禁止权利滥用原则,是指一切民事权利之行使,不得超过其正当界限,行使权利超过其正当界限,则构成权利滥用,应承担侵权责任。

禁止权利滥用原则在现行法上的根据是《宪法》第 51 条的规定:中华人民共和国公民在行使自由和权利的时候,不得损害国家的、社会的、集体的利益和其他公民的合法的自由和权利。因此,禁止权利滥用是中国宪法上的一项基本原则,也当然是中国民法上的一项基本原则。按照这一原则,一切公民和法人在行使民事权利时,均负有不得超过其正当界限,即不得滥用其权利的义务。违反这一义务,例如以损害他人为目的而行使权利,或者行使权利所获得的利益微小而造成他人重大损害,即构成权利滥用,应承担损害赔偿责任。

介绍完民法的基本原则,下面来看民法包含哪些基本内容。

1. 民法的基本制度之一:民事主体

民事主体制度,规定参加民事生活所必须具备的法律资格,即法律上所称为“人”,包括自然人和法人。

具有中华人民共和国国籍的自然人叫公民。自然人的民事权利能力,是指法律赋予自然人享有民事权利、承担民事义务的法律资格。自然人的民事行为能力,是指自然人通过自己的行为取得民事权利、承担民事义务的法律资格。

法人是与自然人对应的另一类民事主体,是一种社会组织体。社会组织体具备法律规定的条件,被法律赋予法人资格,可以自己的名义参加经济活动,享有民事权利并承担民事义务。民法通则规定的法人,分为企业法人与非企业法人,企业法人指具有法人资格的各种公司和营利性经济组织;非企业法人包括机关法人、事业单位法人和社会团体法人。

2. 民法基本制度之二:民事行为

民事主体行使权利和承担义务,须通过自己的行为,如订立合同,订立遗嘱,设立公司,以及结婚、收养等。民法分别规定各种民事行为的成立条件、生效条件和法律后果,这就是民事行为制度。只有符合法律条件的行为,才能够发生当事人所希望的法律后果。例如,合同的成立须符合成立条件,合同的生效须符合生效条件。

鉴于民事主体不可能亲自进行所有的民事行为,民法规定了民事主体委托授权他人代为从事相关民事行为的情形,例如签订合同不妨委托他人代理,因此产生代理制度。按照代理制度,代理人在授权范围内以被代理人名义订立的合同,由被代理人作为合同当事人直接享有权利和承担义务。借助于代理制度,民事主体尤其是企业法人可以不受地域的限制,在全国市场和国际市场开展业务。

3. 民法基本制度之三:民事权利

法律上的权利,是指法律允许的权利人为满足自己的利益而采取的,由其他人的法律义务所保证的法律手段。在民事法律关系中,法律上认为合理正当的利益,便给予认可和保护,这就是民事权利。民事权利,意味着受法律保护的利益。民事权利所包含的利益,可以分为财产利益和非财产利益。因此,民事权利可以分为财产权和非财产权两大类。非财产权,是指与民事主体的人格和身份不可分离的权利,可再分为人格权和身份权。人格权,是自然人对自己的生命、身体、健康、自由、名誉、姓名、肖像、隐私等人格利益所享有的权利。法人对自己的商誉和名称也享有人格权。身份权是自然人在婚姻家庭关系上的权利。财产权,是指具有财产价值的民事权利,可以再分为物权、债权、知识产权和继承权。

物权,是指直接支配有形财产(如房屋、汽车、彩电)的权利,性质上属于支配权。所有权是最典型、最完全的物权。抵押权、质权、留置权、土地使用权是不完全的物权。所有权包含对所有物使用价值和交换价值的支配。抵押权、质权、留置权,属于担保物权,只是对标的物交换价值的支配,即在所担保债务到期不能清偿时,以变卖标的物的价款抵偿。土地使用权属于用益物权,只是对标的物使用价值的支配,即对标的物占有、使用和收益。

债权,是指请求相对人为某种行为(如交货、付款、提供服务)的权利,性质上属于请求权。合同关系上的权利,就是最典型的债权。例如,买卖合同关系上,需方的权利就是请求供方交货;供方的权利就是请求需方付款。

知识产权,是指支配知识财产的权利,包括专利权、商标权和著作权。

继承权，是指取得遗产的权利。

由物权、债权、知识产权、继承权、人格权和身份权构成一个完整的民事权利体系。民法分别就各种民事权利的产生、变更、移转、消灭设置具体规则，分别构成各种民事权利制度。

4. 民法基本制度之四：民事责任制度

对各种侵害民事权利的行为进行制裁和对受害人予以救济的法律形式和规则，构成民事责任制度。民事责任，主要包括违约责任和侵权责任。

《合同法》第 107 条规定：当事人一方不履行合同义务或者履行合同义务不符合约定的，应当承担违约责任。按照这一规定，违约责任实行严格责任原则，只要违反合同，即应承担违约责任。要求免责，须证明有免责事由。例如，证明因不可抗力导致违约，或者证明合同中有免责条款，均可获得免责。

民法将损害他人人身、财产依法应承担民事责任的违法行为，称为侵权行为。一般侵权行为实行过错责任原则，按照过错责任原则，以加害人有过错（故意、过失）为承担责任的条件，没有过错不承担责任。

民事责任的实质，是法律强制加害人向受害人支付一笔金钱以填补受害人所受损害，因此损害赔偿金额应以实际发生的损害为限，即所谓“损害多少赔偿多少”，不允许受害人获得超过实际损害的赔偿金。

（三）行政法

行政法是规范行政管理活动的法律规范的总和，从性质上说，行政法是关于行政权的法，是关于行政权的授予、行政权的行使和运作以及对行政权的授予、运作和行使进行监督的法律规范的总和。其内容包括有关行政管理主体、行政行为、行政程序、行政监督以及国家公务员制度等方面的法律规范。

行政法调整的是行政机关与行政管理相对人(公民、法人和其他组织)之间因行政管理活动而发生的法律关系,可以称为纵向关系。在这种管理与被管理的纵向法律关系中,行政机关与行政管理相对人的地位是不平等的,行政行为由行政机关单方面依法作出,不需要双方平等协商。因此,为了正确处理二者关系,保持行政权力与行政管理相对人合法权利的平衡,行政法的基本原则是职权法定、程序法定、公正公开、有效监督。

依法行政,是对行政机关提出的要求,要求行政机关行使行政权力,必须有法律授权,来源于法律,并依据法律。严格依照法律规定办事,法律是行政机关据以活动的根据,也是人们对这种活动进行评判和监督的标准。

(四)经济法

经济法是调整因国家从社会整体利益出发对市场经济活动实行干预、管理、调控所产生的法律关系的法律规范的总和。经济法是在国家干预市场活动过程中逐渐发展起来的一个法律门类,就其性质而言,它是公法,也就是经济管理法。

为了维护社会的整体利益,保障市场的健康发展,国家对市场的适度干预和宏观调控是必不可少的。经济法大体可以包含两个部分。一是维护市场秩序的法律,如反垄断法、反不正当竞争法、消费者权益保护法、广告法、商业秘密保护法等。反垄断法是禁止垄断和其他限制竞争行为的法律,其立法目的在于禁止限制竞争行为,创造公平竞争的良好环境，俾求市场经济得以健康发展。制定反垄断法对于我们社会主义国家来说，还有一个维护社会主义宗旨的意义。二是国家宏观调控的法律。中国已制定了预算法、审计法、中央银行法、价格法、税收征收管理法等重要法律。

（五）社会法

社会法是规范劳动关系、社会保障、社会福利和特殊群体权益保障方面的法律关系的总和。社会法是在国家干预社会生活过程中逐渐发展起来的一个法律门类，所调整的是政府与社会之间、社会不同部分之间的法律关系。社会法主要保障劳动者、老人、失业者、丧失劳动能力的人和其他需要扶助的人之权益的法律。

社会法介于公法与私法之间，其目的在于从社会整体利益出发，保护劳动者，维护社会安定，保障市场健康发展。主要包含了三类法律。一类是劳动法、劳动就业法、职业培训法等。二类是社会保险法，即社会强制（义务）保险法如养老保险法、医疗保险法、失业保险法、事故保险法等。三类是社会救济法。

（六）刑法

刑法是规范犯罪、刑事责任和刑事处罚的法律规范的总和。刑法所调整的是因犯罪而产生的社会关系。刑法所采取的调整方法是最严厉的一种法律制裁方法，即刑罚的方法。它是在个人或单位的行为严重危害社会、触犯刑事法律的情况下，给予刑事处罚。刑法执行着保护社会和保护人民的功能，承担惩治各种刑事犯罪，维护社会正常秩序，保护国家利益、集体利益以及公民各项合法权利的重要任务。

刑法是一个传统的法律门类，与其他法律门类相比，具有两个显著特点：一是所调整的社会关系最广泛；二是强制性最严厉。

（七）诉讼与非诉讼程序法

诉讼与非诉讼程序法是调整因诉讼活动和非诉讼活动而产生的社会关系的法律规范的总和。中国的诉讼制度分为刑事诉讼、民事诉讼、行政诉讼三种。解决经济纠纷，除通过民事诉讼制度“打官司”外，还可以通过仲裁这种非诉讼的“便民”途径。

程序法不仅是实体法的实现形式和内部生命力的表现，而且也是人民权利实现的最重要保障，其目的在于保证实体法的公正实施。

市场经济运作中引起的民事纠纷，要通过民事诉讼解决；发生的行政争议要凭借行政诉讼了结；产生犯罪，则要通过刑事诉讼处罚。为了更好地保护债权，同时避免太多企业破产，程序法还包括强制执行法、破产法（包括私人企业和自然人）、公司和解法、公司重整法等。

（八）立法体制

立法体制是指立法权限划分的制度，它既涉及中央和地方立法权限的划分，也包括同级国家机关之间立法权限的划分。

一国的立法体制是人们适应经济、政治、文化发展的需要，从国家的历史和现实出发建立起来的。由于具体条件的差异，不同国家或同一国家的不同时期，立法体制并不相同。

中国实行的是“一元多级”的立法体制，即统一的分层次的立法体制。法律、行政法规、地方性法规、自治条例和单行条例等，都属于法的范畴，是法的形式渊源，它们的阶位不同，各自具有不同的效力。

一元体现了单一制国家立法体制的共性，即在全国范围内，立法体系是统一的。

多级则是中国特色，即中国的立法体制分为中央立法和地方立法多个立法等级，允许地方国家机关在一定范围内享有立法权限。

中国是统一的、单一制的国家，各地方经济、社会发展又很不平衡。与这一国情相适应，在最高国家权力机关全国人大及其常委会集中行使立法权的前提下，为了使我们的法律既能通行全国，又能适应各地方各行业千差万别的不同情况的需要，在实践中能行得通，《立法法》根据《宪法》确定的“在中央的统一领导下，充分发挥地方的主动性、积极性”的原则，确立了中国的统一而又分层次的立法体制，根据制定机关的不同，分为法律、行政法规、地方法规、行政规章和地方规章。

中国国家大，情况复杂，各地经济、文化发展不平衡，各种社会关系除了主要依靠法律来调整外，还需要由行政法规、地方性法规等规范性文件来辅助调整。从现实情况看，行政法规、地方性法规中，一部分是为实施法律作出的具体规定，另一部分是对尚未制定全国性法律的有关方面的管理作出规定，其中包括由全国人大授权国务院制定的暂行规定或者条例。从总体来看，法律与行政法规、地方性法规等，在中国的法律体系中分别处于主、次地位，应该都包括在中国的法律体系范围之内。

中国不同层次的法律具体包括：

1. 全国人大及其常委会行使国家立法权。全国人大制定和修改刑事、民事、国家机构的和其他的基本法律。全国人大常委会制定和修改除应当由全国人大制定的法律以外的其他法律；在全国人大闭会期间，对全国人大制定的法律进行部分补充和修改，但不得同该法律的基本原则相抵触。

2. 国务院即中央人民政府根据宪法和法律，制定行政法规。全国人大及其常委会有权作出决定,授权国务院可以根据实际需要,就应当由法律规定的部分事项先制定行政法规。

3. 省、自治区、直辖市的人大及其常委会根据本行政区域的具体情况和实际需要,在不同宪法、法律、行政法规相抵触的前提下,可以制定地方性法规;较大的市(包括省、自治区人民政府所在地的市、经济特区所在地的市和经国务院批准的较大的市)的人大及其常委会根据本市的具体情况和实际需要,在不同宪法、法律、行政法规和本省、自治区的地方性法规相抵触的前提下,可以制定地方性法规,报省、自治区的人大常委会批准后施行。

4. 经济特区所在地的省、市的人大及其常委会根据全国人大的授权决定,还可以制定法规,在经济特区范围内实施。

5. 自治区、自治州、自治县的人大还有权依照当地民族的政治、经济和文化的特点,制定自治条例和单行条例,对法律、行政法规的规定作出变通规定。自治区的自治条例和单行条例报全国人大常委会批准后生效,自治州、自治县的自治条例和单行条例报省、自治区、直辖市的人大常委会批准后生效。

6. 国务院各部、各委员会、中国人民银行、审计署和具有行政管理职能的直属机构,可以根据法律和国务院的行政法规、决定、命令,在本部门的权限范围内,制定规章。省、自治区、直辖市和较大的市的人民政府,可以根据法律、行政法规和本省、自治区、直辖市的地方性法规,制定规章。

为了维护中国法制的统一和尊严,作为国家的法律体系应当是一个统一的体系,各法律部门之间、各个法律部门内部、不同层次的法律规范之间,都应当相互协调、配套,既不能重复相混,也不能互相矛盾。

各地方各部门都不能各搞各的、相互割裂、形成矛盾、重复的所谓“法律体系”。要形成有中国特色社会主义法律体系，首先，构成这个法律体系的法律部门应当齐全；其次，每个法律部门中调整该类社会关系的基本的、主要的法律应当制定出来，使社会生活的各个领域、各个方面都基本有法可循；最后，各法律部门之间、不同阶位和不同效力等级的法律规范之间、实体法与程序法之间，应当做到上下左右紧密配合、相互协调，使这个法律体系结构严谨、形式科学。可以说，这三条是构成法律体系的主要标志。

这种分层次的立法体制又是怎样体现和保证法制统一的呢？主要是两方面：

一方面，明确不同层次法律规范的效力。宪法具有最高的法律效力，一切法律法规都不得同宪法相抵触。法律的效力高于行政法规，行政法规不得同法律相抵触。法律、行政法规的效力高于地方性法规和规章，地方性法规和规章不得同法律、行政法规相抵触。地方性法规的效力高于地方政府规章，地方政府规章不得同地方性法规相抵触。

另一方面，实行立法监督制度。行政法规要向全国人大常委会备案，地方性法规要向全国人大常委会和国务院备案，规章要向国务院备案。全国人大常委会有权撤销同宪法、法律相抵触的行政法规和地方性法规，国务院有权改变或者撤销不适当的规章。

三、中国金融法律制度

金融法是调整金融关系的法律总称。金融关系包括金融监管关系与金融交易关系。所谓“金融监管关系”，主要是指政府金融主管机关对金融机构、金融市场、金融产品及金融交易的监督管理的关系。所谓“金融交易关系”，主要是指在货币市场、证券市场、保险市场和外汇市场等各种金融市场，金融机构之间，金融机构与大众之间，大众之间进行的各种金融交易的关系。

在金融法总称下面，可以将有关金融监管与金融交易关系的法律分为银行法、证券法、期货法、票据法、保险法、外汇管理法等具体类别。金融信托属于金融法的范畴，而普通的、一般性的信托，属于民法范畴。

（一）金融法律框架的三个层次

金融法律框架包括三个层次。分别是法律、行政法规和规章。

1. 法律

法律是金融法律框架的基础，由全国人大或者常委会制定，在金融法律框架中具有最高效力。它是行政法规和规章制定的依据，是监管的依据和金融交易的依据，也是司法机关审判的依据。现行的金融法律主要包括有：《人民银行法》、《银行业监督管理法》、《商业银行法》、《票据法》、《担保法》、《刑法》和《关于严惩破坏金融秩序犯罪的决定》等。

2. 行政法规

行政法规是对法律的细化。银行业行政法规由国务院制定和发布，它是对金融法律的细化，是监管的依据，是跨部门协作和分工的依据，也是法院审判的依据。现行的金融行政法规主要有：《外资金融机构管理条例》、《金融违法行为处罚办法》和《储蓄管理条例》。

3. 规章

规章是金融类法律规范的主体。银行业规章主要由银行业监管机构制定,人民银行根据法定职责也可制定银行业相关规章。银监局、银监分局作为银行业监管机构的派出机构不能制定规章,可以制定规范性文件。现行的金融类规章主要有:《金融许可证管理办法》、《商业银行服务价格管理暂行办法》、《汽车金融公司管理办法》和《商业银行资本充足率管理办法》。

(二)金融法律的主要框架内容

1. 金融监管关系(公法):金融监管法律制度。具体包括:(1)市场准入:指股东资格(境外金融机构向中资金融机构管理办法)、高级管理人员任职资格管理、业务的准入。(2)日常监管:《商业银行资本充足率管理办法》。(3)市场退出。

2. 金融交易法律关系(私法):金融业务规则。具体业务的经营规则:《贷款通则》《金融机构衍生产品交易业务管理暂行办法》《汽车贷款管理办法》以及正在制定的《商业银行委托理财管理办法》《电子银行管理办法》。

3. 中国的银行业金融机构包括如下几种,每一类机构都由相应的法律调整:(1)政策性银行。(2)商业银行。具体包括:国有商业银行或国有控股商业银行(4 家);全国性股份制商业银行(13 家);城市商业银行(113 家);农村商业银行(9 家)。(3)城市信用社。(4)农村信用社。(5)农村合作银行。

银行监管法律文本名称规范研究①

提示：本文是2006年银行监管法规清理工作过程中笔者的理论思考。本文第一部分是银行监管规则名称的基本法理。通过分析名称与银行监管规则的名称释义、规则名称的法理地位、规则名称的实践意义，读者可以理解中国古代为何将法律学称为名实之学的良苦用心，具体到监管规则上，从最基础法理来透视银行监管规则，然后使监管规则牵涉的各类复杂问题，有了一个体系化的清晰安置。

本文第二部分是银行监管规则名称问题的突出表现，将当时银行监管所涉及的498部规范性文件所含的规则名称问题分别列出，包括名称多且杂乱、名称与效力等级不一致、名称与规范内容相背离、名称过长或过短，一一加以分析并指出问题所在。

第三部分为银行监管规则名称问题化过程的特点，历史分析问题产生的过程及显著特点。

第四部分为银行监管规则名称问题的生成原因，具体分析了观念、制度和技术原因，并列举了典型表现形式。

第五部分为银行监管规则名称的改进目标，提出了法理目标是名称的规范化与科学化，应用目标是准确、精练与醒目，进而分析了实现

① 本文收录自中国银行业监管机构法规清理规划办公室：《法规清理工作研究》2006年第2期。

这两个目标的可行性。

第六部分具体给出了改进银行监管规则名称的几点思路，提出构建银行监管质量立法的规则体系，运行银行监管规则制定与起草的综合规范机制，以及提高银行监管规则制定的具体技术。

第七部分是改进规则名称的实例分析：指引名称，说明了问题的由来、问题的政府制度根源、指引认识与应用误区及指引名称的正确应用。

银行监管规则既包括实质意义上的制度安排，又表现为形式意义上的文本结构，监管规则名称即是监管规则的形式结构要件之一。[①] 近期以来，我们在银行监管法规清理中发现，现行530余件银行监管规则的文本结构，都存在不少的立法技术问题，在监管规则名称方面，问题尤为突出。这些问题主要是，银行监管规则名称没有得到科学设定和规范应用，银行监管规则名称不能有效服务于监管规则内容，进而削弱了监管规则的权威，影响了监管规则的实施效果，损害了银行监管的法制工作。为此，我们结合当前的审查论证工作，分析了监管规则名称问题的表现、特征与生成原因，提出了改进监管规则名称的目标和具体方案，力图为法规清理的下一步工作提供参考。

一、银行监管规则名称的基本法理

从发生学视角考察，规则名称从属于社会分类体系，具有满足多元主体需要和服务社会实践的重要功能；从法学理论层面分析，规则

① 考虑到本项研究工作的对象范围涵盖银行监管法律、行政法规、部门规章和其他规范性文件，而使用这些对象范围内任何单一名称均不能准确概括所有研究对象。为方便研究起见，本研究文本采用了银行“监管规则”这一概念，如无特别说明，本研究文本中“监管规则”和“监管立法”可以相互置换。

名称具有特定的法理地位与意义,它是赖以构建社会秩序的规则及其结构的形式要件。

(一)名称与银行监管规则的名称释义

监管规则名称研究的切入点在于名称的学理分析。名称与姓名一样,产生于社会交往的需要,它是一种社会分类体系,与人类的社会实践活动紧密关联。理论界认为,所谓分类,是指人们把事物、事件以及有关世界的事实划分为类和种,使之各有归属,并确定它们的包含关系或排斥关系的过程。通常情况下,生物学的分类由界、门、纲、目、科、属、种等构成,社会科学的分类方法强烈地受到生物学分类体系的影响。社会科学研究中,人们需要对事物予以观察、比较、分析和概括,人们需要对事物冠以名称来分类和认知。事物名称的出现,使事物转变成特定符号,扩大了研究者的想象空间,方便了各种社会往来。人们不一定总是通过直接经验认知事物,众多情况下,人们借以通过名称这类符号或者间接经验来考察和分析事物。上升到哲学角度理解,事物名称更具备明晰的研究意义。从认识论方面看,事物名称具有社会分类的功能;从方法论上看,事物名称又是人们认知、记忆事物的一种思路和方法。可以说,名称使人们把握混杂的事物成为可能,名称让广大的世界变得渺小,名称产生于人类的认知需要而服务于人们的社会实践。

基于与事物名称构成种属关系,银行监管规则名称与事物名称具备当然的相似性。银行监管规则名称是银行监管法治实践中的分类手段,是政府监管关系中各方主体观察、分析、比较和认知监管立法和监管规则的有效工具。周延的事物名称分门别类,包括对各种事物的命名,各种事物的命名又具有不同的社会表达意义,从不同的社会视角出发,它们各自承担相对独立的社会认知功能,实现相对特殊的社会实践价值。例如,姓名是对自然人的一种分类,它的价值和功能当然体现在与自然人相关联的一切领域,但因为自然人的社会属性,姓名也具备一定的社会属性,其意义随社会的发展而不断变迁。在人治社会中,姓名则侧重于社会伦理的意义和功能,在法治社会中,姓名则倾向于社会法律的意义与功能。又如,机构法人的名称是现代社会的一种常见分类,它的价值和功能就主要体现在社会法律领域,它表现为一种法律上的人格性与独立性,且特别表现为民商法律中的一种权利关系,即法人名称权。银行监管规则名称当然也体现社会属性,也体现社会法律的价值和功能,但它的主要观察视角在于政府监管关系中各类主体的认识和判断,更准确地说,银行监管规则名称是监管者,尤其是监管规则制定权主体或监管规则起草者应着力关注的对象,它属于社会法律中立法学的范畴,是立法学研究的重点内容,它与法律的实质要求关联不大,而偏重于立法操作技术的改进和提高。

(二)规则名称的法理地位

银行监管规则名称的法理地位体现在两个方面:其一为银行监管规则的外部表现形式方面,其二为银行监管规则的内部结构形式方面。从分类视角看,前者以整个银行监管规则体系为参照,后者以单个银行监管规则为对象;从分类标准看,前者体现了整体规则的不同效力等级,后者体现了单一规则的不同构造要素;从分类表象看,前者体现为相对动态的变化过程,它随国家公权的演变而变迁,后者表现为相对静态的恒定过程,只要银行监管规则存在,银行监管名称就不可或缺。

银行监管规则名称适用到外部表现形式方面,我们可以称为银行监管规则外部表现形式名称。中国是成文法国家，制定法体系具体包括：

1. 宪法，全国人大通过的宪法，如1982年《宪法》；

2. 基本法，全国人大通过的除宪法以外的法律，如《刑法》《港澳基本法》；

3. 法律，全国人大常委会通过的法律，如《商标法》《税收征收管理法》；

4. 法规，包括国务院行政法规、地方性法规和自治性法规三种；

5. 规章，包括国务院部门规章和地方政府规章两种。

银行监管规则体系中的名称分类稍有不同特点，具体而言有：

1. 宪法中反映银行监管的原则和精神；

2. 基本法中反映银行监管的原则和制度；

3. 法律，如《银行业监督管理法》《商业银行法》《人民银行法》；

4. 法规，主要是国务院行政法规，如《外资金融机构管理条例》；

5. 规章，主要是银行监管机构发布的部门规章，如银行业监管机构发布的《金融许可证管理办法》《商业银行资本充足率管理办法》等。

除上述法意义的各类银行监管规则外，还包括大量的银行监管规范性文件，它们一同构成中国现行的银行监管规则体系。这些银行监管规范性文件在法律上称为其他规范性文件，以与法意义规范性文件相区别，这类规范性文件由中央政府和专门监管机构发布，具备量多面广的特点，是我们研究现行银行监管规则名称的重点。

银行监管规则名称适用到规则内部结构形式方面，我们可以称为银行监管规则内部结构形式名称。任何单个的规则都是若干部分组成的整体,这些组成部分有机搭配与有序排列,称为法律的内部结构或规则的内部结构。现行银行监管成文规则的结构通常包括三个方面的要件:一是银行监管规则的名称,通常确定为××法、××条例、××规定、××办法、××实施细则等;二是银行监管规则的内容,一般包括规范性内容与非规范性内容;三是表现银行监管规则内容的符号,主要含有目录、各部分标题、有关人员的签署和语言文字等。这三个要件中,第二与第三个要件的具体构成部分可以因不同立法需要而增减。根据具体构成部分的增减多寡,可以确定银行监管规则内部结构的三种不同类型,即简单的银行监管规则结构、复杂的银行监管规则结构和一般的银行监管规则结构。中国现行的银行监管规则体系中,简单与复杂结构形态的规则不多,绝大多数规则为一般的规则结构。无论何种银行规则结构,银行监管规则名称是必须具备的。我们很难想象现实生活中存在没有名称的规则文本。因此,我们可以说,银行监管规则名称只有好坏之分,没有有无之别,只有改进与否之设想,没有去留存废之考虑,银行监管规则名称是银行监管规则内部结构的第一层次要件。

在我们的目前研究视野中,应当主要对银行监管规则的内部结构形式名称进行深入考察,而对银行监管规则的外部表现形式名称予以附带分析。之所以做出如此工作安排,主要原因有三:一是整体意义上银行监管规则外部表现形式名称的理论与实践较为成熟,而单一银行监管规则内部结构研究较为单薄且问题很多;二是银行监管规则外部表现形式名称涉及银行监管公权的演变和许多复杂的制度前提,应当将其纳入更为宏大的研究视野中考察;三是银行监管规则外部表现形式名称与内部结构形式名称彼此关联,改进内部结构形式名称的方案和技术要求一并考虑外部表现形式名称。

（三）规则名称的实践意义

银行监管规则名称作为规则内部结构的基本要件，其科学与否，直接关涉银行监管立法、执法、司法、守法等核心法治实践，也影响到国际法制文化交流和法学研究等现代法治活动。由于迄今为止尚无关于银行监管规则乃至所有法规则名称的系统学问，我们还没有认识到银行监管规则名称的重要性，因此，从多种角度出发，挖掘银行监管规则名称的现实价值和作用，在目前即显得尤为必要。

从银行监管规则制定方面说，规则名称的观念与制度确立得当了，监管规则制定主体与立法者就容易明确正在制定的规则有何效力等级、性质和内容；在规则制定后即能明确规则只有何种机关或机构才能对其加以解释、补充、修改或废止；还有利于对监管规则进行分类、清理、汇编、编纂和其他规则系统化工作。银行监管规则名称科学与否，是衡量监管规则制定主体在规则制定过程中是否获得成功的一个标准。

从执行银行监管规则和遵守监管规则方面来说，规则名称设定科学与完备了，执法主体、司法主体、守法主体以及各种规则执行与遵守主体，即能准确把握规则的性质、内容和效力等级；即能完整了解银行监管规则与主体自身的执法、司法业务或日常工作和生活的关联程度；即能在银行监管关系中趋利避害，避免盲目性，增强自觉性。规则名称科学化，是保证银行监管执法、司法和守法各环节富有效率和效果的重要条件。

现代各国的银行监管，实际上是规则确定秩序的监管，各国的监管法治交流，首先是监管文本的学习和借鉴，而监管文本的名称如果存在明显弊病，则往往使各国监管者和交流主体容易产生误解和歧义，这就不利于各国银行监管立法文化的交流，也就影响了银行监管的跨国监管与合作。此外，在银行监管规则学术研究和法学研究方面，监管规则的名称也相当重要。如果名称确立适当，则有利于学者对监管规则与立法资料进行分类、编排、整理和设计，有利于开展监管立法乃至整个法学的专门研究。

二、银行监管规则名称问题的突出表现

据法规清理办统计，中国现行银行监管法律 18 部，银行监管行政法规 22 部，司法解释 17 件，人民银行与银行业监管机构出台规章 35 部，其他规范性文件 498 件。这些现行银行监管规则的名称问题，突出表现在如下几个方面：

（一）规则名称多且混杂

法律名称过多、过杂，是中国甚至是各国立法实践中，普遍存在的棘手问题。中国仅全国人大及其常委会所立之法的名称，就有法、通则、条例、规定、办法、决定、决议和方案 9 种，国务院行政法规使用的名称有几十种，单是近年来常用的名称就有条例、规定、决议、决定、办法、通知、规则、细则、意见等 10 种。[①] 考察中国银行业监管机构监管规则名称，也是明显过多、问题突出。2003 年 4 月至 2006 年 2 月，银行业监管机构发布的 26 部规章中，就有决定、办法、指引、规定、实施细则 6 种；2003 年 4 月至 2006 年 4 月，现行 500 多件规范性文件中，有通知、指引、提示、办法、制度、公告、规程、批复、意见、体系、规定、章程、细则、预案、文件、手续、要点、指南、框架、纲要、公示表 21 种。如

---

① 周旺生：《论完善中国法的内部结构》，载《中国法学》1989 年第 12 期。

此众多的名称，让人眼花缭乱，造成了人们认知困难，严重地影响了银行监管规则的执行与实施效果。

更加值得注意的是，现行银行监管规则中，有许多同类名称还有多种表述方式，加剧了银行监管名称的混杂。例如，在银行监管规章中，办法名称就有办法、管理办法、暂行办法、试行办法、实施办法之分；规定名称就有工作规定、程序规定之分。又如，在一般规范性文件中，通知名称就有通知、××通知的通知之分；办法名称有管理办法、暂行办法、试行办法、实施办法、操作办法之分；意见名称有意见、指导意见、若干意见之分；指引名称有指引、工作指引、操作指引之分；章程名称有章程、章程（示范）、示范章程之分；规定名称有规定、暂行规定、初步规定之分。尤显不妥的是，有的规范性文件名称竟来自一些常用名称的生硬组合，很让人费解与误会。操作规程、操作规程指引等规则名称，就是这类情况。如《申请设立企业集团财务公司操作规程指引》《信托投资公司集合资金信托计划事前报告监管分析操作指引》等规范性文件。

（二）规则名称与效力等级不一致

这一结论可从以下三个方面来理解：

其一，许多效力等级有很大差别的国家法律、行政法规、部门规章有同类名称，从它们的名称上看不出效力等级差别。[①] 例如，《中华人民共和国经济合同仲裁条例》与《中华人民共和国外资金融机构管理条例》是由全国人大常委会和国务院分别制定的，它们的效力等级有很大差别，但从它们的名称上无法辨别何种条例是享有国家立法权的全国人大常委会制定的法律，何种条例是享有行政法规制定权的国务

① 周旺生：《论完善中国法的内部结构》，载《中国法学》1989年第12期。

院制定的行政法规。又如,《金融违法行为处罚办法》与《金融许可证管理办法》是由国务院和银行业监管机构分别制定的,它们的效力等级有很大差别,但从它们的名称上无法辨别何种办法是享有行政法规制定权的国务院制定的行政法规,何种是只享有部门规章制定权的银行业监管机构制定的部门规章。

其二,许多银行监管规则的效力等级相同或类似,但规则名称却有很大差异,难以从规则名称上判断它们的等级效力。这种情况在国务院的行政法规与银行业监管机构的行政规章中尤其明显,例如,《中华人民共和国外汇管理条例》与《现金管理暂行条例》均是国务院制定的行政法规,一个冠以"中华人民共和国"字样,一个则没有。又如,《中国银行业监督管理委员会行政许可实施程序规定》与《企业集团财务公司管理办法》同为银行业监管机构制定的部门规章,一个带有"中国银行业监督管理委员会"的字样,另一个则没有。在银行业监管机构制定的现行 26 部规章中,居前种情形的为 7 部规章,居后种情形的为 19 部。

其三,许多银行监管规则的名称,很难让人们认知它们的制定主体与效力等级。例如,《非法金融机构和非法业务活动取缔办法》与《汽车金融公司管理办法》由国务院和银行业监管机构分别制定,但人们无法从它们的名称上辨别出何种规则的制定主体是国务院,何种规则的制定主体是银行业监管机构。又如,《商业银行内部控制评价试行办法》与《银行业监管机构统计信息披露暂行办法》同为银行业监管机构制定的银行监管规则,但人们无法从它们的名称上分辨出何种规则是效力层级较高的部门规章,何种规则是效力层级较低的其他规范性文件。在银行业监管机构制定的部门规章与其他规范性文件中，这种情况相当普遍。

（三）规则名称与规范内容相背离

这一现象又分为三种情况：

其一，规则试图规范两个以上彼此独立的内容，而规则名称难以有效对这些内容予以真实统合。这种情况在法制史上曾经出现过，例如，英国于1939年通过的《已婚妇女和违法者法》，仅从名称上便可断定它是由两个各不相关的内容拼凑起来的，这样的规则名称肯定不能有效归纳规则内容。中国现行监管规则中也有类似的情况，例如，2004年5月，有监管机构颁布了《监管职责分工和工作程序的暂行规定》这一规范性文件，从规则名称上也可看出，规则内容包括两个相对独立的实体内容，但它的规范性条款是将这两个内容糅合在一起的，这一名称没有贴切地反映这一规范性文件的内容。

其二，规则名称明显不符合规则内容的实质要求。例如，2003年5月，银行业监管机构发布了《中国银行业监督管理委员会关于调整银行市场准入管理方式和程序的决定》这一行政规章，其名称就很能反映问题。分析这部规章，我们发现其规范目的为规范银行市场准入，名称上加上“调整”、“管理方式”和“程序”的字样，显然有违规章内容的实质要求，至于加上“关于”的字样，则可能不符合规章名称的一般要求，人们可以明确地看出一般规范性文件（如“通知”）的痕迹。出现这种情况，大抵是因为银行业监管机构成立之初立法需求迫切而立法技术尚不成熟使然，抑或是将不应该提升为规章的规范性文件进行了不恰当的升格。

其三，规则名称统率规则内容时，因不能融于人们通识而顿显失当。这种现象反映在大量以指引冠名的规则中，而其中又主要体现在以指引为名的规章上。截至2006年元月,在银行业监管机构发布的规章中,有4部是以指引命名的,例如《商业银行集团客户授业务风险管理指引》《商业银行市场风险管理指引》等。在其他规范性文件中,有13件是以指引命名的,例如《商业银行房地产贷款风险管理指引》《中国银行业监督管理委员会关于中国银行、中国建设银行公司治理改革与监管指引》《中国银行业监督管理委员会关于农村信用社以县(市)为单位统一法人组建审批工作指引》等。在指引类规则中,有相当多的规则内容为授权性、义务性、禁止性规范,而基于指引的汉字意义通识,人们认为指引没有强制力,这显然与规则制定的初衷不一致。关于指引的规范应用,我们在后文中还将作专门研究。

(四)现行规则名称过长或过短

和国家整体立法状态相似,银行监管规则也存在名称过长或过短的情况。一方面,是银行监管规则过长。例如,全国人大常委会制定的规则中有《全国人民代表大会常务委员会关于中国银行业监督管理委员会履行原由中国人民银行履行的监督管理职责的决定》这一规则,又如银行业监管机构制定的规章中有《中国银行业监督管理委员会中资商业银行行政许可事项实施办法》等,再如银行业监管机构制定的其他规范性文件中,有《中国银行业监督管理委员会合作部关于印发〈农村商业银行、农村合作银行组建审批工作指引〉及〈农村商业银行、农村合作银行组建中清产核资工作指引〉的通知》等。据统计,银行业监管机构发布的506件规范性文件中,文件名称超过30个汉字的达311件,占整个规范性文件数的60%。这些规则名称明显过长,不便于人们准确记忆和有效使用。另一方面,是银行监管规则名称过短。例如,国务院制定所谓《现金管理暂行条例》《储蓄管理条例》等行政法规，中国人民银行制定的《支付结算办法》《人民币利率管理规定》等规章，银行业监管机构制定的《汽车金融公司管理办法》《电子银行业务管理办法》等规章。这些规则名称明显过短，从名称上难以判断它们的效力等级和适用范围。

三、银行监管规则名称问题化过程的特点

我们经认真研究后发现，上述银行监管规则名称问题的形成过程中，存在一些显著的特点。

（一）规则名称具有层级性特点

银行监管规则的效力层级越高，规则名称愈加规范，反之亦然。由于国家层面的立法资源相对充裕，立法技术相对讲究，且法律的外部表现形式和内部结构形式理论较为成熟，银行监管法律这一层级的规则名称是恰当的；由于立法法、行政法规制定程序条例等对银行监管规则内部结构和制定程序的初步规制，银行监管行政法规这一层级的规则名称是基本恰当的；由于规章制定程序条例对规章内部结构的规范内容单薄，缺乏旨在规制其他规范性文件内部结构的标准和规则，银行监管规章及其以下的规范性文件名称问题仍较突出。

（二）规则名称具有时间性特点

越是靠近现今出台的规则，规则名称愈加规范，反之亦然。这主要是因为随着中国法制发展进程，银行监管规则制定和监管立法也得到了较快发展，实质内容亦表现为重形式的监管立法思维已初步确立，监管立法和监管规则起草的人力资源得到了一定整合，监管主体和规则起草技术获得了一定改进。例如，2003 年 4 月银行业监管机构成立以来所制定的监管规则名称，尤其是其他规范性文件名称，较之

以前的监管规则名称，就显得进步和完备；2005 年 10 月，银行业监管机构建立法律审查制度以来的监管规则名称，较之以前的监管规则名称，就显得更加改进和成熟。

（三）规则名称具有空间性特点

一定时段内，越是密集出台的规则，规则名称就问题越多，反之亦然。例如，2004 年银行业监管机构出台银行监管规则 145 件，平均每周出台规则 2 件。如此高频率出台监管规则，立法和规则制定的质量得不到保障，因而这段时间出现的包括规则名称在内的规则内部结构问题也最为突出。原因很简单，对于单一的监管主体银行业监管机构来说，合格的规则起草者必定有限，审查论证规则的时间也毕竟有限，各内设部门的规则起草者也许来自不同的专业背景，一则没有统一的名称标准要求他们，二则对规则名称的认识也不一致，这就必然会导致规则名称的失范，再加上审查制度没有建立，讨论和审查的时间不充分，规则名称这类规则内部结构问题自然增多。

四、银行监管规则名称问题的生成原因

现行银行监管规则名称问题突出，其生成原因比较复杂，归纳起来，主要体现在观念、制度和立法技术三个方面。

（一）观念原因

监管规则制定过程中重实质而轻形式，重实质制度安排而轻规则文本形式。20 多年来，中国立法事业获得了较快发展，但部分有立法权的部门普遍存在重视实体制度安排，而轻视立法文本结构的倾向，这使国家立法的注意力和有限的立法资源集中在制度设定上，而对立法文本的形成和改进不够重视，致使立法文本结构问题突出。在银行

业监管规则制定层面，这种重视实质监管制度设定而忽视监管规则文本结构形式的局限也相当明显。银行监管规则制定过程中，规则制定主体往往将大量的时间和精力用于对监管实体制度的研究中，而对银行监管文本结构形式的着力容易流于经验或简单模仿。例如，我们在研究制定监管规则和进行银行监管立法时，会议的主题几乎全是各项监管制度的取舍，而很少涉及对监管规则文本结构问题的讨论。又如，我们在向相关部门和社会公众征求监管规则制定的意见时，从未出具或提交过有关监管规则文本结构的议题。这种厚此薄彼的观念和倾向，是造成当今立法和监管规则文本结构，包括文本名称问题突出的深层原因。

（二）制度原因

银行监管法制实践中没有建立，或是建立了而没有严格推行质量立法制度。无论是国家立法，还是监管规则制定，都必须建立相应的规则体系，对立法和规则制定予以再立法或再规范，这就是人们通常所讲的质量立法制度。法制历史久远和法制思想成熟的国家，质量立法制度是卓有成效的。中国目前也出现了一些这方面的制度萌芽，但离规范周全的制度构建还有较大的距离。银行监管法制实践中，我们也试图规范银行监管规则制定行为，在银行监管规则规划、起草、审查、论证、解释、咨询和评价等方面，也设定了相关旨在提高立法质量和规则制定水平的制度，但这些制度建立得比较晚，大量的银行监管规则是在这些制度建立之前制定的。例如，2005 年 10 月，我们才建立银行监管规则制定的规范化制度，而银行监管的 530 余件规章、规范性文件中，近 500 件规章、规范性文件是 2005 年 10 月之前制定的。即便是这些银行监管规则的规范化制度建立后，由于我们的观念转换、资源流向和机制调理等因素的影响，这些制度也未能严格地予以推行，在最近的几十件银行监管规则的审查论证过程中，监管规则名称还是出现一些问题。因此，我们认为，质量立法制度没有建立，或是建立了没有严格推行，是造成当前监管规则名称问题突出的直接原因。

（三）立法技术原因

监管规则起草过程中技能与技术储备不够，立法技术存在明显的瑕疵。国家立法和银行监管规则制定，是一项专业化程度较高的专门活动，它需要必备的立法和规则制定技术做支撑。在立法和规则制定过程中，技能和技术本身并不含有太多的主观属性，甚至与主观态度没有关系，但技术和技能的优劣直接影响到立法和规则的文本结构的好坏。例如，在起草法律和规则时，法律和规则起草者也许既具备重视规则文本结构的观念，又受制于质量立法与规范规则制定的制度，但因为他缺乏必要的立法技能与技术，他也许就心有余而力不足，他也许就好心办不了好事，他起草的规则也许就会出现他不想出现或看到的瑕疵。在国家立法的理论层面，整个立法技术的研究还有待加强。例如，中国法学领域目前还没有专门的立法技术学科，法学教育只在立法学课程中对立法技术予以零星传授。在国家立法的实践层面，立法技术获取和应用方式还比较原始。例如，立法者对立法技术，特别是立法表达技术的看法多停留在经验积累和实际传承之上。在银行监管法制实践中，由于各种原因，监管规则起草者技能和技术还有待提升，其立法技术和规则制定技能状态影响了规则文本的形成，影响了文本结构形式，自然也影响了监管规则名称的确定。

五、银行监管规则名称的改进目标

中国银行监管规则名称存在突出问题，要求我们切实认真予以解决。处理银行监管规则名称问题，首要之处在于确定监管规则名称的改进目标。中国银行监管立法的改进目标分为两种：一是法理意义上的改进目标；二是应用意义上的改进目标，这两大目标彼此关联，而又相互区别，各有侧重。

（一）法理目标：规范化与科学化

改进银行监管规则名称的法理目标可确定为：银行监管规则名称能真切反映银行监管规则的实质要求，体现规则名称的规范性与科学性。具体可从如下三个方面了解：

首先，改进监管规则名称，应着力于使名称反映监管规则的重要内容。银行监管者制定规则旨在规制银行监管领域的每一事项或部分事项，这些事项的规范条款构成了监管规则的主要内容。不论规则中所列的事项条款多么复杂，其主要内容均可作语言文字的科学表述。改进银行监管规则名称，就应该确立一个原则，每一个规则名称中必须有规则的主要内容，这是监管规则名称规范化的基本要求。

其次，改进监管规则名称，应着力于使名称反映规则的效力等级。中国法制实践中，这一要求得到了较好的实现。例如，根据《立法法》和《行政法规制定条例》，国务院制定的行政法规、地方人大制定的地方性法规，其名称就不能冠以法的字样。又如，根据《立法法》和《规章制定程序条例》，国务院部门和地方政府制定的规章，就不能冠以条例的字样。关于这一改进目标，其重点在于确定这样一个原则：每一个冠加的规则名称中，必须明显反映出规则的效力等级，即便是一般规范性文件，也应当如此。

最后，改进监管规则名称，应着力于使名称反映规则的适用范围。中国当前的监管立法中，这一要求没有得到较好实现，就某种角度而言，甚至可以认为问题相对集中。每一个银行监管规则都有其特定的适用范围，包括地域适用范围、时间适用范围和对象适用范围等类别。改进监管规则的名称，就要使每一个规则名称能明确无误地反映出这些适用范围。当然，这三类适用范围也许不可能同时涵盖，但我们的目的是应使规则名称尽量反映或基本反映全部适用范围。

（二）应用目标：准确、精练与醒目

从银行监管规则名称的应用层面上看，规则名称的改进目标在于能更好地在名称应用于立法实践中得以操作，它必然体现为相对直观的技术要求和文字推敲，具体目的在于使规则名称准确、精练和醒目。

所谓准确目标，是使改进后的银行监管规则名称必须准确概括监管规则的内容与要求。在中国国家层面的立法中，出现了较好地反映准确目标的典范性规则。例如，《民事诉讼法》全文本共 4 篇、29 章、270 条，全法规范了管辖、起诉、代理、审判、监督执行、特别规定等内容，仅用民事诉讼名称即高度提炼了这些内容，体现了规则名称的概括性与准确性。

所谓精练目标，是使改进后的银行监管规则名称必须精练反映出监管规则的内容与要求。监管规则名称的主要意义在于为监管关系的多元主体认知规则的内容、效力和适用范围提供便捷途径。如果名称过长或过短，就达不到这样的名称意义。中国现行的银行监管规则，有相当一部分是可以通过立法技术将其改进并达到精练、简洁目标的。

所谓醒目目标,是使改进后的银行监管规则名称具备醒目的文字特征。这一改进目标,是从更高层面来要求规则名称的,试图使规则名称适用人们认知规则文本时普遍要求的文字美感。醒目的名称可以迅速调动规则文本阅读者的兴趣、激发人们的认知欲望、增加认知者的美好感觉。当然,这一改进目标也对监管规则制定主体和起草者提出了更高的文字水平要求。

(三)目标实现的可行性分析

实现上述立法名称的改进目标,不但必要,而且易于操作,容易收到成效。目标实现的可行条件有两个:一是理论条件,二是实践条件。从理论上讲,银行监管规则名称是监管规则的内部结构要件,其改进要害在于对现行文本作整体研究,其实质是银行监管规则制定技术与银行监管立法的具体操作问题,较之银行监管的实体制度安排,较之监管关系中权利与义务的设定,较之监管理念和监管思维的落实,这样的改进目标更容易得到社会各方面的认可和接纳,更容易被监管关系各方主体所接受。从实践领域看,中国银行监管法制建设进程明显加快,针对银行监管规则的实质内容与形式表现的审查论证制度已初步建立,针对已经颁行的银行监管规则作出整体意义上的汇编、编纂和规划活动也已深入展开,更为重要的是,银行监管当局的领导层日益重视并推行银行监管规则的规范化与科学化建设,一批致力于银行监管规则改造与改进的专业人员正在开展卓有成效的规则规划与清理工作。因此,我们可以认为,基于两个主要的有利条件,再通过严格的制度途径和提升相关规则技术,改进银行监管规则名称的目标是可以实现的。

六、改进银行监管规则名称的几点思路

为了实现银行监管立法的法理目标和应用目标，我们结合当前的法规清理工作，就中国银行监管规则名称提出如下改进思路：

（一）实行监管质量立法

也即思路之一：构建银行监管质量立法的规则体系，在体系中确定银行监管规则文本的结构形式和规则制定的技术标准。开展质量立法是一种堪为根本的规范规则文本结构的制度途径。在国际上，许多国家和地区都制定了相对精致的关于立法与规则制定的技术标准的法律。例如，1976 年 2 月，罗马尼亚颁布了《罗马尼亚规范性文件草案的制定和系统化的立法技术总方法》，对规则制定的技术和方法作出完整规范。又如，1983 年 6 月，美国制定了《美国统一州法典委员会统一和标准法案起草规则》，对法案起草提出了具体详尽的技术标准。在中国台湾地区，1970 年 8 月，立法机构颁布了"中央法规标准法"和"行政机关法制作业应注意事项"，对法规制定、施行、适用、修正、废止等关涉立法质量的事项作出规范。

中国现行立法中，已颁行的关于立法质量的规则有《立法法》《行政法规制定程序条例》《规章制定程序条例》《法规规章备案条例》等，这些规则对提高立法质量起到了一定的积极作用。但是，这些法律法规中，《立法法》主要解决的问题是实体性质的立法权力的划分和规范，两个程序条例主要解决的问题是程序性质的立法权力的行使和规范，备案条例主要解决的问题是纠错性质的立法权力的监督和规范，四部法律法规对立法和规则制定的文本结构形式和立法技术标准都没有涉及。因此，中国规范立法文本的结构形式，明确立法和规则制

定的技术标准,进行全面质量立法的制度构建势在必行。

在缺乏上位法指导的情况下,在国务院部门序列中,中国银行监管法制工作锐意创新,率先构建了意在提高规则制定质量的部分制度,于2005年10月颁行了《中国银行业监管机构法律工作规定》。这一规定确立了银行监管规则制定的规划、起草、审查、论证、解释、咨询、评价等制度,对银行监管规则的文本结构和规则制定技术也作出了一些规范。但是,比照国际通行做法,考虑到解决中国银行监管规则文本结构形式问题的现实需要,我们亟须全面构建银行监管质量立法的规则体系。这一规则体系至少应当包括如下内容:(1)银行监管规则的结构要件;(2)银行监管规则的类型;(3)银行监管规则的名称;(4)银行监管规则的内容;(5)目录、标题、序言、括号、附录;(6)卷、编、章、节、条、款、项、目;(7)银行监管规则的语言文字;(8)银行监管规则起草的技术标准。构建这一规则体系,可考虑结合正在进行的法规清理工作,对《中国银行业监管机构法律工作规定》作出补充改进,也可考虑单独制定《中国银行业监管机构规则制定技术规定》,对规则制定的技术和标准作出详尽规范。

(二)建立规则生成机制

也即思路之二:运行银行监管规则制定与起草的综合规范机制,这既是改进规则文本结构的着力点,也是改进规则名称的可靠途径。

其一,建设专门的银行监管规则制定与起草队伍,使规则起草者奉行规则规范化观念,提高规则制定与起草技术,是谓事前规范机制。长期以来,中国银行监管规则中,规章与一般规范性文件的制定与起草,均由银行监管机构各内设部门分块负责,这些部门的起草者大都是非法律专业的专门人才,他们的经济、金融、财税、管理等专业知识有利于监管规则的实体制度安排，但立法和规则制定毕竟是或者说主要是一项专门的法律活动，它需要法律专业人才从事或至少是参与。目前的情况是，各内设部门的规则制定与起草队伍体现法律专业的要求不够，从而不利于规则制定的科学与规范，这也是造成过去规则名称问题突出的重要原因。解决这一问题的方案无非是整合专业人才资源，组建相对稳定的专业起草班子，并确保其秉持规则规范化理念和使其具备较良好的监管立法技术。这是一项能较彻底地解决规则内部结构问题的制度构想，但实现它需要许多重要条件的具备，可以预计，完全实践这一制度构想还会要经历较长的发展过程。

其二，推行严格的银行监管规则审查论证制度，使规则起草者与审查论证者相对分离，在规则起草、审查、论证等规则制定过程中去劣存良，是谓事中规范机制。银行监管法制实践中，我们已建立了专门的法律审查制度，对银行监管规则制定与监管立法予以规制，尤其是银行监管规则规划、起草、审查、论证等具体规范，为银行监管规则内部结构的规范化与科学化创设了制度条件。这些制度执行以来，银行监管规则的制定质量与监管立法质量得到了明显提高。但是，在这一制度的运行机制方面，仍存在两个需要引起重视的问题，一是既已构建的这一法律审查制度必须严格推行，这既包括法律审查工作者对制度的真实执行，也包括银行监管规则起草者对法律审查工作的真实认同与自觉服从；二是对银行监管规则文本结构形式的审查标准还须进一步明确化和具体化，存在进一步明确化和具体化的制度空间。这两个问题中，前一问题比后一问题更为复杂，后一问题的解决，通过一次或数次改进性工作即可；前一问题的解决，恐怕也需要一个较长的发展过程。

其三，进行定期或较长时期的银行监管法规清理活动，结合银行监管规则与立法的规划、汇编、编纂工作，改进监管规则文本结构形式，是谓事后规范机制。从2005年3月开始，银行业监管机构针对日益严重的监管规则质量问题，开展了专门的银行监管法规清理活动；2005年10月，银行业监管机构通过颁布法律工作规定，初步建立了银行监管规则清理、汇编、编纂工作制度。银行监管法规清理有相对稳定的专业班子，有比较明确的工作思路，有基本的客观条件保障。法规清理一年多来，银行监管法规的规划、汇编、编纂工作取得了明显成效。法规清理工作涉及银行监管规则内容的整合和编纂，主要是解决银行监管规则的表现形式和内部结构问题，规范监管规则的名称是这些工作的题中之义。可见，改进包括监管规则名称在内的规则结构和表现形式，已经具备了事实上的制度条件。目前，银行监管法规清理工作也应重视两个问题：一是规则汇编和编纂工作应该体现对监管规则名称规范化与科学化建设的重视，至少应当将规则名称与规则内容、规则内容表现的其他形式放到同一层面研究；二是细化法规清理工作的具体程序和启动条件，创造法规清理工作顺利推行的保障条件，最好是建立相对稳定的法规清理工作机制。这两个问题中，前一个问题更具技术性，比较容易达成共识和付诸行动，后一个问题比较复杂，要完全解决好有一定的难度。

（三）提升规则制定技术

也即思路之三：规范银行监管规则与监管立法名称，关键在于提高监管规则制定技术，目前可从下列三个方面重点改进监管立法技术与操作技术：

1. 确定立法名称的一般模式。银行监管规则名称应包括三个要素：一是反映监管规则主要内容的要素；二是反映监管规则效力等级的要素；三是反映监管规则适用范围的要素。要改进中国银行监管规则名称，实现监管名称的规范化与科学化，就有必要构建中国各层次银行监管规则名称的一般模式，也就是要统一中国各层次银行监管规则名称的格式。在现行银行监管立法和规则制定中，有些监管规则名称较好地体现了名称的三要素要求。例如《银行业监督管理法》这类法的名称，就由三要素构成。"中国"表明规则的适用范围，"银行业监督管理"表明规则的内容，"法"表明规则的效力等级。而相当数量的监管规则名称，则不是由这三个要素构成的，例如《货币经纪公司试点管理办法》《商业银行个人理财业务管理暂行办法》等规则，就没有表明规则的适用范围，也看不出规则的效力等级，这类规则名称不科学、不规范的现状应得到尽快地改变。

具体可作这样考虑：其一，确定法律层次的银行监管规则名称的格式为《中华人民共和国××法》；其二，确定法规层次的银行监管规则名称的格式为《中华人民共和国××法规》；其三，确定规章层次的银行监管规则名称的格式为《中国银行业监督管理委员会××规章》；其四，确定一般规范性文件层次的银行监管规则名称的格式为《中国银行业监督管理委员会××规范性文件》。这些格式中，"中华人民共和国"和"中国银行业监督管理委员会"表明了规则的适用范围，"××"表明了规则的内容，"法""法规""规章""规范性文件"表明了规则的效力等级。这种技术构想，要全面运用可能有较大难度，可以视国家层面的法制建设与发展程度而定，也可以在银行业监管机构规章以下的层次中率先应用，待条件成熟后再向全国推广。

2. 统一使用若干名称符号。采用这一技术，主要是考虑了目前不可能完全运用上文列举的第一种技术的现实情况。并且，中国现今已建立的部分制度为采用这一技术提供了条件。例如，国务院制定的《行政法规制定程序条例》规定，行政法的名称一般冠以条例、规定、办法，冠以暂行条例或暂行规定应适用相应条件要求，部门规章和地方规章不得将名称命以条例等。又如，国务院制定的《规章制定程序条例》规定，规章的名称一般称为规定和办法，但不得称为条例等。这些规定表明，立法者试图将规则名称统一在若干名称的范围之内。为解决规则名称过多过杂问题，应加大这方面的工作力度，具体可考虑应用下列技术：

其一，法律层次的规则名称仍统一使用法的名称。其二，行政法规层次的规则名称统一使用规定、办法的名称。为此，应考虑修改行政法规制定条例，取消条例、暂行条例、暂行规定的命名条款，设定使用规定、办法名称之外的名称的禁止性条款。其三，规章层次的规则名称亦统一使用规定、办法的名称，但名称中必须有规章制定主体的内容表述。为此，应考虑修改规章制定程序条例，设定规章使用规定、办法之外的名称的禁止性条款。其四，一般规范性文件的名称统一使用指示、决定、指引三种名称。指示名称主要应用于一次性执行的规范事项，决定名称主要应用于可反复执行的规范事项，指引名称主要应用于指导性、服务性的规范事项。取消通知名称，主要是考虑它为一种内部行政公文的名称；确立指示名称，主要是考虑其具备宪法依据。为此，应考虑修改银行业监管机构法律工作规定，设定规范性文件使用指示、决定、指引之外的名称的禁止性条款。

3. 技术处理过长或过短名称。对于过长或过短的监管规则名称，改进方法主要有三种：第一种方法是在规则名称中使用简称方法；第二种方法是在规则中以专门条款规定规则简称;第三种方法是对规则名称予以字义技术处理。

(1)使用简称的方法。这种方法的应用情形如《全国人民代表大会常务委员会关于中国银行业监督管理委员会履行原由中国人民银行履行的监督管理职责的决定》这一规则名称,可简称为《全国人大常委会关于中国银行业监管机构履行原由中央银行履行的监督管理职责的决定》。这样的简称是可行的,全国人大常委会已成为常用名称,中国人民银行的简称有《人民银行法》作依据,中国银行业监管机构的简称也得到了《银行业监督管理法》的确认。这种方法可推介应用于银行业监管机构制定的规章,确定规章的简称为《中国银行业监管机构××规定》或《中国银行业监管机构××办法》两种。

(2)设定专条规定的方法。对名称较长的银行监管规则,如规则制定主体和监管立法主体实在不能运用简称的,也可以在规则中的专条规定该规则的简称。在许多国家如英国等,这一方法早已被采用;在中国银行监管规则制定与起草中,这种方法运用的必要性不很突出。不过,2006 年元月,银行业监管机构颁布的 4 部关于行政许可的规章中,一些二级标题的名称明显过长,一些名称多达 60 余个汉字,似可以适用这种方法,在规则条文中作出技术处理。

(3)字义处理的方法。这种方法要求规则起草者仔细推敲名称内容,运用高超的汉字技术,对名称作出字义技术处理,从而解决规则名称过长的问题。在银行监管规则体系中,这种方法有值得应用的地方,例如《中国银行业监督管理委员会中资商业银行行政许可事项实施办法》这一规则名称中,对“行政许可事项实施办法”等文字仔细推敲,就可以发现“事项实施”这四个汉字是可以不出现在名称中的。

又如《信托投资公司集合资金信托计划事前报告监管分析操作指引》这一规则名称，就很令人费解，经过一番文字推敲后，至少可去掉"监管分析操作"这六个汉字。

七、改进规则名称的实例分析：指引名称

在所有的银行监管规则中，名称问题最突出之处在于指引。结合上文的研究，我们可以进行实证分析，以实现指引的规范应用。

（一）指引名称问题的由来

指引在银行监管领域的大量出现，是最近两年来的事。截至2006年7月，在银行业监管机构发布的29部规章中，以指引命名的规章达7部，在400余件规范性文件中，以指引冠名的规范性文件为15件。银行监管规则制定与起草者频频出台使用指引名称的监管规则，这反映了指引具备较强的名称生命力，也给人以耳目一新的感觉。但问题是，很多以指引冠名的监管规则，基本包括或含有诸多授权性、义务性与禁止性规范内容，人们基于对指引名称的汉字意义通识，觉得这些规则名称名不副实。因此，这些以指引为名称的监管规则颁行后，遭致了越来越多的质疑，人们不是质疑指引名称应用的应该与否，而是质疑指引名称是否与规则内容相匹配。在银行监管法治实践中，这种问题也产生了较为严重的负面影响，面对这类指引，监管规则执行主体不敢据此大胆工作，银行业金融机构和银行业从业人员也是理直气壮地拒绝遵守，这给银行业依法监管带来了新的困难，指引名称问题由此而产生。

（二）指引名称的政府根源

指引的出现，有其深刻的政府制度根源。现代各国政府以放松管

制和强化服务为基本施政取向,政府在发布相关法律和规则确保基本管制需要的同时,也扩大了社会服务的功能。在履行社会服务职责时,政府会经常发布冠以指引、意见、指南等名称的诸多规则,加强政府的行政指导与社会服务。例如日本,这一个被称为"行政指导母国"的国家,就在行政指导方面卓有成效。这个国家发布的指引、指南、指导意见,极大地方便了社会成员的生活和创业。所以,从本源意义来看,指引产生于社会服务和政府指导,具有鲜明的服务性和指导性特点。中国现阶段,政府职能已发生深刻变化,其核心内容被确定为经济调节、市场监管、社会管理和公共服务四个方面。由此可见,中国政府工作已赋予了明显的服务性和导向性功能,因此,指引在中国多用于各类政府指导和社会服务领域,也收到了较好的政策效果。

(三)指引认识与应用误区

目前,有两种观点支持在银行监管规则中不加区别地应用指引名称。一种观点认为,国外的立法和规则制定实践中,不少国家和地区使用了指引,并且有的指引也有强制执行力,因而中国银行监管法制中使用指引规定强制性内容并无不妥。持这一观点的大多是银行监管规则制定部门和相关的规则起草者。另一种观点认为,指引的运用,反映了银行监管机构监管模式由"命令—服从"转向"监管—服务",它借鉴了国际先进做法,促进了服务型监管理念的推行,应该大力推广。持这一观点的有少数省级银行监管机构的法制部门。这两种观点都有一定的道理,但存在明显的认识偏差。第一种观点的认识偏差,在于忽视了法律模式等基本国情的不同。虽然有新加坡、印度和中国香港等国家和地区使用指引命名强制性规范,但这些国家和地区属于英美法系,执行的是判例法制度,其规范的强制执行力通常由司法审判确立并长久推行;中国是典型的中华法系,大抵上属于大陆法系,执行的是制定法制度,其规范的强制力通常由成文制定法精确确立,执法、司法、守法各领域对制定法文本保持足够敏感并形成一定通识。第二种观点的认识偏差在于,忽视了指引的基本字义和固有功能。指引的基本含义即为指导、指南、引导,其固有功能在于政府等公共机构为管理相对方和社会大众提供社会服务。可以预期,随着政府公共服务职能的扩大,指引规则仍将大量出现。但是,这并不意味着指引可以规范强制性内容,也并不意味着现行以指引命名的强制性规则的名称合情合理。由于人们的上述认识偏差,导致了指引事实上的应用误区。规章层级的银行监管规则都是或基本是强制性规则,却大量使用指引名称;规范性文件中包含有强制性规范,也不加区别的大量使用指引名称。结果是指引名称名不副实,造成规则执行困难。

(四)指引名称的正确应用

现行银行监管规则中,指引名称问题突出,不但引起了社会各层面的广泛关注,也引发了银行监管体制内的深刻反思。法规清理工作中,我们在天津、成都召开的专题会议上,一些省、市银行监管部门的同志就曾多次提出,应该规范使用指引名称,让指引名称名副其实。2006 年 7 月,法规清理办收到的各省级银行监管机构上报的清理总结报告中,湖北、江苏等省的报告也提及了指引名称的规范问题。2006 年上半年,法规审查部门的同志在审查、会签有关部门的规章草案时,对其中的三件以指引命名的规章草案提出了改变名称的会签意见,并基本收到了审查纠正效果。结合这种实际情况,我们认为,规范指引名称的工作应抓紧进行,具体可做如下三项技术安排:其一,鉴于银行监管规章主要规范的是,银行监管相关主体较为重要的权利与义务关系，均为强制性规范内容，因而规章层级的银行监管规则不得以指引命名。其二，一般规范性文件，涉及授权性、义务性、禁止性规范的，其名称也不宜冠以指引的字样，涉及行业服务与政府行政指导性规范的，其名称一般冠以指引的字样。其三，结合法规清理工作，对现行以指引为名称的规则进行重点清理，将规章层级指引的内容予以系统编纂，将规范性文件指引的强制性内容予以提炼整合。如此一来，似可较好地解决指引的正确应用问题。

银行法学研究会的时代课题[①]

提示：本文形成于2008年10月。作为成立银行法研究会的主要推动人，笔者在文章中与参加中国法学会银行法研究会成立大会的学会同志分享了近20年的银行法工作的经验和感悟。既肯定了银行法治建设取得的成就，并从学理和实务分析展示了中国银行法的框架、理念与实践，又提出了中国银行法面临的挑战及存在的困难。对今后银行法治建设和研究工作提出了笔者的建议：一是明确重心，解决当任之急；二是立足长远，加强立法规划；三是面向未来，厉行监管法治；四是科学决策，改进研究机制。恰如文章结尾引用的唐代张九龄"正其本者万事理，劳于永者逸于使"，笔者认为对银行法治化的分析与建议常议常新，永远在路上。

本文旨在庆祝中国法学会银行法研究会的诞生，并借此回顾了改革开放30周年银行业法治建设的光辉历程。在笔者看来，这是中国银行业发展中的一件盛事，也是中国法学研究领域的一项可贵成就！

回首中国银行业，改革开放30年的历史，对应着法治建设30年的风雨历程。自1978年开始，中国银行业步入日益活跃的规则创制

---

① 2008年10月11日于中国银行法学研究会成立暨改革开放30周年银行业法治研讨会参会材料。

时期。1986年颁布《银行管理暂行条例》，奠定了银行业法制基石。1995年颁布《人民银行法》和《商业银行法》，确立了银行业法制框架。2003年成立中国银行业监管机构，通过《银行业监督管理法》，同时修改《人民银行法》和《商业银行法》，并随即清理2000多部规章和规范性文件，银行业朝着规则体系化方向前进。经过30年艰苦努力，中国银行业现有22部法律；17部行政法规；24件部门规章；500多件规范性文件；70多件司法解释；20多件监管国际协定等，基本上形成了比较全面规范的银行业法律体系。

30年的法治建设，反映出监管者对依法监管和监管法治的不懈追求。为促进银行业发展，我们坚持宽严结合的立法原则，力图实现放松监管基础上的有效监管。为推进银行业依法行政，我们制定行政许可、处罚、复议规则，试图规范几类相对重要的监管权力。同时，我们立足监管实践，进行制度创新。建立新型法律工作机制，规范我们系统的规则行为，提升监管规则的生成质量。改进立法制度机制，加强监管规则的可操作性、实践性与执行力。开展法规清理，组织法规汇编，促进监管规则的科学性、规范性与统一性。改进执法机制，实行质量管理，有效改善了银行业监管的执法方法、执法水平和执法效果。

30年的法治成就，有力推动了中国银行业的稳健发展。在法治框架之下，中国基本确立了市场化、国际化的商业银行体制，逐步建立了多元化、明晰化的银行业产权制度，健全了现代公司治理结构，推进了流程银行建设，改进了内部控制机制，提高了全面风险管理能力，提升了金融服务功能和水平。我们可以说，当前的中国银行业，已成功实现了由大一统银行体制向现代银行体系的历史性转变！我们可以说，30年的法治建设，为银行业健康发展，为银行业监管有效运行，设定了极为牢靠的制度樊篱！我们也可以说,30 年的法治成就,催生于改革开放,服务于改革开放,最终属于并巩固了中国银行业改革开放的宝贵成果！

30 年的法治进程,也为建设者提供了可资改进的重要经验。我们有理由归纳说,建设银行业法治,必须立足于银行业发展,根植于银行业实践,反映银行业及其监管的现实需求;建设银行业法治,必须适应政府宏观环境,把握政府监管、依法治国、依法行政、依法监管的精神、理念与原则;建设银行业法治,必须审时度势,锐意创新,发现银行业发展中的突出问题,解决或部分解决这些问题。同时,我们应该明白一个道理——“构大厦者先择匠而后简材”,应该充分发挥法治建设专门力量作用,不但要依赖银行业系统内的政策法规队伍,还要将目光投向系统外的专家学者群体,加强内外互动,实现力量融合——这也是银行法学会顺势而生的题中之义！

检视 30 年法治实践,我们虽为成就而欣慰,但也为未来法治艰辛而警醒,并对此有着充分的估计。我们毋庸讳言,银行业法治进程中还存在许多问题,需要我们认真应对、研究、解决或改进。首先,银行业仍然存在一定程度的法律空白,致使某些领域无法可依。例如,存款人与消费者权益保护、银行业竞争规范、金融中介组织监管等。其次,部分规则条款可操作性不够,影响监管规则有效执行。例如,《银行业监督管理法》中的审慎经营规则、监管措施规则、相关调查规则等,法条弹性过大,可操作性不够。再次,金融创新带来监管规避,未能予以有效法律应对。一是商业银行增设一些新岗位,现有的高管规则不能将其覆盖。二是一些地方性中小金融机构开展新业务,现有的许可规则难以将其规约。三是部分金融机构采取一些新的担保方式,目前未被相关法律所确认等。四是政府部门的部分职能与权责不清，亟待与国家立法层面界定清楚。如对银行业不正当竞争的监管职能，工商部门与银监部门即存在分歧，基层单位主张管辖权，各执一端，引发监管争端。五是立法技术不够硬，影响了立法质量和执行力。如在规则名称、体例、内容、语言、概念、清理、汇编、编纂等方面，还存在不少瑕疵和局限。最后，也是最重要的，银行业还面临有法不依、执法不严等各类问题，需要我们下决心、花功夫去处理和解决。

回顾银行业法治工作的过去，是为了更好地建设未来。而建设未来，还应该看清现状。银行业法治建设的诸多挑战与困难，将长期摆在我们面前。观察当前全球经济金融，形势十分复杂。世界经济金融环境中，不确定、不稳定因素有增无减，国际金融市场持续动荡，美国次贷危机对世界经济金融影响的深度和广度，还有可能进一步加剧。应当预见，金融业银行业的稳健与否，直接考验法治建设的成效，也将对法治建设提出新的需求。再看中国现代化进程，改革开放正在向纵深推进，银行业正加快现代化建设步伐，银监部门如何结合国内外实际情况，适应新时期银行业发展需要，以提升银行业竞争力和监管有效性为目标，推动银行业及法治建设不断向前，是当今时代的重大课题。所有这些工作，需要我们认真应对，需要我们拿出勇气和智慧，付出辛劳和汗水！

今天，我们成立了中国银行法研究会，迎来了法治建设专业力量融合的可贵机遇。党中央、国务院历来十分重视专家的作用，专家在政府决策与立法中也确实作出了突出的贡献。今天，不仅法律人士意识到，普通民众也强烈感觉到，正是学界专家们的辛勤劳动，推动了中国法治建设快速发展。2008 年 3 月，国办转发了国家行政学院的一份研究报告，内容聚焦政府科学民主决策，报告系统地引述、阐释了专家在立法中的重要作用。2008 年 9 月，我参加了浦东干部学院举办的政府高级专家理论研究班，中央领导同志讲话时着重指出，专家队伍是党和政府的一支重要依靠力量，应该发挥专家在政府决策和立法中的积极作用。这些情况说明，在我们的政府实践中，将更加重视专家学者的参与、建言和作用。我们有理由说，银行法研究会的成立，为未来的银行业法治建设，打造了极好的专家活动平台；为整合银行业法治建设专业资源，创造了重要的组织机制条件。这是现实需求的结果，也是政策导向的成果！

回顾过去，展望未来，银行业法治事业不断向前。在此，我就今后的法治建设和研究工作，提几点看法与大家共勉：

第一，明确重心，解决当务之急。什么是银行业法治建设的当务之急？这一问题可从如下方面来解答：我们需要填补一些立法空白，加强政策性银行、融资租赁业、不良资产处置、银行业机构市场退出、存款保险、市场主体权益保护等方面的监管立法。我们需要细化一些法律条文，制定审慎经营、监管措施、相关调查权行使等方面的次级规则。我们需要应对监管规避，进行细致的规则建设，既保护和促进金融创新，又防范和堵塞监管漏洞。我们需要推动国家立法，厘清相关政府部门职能与权责，既避免出现监管交叉和监管重复，又防止出现监管真空和监管不作为。此外，我们还需要提高立法技术，提升银行业规则的生成质量。

第二，立足长远，加强立法规划。人们常说，风物长宜放眼量。银行业法治建设，应当注重长远，加强科学性和前瞻性。为此，我们需要在有效银行监管法律框架的基础上，总结和借鉴国内外监管良好做法,开展银行监管中长期立法规划。立法规划应遵循依法、可行、科学、合理、重点突出等原则,确定短期、中期、长期目标,逐步推进。未来几年,对照有效银行监管核心原则的要求,应形成结构完整、体系统一的银行业审慎监管规则体系,使银行业安全稳健运行得到充分保障。再长久点考虑,应进一步改进相关规则,着力构建一个由法律、法规和规章三个层次构成,包括银行运行规则和监管行为规范两方面内容的,层次清晰、内容完整、体系统一、开放透明的银行业法律体系,以完备的法制推动银行业法治长足发展。

第三,面向未来,厉行监管法治。历史地看,法治建设之路必然通向法律之治——法治。法治是人类孜孜以求的崇高事业。按照亚里士多德的经典阐述,法治含义不难理解:“已成立的法律获得普遍的服从,而大家所服从的法律又应该是本身制定得良好的法律。”我们今天赋予法治以更多内涵,认为它本质上包含四个要素:一是法律必须是良法;二是良法必须能真实运行;三是社会成员崇尚并服从法律;四是一切偏离目的的公权行为均有救济。当前,中国实行依法治国方略,推行依法行政政策,在国家法治建设背景下,银行业监管法治至少涵盖依法监管、职权法定、合法监管、合理监管、程序正当、权责一致、救济有效等命题。为此,我们需要牢牢把握法治精神,改进法律工作机制,推动银行业由法制走向法治。

第四,科学决策,改进研究机制。任何组织形态,必然存在自身的历史使命。我们银行法研究会,得益于法治建设者的努力工作,诞生于银行业深化改革的关键时期。它是银行业法制与法治研究的重要组织形式,自然也肩负着一定的历史使命。它将以理论研究与交流为己任,根植于法治实践,服务于法治实践,指导和统御法治实践,推动银行业及其法治不断发展。因此,每一次研讨活动,都适宜确立相对明晰的主题,都适宜明确相对重要的内容,都适宜解决或部分解决相关问题。在必要时,还可考虑赋予研究会一定的法治培训功能。同时,我们每一位专家和会员,都应该关注、思考、研讨机制运行成效,都应该发现并改进研讨机制运作问题,切实推动研究会逐步改进并走向成熟。

唐代名相张九龄曾说:“正其本者万事理,劳于永者逸于使。”他的意思是说,能为长远利益而操劳,纵万事而自理,虽忙碌而心安。今天,我们高兴地看到,通过前人长年一日的法治建设,中国银行业法治初现成效;通过在座各位的支持和参与,银行法学研究会已初显声色。为了银行业的长远利益,我们劳心劳力,无怨无悔！为了银行业的稳健繁荣,我们携手共进,共同创造银行业法治建设的美好未来!

第四章　金融法治的理论与实践

依法监管与监管法治[①]

提示：依法监管是银行监管法治的前提和基础。但除“有法可依”之外，银行监管法治还有更深刻的实体法与程序法要求。文章提出了八个方面的要求。从依法监管的理念、监管职权、监管规则效率体系、实质性监管、程序正义、自由裁量权、监管责权一致和保护被监管主体权利方面对银行监管法治进行了剖析，给读者提供了准确认识基于依法监管的银行监管法治的清晰图景。

现代政府推行依法行政，力图建设法治政府。依法监管不但是银行监管必须始终贯彻的基本理念和要求，也是充分体现银行监管自身特点的法律实践。中国银行业依法监管，尤其应当把握其蕴含的法治精神；中国的银行监管，尤其应当致力于以依法监管为基础，推动银行监管法治化建设。[②] 要实现银行监管法治，就要在如下两大领域中取得关键成效：一是实体层面实现监管法治；二是程序层面实现程序正义。具体说来，则主要体现在如下八个方面：

---

① 2008年10月改革开放30周年银行业法治研讨会参会材料。

② 公法学界主流观点认为，行政法治的内涵包括：(1)依法行政，依法办事；(2)尊重和保障人权；(3)控制自由裁量权；(4)正当法律程序；(5)公开、公平、公正行政等。据此可以认为，银行业依法监管是银行监管法治的前提和基础，银行监管法治是银行业依法监管的目标与方向。关于行政法治的论述，参见姜明安：《行政法与行政诉讼法》(第2版)，北京大学出版社2005年版，第62～79页。

一、法治建设以依法监管为基础

首先,从整个政府层面看,现代政府行政权和监管权均属于典型的行政公权,均应受到法律的有效规制;公权机构履行行政职责与监管职责,均应有法律做出相关设置和保障;银行监管是整个政府管理体制的重要组成部分,监管机构行使职权和履行职责理应受到法律的严格规范。其次,从世界范围的银行监管实践看,依据法律和监管规则开展银行监管活动,是现代法治国家的通行做法。这些国家的监管实践表明,越是严格依规、依法监管,就越是易于产生良好的监管绩效。为此,巴塞尔银行监管委员会还将依据法律和法规开展监管活动内容列为国际有效银行监管的核心原则之一。这些国际经验和典范,对中国银行业依法监管产生了强大的外部约束力。最后,从银行市场长足发展来看,银行金融监管的审慎经营和平等竞争,需要监管者予以依法规制;银行金融机构和从业人员的市场主体权利和相关权益,需要监管者依法予以保障;银行金融机构的公司治理与内部控制,需要监管者依法予以规范、指导和提供制度框架。概言之,银行监管必须体现出现代政府管理的法治理念,必须参照国际有效银行监管的良好规则,必须立足于银行市场机制的可持续稳健运行,因而必须将依法监管视为理论与实践工作中的头等大事。

二、严格实行职权法定原则

现代厉行法治的国家,法律创制原则是政府法治的题中之义。这一原则的精髓在于,政府行政权与监管权的产生与运作,必须严格服从法律拘束力。[①] 职权法定是依法行政和依法监管的基本原则,中国银行监管机构的职责与职权均由《银行业监督管理法》和相关制度作出设定,而《银行业监督管理法》是监管机构及其派出机构行使职权与履行职责的直接法律来源。银行监管机构职权法定有三层含义:一是银行监管机构的监管行为不得超越法律、法规和国务院明确授权的范围,银行监管机构行使监管权力和采取监管措施,必须有法律、法规和制度依据,银行监管机构职权行为遵循越权无效原则,其超越法律和制度范围的职权行为是无效的,自始至终不产生法律效力。二是银行监管机构必须真实全面地履行职责,其法定职责不能让渡、不能割舍、不能疏忽和不能回避,其应为而不为的情形为监管不作为,其疏漏和其他不尽职责的行为,均将承担法律上的不利后果。三是银行监管机构派出机构的职权职责必须严格规范,其职权行为必须来自法律、法规和上级相关制度的明确授权,其履行职责行为必须严格按照法律、法规和上级相关制度的要求予以规范,其违反法律、法规和上级相关制度的职权职责行为,必然导致相关责任追究的后果。

三、规则制定服从法律规制

根据法治精神要求,政府的行政立法与监管立法,必须坚持法律优位与法律保留原则。法律优位,意指法律的位阶高于行政法规、行政规章和行政命令,一切法律之下的规则均不得与法律相抵触。法律保留,意指对宪法赋予人民的基本权利的限制等事项,属于国家专属

---

① 德国有行政法学者认为,依法行政(行政法治)包括三项要素:(1)法律创制;(2)法律优越;(3)法律保留。其中,法律创制强调对公权力的拘束和控制。此观点出自德国著名行政法学家奥托·迈耶所著的《德国行政法》一书。转引自陈新民:《行政法学总论》,台北,三民书局1995年版,第54页。当前,中外法学界大抵对此观点予以认同,例如,中国高等学校法学专业核心课程教材就持此论。参见姜明安:《行政法与行政诉讼法》(第2版),北京大学出版社2005年版,第64~65页。

立法事项,必须由立法机关通过法律规定,行政机关和监管机构不得代位规定。[①] 银行监管规则制定权是《银行业监督管理法》赋予的极为重要的权能,银行监管规则制定和标准设定,对现代银行有效监管意义重大。基于《银行业监督管理法》和相关法律法规规定,银行监管机构可以制定和发布具有普遍意义的监管规则,但是,必须严格服从法律规则,具体应当重视如下三点:一是银行监管机构指定的监管规则不得与《银行业监督管理法》等相关法律以及国务院行政法规相抵触与相冲突,否则将被法律审查而宣布无效;二是银行监管规则是从属于法律法规等基准规则的规范体系,其目的在于执行法律法规和上级命令与决定,在于能动应对纷繁复杂的银行监管实践;三是银行监管规则体系应当具备系统化、科学化与位阶化特征,法律、行政法规、监管规章和其他规范性文件构成相互协调的整体,位阶规则之间,不得相抵牾与相冲突。

四、执行实体性监管规则

法治的实质要件通常被确定为四项:一是必须有健全的法律规则体系;二是法律规则是反映时代精神和满足实践需要的良好规则;三是法律规则在国家与社会生活中获得了普遍的崇尚;四是法律规则必须在国家与社会生活中能动运行。[②] “徒法不足以自行”,[③]这是人类共同体普遍的法治经验。银行监管实体性规则体系涵盖如下四个方面内容:一是监管流程层面,包括设定市场准入、结构变更、业务经营、

---

① 与德国法学家奥托·迈耶的观点相似,日本行政法学者和田英夫在其专著中不但论述了依法行政的含义,还从具体制度形态上对法律优先和法律保留予以勾勒。参见[日]和田英夫:《现代行政法》,倪建民译,中国广播电视出版社1993年版,第27~28页。

② 参见张文显:《法理学》,高等教育出版社1999年版,第181~195页。

③ 《孟子·离娄上》。

人员监管、市场退出等实体制度；二是机构监管层面，包括设定商业银行、政策性银行、农村合作金融机构、其他非银行金融机构等实体制度；三是审慎经营层面，包括设定风险管理、内部控制、公司治理、资产质量、风险集中、资本充足率、损失准备金、资产流动性等实体制度；四是监管规范层面，包括设定现场检查、非现场监管、行政处罚、行政复议、行政强制等。可以认为，中国现代银行监管法律与规则体系已经初步建立，依法监管的重点必须转移到这些监管规则的有效执行与全面运行。除了规则制定强调科学性、执行性和可操作性外，监管者、被监管者以及社会大众的规则观念与法律精神的培育，法律法规与监管规则后评价制度建设，加大对合规守法的激励与严格违规违法的责任等，这些规则执行力方面的制度构建已势在必行。

五、遵循正当程序、实现程序正义

程序正义是古老而复杂的法治价值，在当代已演变为政府法治的重要价值取向。实现程序正义，要求公共权力主体奉行正当法律程序原则，特别是行政机关和监管机构在做出影响相对方权益的公权行为时，必须遵循正当法律程序。[①] 例如，将公权行为的依据和理由告知相对方，听取其陈述或申辩等。银行监管中实现这一法治原则，要求在监管规则体系中设定回避、告知、说明理由、听证等相关制度；要求在行政许可、现场检查、采取监管措施和行政处罚等银行监管活动中，严

---

① 此处所言程序正义，不仅指英国行政法治奉行的“自然正义”（natural justice），而是兼顾了现代正当法律程序的法律伦理价值；所言正当法律程序，不但是指美国行政法治中的“正当法律程序”（due process of law），也涵盖英国古老的自然正义。关于英国的自然正义，王名扬教授在其所著《英国行政法》一书中有详尽的阐释，可参见王名扬：《英国行政法》，中国政法大学出版社 1987 年版，第 151 ~ 160 页。对美国正当法律程序的理解，可参见王名扬：《美国行政法》（上册），中国法制出版社 2003 年版，第 382 ~ 412 页；姜明安：《行政法与行政诉讼法》（第 2 版），北京大学出版社 2005 年版，第 72 ~ 79 页。

格执行相关程序规则；要求监管机构建立健全相关制度，保障自身程序义务和银行金融机构及其从业人员程序权利的真切实现。实现程序正义，还要求监管机构遵循下列原则：一是监管公开，即监管立法、监管政策和监管行为公开；监管裁决和监管复议行为公开；监管信息、监管情报和监管公共资源公开。二是监管公正，即依法办事而不偏私偏袒；合理考虑相关因素而不专横专断；在作出监管决定和监管裁决时，客观公正而不损害公正。三是监管公平，即在适用法律和监管规则时，坚持法律面前人人平等，规则面前一视同仁。

六、合理使用监管自由裁量权

政府管理中，行政权与监管权不但要受到法律规制，遵循行政与监管合法性原则，而且还要受到现代行政法治精神的约束，遵循行政与监管合理性原则，真正做到合理使用而不滥用自由裁量权。[①] 随着社会经济的快速发展，银行业经营业务日益浩繁，银行监管法律规则无论如何完备与严密，均难以做到对所有监管行为的范围、幅度、方式等做出全方位的规定。同时，出于应对不断发展情势而灵活行事的现实需要，法律和规则也必须赋予监管机构自由裁量权。而问题是，自由裁量权极容易被滥用，这将损害银行监管的法治精神，甚至使银行监管偏离法治轨道。因此，当代银行监管中，要全面推进依法监管，就必须坚持监管合理性原则，就必须对监管自由裁量权予以控制。监管自由裁量权的规制途径有三：一是通过机关规则制定对上位规则的职权与措施条款予以细则化与具体化，完成对监管自由裁量权的“软控

① 英国著名行政法学家威廉·韦德对行政法上的自由裁量权命题进行了较完整的论述，核心在于两个方面：一是强调具备明显内生性的合理使用自由裁量权；二是强调具备明显外生性的控制滥用自由裁量权。参见[英]威廉·韦德：《行政法》，陈端洪等译，中国大百科全书出版社1997年版，第55～84页。

制”;二是通过严格设定法律与规则程序,形成对监管自由裁量权的过程调控;三是通过行政复议等监管内部补正机制和行政诉讼等外部干预机制,实现对监管自由裁量权的强力规制。

七、实现监管权责相一致

实现监管权责相一致,是现代责任政府的法治精神要求使然。政府行政与政府监管中,行政当局或监管者行使的公共权力和承担的公共责任在价值上是对等的,有多大的权力与权能,就应该承担多大的义务与责任,现代行政法治建设中,公权力机构的责任与义务被格外重视。[①] 银行监管中,监管规则一般均设定或体现了监管权责一致原则,而更重要的是,银行监管者应该切实遵循并落实这一原则。具体可这样理解:一方面,监管者在实施银行监管活动时,应该树立牢固的责任意识。监管者作为银行监管的法定专门主体,掌握了很大的监管权力和社会资源,监管不当或者违法,就会给银行业和金融领域带来不良影响甚至是严重损害,所以监管机构及其监管人员一定要坚持依法监管和科学监管,以极其负责的精神用好银行监管权,实现银行监

---

① 罗豪才教授主编的《行政法学》对行政主体的行政职权和行政职责进行统一研究,该书将行政职权归为七类:(1)制定行政规范权;(2)行政命令权;(3)行政处置权;(4)行政决定权;(5)行政强制执行权;(6)行政救济权;(7)行政司法权。该书将行政职责归为五类:(1)履行职务,不失职;(2)遵守权限,不越权;(3)符合法定目的,不滥用职权;(4)遵循程序,避免瑕疵;(5)行政合理,避免失当。参见罗豪才主编:《行政法学》,中国政法大学出版社1996年版,第72页、第75页。林纪东所著《行政法》对行政法关系上的国家公权及公义务进行统一研究。该书将行政关系上国家的公权归为四类:(1)下命令权;(2)强制权;(3)形成权;(4)公法上的物权。至于公义务,该书认为其相对于个人的公权而存在,个人有哪些公权,国家即有相应的公义务,以满足和实现这些权利。参见林纪东:《行政法》,台北,三民书局1980年版,第108页、第116页。管欧在《中国行政法总论》中将国家行政法上之公权归为六类:(1)命令权;(2)制裁权;(3)形成权;(4)公法上的债权;(5)公法上之物权(又分所有权、地上权、担保物权三项);(6)公法上的经营权。至于国家的公义务,该书将之归为三类:(1)概括之义务(一般的、广泛的、不特定的义务,如维持公共秩序的义务);(2)对待之义务(对人民享有权利而产生的义务,如对人民征税权而产生的依法、依程序征税之义务);(3)特定之义务(对于特定事项的义务,如对人民申请的受理义务等)。参见管欧:《中国行政法总论》(自刊),1981年版,第83~87页、第94~95页。国务院于2004年3月22日发布的《全面推进依法行政实施纲要》对权责一致内容进行了专门阐述。

管的持续发展。另一方面，监管者要将银行监管工作与狭隘的部门利益脱钩。权责不统一、揽权而诿责和利用公权力谋取小团体利益，是多年来政府管理实践层面的一大弊端，这在原来甚至是现在的银行监管过程中时有发生。在实施银行监管时，监管机构要摒弃这种不良做法，要具备整体意识和大局观念，要坚持以最广大公众利益为银行监管工作的最终归宿。

八、保障银行市场主体的合法权益

政府监管权来自公民权的有限让渡，其行使应当以促进社会共同体成员利益为依据。银行监管中如何把握，确实是宏大而复杂的现实问题。具体分析起来，则至少要做到如下三点：(1)事先保障，也即立法保障。其要义为，在进行银行监管立法与规则制定时，强化公众参与和利益表达，将多方主体的利益诉求通过立法听证与调查研究等活动予以吸纳。(2)事中保障，也即程序保障。其要义为，在进行监管许可、机构准入、现场检查、行政处罚和采取监管措施时，严格保障监管相对方的程序权利，在监管过程中实现公众权益最大化。(3)事后保障，也即救济保障。其要义为，对银行监管中违法侵权的公权力行为，通过监管复议等内部机制与行政诉讼等外部机制予以救济；对因监管越权或违法而导致监管对象合法权益受到损害的情形，应按过错责任原则追究监管者的法律责任；如果监管行为对监管对象的财产权与人身权构成了损害，还应依法予以国家赔偿。

银行业依法监管的法理结构

提示:本文对银行业依法监管从法理构造做了剖析。从价值层面看,一是处理好放宽管理与有效监管的关系;二是监管独立性必须与监管责任制相融合;三是外部监管规范与机构内部控制相一致。从实践层面看,一是监管规则必须科学化、系统化;二是银行业行政审批法治化;三是现场检查程序化、规范化;四是行政处罚既要合法又要合理。

依法监管的法理构造,既包括监管价值层面内容,又包括法治实践层面内容。二者关系相互依存、互为耦合,共同体现于有效监管与依法监管实践。对银行业依法监管予以认识和评估,必须还原于依法监管的法理构造的全面考察。

(一)依法监管价值层面的结构要件

银行业依法监管在价值层面的结构要件,主要体现于如何正确处理以下三个方面的辩证关系。

其一,放宽管制与有效监管相统一。银行监管思维是指导银行监管的整体看法和基本理想。由依照政策监管到依法监管,银行监管完成了由传统监管思维向现代监管思维的初步转换。现代依法监管思维是多元的,但最重要的思维莫过于如何处理放宽管制与有效监管的基本关系。就一定程度而言,放宽管制与有效监管是一对矛盾。一方面,现代社会的发展进程表明,自20世纪70年代以来,世界进入“行政国”(Administrative State)以后,出于对政府权力膨胀的警惕和防范,世界各国均践履了行政控权的行政法治理论,[①]放松政府管制和建设有限政府是当今世界的时代潮流,因而银行监管有放宽管制的政府理论基础;另一方面,纵观世界银行业务发展和监管模式变迁的历史可见,银行业经历了全面监管(Regulation)到放松管制(Deregulation),再到重新监管(Reregulation)的演变过程,特别是1998年亚洲金融危机、1998年的俄罗斯金融危机、2001年的以阿根廷为代表的南美洲金融危机,使人们开始全面反思政府放松银行监管所产生的问题,因而世界各国认为建立相对严格的银行监管成为必要。[②] 从社会实践视角来看,人类需要运用自身的认知能力、实践智慧和操作技术,最大限度地对这类社会疑难予以解答和解决,人们也许只能从试图接近真理的角度对二者进行纠偏和整合,使二者在发展中互补、融合和动态平衡,以最大限度地实现社会公共利益,因此,妥善处理好放宽监管和加强监管的辩证关系,不但是中国银行业依法监管理论的重点研究范畴,更是中国银行业发展进程中的必然选择。而且,中国当代银行监管,绝不应是20世纪30年代西方国家严格监管的简单重复,也不应是现代西方国家加强监管的翻版或复制,而必然是符合21世纪经济金融全球化、开放化要求,力争银行监管成本最小而对社会福利贡献最大的银行监管。这种银行监管的基本理念,就是既要避免政府的过度管

---

① 姜明安:《行政法与行政诉讼法》(第2版),北京大学出版社2005年版,第5~12页。

② 参见丁邦开等:《金融监管学原理》,北京大学出版社2004年版,第4页。

制,又要实现对银行业金融运行的有效监管,是银行监管法治框架下的放宽管制和有效监管的有机统合。

其二,监管独立性与责任制相融合。要实现当代银行监管的新思维,要实现放宽管制与有效监管的动态平衡,我们就要考察法定监管主体对银行监管的影响状态。美国货币监理署(United States of Comptroller of the Currency)的经济学家丹尼尔·E.诺勒认为,在银行监管结构中,是一元监管还是多元监管,是否由中央银行承担监管职能,是否或如何划定银行监管的范围,这些因素均不足以影响银行的绩效,而唯一发挥重要甚至决定性作用的因素,则是银行监管者(主体)的独立性。[①] 无独有偶,2002 年,国际货币基金组织发布了 Marc Quintyn 和 Michael W. Taylor 的《监管的独立性和金融稳定》研究报告,该文件不但首肯监管独立性的核心作用,而且确定了独立性的四维标准:管理独立性(Regulation Independence);监督独立性(Supervisory Independence);机构独立性(Institutional Independence)和预算独立性(Budgetary Independence)。[②]

监管主体的独立性,保证了其抵制和化解风险的权能和力量,但也加大了其自身的监管责任。为了实现有效监管,监管主体必须用专业、严格且可靠的办法和措施来全面监管银行业。这些责任感是监管者独立性的对应产物,独立性意味着权能的不受干预,因而是强大的;责任感意味着权责相当的原则要求,因而也是具体而重大的。德意志联邦银行家梅斯特(Edger Meister)指出:"监管责任的确定是决定金

① 参见丹尼尔·E.诺勒:《银行业监管架构与银行业绩效》,载《银行家》2005 年第 4 期。

② 参见高东民等:《金融业监管当局的智力:对两套标准的介绍和对中国银行业监管治理的初步分析》,载《当代经济科学》2005 年第 2 期。

融市场未来之路的最重要因素。”[①]国际货币基金组织认为，负责和尽职(Accountability)应包括如下9条标准：(1)明确的目标和使命；(2)清晰的法律基础以界定监管机构的权力和职责；(3)与其他行政机构关系的明确界定；(4)对高级官员任职、免职条件和程序的清晰界定；(5)对于可以忽视监管独立性的特定环境和条件、程序的清晰界定；(6)对国会确保监管机构负责的使用其授予权力的程序的清晰界定；(7)明确的司法检查安排以保证监管机构行使权力的方式接受司法监督，明确的诉讼机制以确保监管决策的一致性和合理性；(8)在保护商业机密的前提下，最大限度地增加决策过程的透明度；(9)通过事前预算拨款程序或事后财务检查确保监管机构以负责的方式管理其财务。[②]

其三，监管规范性与内控化相一致。监管客体即是银行监管的对象或形式目标，它是一个与监管主体相对称的重要概念。作为银行监管关系中的被监管者，银行业金融机构及其从业人员从产生到进入银行业市场，从经营活动到银行业市场退出，无一不在银行业规则的规范之下，可以说，监管客体的生存价值在于规范，银行业金融机构及其从业人员均具有接受规范的法律属性。一般认为，监管客体的规范体系包括：银行业金融机构组织规则；银行业经营行为规则；银行业工具规则；银行业市场规则；银行业调控规则等。[③] 银行机构的内部控制是现代银行监管的基础，它是银行机构的一种自律行为，是银行机构内部为完成既定的目标和风险防范，对各职能部门及其工作人员从事的

① 参见丹尼尔·E.诺勒：《银行业监管架构与银行业绩效》，载《银行家》2005年第4期。

② 参见高东民等：《金融业监管当局的智力：对两套标准的介绍和对中国银行业监管治理的初步分析》，载《当代经济科学》2005年第2期。

③ 参见田应奎：《现代金融有效监管的国际比较》，中国言实出版社2000年版，第213页。

业务活动进行风险控制、制度管理和相互制约的方法、措施和程序的总称。内控制度包括:健全的岗位责任制度和管理措施;合法的授权;有效的内部稽查制度;预警预报系统和应急应变措施等。[①] 在当今形势下,规范性主要是监管客体的外力要求,内控化是监管客体的内在驱动。而且,内控和自律越来越居于银行监管的突出地位,监管客体日益呈现出内控自律严格化趋势。

(二)依法监管实践层面的结构要件

银行业依法监管在实践层面的结构要件如下:

1.监管规则的科学化与系统化。银行监管者首先应当拥有并行使一项权力,即银行监管规则的制定权。这项权力不但由专门法律授予,而且要求银行监管者正确行使。推进依法行政和依法监管,首要的是准确、科学地行使规则制定权,构建较为理想的银行监管规则体系。一方面,从规则体系的实质意义看,当今应重点解决的问题是:我们要构建一个合法的规则体系。根据宪法精神,立法法对法律、法规和规章的起草、制定、通过的程序进行了规定,国务院规章制定程序条例对规章起草、颁布、备案等程序进行了详细规定。只有依照这些立法精神,只有遵循这些标准制定,我们制定出来的规则,才是符合法治要求的理想规则。银行业监管机构颁布的办法、规定、指引,在实体上,必须符合银监法、人民银行法和商业银行法的有关规定,必须合乎银行监管的当期目标,整个过程必须符合依法监管的精神和实质;在程序上,必须符合立法法和规章制定程序条例的要求,必须符合现行一些重要的法律规定,例如,行政处罚法、行政复议法、行政许可法关于程序的规定等,这就是银行业规则制定的新要求,它是推进依法监

---

① 参见韩汉君:《金融监管》,上海财经大学出版社2003年版,第122页。

管工作最重要的内容。另一方面，就规则体系的表现形式而言，我们应力图构建层次分明的规则体系。由于银行监管法律法规的制定主体为国家最高权力机关和中央政府，专门监管者应着力提高监管规章和其他规范性文件的生存质量。①

较长时期里，中国银行监管很多领域没有规则或者说缺少规则，银行业监管机构成立后，出台了《银行业监督管理法》，修改了《人民银行法》《商业银行法》，颁布了一百余件规章和规范性文件，内容涉及银行业市场准入、业务运行和市场退出等方面。现在，我们规则制定的价值取向设定为：一是要特别注重规则的合法性。如果一个规则本身就是坏规则，对银行监管肯定是害处无穷的。二是要特别注重规则的针对性与科学性。要有针对性地填补过去没有的规则空白，要加大规则制定的科学因子和技术含量。从没有规则到有规则，从有规则到有合法的规则，从有合法的规则到有科学的规则，再到有针对性规则、可操作性规则，直至有一个比较理想的规则体系，这是当前我们推进依法监管工作的首要目标。

2. 银行业行政审批的法治化。现代政府全面管理社会时，对重要事项进行审查并决定批准与否，这就是人们通常所说的行政审批。审批权一度被视为管理者最重要的权力。在中国，与早年的计划体制相对应的是，整个审批一统天下，即使到了 20 世纪 90 年代中期，审批事项竟还多达 190,000 项，而同时期，英国整个国家审批事项才 2900 项，美国联邦和州共有 1800 项，所以，中央政府下大决心进行行政审批改革。2001 年 10 月开始，国务院专门成立了行政审批改革领导办

① 有学者认为，银行有效监管的法律制度体系至少应包括以下四个层次：银行监管法律；银行监管行政法规；银行监管行政规章；银行业自律性规定。本文同意前三种划分，但认为银行业自律性规定不属于监管者的规则体系。参见田应奎：《现代金融有效监管的国际比较》，中国言实出版社 2000 年版，第 212 页。

公室,来负责全国的组织和协调工作。经过3年的艰苦努力,这项改革已取得了重要成果。国务院部门共有行政审批项目3674项。经严格审核和充分论证,先后分批次共取消和调整了1795项行政审批项目。经3次清理后,保留的行政审批项目有1879项,占总数的51.1%,基本实现了大幅度减少行政审批事项的目标,有力地促进了政府职能转变和依法行政。更重要的是,为了巩固这个来之不易的成果,国家通过了搁置7年的行政许可法,这不能不说是一件大事。

基于银行业监管机构管理和监督职能的审批工作,也应当依照国务院改革要求做出清理。《银行业监督管理法》起草时,根据行政许可法规定和立法精神,立法者即对其相关条款予以及时调整和增补,使中国关于银行业金融机构、业务范围和高管资格等方面的审批和许可条款更加科学、完备,为现行审批事项中的绝大多数提供了法律依据。2004年,监管机构将原有的70项审批事项整合成59项,报请国务院同意后施行,这些举措为目前银行业依法审批和依法许可打下了基础。

由审批到许可,不仅是名称变化,关键是含义大不相同。审批注重行政性,许可注重法律性;审批的自由裁量大,许可的程序控制严;审批是政策治国的产物,许可是依法治国和法治的要求。《行政许可法》施行,对中国银行业监管理念、职能、体制、方式和监管行为,都产生了重大影响。当前我们推进依法监管工作,主要就是根据《行政许可法》立法精神,结合银行业监管现状和实践,做出具体的规则安排和工作部署。《行政许可法》的精神要求:

(1)银行业许可要于法有据,要依法设定;

(2)要保障银行业许可申请人的合法权益,维护银行业金融机构、银行业从业人员的相关权益和其他公共利益；

(3)要实现银行业许可的正当程序和程序正义；

(4)要实行银行业许可权力与责任相统一；

(5)加强银行业许可监督和建立许可救济机制。

为切实落实《行政许可法》，银行业监管机构研究了银行业行政审批的实际情况，梳理整合了准入、高管资格等规则内容，针对银行业监管对象的不同特点，归纳各监管领域的审批经验，总结各种形式的许可规律，就中资商业银行、外资金融机构、非银行金融机构和合作金融监管等金融机构及其领域的审批和许可，制订了一整套行政许可制度化构建规则，并做出具体制度安排。当前新制定的许可规则包括：《银行业监管机构行政许可实施程序规定》《中资商业银行行政许可事项实施办法》《外资金融机构行政许可事项实施办法》《合作金融机构行政许可事项实施办法》。[①] 这些许可规则，是新形势下银行业依法监管的必然产物。

3. 现场检查的程式化与规范化。现场检查既是银行监管的一种手段，更是监管者的一项重要权力。推进银行业依法监管，就要正确估量这种重要的监管权力。检查权行使有其从无到有、从少用到频繁使用的历史。最先在计划体制下，监管机构是不需要检查的。银行的贷款规模由中央银行控制，多少和去向由中央银行批准或掌控，流动资金贷款也由中央银行掌握，审批项目贷款则根据国家计委配套决定，银行没有自主进行贷款审批和业务往来的权力。所以过去不需要现场检查，即便是抽样检查，也就是针对管理环节的查漏补缺。后来，

---

① 上述四部银行业许可规章已由银行业监管机构主席办公会议通过，并于2006年1月1日施行。载中国银行业监管机构官方网：http://www.cbrc.gov.cn，最后访问日期：2006年12月11日。

根据银行业务的发展和监管工作的现实需要，监管机构开始实行现场检查，主要检查存款、贷款和与存、贷款相关的业务。现在，银行最基础的支付结算清算系统更加技术化，所以和过去以及其他检查相比，现在的银行检查更加技术化、更加复杂化。现场检查为银行监管提供了最新的知识、最新的经验；它是银行监管发现问题、处置问题对银行机构、对银行体系进行评级预警的一个重要手段；它也是行使处罚权和其他权力的重要依据。因此，当代银行监管的重点是，认真对待现场检查权，正确行使现场检查权，使其当然地置于银行法治框架之下。

推进银行业依法监管，还要提升监管者行使现场检查权的基本能力。毫无疑问，现场检查是一种典型的行政强权，这种行政权力如使用不当，必定侵害被检查人的合法利益。[①] 更为具体的是，和过去银行监管的现场检查相比，现在的银行现场检查才是真正意义上的现场检查。过去由于央行集货币政策、货币监管、金融服务于一身，央行既要搞好货币政策，又要搞好监管和金融服务，职责众多，难以形成专业的检查队伍，常常出现监管者自己违规与检查缺乏成效的局限。现在的检查已不单纯是存贷款的管理，还面临许多新产品、新工具的使用，面对许多跨系统、交叉性的金融工具的使用。对那些高度细腻化、高度技术化的技术工具，以及在这个基础上衍生出来的很多业务，监管者不一定熟悉，更不一定有能力行使检查权。上述两个方面的情况说明，控制和化解银行业风险，行使自由裁量的检查权，监管者确实责任重大。所以，我们今天要推进依法监管工作，就是要提高监管人员行使检查权的能力和素质，就是要严格依法检查，依法办事。

---

① 现场检查权是世界各国监管银行时普遍运用而又相对特殊的一种主要权能，实质上属于行政法中的行政检查权范畴。对行政检查权的理解，可参见沈军：《中国行政检查问题研究》，载 http://www.law.1caifu.com，最后访问日期：2006 年 12 月 18 日。

4. 行政处罚的合法化与合理性。银行业处罚是一个行政执法的过程。监管机关依照国家法律行使处罚权,就是行政执法。在形式上,银行业处罚权与司法制裁权不同,但是在实质内容上,却与司法制裁权有着基本相似的因素。我们知道,任何一种处罚措施,都是对自然人、法人或者说是对有责任和义务的自然人或法人施加的一种限制,是一种对特定人身、财产等权益显著不利的法律后果,因此,和司法制裁权一样,银行业行政处罚被立法者严格防范,并得到必要的法律控制。对银行业行政处罚的评判和改进,是当今银行业依法监管的重要内容。目前理论界不少人认为,影响当代银行业依法监管的部分原因来自处罚权的滥用,他们提出,现今银行监管中,监管者大量使用监管处罚权,甚至主要靠处罚开展监管活动,因而要对此予以纠正。[①] 我们则不这样看。我们通过实践和研究发现,现实生活中,监管者很少使用或基本不用监管处罚权,严重影响了监管力度和监管效果,必须引起理论界和实务界的高度重视。

从 1999 年国务院通过《金融违法行为处罚办法》开始,到 2003 年国家修订《商业银行法》,调整有关银行业行政处罚条款并对有关处罚内容、标准做出新的规范。[②] 近几年来,银行监管者除了对大案要案施以处罚手段外,正常监管过程中很少进行处罚。很多情况下,处罚权的行使,除非势在必行,否则就不会实施。例如,《商业银行法》修改时,监管者要求设定若干经济处罚权并制定实施标准,但现在罚款的措施却很少用。又如,金融机构不按时提供会计报表、情况、信息,或者提供的信息有重大的疏漏、瞒报、错报问题时,监管者可以对其予以

① 韩汉君:《金融监管》,上海财经大学出版社 2003 年版,第 76 页。

② 参见《最新中华人民共和国法律法规全书》,中国方正出版社 2003 年版,第 996 页。

处罚,我们的统计资料表明,几乎没有监管者使用这个最普通的权力。人们将这种不正常的现象,戏称为中国特点的“严父慈母”型监管。这是一个非常严肃的问题,也是一个非常重大的问题。这类问题反映了中国银行业处罚纠偏的必要性。一方面,法律授予监管处罚权,监管者不能分割、让渡和不作为,否则就构成监管失职和渎职;另一方面,中国这个泱泱大国,要把几十万亿元的银行资产监管好,不严格实行依法处罚也很难想象,而且极有可能导致监管乏力或监管无效。因而,我们监管机构应特别重视高质量依法地行使处罚权。当然,在法定条件下,我们也要警惕为处罚而处罚的滥用职权。违法不处罚和制裁,没有违法行为滥用职权处罚,这两方面都是依法行政、依法监管所不容许的。我们推进依法监管,就要对这些做出分析和纠偏,就要使监管机构正常、依法行使监管处罚权。

银行业依法监管的现实成就[①]

提示:本文将中国银行业依法监管的成就总结为,第一,构建了银行业监管规则体系。1995 年《人民银行法》和《商业银行法》的出台形成中国真正意义上的银行监管法律体系;2003 年《银行业监督管理法》出台、《人民银行法》和《商业银行法》的修订,标志着中国银行法律体系构建步入全新的发展阶段。第二,银行监管部门以银行监管法律为基准,秉承银行审慎监管与有效监管理念,从银行监管和银行审慎经营两方面,按照轻重缓急,制定了大量的监管及审慎经营的规章制度,满足了银行业监管的现实需求。第三,将放松规制与有效监管相结合,拓展了银行业发展的制度空间。第四,银行监管者持续引导银行业金融机构规范及加强内部监控。第五,以加强独立性及责任制为核心,加强银行监管者能力建设。第六,以建立国际化监管资源与信息共享机制为核心,加强监管的国际协调与合作。第七,建立了旨在规范银行监管机构行为的新型法律工作机制。第八,提升银行监管规则质量。第九,开展法规清理与法规汇编。

从 1986 年国家发布银行监管的第一个行政法规起,中国银行监

---

① 2009 年 10 月研究手稿(未曾发表)。

管已经历了前后20年的发展历程，依法监管的要求愈益严格，依法监管的内涵也愈益深刻。以中国银行业监管机构设立为标志，中国银行业依法监管进入了新的发展时期。这一期间，监管者致力于推进银行业依法监管事业，取得了诸多来之不易的制度性成果。

一、构建现代银行业监管规则体系

主要是指，以《银行业监督管理法》为核心进行全方位立法，基本构建了中国现代银行监管规则体系。20世纪80年代之前，中国一直没有真正意义上的银行金融机构，也没有现代意义上的银行监管，当然也没有现代意义上的银行监管法律体系。国家改革开放以后，随着银行业体制改革和银行业发展，中国开始了构建现代银行监管法律与规则体系的过程。1986年1月，国务院颁布了《银行管理暂行条例》，标志着中国开始对银行业予以依法监管。90年代以后，银行改革力度逐步加大，为把中国银行办成真正的商业银行，保障银行乃至金融业的稳健运行，国家于1995年出台了《人民银行法》和《商业银行法》。以这两部法律为基础，一些旨在加强银行监管的行政法规和部门规章得以制定。这些行政法规和部门规章涉及银行监管诸多领域，从市场准入、从业资格、业务经营、公司治理、财务会计等方面对银行监管予以规范。可以认为，这期间制定的法律、法规和规章，初步形成了中国现代银行业监管法律框架。

21世纪之初，国家适应金融业发展的现实需要，建立了政府对银行业实行专门监管的新型制度。2003年国家成立银行业监管机构，立法机关随即制定了《银行业监督管理法》，并对《人民银行法》和《商业银行法》进行了及时修订。《银行业监督管理法》是中国第一部政府银行监管的专门法律，它反映了中国银行监管的现实需求，借鉴了国际范围内银行监管的先进理念和良好做法，具备了科学性、系统性和开放性等现代银行监管法律特征。可以认为，银行业监管机构的成立，以及《银行业监督管理法》、《人民银行法》和《商业银行法》的制定与修改，标志着中国银行监管法律体系构建步入全新的发展阶段。此后，以《银行业监督管理法》和《商业银行法》为基准，银行监管规则制定的进程大为加快，银行监管朝着规则体系化方向迈进。

经过20年艰难与努力，中国已经初步建立了以《银行业监督管理法》和《商业银行法》为核心，以《金融违法行为处罚办法》和《外资金融机构管理条例》等行政法规为骨干，以部门规章和大量规范性文件为主体，以中央立法机关和中央政府的相关法律、法规、决议和命令为辅助，以及相关金融司法解释为补充的现代银行监管法律规则体系。[①]这些银行监管规则体系涵盖市场准入、机构监管、高管监管、审慎监管、持续监管、监管措施、监管处罚和监管行为规范等领域；涵盖银行监管实体性规定、程序性规定和辅助性规定等层面；涵盖监管公权规制、相对法权益保护和监管主客体自身规范等维度。银行监管法律规则的体系化构建，为中国银行监管提供了完整的法律与规则依据，为中国银行业稳定运行和促进银行业健康发展提供了最为牢靠的制度保障。

二、满足银行业监管的现实需求

主要是指，制定并实施大批规章和规范性文件，重点满足了银行监管的现实需要和银行审慎经营的迫切需求。面对日益发展的银行监管新形势，监管者提出了适应国情和合乎国际规则的监管新理念。

---

① 当前银行业监管体系包括：银行业监管法律与相关法律22部；银行业监管行政法规与相关行政法规16部；银行业监管规章26部；银行业监管规范性文件500余件；银行业监管相关司法解释72件；银行业监管国际协定等。

秉持银行审慎监管与有效监管理念，监管者以银行监管法律为基准，针对银行监管中的立法空白和亟须规范的领域，开展区分轻重、缓急和主次的监管规则制定工作。截至2006年12月底，银行业监管机构制定并发布了170余件规章和规范性文件，重点涉及银行金融机构与业务的市场准入、风险管理、内部控制、资本充足率、风险集中、关联交易和监管规范等诸多方面。几年来的监管实践表明，这些重点规则有效规范了监管者的公权行为，极大促进了银行金融机构的审慎经营和平等竞争，改进了现代有效银行监管法律与规则体系，从而为新时期的银行业依法监管奠定了良好基础。

例如，在资本充足率方面，监管者及时制定了《商业银行资本充足率管理办法》，弥补了以往没有具体计算标准和管理细则的空白，这一内容翔实、标准严格、可操作性很强的资本审慎监管规则，使中国银行监管确立了资本金监管方面的清偿性理念与战略；在风险监管、风险集中和关联交易方面，监管者制定并颁布了包括《商业银行次级债券发行管理办法》《商业银行市场风险管理指引》《股份制商业银行风险评级体系》《集团客户授信业务风险管理指引》《商业银行与内部人和股东关联交易管理办法》等规则在内的50余件规章和规范性文件，从而建立了较为完整的风险监管规范体系，加强了银行风险监管的系统性和完整性，最终促进了我国银行业稳健运行和长足发展。

又如，在规范银行审慎经营的同时，监管者还颁布了《股份制商业银行非现场监管规程》、《银行业监管机构行政处罚办法》和《银行业监管机构行政复议办法》等10余件规章和规范性文件，[①]这些监管规

① 2006年12月，中国银行业监管机构对《中国银行业监管机构行政处罚办法》和《中国银行业监管机构行政复议办法》两部规章予以修改，预计2007年上半年颁布实施。

则适应了国家推行依法行政的政策要求，有利于监管者规范自身行为，有利于建设新型监管主体，有利于保护银行业金融机构及其从业人员的合法权益，最终有利于促进银行业依法监管。

三、拓展银行业发展的制度空间

主要是指，实行放松规制与有效监管相结合，为银行业进一步发展开拓制度空间。为了适应银行业务创新，给予银行业更为广阔的发展空间，监管者采取了如下显著的放宽管制的法律调节措施：(1)部分降低银行业务和高管人员准入要求。通过制定银行监管规则，取消了中外资商业银行代理业务、法人账户透支等部分业务的审查或备案；取消了各银行分支机构开办其法人机构和部分新业务的限制；取消了高管人员平调任职资格和部分金融机构高管人员任职资格的限制；取消了外资银行增设分行的时间间隔要求等。(2)进一步放松商业银行服务价格的管理，给予商业银行更大的自主空间。银行业监管机构与发改委联合发布规则，将原国家定价改为国家指导价与商业银行自主定价相结合，给予商业银行更多定价的自主权。(3)规定境外金融机构可以向中资金融机构投资入股。通过实行《境外金融机构投资入股中资金融机构管理办法》，突破了长期以来中国对境外金融机构投资入股中资金融机构的严格禁止性规定，进一步放宽了境外金融机构对中资金融机构股本投资的限制。这些放宽监管的具体措施，很好地推动了商业银行改革，促进了商业银行主体多元化格局的形成，改善了商业银行的资本结构与状况，提高了中国商业银行的经营水平和国际竞争力。

本着宽其所宽和严其所严原则，监管者适应银行监管发展要求，改进监管法律与规则系统，试图进行卓有成效的银行监管。银行业监管机构成立后，提出“管法人、管风险、管内控、提高透明度”的监管新思维，[①]制定并实施系统的银行业审慎经营规则，对中国银行业依法实行有效监管。银行业监管机构现行三百余件监管规则中，有超出半数的监管规则旨在规制有效银行监管，内容主要针对必须由政府机构予以专门监管的领域。

四、建设银行业现代化市场主体

主要是指，坚持银行机构规范化与内控化相结合，为建设适应现代企业要求的银行业市场主体夯实基础。在中国银行监管中，作为银行监管关系中的监管相对方，银行金融机构及其从业人员从产生到进入银行业市场，从经营活动到银行业市场退出，无一不在银行业监管规则的规制之下。可以说，银行机构的生存发展过程均被有效规范，银行金融机构及其从业人员均具有接受规制的法律属性。中国现行监管规则中，银行金融机构组织规则、银行业经营行为规则、银行业工具规则、银行业市场规则和银行业调控规则等，促进了银行业金融机构的规范化建设。

从20世纪90年代中期开始，监管者和各银行机构都逐步认识到加强和改进内部控制体系的重要意义。在监管者的重视与引导下，各银行机构初步建立了内部控制体系框架。2002年，监管者颁布了《商业银行内部控制指引》，在商业银行建立了内部控制体系，有利于银行机构防范金融风险，有利于银行体系安全稳健运行。银行业监管机构成立后，结合国家构建国有银行产权监护人制度要求，引导商业银行

① 关于“管法人、管风险、管内控、提高透明度”的监管理念的理解，可参见中国银行业监管机构：《银行业监管机构工作年会召开 刘明康提出三年内监管目标》，载 http://www.ce.cn/economy/bank/main/news，最后访问日期：2007年1月3日；罗平：《银行业监管机构“三管一提高”的执行理念——银行监管的难与易》，载《21世纪经济导报》2006年1月8日。

正式建立了严格的内部激励约束机制。监管者指导银行机构,在充分发挥自身管理作用的同时,将监管者的风险监管要求转化成银行机构自身的风险管理需求。采取的内控措施具体包括:(1)建立合理的内控组织机构,实行严格的岗位分工,制定明确的工作职责,使各部门既有相对独立性,又能相互配合;(2)健全授权授信审批机制,强化对权力的监督和制约,严防权力错位和失控;(3)不断修订和改进各项内控规章制度,增强内控制度的系统性和可操作性;(4)改革审计稽核管理体制,实行审计督查考核制度,确保审计稽查部门充分发挥监督职能。

五、探索银行监管者的建设路径

主要是指,加强监管者的独立性与责任制建设,为监管者行为规范和监管正确定位进行了可贵的制度探索。法律在赋予监管主体独立性的同时,亦就监管主体的责任和尽职要求作出了精心的制度安排。立法者试图通过多种规控机制,防止监管者滥用独立性条款规定。《银行业监督管理法》规定,银行业监管机构拥有制定监管标准和规则的权力;拥有独立监督的措施和危机管理、强制性制裁的权能;拥有独立于政府执法的法律地位和专业人士决策的组织优势;拥有适当的预算规模和必须的制度话语权。同时,《银行业监督管理法》也明确了银行业监管机构的责任与尽职制度,例如,接受全国人大的权力监督;接受专门审计、监察机关的监督;按严格的程序要求执法,一定程度的监督对象和其他公众的监管参与等。

与《银行业监督管理法》要求相适应,银行业监管机构进而颁布了《银行业监管机构监管职责分工和工作程序的暂行规定》等规章和规范性文件,以加强监管者自身的责任制建设。这种监管主体的独立性与责任制相结合的法律规制，是新时期银行业依法监管的一项显著特征。[①]

六、加强监管的国际协调与合作

主要是指，建立国际化监管资源与信息共享机制，强化了国际范围内各银行监管当局的协调与合作。银行业监管机构成立后，遵循改革与开放并举、开放与监管并行的原则，积极扩大银行业对外开放。监管者十分重视营造有利于银行业开放的法律环境，修订并颁布了《外资金融机构管理条例实施细则》《境外金融机构投资入股中资金融机构管理办法》《外资银行并表监管管理办法》等监管规章，有力促进了外资银行业务发展、风险监管和安全环境，吸引并鼓励了外国战略投资者投身国内银行市场。

适应银行业开放要求，监管者加强了与世界各监管当局的交流与合作。短短几年内，通过与美国、加拿大、韩国、中国澳门、中国香港等国家和地区签订《监管合作备忘录》或《双边监管信息交换协议》，有效地建立了监管当局之间的协调与合作机制。这些机制具体包括定期磋商机制、定期交流信息机制、对对方在本辖区进行现场检查的互助机制等。通过这些合作机制，监管当局之间可以对有关监管信息进行沟通和核实，可以及时了解互设在对方辖区内的银行机构的经营状况，可以及时发现银行经营中存在的问题或不良态势并向银行机构提出警示，可以及时对银行机构不审慎经营行为或违规违法行为进行规制或惩戒。通过监管合作与信息共享，母国监管机构大大减少了跨境现场检查，有

① 随着国家建设责任政府进程加快，银行业监管的责任制建设将得到进一步加强，银行业监管中，关于监管责任制的规则制定与规则运行必将引起监管者的高度关注。

效地节约了监管资源，降低了监管成本；监管当局之间对其银行的跨境业务进行了有效检测，进行了持续有效的并表监管活动。此外，通过监管合作，中国监管者还组织了世界一流的咨询委员，为中国银行业长足发展赢得了国际化智识支持；还与国际上各主要国家和地区的监管当局签署了备忘录，加强了包括监管法律规则体系建设在内的各项合作。

七、构建新型法律工作机制

主要是指，进行新型制度探索与创设，建立了旨在规范银行监管机构内部行为的法律工作机制。中国银行监管中，一直面临着四个值得高度重视的问题：一是监管者内部存在分散制定规则的权力和基本事实，这虽保证了监管规则数量和规则需求，但因缺少规则整体性价值，最终与依法监管要求相违背；二是由于监管规则制定主体不统一，形成监管规则不一致或相冲突，最终引发了监管实践中的法治窘况；三是由于监管规则制定主体多元化，导致监管规则效力减弱或无法切实执行，影响了银行监管的权威与效果；四是制定监管规则时，为实现规则科学性、系统性与完整性，需要对监管规则中相同、共性与一般性因素予以综合考虑。

为了解决法规冲突和规则失谐问题，监管者进行了艰难的制度探索与创新。2005 年 12 月，银行业监管机构颁行了《银行业监管机构法律工作规定》，建立了旨在规范内部行为的包括统一规则制定的法律工作机制。[①] 这些机制和制度具体包括：(1)立法规划制度。这一制度要求，监管机构以国家经济、金融政策为指导，根据国家银行业发展和监管的实际需要，充分吸收国际先进做法，制定银行业立法规划和计划。

---

① 参见《中国银行业监督管理委员会法律工作规定》，该规定由银行业监管机构以 2005 年第 4 号主席令形式发布，自 2006 年 2 月 1 日施行。载中国银行业监管机构官方网：http://www.cbrc.gov.cn，最后访问日期：2007 年 1 月 12 日。

(2)起草论证制度。这一制度要求,监管机构对规章与其他规则制定做出统一规范,起草规章和规则应当进行充分论证,所起草的规章的名称、结构、内容、表述等方面都应当符合规定的规范要求。(3)规则审查制度。这一制度要求,在规章起草完毕之后,银行业监管机构法律部门将依据规定的审查程序和标准对草案进行严格审查,统一把关,以切实提高规章的制定质量。(4)咨询解释制度。这一制度要求,监管机构要对规则尤其是规章咨询解释的条件、情形、原则、管辖、程序和形式,统一做出制度规范。通过着力构建一个科学有序的法律工作流程,全面规范监管机构的规则形式和规则内容,促进中国银行业依法监管和有效监管。

八、提升银行业监管规则质量

主要是指,通过改进相关制度和机制,加强了银行监管规则操作性、实践性和最为重要的执行力建设。银行业依法监管与有效监管,具体取决于监管法律、法规和其他规则的执行力,反映于银行监管执法的实践评估。银行监管中,执法方面存在的问题主要是,法律法规、规章或者规范性文件制定和颁布之后,没有开展持续有效的后续工作,导致对法律法规、规章或者规范性文件的执行效果无法形成准确判断,监管规则中存在的问题和改进意见也没有得到及时反馈。因此,必须借助一定的制度安排,致力于立法和执法工作之间的良性互动,最大限度地提升监管规则的可操作性、实践性和执行力。为此,银行监管者必须构建新型的检查评价制度,凭借这一制度,对银行业法律、行政法规、规章的立法质量和其他规则制定质量进行检查和估量,对法律和其他规则的执行效果予以判断和评估。

基于上述考虑,银行业监管机构通过颁布《法律工作规定》,建立了银行监管规则的检查评价制度。[①] 这一制度的主要内容确定为：(1)检查评价的标准。具体包括：监管规范应当符合上位法规定的合法性标准；规范之间应当相互衔接一致的协调性标准；规范应可以得到有效执行的可操作性标准；规范应当促进银行业规范发展的实效性标准；规范的内容措施应当明确完整的完备性标准；规范应当易于理解和能够被普遍认知的推广度标准；规范应获得严格执行和全面遵守的守法率标准。(2)检查评价的形式。具体包括：监管机构以年度为基准时限作出的年度检查评价；监管机构对规章和重要规范性文件进行特殊检查的专项检查评价；监管机构在实施现场检查时附带做出的其他检查评价。(3)检查评价报告。这一重要的文件应当包括以下内容：依据检查评价标准进行具体分析；银行业法律、行政法规、规章和规范性文件实施中存在的问题及其原因分析；制定、修改或废止相关法律、行政法规、规章和规范性文件的建议；改进监管执法工作和责任追究的建议等。通过监管规则的检查评价制度，评估了银行监管法律、行政法规、规章和其他规范性文件的实施效果，检验了银行业监管立法水平，检查了银行监管机构的执法水平，发现了银行监管法律、行政法规、规章和其他规范性文件制定和执行过程中存在的问题，从而有利于富有针对性地、有的放矢地加以解决。

九、开展法规清理与法规汇编

主要是指，全面开展法规清理和法规汇编活动，加强了银行监管规则的科学性、规范性与统一性建设。银行监管中，要推进依法监管，就要认真解决监管规则冲突问题，就要加强监管规则的立、改、废工

① 客观地说，银行业监管实践中，检查评价制度还有很多需要改进的地方。当前，监管者正在开展专题研究，试图采取更为有力的改进措施。

作，就要形成规则统一性建设的制度安排和运行机制。2004年开始，银行业监管机构确定监管法规的清理、整合与汇编为未来两年的工作重点，集中专门力量开展银行监管法规的清理与汇编工作。两年来，法规清理与汇编工作部门确定了法规清理与汇编工作方案、工作目标和任务分工；完成了对五百余件监管法规文件的基础清理、审查论证和上报审议工作；[①]2006年12月，又完成了《中国银行业监督管理法规汇编》的技术规范和体例设计工作。

法规清理的重点在于：如果发现上位法变动、国家政策变化、市场情况变化，或者与其他规章的规定不协调、主管机关或执行机关变更的情形，则及时推动相关监管规则的修改工作；如果发现监管规则的制定依据被废止，或者规则所规范的事项已由法律、行政法规予以规范，或者已有新的规则对于既有规则所规范的事项进行规定的情形，则推动相关规则的废止工作。法规汇编的要害在于：必须结合法规清理的结果进行法规汇编；必须对银行监管法律、法规、规章和其他规范性文件予以分类、整理，而后再行汇编；汇编文本必须方便广大公众了解、查阅和使用。

通过法规清理和法规汇编工作，银行业监管机构加强了监管规章和规范性文件的立、改、废工作，较彻底地解决了监管规章或规范性文件不配套、不协调、不完整问题；较好地总结了中国银行监管的实践经验，吸收、借鉴国际范围内银行监管的行之有效的做法。以法规清理和法规汇编为基础，银行业监管机构加强了银行监管规则的科学性、规范性与统一性建设，加大了银行监管立法规划的工作力度，加强了构建中国未来银行监管法制发展框架的工作部署，从而为中国银行业依法监管事业长足发展奠定了坚实的基础。

---

① 本次法规清理的特殊之处在于，监管者根据新的监管形势，全面清理了其自身成立前银行管理机构发布的300余件监管规章和规范性文件。关于这些监管规章和规范性文件的阐述，参见刘明康：《现代中国银行业监管法律体系的构建》，载《金融时报》2005年9月13日。

银行业依法监管回眸[①]

提示：银行业依法监管2006年度回眸，该篇从银行业监管机构2006年度的依法监管工作来展现中国银行业依法监管的理论与实践。讨论起法治问题，在极具厚重历史感的概念之下，无论是博学的专家还是从常识出发思索的普通人，一般都把法治视为一个长期的历史进程，而很少有文章从一个横断面剖析一个历史过程中的当下，某个领域的法治进程的全貌，这篇文章就弥补了这个缺憾。在本篇中，笔者仅仅以2006年中国银行业依法监管的素材，来铺陈和分析中国银行业依法监管的理论与实践问题。当然，并非机构或者机构法律工作的年度总结，笔者并没有用具体事件来驱使读者去消化复杂琐碎的细节，而是在2006年依法监管的所有重要工作与事件中，高度抽象出当年依法监管的实践。

第一，法律层面的成效。通过修订《银行业监督管理法》，赋予了银行监管机构调查权。银行监管机构调查权既有迫切的必要性，又要接受严格制约，调查原则、范围与调查程序亦涉及诸多细节。细节的展开可以让读者具体认识、感受甚至触摸到法治在银行监管中如何贯彻与实现。

---

① 本文录自李扬、王国刚、王松奇总编：《中国金融法治报告》(2007年)，社科文献出版社2007年版。

第二，法规层面的建树。2006年，主要建树是推动制定《外资银行管理条例》，为依法监管外资银行提供了规则依据。改革开放之初的1978年，中国银行体系中就诞生了第一家外资银行。加入世贸组织后，外资银行在华发展迅速。最初地方法规、1994年的《外资金融机构管理条例》（虽经2001年修订）远不适应外资银行发展、不适应中国银行业对外开放的要求。2006年的《外资银行管理条例》的制定从名称、管理范围、与世贸规则要求的协调、新的监管理念等，分列展开，读者可从已给条例中，可以看到迈向依法监管的每一步，何其艰难、牵涉何等复杂、需要多大耐心。

第三，构建行政许可规则体系。2004年7月中国开始实施《行政许可法》，银行监管法起草小组早于一年之前即开始相关的规则研究，2006年终于先后颁行《中国银行业监管机构行政许可实施程序规定》等五项银行业行政许可规章，构建了中国银行业行政许可体系的基本规则。

第四，制定重要审慎经营规则，包括风险监管规则、衔接宏观审慎调控规则、外汇风险管控规则、金融创新规则和信息安全规则。

第五，推动银行监管质量立法。从法律理论及中国法治建设进程，检讨与总结了中国银行监管立法与执法的得失，在2006年制定并实施了《中国银行业监管机构法律工作规定》，明确了银行监管法律工作的六项重要制度，立法领域的规划立项制度、论证起草制度和公开审查制度，法律法规施行阶段的解释咨询制度、检查评价制度和清理汇编制度。

第六，开展了银行业法规清理。法规清理从工作的重要性、紧迫性考虑，主要解决监管规则的矛盾与冲突、监管规则的适用问题，并且从有利于监管者能力提升的角度重点解决规则的有效性问题。

第七，开展了银行业法规汇编。2006 年的银行业法规汇编突出权威、规范、全面与实用的特点。

第八，参与国家相关立法，在《企业破产法》修订和《刑法修正案（六）》出台等国家立法工作中，银行业监管法律部门积极参与，在立法中反映了银行业和银行监管的要求。

2006 年是中国银行业改革开放纵深发展的一年，是银行业依法监管成效显著的一年，也是银行监管立法与规则制定亮点频现的一年。在这一年里，银行监管机构推动了银行监管法律法规建设，改进了银行监管规章与规则体系，营造了较好的关涉银行监管的外部法制环境。这一年里构建的银行监管法律规则体系和开展的银行监管法治活动，涵盖了银行监管机构职权、银行业行政许可、银行监管质量立法、银行业审慎经营规则、银行业务创新监管、银行监管法规清理和法规汇编等诸多领域；反映了《宪法》《银行业监督管理法》的立法精神和银行监管发展的现实需要；借鉴了国际范围内有效银行监管的良好经验和通行做法。银行监管机构践履政府依法行政的政策要求，深化银行业依法监管的理论与实践，推进银行业依法监管向纵深发展，标志着中国银行业依法监管事业已步入新的历史阶段。

在法律层面的成效是根据银行业发展新形势和银行监管现实需要，国家通过修改《银行业监督管理法》，赋予了银行监管机构相关调查权。

《银行业监督管理法》颁行以来，对于加强银行业有效监管，规范银行监管行为，防范和化解银行业风险，促进银行业健康发展，发挥了堪为根本的现实作用。但是,在监管检查权方面,《银行业监督管理法》没有规定监管机构对银行业金融机构以外的相关单位和个人进行调查的职权,也即相关调查权,[①]这不但与中国银行业发展形势不相适应,而且影响了中国银行业有效监管与依法监管进一步发展。银行监管实践表明,要确认银行业金融机构是否合法经营,要判断银行业运行是否存在风险,要查处银行业金融机构及其从业人员的违法行为,仅仅依据银行业金融机构本身的资料和信息是难以做到的。银行业监管机构要有效履行职责,还必须拥有对银行业金融机构及其从业人员以外的其他相关单位和个人进行调查和获取证据的法定职权。

法律赋予银行监管机构相关调查权的必要性,具体表现在以下三个方面:其一,实施有效监督,查处银行业违法行为的迫切需要。当前银行业金融违法案件中,多数属于内外勾结或者是里应外合,查处这类案件,需要对银行业以外的单位和个人进行调查。以往查处银行金融机构违法案件时,银行监管机构因没有相关调查权,无法取得银行相关客户的资料、信息和证据材料,很难查清违法事实;查处非法金融机构和非法金融业务时,银行监管机构因无权对这些涉嫌违法事项的相关单位和个人进行调查,无法有效开展这项监管工作,许多情况下,对其认定和取缔困难重重。其二,实行严格管理,防范银行业金融风险的必然要求。当前中国信用体系相当不健全,银行业金融机构的内控水平和治理能力有待提高,这些都需要银行监管机构加强管理,以有效防范金融风险,促进银行业稳健发展。银行监管机构拥有相关调查权,就可以在发现管理疏漏和金融风险可疑线索时,及时对客户和

---

① 相关调查权,又称延伸检查权,是国际上各国家银行监管中普遍赋予监管者的监管权力。制定《银行业监督管理法》时,由于条件还不成熟,全国人大常委会没有赋予监管者相关调查权,但是通过近三年的银行业监管实践,监管者认为很有必要拥有此项权力,从而积极推动国家立法机关进行相关调查权立法。

相关主体进行调查，掌握银行业金融机构的经营状况，进而分析银行业金融机构可能面临的风险，在成本最低损失最小时主动处理。故而可以认为，相关调查权是银行业监管机构加强监管、防范风险、实现监管目标的必要手段。其三，世界各国银行监管的良好做法与成功经验值得借鉴。从世界范围看，国外多数银行业监管机构均有权对相关部门、单位和个人进行调查、取得有关资料。美国法律规定，货币监理署（主要监管机构）有权向客户发出传票，要求银行客户提供相关资料，并进行面谈；有权对银行关联方进行调查和处罚；有权对中介服务提供者，如律师、评估师、会计师等进行调查和处罚。英国《2000 年金融服务与市场法》规定，金融服务局（金融监管机构）有权要求与被监管者相关的机构和个人提供信息和资料；对拒不配合的，监管当局可要求治安法官介入，或者向法庭起诉，请求追究行为人的法律责任。①

正是基于这种相关调查权立法的现实紧迫性，在银行监管机构有力推动下，2006 年 10 月 31 日，第十届全国人大常委会第二十四次会议审议通过了《关于修改银行业监督管理法的决定》。修改后的《银行业监督管理法》，赋予了银行监管机构对银行业金融机构之外的其他单位和个人进行调查的职权，明确规定了相关调查权行使的条件、对象、内容和相关程序。修改后的《银行业监督管理法》第 42 条规定，

---

① 其他各国的银行监管中，赋予监管者相关调查权的情况也相当普遍。在泰国，一方面，规定银行有责任向监管当局提供有关客户的信息；另一方面，为了开展工作，《银行法》还授权监管当局有权视情况对银行的客户进行检查。在马来西亚，《银行业和金融机构法案》（1989 年）（第十一章）对马来西亚中央银行的调查、搜查和查封等权力作了如下规定：1. 调查行为。马来西亚中央银行可指定调查官对违法行为进行调查，调查包括搜查、控制和扣留任何财产和相关文件；搜查、拘留相关人员等。2. 调查对象。调查官可以对被监管机构违法嫌疑人的（A）商业伙伴、亲戚、存款人或贷款人、控制人、控制或管理人员、股份或财产的利益关系人以及（B）上述人员的商业伙伴和亲戚进行调查，对上述（A）人员任主管或高级职员的法人团体、非法人团体或在这些法人团体中有股份的公司进行调查。3. 与司法部门合作。关于调查中与司法部门合作事项，该法案规定了调查官作为公众服务机关的代表，马来西亚警察部门应协助其调查。马来西亚中央银行则有责任将其掌握的资料文件提供给警察或其他相关公共部门。

银行监管机构依法对银行业金融机构进行检查时，经设区的市一级以上银行监管机构负责人批准，可以对与涉嫌违法事项有关的单位和个人采取下列措施：询问有关单位或者个人，要求其对有关情况作出说明；查阅、复制有关财务会计、财产权登记等文件、资料；对可能被转移、隐匿、毁损或者伪造的文件、资料，予以先行登记保存。

银行监管机构相关调查权立法，体现了可贵的现代行政法治理念。一方面，为了适应银行业发展和监管的现实需要，实现银行业有效监管与依法监管，国家以明示方式赋予银行监管机构相关调查权，并且设定了保障相关调查权行使的法律保障措施，规定了有关单位和个人配合和服从而不得拒绝、阻碍和隐瞒的法律义务，规定了有关单位和个人违反这一法律义务而应被追究的法律责任；另一方面，鉴于相关调查权行使势必影响到相关单位、个人和社会大众的权益，相关调查权立法秉持了“既要保证监管需要，又不能无限扩大”原则，通过设定相关调查权启动的前提条件、相关调查权适用的事项与对象范围、相关调查权行使的方式和程序，以及监管机构违法与不当行使相关调查权的法律责任，限制了相关调查权的启动频率，规制相关调查措施适用的随意性，控制银行监管机构的自由裁量权，从而较好地实现了满足监管现实需要与控制规范监管权力的综合平衡。

在法规层面适应银行业发展和对外开放的形势需要，银行监管机构推动制定了《外资银行管理条例》，为依法监管外资银行提供重要的规则依据。

以 1978 年第一家外资银行建立为起点，中国开始了银行业对外开放历程，此后 20 多年来，外资银行在中国得到了较快的发展，特别是中国加入世贸组织以后，外资银行获得了进一步发展的空间与机遇。目前外资银行已经在中国设立分行195家,当地注册法人机构14家,业务品种大约已经有一百多个,资产总规模达到1000多亿美元,占整个银行业资产总额的2%左右。[①] 外资银行的发展,表明了中国银行业对外开放事业的发展,也昭示着外资银行监管法律规则的改进和发展。20世纪80年代,中国管理外国银行的相关规则,大抵上以地方性法规为主体。1994年,中国制定了统一的《外资金融机构管理条例》。2001年,为适应加入世贸组织后的新形势,中国修改并公布了《外资金融机构管理条例》。2006年,为了全面履行对外开放承诺,也为了进一步实现对外资银行的有效监管与依法监管,中国银行监管机构推动修改了外资金融机构管理条例,及时修改了旨在全面实施条例的相关细则。11月11日,国务院颁布了《外资银行管理条例》,11月24日,银行业监管机构发布了《外资银行管理条例实施细则》。新条例和新细则的相继出台,标志着中国银行业对外开放和外资银行依法监管进入新的发展阶段。

本次修改《外资金融机构管理条例》,其首要变化之处是条例规范客体或曰对象的改变与条例名称的相应变更。条例修改之前,《外资金融机构管理条例》规范四类主体,即外商独资银行、中外合资银行、外国银行分行和外资财务公司。由于2004年9月1日公布实施的《企业集团财务公司管理办法》已对外资财务公司做出统一规范,修订后的条例不再对其做规范调整;由于规制外国银行代表处的单行规则过于单薄,且实践中需要提高规范外资银行代表处的规则等级,

---

① 2006年12月11日10时,时任中国银行业监管机构主席助理王兆星接受中国政府网专访,就中国银行业全面对外开放进行在线访谈,谈及中国外资银行发展状况。参见中国银行业监管机构:《王兆星主席助理就银行业全面开放接受中国政府网在线访谈实录》,载中国银行业监管机构官方网:http://www.cbrc.gov.cn/chinese/home/jsp/docView.jsp,最后访问日期:2007年1月10日。

修改后的条例对其做出了规范调整。故此，修改后的条例仍规范四类主体，但具体内容较之条例修改前已发生了变化，规范主体具体确定为外商独资银行、中外合资银行、外国银行分行、外国银行代表处四类。遵循规则制定技术的规范化要求，条例名称也相应做出变更，由《外资金融机构管理条例》更名为《外资银行管理条例》。[①]

外资银行管理条例的基本特点在于，真实体现了世贸组织的规则要求。一方面，在加入世贸组织背景下，作为一个负责任的大国，中国全面兑现加入世贸组织承诺，遵循世贸组织基本规则。基于银行业开放的承诺内容，新条例取消人民币业务的地域和客户限制；基于世贸组织规则要求，新条例给予外资银行国民待遇，在业务范围、监管标准和审慎规则诸方面，给予外资银行和中资银行相同的待遇。新的条例不但设定了履行承诺和遵循世贸规则的相关内容，而且新的条例细则更是对这些内容做出了具体规定，确保这些内容于外资银行监管实践中落到实处。另一方面，在世贸组织规则之下，中国借鉴国际上银行监管良好经验和通行做法，制定了诸多新的外资银行监管规则。新条例中的这些监管标准和审慎规则，涵盖了注册资本、营运资金、业务经营、高管资格和信息披露诸领域；它遵循了国际上外资银行监管惯例，体现了风险监管、合并监管和审慎监管理念；它为保护存款人利益和维护中国银行体系稳健运行，提供了可靠的规则保障。

《外资银行管理条例》的最突出之处还在于，充分反映了法人银行政策导向。在吸收国际银行监管经验基础上，根据国内银行业发展和风险监管实际要求，新条例确定了法人银行政策导向，即在自主、自

---

① 立法学理论认为，更换名称一般是重新制定法规则的标志。虑及实体制度变动不大，本次《外资银行管理条例》更名，银行业法制实践中仍倾向于确定为修改法规则。

愿、商业原则的基础上，鼓励外国银行设立法人银行，或者将已经设立的分行转为法人银行，这是《外资银行管理条例》的一项最为关键的内容。《外资银行管理条例》规定，在机构准入、业务范围和审慎经营等方面，外资法人银行与中资银行没有差别，外资法人银行和中资银行实行统一的监管标准和审慎规则；而外资银行分行等非法人银行与中资银行相比，则还存在一些合乎国际银行监管惯例的具体差别。新条例体现了法人银行政策导向，有利于银行监管机构对中、外资银行进行更充分、更及时、更有效的监管；有利于外资银行确定发展战略，进行市场定位和客户定位，参与市场竞争和发挥市场优势；有利于保护中国社会公众的存款安全和金融消费者的合法权益，从而最终有利于中国银行体系的稳健运行与良好发展。

在行政许可规则层面 适应国家行政法治建设进程，贯彻并根据行政许可法，银行监管机构构建了银行业为行政许可规则体系，为规制银行业行政许可权设置了牢靠的樊篱。

根据依法治国的宪法精神和依法行政的政策要求，国家加快了法治建设进程。基于建设有限政府与责任政府的法治原则，中国于2004年7月开始实施艰难面世的《行政许可法》。《行政许可法》颁布施行，对中国银行业监管理念、职能、体制、方式和监管行为均产生了重大影响。根据《行政许可法》规定和立法精神，结合银行业监管现状和实践，银行监管机构推动并确定了银行业行政许可的实体制度与程序制度。遵照行政许可法定原则与许可权相对集中原则，早在2003年8月《行政许可法》通过时，银行监管法起草小组即根据许可法的立法精神和有关规定，对《银行业监督管理法》的相关条款予以调整和增补，使《银行业监督管理法》关于银行业金融机构准入、业务范围和高管资格等方面的审批和许可条款更加科学和完善，为银行监管机构现有行政许可事项提供了法律依据。2006 年 1 月开始，为了进一步贯彻实施《行政许可法》，银行监管机构先后颁布实施了《中国银行业监管机构行政许可实施程序规定》《中国银行业监管机构中资商业银行行政许可事项实施办法》《中国银行业监管机构合作金融机构行政许可事项实施办法》《中国银行业监管机构外资金融机构行政许可事项实施办法》等重要规章。[①] 经过前后 3 年的法律规则建设，中国银行业行政许可规则体系业已基本形成。

中国银行业行政许可制度，主要有如下基本特点：

1. 体现现代行政法治核心原则，保障许可申请人的合法权益和维护公共利益。中国银行业许可制度，吸纳了依法行政原则、尊重和保障人权原则、越权无效原则、信赖保护原则和比例原则等现代行政法制的核心原则；保障了银行业许可申请人的权利权能及其行使途径；维护了银行业金融机构及其从业人员的相关权益和其他公共利益。

2. 确立了公开、公正、公平原则和效率、便民原则，实现了银行业许可正当程序和程序正义。现行银行业许可制度下，首先是许可公开透明，即许可事项、条件、标准、期限、过程、结果等，除涉及国家秘密、商业秘密或者个人隐私外都予以公开；其次是许可公正合理，即实施银行业许可时严格依法办事而不偏私，合理考虑相关因素而不专断；再次是许可公平有度，即许可申请相对人享有平等权利与机会，监管者对其平等相待，不歧视且不厚此薄彼；最后是许可效率和便民，即将银行业许可视为公共服务，讲究优质高效且快捷便民。

---

① 上述四部银行业许可规章已由银行业监管机构主席办公会议通过，并于 2006 年 1 月 1 日施行。载中国银行业监管机构官方网：http://www.cbrc.gov.cn，最后访问日期：2006 年 12 月 11 日。

3. 建立许可责任机制，实行银行业许可权力与责任相统一。为确保银行监管者树立牢固的责任意识，使其将银行业许可与狭隘的部门利益脱钩，银行监管机构制定了相关规章和规范性文件，构建严格的许可责任机制，同时，加强了许可机构内设部门责任，规范了许可机构内部工作流程。

4. 加强了银行业许可监督，建立了许可救济机制。按照许可、负责、监督三统一原则，银行监管机构加强了许可监督检查，将事前审批、许可与事后监督、检查有机结合起来。同时，保障了许可申请人的陈述权、申辩权和要求听证权；保障了许可申请人和直接利害关系人的复议权与行政诉讼权；保障了相对人因其合法权益遭受违法或不当许可损害而应获取的赔偿或者补偿权。[①]

毫无疑问，以《银行业监督管理法》和《行政许可法》为核心，以银行业许可实体规则为基干，以银行业许可程序规则为保障，中国银行业已经形成了较为严整周详的许可规则体系。这一新型规则体系，规范了银行业行政许可的诸多重大事项，调整了银行监管各方主体的权利与义务关系，特别重要的是，它规制了银行监管机构的审批与许可权，为控制和规范监管机构最为要害的监管权能设置了牢靠的制度樊篱。人们可以预期，许可规则的实施和许可机制的运行，必将为中国银行监管法治发展提供巨大的推动力量。

一、制定重要审慎经营规则

契合国家宏观政策和有效银行监管原则，根据银行监管实际和立

---

① 保障公民权利、许可程序正当、许可权责一致和许可监督救济等内容，是中国行政许可制度的核心价值，中国银行业许可制度必须遵循和吸纳。参见姜明安：《行政许可法条文精释与案例解析》，人民法院出版社 2003 年版，第 1 ~ 8 页。

法需求,银行监管机构制定了诸多重要的审慎规则,改进了现代银行监管规则体系。

2006 年,银行监管机构在推动银行业法律法规建设的同时,根据国际上有效银行监管核心原则,立足中国政府宏观环境和银行监管发展现状,加强了银行业风险监管和功能监管方面的规则建设。① 银行监管机构制定审慎经营规则,其重要举措包括:配合国家宏观经济政策和产业政策,发布银行业风险监管指引指南;衔接国家货币汇率机制改革,制定商业银行外汇风险监管规则;顺应现代金融业发展和银行业务创新要求,形成了旨在鼓励、引导和规范银行业务创新的相关规则;等等。这些现代银行监管审慎规则,是中国有效银行监管规则体系的重要组成部分,其制定与运行,必将对中国银行业稳健发展发挥良好作用。

(一)风险监管规则

加强风险监管,制定合规风险与商业治理相关规则。为化解中国商业银行面临的较为严重的合规风险,引导银行业金融机构培育合规文化和改进流程管理,提高银行业合规风险监管的有效性,2006 年 3 月,银行监管机构制定了《商业银行合规风险管理指引》。指引涵盖了商业银行董事会、监事会、高管层、合规负责人、合规管理部门、合规管理职责、合规风险识别和合规风险管理流程等诸多内容;规定了商业银行合规政策、合规程序、合规指南、合规计划、合规评估报告和重大违规事件的报备、报送或者报告的具体要求;明确了银行监管机构

① 关于监管政策与监管规则受制或影响于国家宏观环境的观点,一份由 OECD 公共管理委员会出具并由 OECD 秘书处组织出版的专题报告提出了这样一个判断:“所有的监管政策都是基于经济原则、法律原则和公共管理原则的综合”。参见 Christopher Clague ed. ,Regulatory Policies in OECD Countries:From the Intervention to the Regulatory Governance,载 http://www. oecd. org/regreform/backgroundreports,最后访问日期:2007 年 1 月 6 日。

为实现商业银行合规风险监管而进行的非现场监管和现场检查的重点范围。

适应现代银行监管发展,指引突出规范了如下三个方面内容:(1)建设商业银行强有力的合规文化。合规管理是商业银行一项核心风险管理活动,其成效取决于商业银行决策层与高级管理层。合规风险管理指引认为,董事会和高级管理层应当确立正确的合规理念,提高全体员工的诚信意识与合规意识,促成商业银行形成良好的合规文化。(2)建立有效的合规风险管理体系。指引提出,董事会应当监督合规政策的有效实施,以及时有效地解决合规缺陷与隐患;高级管理层应当真实执行合规政策,建立合规管理部门的组织结构,并配备充分和适当的资源,确保发现违规事件时及时采取适当的纠正措施;合规管理部门应当在合规负责人的管理下,协助高级管理层有效管理合规风险,制定并执行风险为本的合规管理计划,实施合规风险识别和管理流程,开展员工的合规培训与教育。(3)构建有利于合规风险管理的基本制度。指引提出构建合规绩效考核、合规问责和诚信举报三项重要制度,加强了对管理人员的合规绩效考核,规定了惩罚合规管理失效行为、追究违规责任人员责任、奖励和保护举报有功者等相关措施。

为了有效遏制银行业案件多发高发态势,巩固商业治理和案件专项治理成果,银行监管机构以2005年发布的操作风险指引为基础,于2006年6月发出了《关于进一步加强案件风险防范工作的通知》。通知要求:(1)各银行业金融机构严格经营管理,强化银行业金融机构内部控制,加大合规合法方面的检查力度;(2)要求银行业金融机构建立健全案件责任追究制度,加大案件责任追究和“双向问责”力度,严格追究责任人和负责人的过错责任，严格追究业务管理部门和内部审计部门的失职责任；(3)银行业金融机构发生涉案金额百万元以上，且影响恶劣、后果严重的情形，上溯两级追究责任；(4)实行引咎辞职制度，银行业金融机构的分支机构发生大额且性质严重案件，其负责人必须先行引咎辞职，而后视案件查办结果再行处理。通知还提出，银行监管机构建立案件治理的内部监督与问责机制，对于案件查处方面督促、指导和检查不力的情形；对于未予落实案件专项治理责任制的情形；对于缺乏可行的案件专项治理计划与措施的情形；对于不及时提示案件风险隐患的情形；对于瞒报、漏报、迟报案件的情形；对于辖内案件发生率长期居高不下或者同类案件反复发生的情形；对于大案要案查处不力情形，上级监管机构均应追究下级监管机构及其责任人与负责人的相关责任。

(二)衔接宏观调控规则

对接宏观调控和产业发展政策，发布风险提示与指引。2006 年，银行监管机构遵循国家宏观调控政策，配合和衔接具体政策要求，发布了系列银行风险提示。一段时期以来，中国房地产投资规模过大，投资增长速度过快，不少房地产项目的巨大风险已经或者即将向商业银行转移，为了有效应对这一严峻形势，银行监管机构于 2006 年 7 月发布了《关于进一步加强房地产信贷管理的通知》，指导银行业金融机构加强和改进房地产信贷管理。该通知提出九项具体要求，包括严格禁止银行机构向项目资本金比例达不到 35%(不含经济适用房)、房地产开发资证不全或者其他不符合授信条件的房地产企业发放贷款等。通知有利于防止银行机构盲目授信或者授信过度集中，有利于防范土地储备授信风险，有利于加强和改进房地产授信的事后监督。

发展壮大中国中小企业是当前国家产业政策的重要内容，银行监管机构为了配合实施这一产业政策，于2006年10月发布了《商业银行小企业授信工作尽职指引（试行）》，指导商业银行加大对小企业信用扶持力度，对商业银行小企业授信进行了重点规范和调整。指引涵盖了商业银行授信调查尽职要求、授信审查尽职要求、授信审批尽职要求、授信后管理尽职要求、授信工作尽职评价要求等重要内容；提出了旨在应对授信过程存在的主要风险的系统性风险指标；规定了商业银行小企业授信业务人员应予履行的相关尽职要求；提示商业银行制定合乎小企业经营规律的授信政策，制订反映小企业授信风险特点的业务准则，实现小企业授信的差别化管理。指引的实施，有利于引导商业银行转变经营理念和创新授信机制；有利于商业银行改造授信流程和实行差别化授信管理；有利于构建小企业授信的新型平台，促进小企业授信的持续发展。

此外，为了支持新农村建设，满足农村市场主体的贷款需求，2006年银行监管机构先后发布了《农村信用社小企业信用贷款和联保贷款指引》和《关于印发农村合作金融机构社团贷款指引的通知》等监管规则，规范了农村信用合作机构的小企业信用贷款和联保贷款，明确了农村金融机构办理社团贷款业务应遵循的原则、程式和相关监管事项。①

① 2006年7月29日，中国银行业监管机构时任副主席唐双宁在“今日中国论坛·中国农村金融论坛”上发言指出，为适应社会主义新农村建设的要求，必须加快构建“功能改进、分工合理、产权明晰、监管有力”的农村金融服务体系，按照产权股份化方向改革农业银行；按照功能扩大化方向改革农业发展银行，扩大业务范围和服务领域，增强支农服务功能；按照经营现代化方向改革农村合作金融机构，用5～10年时间分期分批过渡为现代金融企业；按照机构企业化方向改革邮政储蓄机构，组建邮政储蓄银行，并进一步改进农村金融服务体系，全面提升农村金融服务水平。可以预计，中国农村银行业监管的规则建设步伐必将加快。参见唐双宁：《中国城乡金融发展的不平衡与加大农村投入的新思考》，载中国银行业监管机构官方网：http://www.cbrc.gov.cn，最后访问日期：2007年1月11日。

（三）制定外汇风险规则

策应货币汇率改革，制定银行业外汇风险监管规则。2005 年 7 月以来，中国人民币汇率形成机制和银行间外汇市场发生了系列变化，这对银行业金融机构的外汇经营和风险管理提出了新要求。作为外汇市场的主要参与主体，银行业金融机构既要适应人民币汇率机制和银行间外汇市场的变化，又要实施有效的外汇风险管理，实现银行外汇业务安全、稳健和良好发展。在政府监管层面，银行监管机构一直关注国家外汇政策的变化发展，特别重视银行业金融机构外汇风险管理的指导和规范。2005 年人民币汇率机制改革之前，银行监管机构即进行了银行外汇风险监管专题调查研究。2006 年年初，在加强与银行业互动基础上，银行监管机构发布了《关于进一步加强外汇风险管理的通知》，指导银行业金融机构强化外汇风险管理。

针对当前中国银行业机构外汇风险管理中面临的新挑战和存在的薄弱环节，通知提出了十个方面的具体指导意见。通知要求：(1)银行业机构应当高度重视、全面评估人民币汇率机制改革与银行间外汇市场发展对外汇业务、外汇风险可能带来的影响，进一步改进外汇风险管控机制；(2)银行业机构应当加强外汇风险管理领域的敞口头寸计算、交易限额、交易报价、系统建设、信用风险、操作风险、内部审计、衍生产品风险和风险管理人员配备等事项规范；(3)银行业机构应当构建和改进外汇风险管理体系，防止产生或者出现重大外汇交易损失。

（四）制定金融创新规则

适应现代金融发展，制定银行创新指导性规则。顺应现代金融发展形势，为了鼓励商业银行金融创新，防范银行业金融创新风险，2006

年11月,银行监管机构发布了《商业银行金融创新指引》。[①] 指引包括银行金融创新原则、运行机制、客户利益、风险管理和创新监管等内容。指引的基本理念是,对银行金融创新实行鼓励和规范并重,着力培育与防范风险并举,鼓励商业银行于审慎经营前提下加快金融创新,引导商业银行建立风险自我管控意识,提高风险控制水平,提升银行金融创新质量,从而促进金融创新持续健康发展。指引确立了合法合规、公平竞争、产权保护、成本可算、风险可控、注重风险管理以及维护金融消费者和投资者利益等商业银行金融创新需要遵循的相关原则。指引提出,金融创新与风险管理密不可分,风险管理是金融创新的内在要求和前置程序,商业银行董事会和高级管理层应当特别关注业务、风险、客户和交易对手,充分认识金融创新可能带来的各类风险,将金融创新风险管理纳入统一风险管理体系,制定改进的政策、程序和风险限额,确保金融创新与风险管理能力和专业水平相适应。

指引的显著特征在于,要求构建商业银行金融创新的高效运行机制。这种运行机制包括:商业银行董事会应当制定金融创新发展战略,并确保其与全行整体战略相一致;商业银行内部组织结构和业务流程应予优化,形成前台营销服务职能改进、中台风险控制严密、后台保障支持有力的业务运行架构;逐步改造现有的"部门银行",建立适应金融创新的"流程银行";商业银行应当加强操作规程、信息技术、人才支持、客户关系、绩效考评诸方面机制建设。指引的突出之处还在于,强调商业银行金融创新时充分维护金融消费者和投资者利益。

① 这是中国银行业监管史上第一次专门颁布规范性文件对商业银行的金融创新活动进行全面规范和引导,标志着中国银行业金融创新和创新监管将跨入一个新的发展阶段。参见唐双宁:《在〈商业银行金融创新指引〉新闻发布会上的讲话》,载中国银行业监管机构官方网:http://www.cbrc.gov.cn,最后访问日期:2007年1月11日。

其具体要求为，商业银行应当遵守行业行为准则，及时、准确、公平地进行信息披露，揭示创新产品的相关权利、义务和风险；商业银行应当履行必要的信托责任、注意义务和保密义务，为客户提供专业、客观和公平的创新业务意见；商业银行应当进行客户适合度评估，引导客户理性投资与消费；商业银行应当建立受理客户投诉、建议的有效渠道和处理机制，研究和处理客户对金融创新的潜在需求和改进建议，不断提高金融创新的服务质量和服务水平。

另外，为了有效规范银行代理保险业务，2006 年 3 月，银行监管机构会同保险监管机构发布了《关于规范银行代理保险业务的通知》。通知规制了银行代理保险业务的诸多事项，加强了代理机构资格、代理业务内容、代理手续费、产品销售和销售人员资格等方面的专业监管。

(五)制定信息安全规则

防控信息系统风险，制定电子银行监管规则。为了有效控制电子银行业务风险，2006 年年初，银行监管机构借鉴国际上电子银行业务监管的良好经验，发布了《电子银行业务管理办法》和《电子银行安全评估指引》两项监管规则。其中，该办法规范了电子银行业务申请与变更、风险管理、数据交换与转移、业务外包、跨境业务等监管事项；上述指引规范了安全评估机构、安全评估内容、安全评估实施等监管事项。该办法和指引的发布施行，有利于加强电子银行业务的政府监管，促进中国电子银行业务规范与健康发展。

为了实现对信息系统风险的识别、计量、评价、预警和控制，有效防范银行业金融机构运用信息系统进行业务处理、经营管理和内部控制过程中产生的风险，银行监管机构于 2006 年年底发布了《银行业金融机构信息系统风险管理指引》。该指引包括了机构职责、总体风险控制、研发风险控制、运行风险控制、外包风险控制和审计事项等监管内容。其立足于中国银行业发展的实际情况，借鉴了国际国内相关经验，具备如下特点：一是填补了中国银行业信息系统监管领域空白，有利于银行业金融机构规范信息系统风险管理，促进其内控水平和风险防范能力提升；二是以风险管理为纲，视信息安全和信息系统风险为目，实行一体化监管；三是舍弃单纯目标管理而重视风险过程化监管，从决策、研发、运行、维护和外包等环节进行风险控制，并对信息系统的整个生命周期进行风险审计；四是适应中国银行业金融机构多而信息系统风险管理发展不平衡的特点，提出了分级别、分档次和重视促进性的监管要求；五是加强了信息技术创新和知识产权保护。

二、法规清理和法规汇编

遵循当代银行业发展规律，根据监管规则诸多情势，银行监管机构集中力量开展法规清理，为银行监管法治进一步发展奠定了基础。银行监管规则现状和监管实践表明，银行监管机构必须开展银行监管法规清理工作，这种必要性与紧迫性主要体现在如下几个方面：

其一，解决目前银行监管规则矛盾与冲突，需要银行监管机构及时开展法规清理。考察微观与宏观两个层面，现行银行监管规则均存在不少突出问题。微观层面的问题主要是：一方面，银行监管规则有的过于烦琐，有的过于粗疏。一些职能部门在从《银行业监督管理法》等较宏观的规则中推导出具体规范时，随意性较大；而一些职能部门制定的监管规则和规范性文件，又过于抽象笼统。另一方面，银行监管规则的制定技术存在诸多瑕疵。中国银行监管规则制定技术性、科学性程度不高,具有明显的应景性特征。规则名称确定、条文表述、语言风格等制定技术问题突出。以监管规则名称为例,533 件规则中,名称即达 26 种之多,且许多名称不符合规则制定的技术要求。[①]宏观方面的问题主要是:一方面,法出多门,规则制定权限重叠交叉,规则冲突问题加剧。银行监管机构各职能部门竞相发布办法、规定和实施细则等监管规则,在基本实现有法可依的同时,也造成了规则重复制定问题,其中存在与上位法不一致、体例编排混乱、概念和标准用语不规范现象,相互矛盾和冲突的规定较多,造成实际操作困难重重。另一方面,立法空白甚多,不能适应履行职能需要。某些银行监管基本制度仍有空白,尤其是一些重要的、根本性的法律制度还没有建立,例如,存款保险制度、银行监管措施实施制度、市场退出制度等,现有的单行规则体系中均没有这些内容。以上种种问题表明,银行监管立法如若仍按照原来方法,行数量增加和逐步修改之老路,则只能是治标而不治本,唯有及时开展银行监管法规清理工作,才能逐步消除那些多年沉淀下来的规则弊端。

其二,处理相关银行监管规则适用问题,需要银行监管机构及时开展法规清理。银行监管体制改革至今,就银行监管依据的规则而言,其制定主体并不统一。例如,现今单行的 533 件监管规则中,有 285 件规则并非由银行监管机构制定的,占现行监管规则整体的 54%。银行监管机构如果继续实施监管规则,势必产生两个不协调:一是由于《银行业监督管理法》、央行法修正案、商业银行法修正案颁布实施,监管主体已经发生变化,规则制定主体与规则实施主体脱节,

① 2006 年 12 月,中国银行业监管机构形成了《改进中国银行业监管规则的名称》这一内部工作报告,对此方面问题作了非常详尽的探讨,以期采取相关措施,提高银行业监管规则的制定技术与质量。

二是银行监管机构成立前制定的许多历时久远的监管规则,已不能适应现今有效监管的要求和监管发展形势,从而影响现今银行业依法监管和有效监管。解决这两个问题,需要对这些明显存在适用性问题的监管规则予以废止或进行修改。由于规则修改和废止权分立,银行监管机构与有关政府部门协商还存在事实上的难度,这就造成短期内不能解决部分监管规则有效适用问题。更为深刻的是,银行监管领域还存在不少职责交叉问题,不仅影响到银行监管的有效性,而且降低了银行监管效率,导致监管重叠或监管真空的出现。解决这些复杂的银行监管规则适用问题,需要银行监管机构从规则层面寻找突破口,需要银行监管机构及时开展法规清理,策略地最大限度地将这类制约性问题化解。

其三,法规清理可行性与有效原则,要求银行监管机构适时开展法规清理。在中国政府法治实践中,有不少行业管理或监管部门于各自领域开展了法规清理,但由于有些部门是成立了数十年的管理机构,其规则制定与立法数量繁多,历史包袱背负过重,其法规清理的可行性与有效性大受影响。银行监管机构成立不过数年,虽然其规则制定与立法绝对数量达到了二百四十余件,但相对于其他历史久远的行业管理而言,规则制定与立法数量确实不多,清理与编纂任务不是太重,清理与编纂成本不是太高,具备及时开展法规清理的有利条件。

基于上述诸种原因,2005 年 3 月开始,银行监管机构即着手进行法规清理。其后,银行监管机构以实施法律工作规定为契机,集中了专门清理力量,加大了法规清理工作力度,截至 2006 年 12 月,银行监管法规清理收到了良好的实践成效。法规清理工作中,银行监管机构集中了相对稳定的专业力量,保障了法规清理需要的基本条件,确定了开展法规清理的可行思路,制定了详细的法规清理工作方案。法规清理过程中,银行监管机构划定清理范围,对现今数百件单行监管规则进行了基础清理,提出了初步清理意见,并将清理意见提交银行监管各层级机构以征求意见,在此基础上银行监管机构通过立法程序和规则制定程序,对现行银行监管规则进行了较大幅度的修改、删减、增补和废止工作,使银行监管规则体系步入全新的发展阶段。法规清理过程中,银行监管机构各参与清理法规相关主体,对法规清理做出了积极的评价和回应,各相关主体不但参与并完成了法规清理各项具体工作,而且就法规清理完成后的法规建设工作统一了认识,这为银行监管法治发展创造了主体条件。法规清理有利于银行监管者熟知银行监管规则现状,有利于发现现行监管规则中存在的问题,有利于研究并提出解决现行监管规则问题的具体办法,有利于银行监管系统接受实质性法制宣传教育,从而最终有利于推动银行监管法治的纵深发展。

根据银行监管法律工作规定,结合银行监管法规清理成果,银行监管机构进行了法规汇编,为银行监管规则体系的有效运行提供了支撑。

2006 年,银行监管机构于法规清理基础上进行了银行监管法规汇编,为银行监管规则体系的能动运行提供了外在条件。[①] 银行监管法规汇编目标确定为,以单行银行监管法律、法规、规章、规范性文件为工作对象,采用良好的法规汇编技术,汇总编辑一部银行监管法规手册。银行监管法规汇编范围划定为如下六项:银行监管机构发布的

① 关于法规汇编的价值和意义,立法学理论进行了系统的阐释。参见周旺生:《立法学》,法律出版社 2004 年版,第 391 ~ 395 页。

规章、规范性文件；银行监管法律，全国人大及其常委会通过的涉及银行监管的决议、决定和命令；银行监管行政法规，国务院发布的涉及银行监管的决定、命令；银行监管机构与其他政府部门联合发布的规章、规范性文件；司法机关发布的涉及银行监管的司法解释；涉及银行监管的国际条约、国际协定和谅解备忘录等文件。银行监管法规汇编体例安排为：以单行规则为单位予以汇编；按不同类型机构适用确定汇编主题；在同一主题中，以效力等级和发布时间为标准排序：按照法律、行政法规、规章及规范性文件排序后，依照发布时间先后排序相同效力与等级的单行规则。银行监管法规汇编还采用了中心词、页码序、关键词索引等现代法规汇编常用技术和国际上使用普遍的良好方法。

2006 年银行监管机构的法规汇编，主要具备如下特点：

一是权威。通过法规清理，对二百余件监管规则的部分或全部条款予以修改、增加或废止。所有清理修订工作，均严格依照法定程序进行。完成这些前期工作后，由银行监管机构法律部门统一编辑、审定和组织发行。

二是规范。清理修订工作中，将所有监管规则视为有机整体，严格遵循合法性、规范性、科学性原则。规范了单件规则的名称、中心词和专业术语；尤其规范了单件规则中监管机构、金融机构等称谓不统一的情形。

三是全面。收录了自银行监管机构成立以来制定的监管规则 248 件，其中，规章 25 件，规范性文件 223 件；收录了原由其他相关主体发布，由银行监管机构清理并重新公布的二百多件规章和文件；收录了银行监管法律、法规、司法解释和国际协定 33 件。

四是实用。法规汇编确定了以监管流程为主、机构监管为辅的体例安排方法;采用了多层目录、速查索引、结构图表等最新汇编技术;注意了主题排序、条文排序、页码排序等汇编常用技巧。进行银行监管法规汇编,有利于推进银行业依法监管;有利于实现监管规则的规范化、科学化、系统化;有利于促进银行监管机构、银行业金融机构和社会大众执行、遵守、运用银行监管规则;有利于银行监管规则体系的能动运行。

三、银行监管法律与相关立法协调

在国家法治框架下解决银行监管实践难题,推动银行监管质量立法,构造旨在加强银行监管法治整体性建树的新型规则体系。

中国现行宪法规定,国家推行依法治国方略,建设社会主义法治国家。中国政府发布了《全面推进依法行政实施纲要》,[①]提出了未来10年建设形成法治政府的政策主张。依法治国的宪法精神和依法行政的政策导向,构成了中国银行监管法治建设的实践背景和政府环境。在国家法治发展的宏大框架下,银行监管机构需要反思银行监管的法制历程与成败,需要确立当代银行监管法治的价值取向,需要从整体上谋求银行监管法治的制度建树。较长时期以来,中国银行监管机构更新监管理念,拓展适合国情的监管路径,推动银行监管法制化建设,业已取得举世瞩目的现实成就,但毋庸讳言,银行监管法制还存在不少问题,不能不引起银行监管机构的高度重视。银行监管法制中存在的问题主要有两项:一是银行监管规则制定方面,缺乏对银行监

---

① 2004 年 3 月 22 日,国务院发布《全面推进依法行政实施纲要》。经 2004 年 3 月 16 日国务院第 43 次常务会议审议通过,规定了 11 个方面的内容,共 42 条,是当前中国依法行政方面的纲领性政策文件。

管规则体系框架的总体把握,上下位规则之间协调衔接不够而造成规范矛盾与冲突,部分规则的可操作性和执行性有待改进;二是银行监管规则执行方面,规则颁布实施以后,没有开展有效的后续评价工作,导致规则执行效果不明,规则中存在的问题和改进意见不能及时反馈。毫无疑问,欲应对并解决上述银行监管法制实践难题,欲顺应并融入国家法治建设进程,银行监管机构就应该迎难而上,就应该厉行银行监管法治,就应该进行细致而可贵的制度探索。

基于法治一般理论,人们不难发现,银行监管法治的基础在于完备的法制,即建立体系完整、规范齐全、整体协调的监管规则体系;银行监管法治的要害在于规则的真实运行,即规则能够真正获得尊重和执行,成为银行监管活动的终极权威;银行监管法治更深层次内容则在于,监管规则必须蕴含法治价值取向,成为有效调整银行监管活动和保障相关主体合法权益的科学规范体系。为了描绘银行业“良法善治”的美好图景,吸取国际上发达国家先进监管法治经验,银行监管机构制定并于 2006 年 2 月 1 日开始实施《法律工作规定》。《法律工作规定》的制定与实施,标志着银行监管法治建设进入崭新的发展阶段。

《法律工作规定》的调整对象是,中国银行监管机构为履行监管职责,执行法律和行政法规,制定、执行规章和规范性文件的活动以及相关保障工作。其中,法律工作主要包括两项内容:其一为银行监管机构起草法律、行政法规和制定规章、规范性文件;其二为银行监管相关主体执行法律、法规、规章和规范性文件。法律工作规定的规制范围确定为,银行监管机构法律事务活动的两个阶段与六个环节。其中,两个阶段为监管规则制定阶段与监管规则执行阶段;六个环节为监管规则的规划立项、论证起草、审查公布、解释咨询、检查评价和清理汇编环节。基于上述调整对象和规制范围,《法律工作规定》还确定了诸多重要原则。这些原则包括:

一是依法、高效、规范、公开原则。依法是监管法律工作的核心所在,法律工作应当符合法律法规之规定,确保法律工作的合法性;高效是监管法律工作追求的基本目标,法律工作应当有效支撑监管工作的开展,促进银行业的发展;规范是监管法律工作的内在要求,严谨统一的标准和程序是提高法律工作水平的基础;公开是监管法律工作的实施准则,公开才能确立法律工作的权威,保障法律工作的顺利进行。

二是统一规范、分工协作、分级负责原则。如何协调银行监管机构各内设部门之间与各层级机构之间的法律工作,是需要重点规范的问题。统一规范是指银行监管机构全系统均应根据法律工作规定要求有条不紊地开展监管法律工作;分工协作是指监管法律工作涉及的各内设部门应当各司其责,同时相互配合;分级负责是指银行监管机构的各层级机构均应根据各自职责,分别做好辖内的监管法律工作。

三是注重规划性、系统性、针对性和可操作性原则。这一原则旨在指导银行监管机构的监管立法与规则制定工作。鉴于银行监管规章和规范性文件制定工作中存在突出问题;鉴于监管规则制定工作缺乏统筹安排,监管规则之间衔接协调不够;鉴于监管规则制定缺乏深入研究论证,部分监管规则实施效果不佳,法律工作规定明确要求,应当重视和强化银行监管规则的规划性、系统性、针对性和可操作性。

《法律工作规定》重点构建了六项具体制度,其中有三项具体制度属于银行监管法制创新。[①]

一是规划立项制度。这一制度要求,银行监管机构应该在研究有效银行监管法律体系框架的基础上,根据中国银行业发展和监管需要,借鉴国际银行业的通行惯例和良好做法,制定立法规划。立法规划内容包括制定、修改银行业规章的规划,以及制定、修订或废止法律、行政法规的建议等。这一制度还要求,银行监管机构各内设部门根据履行职责的需要,认为需要制定或修改银行业规章的,应当申请列入银行业立法规划,向银行监管机构法律部门提出规章立项申请。规章立项申请包括制定或修改规章的必要性、所要解决的主要问题、拟确定的主要制度等内容。

二是论证起草制度。这一制度要求,银行监管机构在规章起草过程中,应当进行充分论证。论证方式包括召开座谈会和研讨会,开展专题调研等。论证目的在于广泛吸收借鉴国内外有关相关经验,听取社会各界对有关重要问题的各种意见,论证有关规范意见的合法性、协调性和可操作性。论证应当形成论证报告,其内容包括论证事项、论证过程、对于论证事项的各方面意见以及论证结论与理由等。这一制度还要求,银行监管机构各内设部门各司其责,起草属于其职责范围内的规章,并且遵循相关起草技术规范。起草规章应当注意规章名称的规范,规章名称应当有利于理解规章内容及其效力,有利于规章清理和汇编;起草规章应当注意规章结构的规范,规章应当结构完整且逻辑严密;起草规章应当注意规章内容的规范,规章内容应当符合

---

① 中国银行业监管机构于2005年11月颁布《法律工作规定》,建立了旨在统一监管法制的系列制度,其中,规则制定方面有规划、立项、论证、起草、审查、公布、解释等制度,实施法律和执行规则方面有咨询、检查、评价、清理、汇编等制度。事实表明,银行业监管当局于中央政府机构序列中首次进行了较为完整的法制建构,对政府监管法制乃至国家法治建设势必产生积极影响。

法律、行政法规的规定，应当完备、周全和科学，应当用恰当的语言文字予以表述。

三是审查公布制度。这一制度要求，银行监管规章草案起草完毕之后，应当交由银行监管机构法律部门统一审查。建立规章的统一审查制度有助于保证银行业规章的合法性，保持银行业法制的统一，保障银行业规章之间的协调性。这一制度还要求，必须严格规章的审查程序，设定规章审查中的不予审查的情形、予以审查的情形和相关审查标准。其中审查标准涉及规章整体构思、规章内容、条文表述、起草程序、体系协调和规章适用等领域。这一制度还规定了规章的公布程序和规范性文件的审查和备案。

四是解释咨询制度。这一制度规定了规章需要解释的情形、解释原则和解释程序，并设定了规范性文件的解释。这一制度还规定了法律咨询工作，设定了咨询管辖、咨询形式和咨询意见的统一性内容。

五是检查评价制度。这一制度是指，银行监管机构对银行业法律、行政法规、规章、其他规范性文件的立法质量和执行效果进行检查、评估的制度。通过评价银行业法律、行政法规、规章、其他规范性文件的实施效果，可以检验银行业立法的水平，检查银行业监督管理机构的执法水平，发现银行业法律、行政法规、规章、其他规范性文件制定和执行过程中存在的问题，从而能够有的放矢，有针对性地加以解决。这一制度还设定了合法性、协调性、可操作性、实效性、完备性、推广度和守法率七个方面的检查评价标准；规范了年度检查评价、专项检查评价和其他检查评价实施方式；规定了检查评价报告形式、内容和报告事项。

六是清理汇编制度。这一制度规定，银行监管机构应当建立银行监管法规清理制度，设定了银行监管规则的修改、废止和增补机制。这一制度还要求，银行监管机构应当结合法规清理结果，对银行业法律、行政法规、规章、规范性文件定期予以分类、整理和汇编，以有利于广大公众了解、查阅和运用，有利于监管工作的顺利开展。上述诸项具体制度中，立法规划、规章审查和检查评价三项制度属于银行监管法制创新。这些制度表明，银行监管机构通过可贵的制度探索，为银行监管法治乃至国家法治建设作出了突出的制度贡献。

《法律工作规定》的颁布实施，具有重大的银行监管法治意义。其一，它构建了银行监管质量立法的规则体系，在体系中确定银行监管规则文本的结构形式和规则制定的技术标准。开展质量立法是一种最为根本的规范规则制定活动的制度途径。在国际上，许多国家和地区都制定了相对精致的关于立法与规则制定的技术标准的法律。例如，1976 年 2 月，罗马尼亚颁布了《罗马尼亚规范性文件草案的制定和系统化的立法技术总方法》，对规则制定的技术和方法作出完整规范。又如，1983 年 6 月，美国制定了《美国统一州法典委员会统一和标准法案起草规则》，对法案起草提出了具体详尽的技术标准。在中国台湾地区，1970 年 8 月，立法机构颁布了“中央法规标准法”和“行政机关法制作业应注意事项”，对法规制定、施行、适用、修正、废止等关涉立法质量的事项作出规范。[①] 中国现行立法中，已颁行的关于立法质量的规则有《立法法》《行政法规制定程序条例》《规章制定程序条例》《法规规章备案条例》等，这些规则对提高立法质量起到了一定的积极作用。但是，这些法律法规中，《立法法》主要解决的问题是实体性质的立法权力的划分和规范，两个程序条例主要解决的问题是

---

① 参见周旺生:《立法研究》(第 1 卷)，法律出版社 2000 年版，第 509 ~ 586 页。

程序性质的立法权力的行使和规范,备案条例主要解决的问题是纠错性质的立法权力的监督和规范,四部法律法规对立法和规则制定的文本结构形式和立法技术标准都没有涉及。因而可以认为,在缺乏上位法指导的情况下,中国银行监管机构在国务院部门序列中于法制工作层面锐意创新,率先构建了意在提高规则制定质量的部分制度。其二,它形成了银行监管规则制定与起草的综合规范机制,为改进银行监管规则体系和提升银行监管规则质量提供了可靠保障。这三个机制包括:一是建设专门的银行监管规则制定与起草队伍,使规则起草者奉行规则规范化观念,提高规则制定与起草技术,是谓事前规范机制;二是推行严格的银行监管规则审查论证制度,使规则起草者与审查论证者相对分离,在规则起草、审查、论证等规则制定过程中去劣存良,是即事中规范机制;三是进行定期或较长时期的银行监管法规清理活动,结合银行监管规则与立法的规划、汇编、编纂工作,改进监管规则文本结构形式,是为事后规范机制。这些机制的构建和推行,使中国银行监管质量立法由零星的规则规范转化为系统的规则制度,由静态的规则体系转化为动态的运作过程,从而为实现质量立法奠定了良好基础。其三,它是国际国内立法经验的科学总结,它折射了法治国家和法治政府的制度光芒,它为银行监管法治的真切实现作出了可贵的规则贡献。世界主要发达国家和地区的监管当局,均重视制定监管规则和确定监管标准,均重视监管规则执行的跟踪评价与及时改进。例如美国,其监管规则成本分析已经成为法定要求,各联邦金融监管机构均着力于听取和分析被监管对象及社会公众对于监管负担的意见,均着力于总结监管经验和教训并适时加以改进。中国银行监管机构实施的法律工作规定,就引入了成本效益分析的规则经验,具备了现代规则与制度必须具备的科学精神。更为实质的是，当今银行监管中的法律工作规定全面贯彻了依法治国的宪法精神和依法行政的政策导向，它为依法、高效、规范、公开、科学、合理地调整银行监管法律关系确立了制度典范，它为全面提升银行监管机构的法治水准拓展了制度路径，它的制定与能动实施，必将为银行监管法治乃至国家法治建设产生重大的理论与实践影响。

银行监管机构反映银行业发展的立法需求，参与和银行监管相关的国家立法，为银行监管法治发展营造了良好的外部环境。

2006 年 8 月，国家立法机构通过了新的《企业破产法》。新《企业破产法》涵盖了申请、受理、管理人、债务人财产、破产费用、共益债务、债权申报、债权人会议、重整、和解、破产清算和法律责任等企业破产方面的实体与程序内容。新《企业破产法》于诸多层面实现了重大突破，具体表现为：

第一，在法律适用范围上，新《企业破产法》覆盖了所有的企业法人，对国有企业与非国有企业、上市公司与非上市公司、金融机构与非金融机构的破产问题进行了统一的法律规范。

第二，新《企业破产法》第一次引进了市场化的管理人制度。

第三，新《企业破产法》强调债权人自治，强化了债权人会议的职权，创设了债权人委员会、债权申报、债权人会议等新型制度，强调并强化在清算和重整程序中保护债权人利益。

第四，第一次引进了国际上破产法中的重整制度，使得新《企业破产法》不仅是一个清算法与市场退出法，而且是一个市场主体的复兴法、拯救法与再生法。

第五，新《企业破产法》强调对于欺诈性破产的预防与打击，对预防、阻止恶意破产与欺诈性破产的事项予以更严格规制。

第六,新《企业破产法》对金融机构的破产做出了原则性规定。在新《企业破产法》制定过程中,银行监管机构就涉及银行监管的诸多重大问题向国家立法机构反映了意见。例如,新《企业破产法》有关担保债权和职工债权在清算中的清偿顺序问题,曾在立法过程中引发很大争议,国家立法机构在听取银行监管机构和其他各方主体意见的基础上,综合考量了国际经验、金融债权人与广大储户利益、银行金融风险与安全等诸多因素,最终在新《企业破产法》中作出了比较平衡的规定。

2006 年 6 月,国家立法机构通过了《中华人民共和国刑法修正案(六)》。在《刑法修正案》的 21 条规定中,涉及金融犯罪的共 10 条,涉及银行业金融犯罪的共 7 条。《刑法修正案》征求意见过程中,银行监管机构结合银行监管实际,向国家立法机构反映了银行业犯罪治理方面的立法需求,获得了国家层面的立法支持。《刑法修正案》对银行业犯罪治理做出了重点规范,其内容具体包括:一是打击外部侵害银行的犯罪行为,主要包括虚假信用申请和虚假破产等方面的犯罪惩治;二是打击银行内部的犯罪行为,主要包括擅自运用客户资金或者其他委托信托财产、违反国家规定发放贷款、吸收客户资金不入账和违规为他人出具资信证明等方面的犯罪惩治。《刑法修正案》为中国银行业进一步发展创造了良好的外部法律环境,其发布实施,有利于降低银行业信用风险,有利于保护存款人、委托人和社会公众利益,有利于维护金融竞争秩序和保障银行业稳健发展。

银行业依法监管前瞻[①]

提示:本文对比了中国银行业监管目标和国际范围内银行监管的成功经验,提出了中国银行业依法监管可能呈现的十个发展态势。

第一,银行监管立法将愈益体现现代法品格。人权、自由、平等、安全和秩序等现代法律的基本价值将得到更好的体现。

第二,监管立法对监管关系调整将趋于谦抑。刑罚在法律体系中的谦抑性为法律学者所熟知,而本篇明确提出银行监管立法的谦抑性,表现在:监管立法对银行从业人员权利与自由的干预更符合法治要求的比例原则,银行监管将注重规则的成本—收益分析,监管手段和措施会更注重引导被监管机构强化内控与公司治理,普适性的规则更多地依赖司法实施而非监管。

第三,公众参与和透明度建设将法治化。监管措施的听证、监管法规公开征求意见、规则制定将不断制度化。

第四,问责制将得以构建并促进监管法治。监管者的乱作为与不作为都将承担责任,责任追究将制度化,成为责任政府的重要一环。

第五,内部纠错与救济机制将更加灵便有效。外部监督与权利救济、内部监督与权利救济都将强化。

---

① 2009年3月研究手稿。

第六,规则体系将因改进、补充而更加健全。政策性银行和邮政银行监管、信托业和融资租赁业规则、不良资产处置、银行业金融机构市场退出和银行存款保险五个方面的立法将会出台并改进,内外资银行监管标准将趋于统一。

第七,立法规划制度将使规则更具备前瞻性,规则制定会明确短期、中期和长期目标,规则的科学性和透明度将提升。

第八,法治指标与评估体系必将确立并运行。

第九,依法监管因全球化影响而面临新课题。

第十,规则制定技术将得到进一步提高。

中国银行业依法监管虽然取得了来之不易的诸多制度性成就,但较之银行监管法治目标的实现,较之银行业进一步发展的现实要求,较之国际范围内银行监管的良好做法,中国银行监管还有一定的距离,必须进一步改进和推进依法监管事业。展望21世纪,应对新形势,我们认为,中国银行业依法监管将整体上呈现出下列十个方面的发展态势。

一、银行监管立法将愈益体现现代法品格

这种现代法品格与属性,集中体现为现代法的价值取向和行政法治精神。

人权、自由、平等、安全和秩序等是现代法的基本价值所在,是现代国家立法的指引和导向。没有或缺失这些核心价值的法律,不会被人们视为良法,也难以得到社会的普遍崇尚和遵循。正如美国法理学家博登海默所言:“尽管因社会和救济制度的特定性质不同而引起的表现形式也不尽相同,我却依然相信,一种完全无视或忽视上述某些

价值的一个价值或多个价值的社会秩序,不能被认为是一种真正的法律秩序。"[①]不仅如此,在现代成熟的法律规则体系中,这些基本价值在总体上应当是均衡并重的;它们不应被孤立与排他地作为法律的理想价值目标,而应当相互依存且各居其所。[②] 改革开放以来,中国的银行监管立法和规则制定,虽然整体上日益重视现代法价值和法治精神,但还是存在不少价值取向方面的深层次问题。随着国家法治进程加快,为适应现代行政法治要求,监管立法中这些对现代法价值取向不明的问题将得到不同程度的解决,对现代法的一种或多种价值的忽视或偏离的情况也将会发生实质性改观。与此同时,中国银行业依法监管,将实现由法制到法治的深刻转型:长期以来的重规则制定轻规则运行的误区将逐步被消除;银行监管规则将朝着良法目标迈进;银行监管立法将更加体现民众的利益诉求;银行监管规则将进一步获得银行机构和社会大众的尊重;监管规则的执行力将大为提升,整个规则体系有望在监管实践中进一步真实运行。总之,随着中国民主法治进程的不断推进,社会成员民主法治意识日益增强,中国银行监管必将愈益体现现代法的价值取向和法治精神。

二、监管立法对监管关系调整将趋于谦抑

法理上所言谦抑,是指法律与规则的缩减或压缩。银行监管立法的谦抑性,主要包括监管规则调整广度与规制强度的缩减或压缩。具体来说,[③]银行监管立法的谦抑性将体现在如下几个方面:

---

① [美]E. 博登海默:《法理学——法律哲学与法律方法》,邓正来译,中国政法大学出版社 1999 年版,"笔者致中文版前言"。

② 郭道晖主编:《当代中国立法》(上),中国民主法制出版社 1998 年版,第 73 页。

③ 甘雨沛、何鹏:《外国刑法学》(上),北京大学出版社 1984 年版,第 175 页。

第一，银行监管立法对银行业从业人员的权利与自由的干预将更符合法治要求的比例原则。比例原则的实质在于要求监管方法与目的之间保持均衡，它包含三个层级原则：即适当性、必要性与衡量性原则。适当性原则要求监管权力的行使应当适合监管目的之实现；必要性原则要求监管权力的行使不得超越实现监管目的所必需的程度；衡量性原则要求监管者行使监管权力时充分衡量手段与目的之间的利害关系。随着中国对基本人权和公民权利保障力度的加强，行政法治极为推崇的比例原则将在银行监管中得到更好地贯彻。

第二，银行监管需要进行成本效益分析，监管者不能对银行市场予以不当干预、限制和规制。从世界范围的政府监管发展过程来看，政府实施专门监管，很大程度上是政府希望运用监管制度解决市场失灵的结果。但政府监管实践表明，政府过度干预往往会造成社会资源的极大浪费，使监管成本远远高于收益，也即出现政府失灵的状况。现代政府监管理论认为，政府是否需要监管和干预，可以经过三个步骤检验：其一是必须证实市场失灵确已发生；其二是检验政府的潜在监管能否减少不合理的资源配置；其三是必须证明监管政策的潜在效益足够为可能导致的也许属于无效配置的市场干预开脱责任。[①] 中国当前的银行监管仍带有过度干预的痕迹，随着银行市场的发展，银行监管将更好地实现有效监管与放松管制相结合。

第三，银行监管将进一步改变监管手段和措施，将更加注意引导银行机构加强内部控制和公司治理。较长时期里，监管机构还没有放弃原来的主要靠行政手段对银行机构予以直接控制的监管方式，市场纪律和银行自律的重要性没有在监管中得到充分体现。当前中国国

---

① ［美］丹尼尔·F. 史普博：《管制与市场》，余晖等译，上海三联书店、上海人民出版社 1999 年版，第 4 页。

有银行的市场化改革已进入关键阶段，改革的每一步都将异常艰难，也将付出相当大的改革成本。如何保障商业银行改革取得成功，如何从根本上解决公司治理和业务创新等问题，如何进一步改变监管方式和措施，是银行监管机构需要解决的重大问题。

第四，对于通过中央权力机关制定法律或通过中央司法机关适用法律即可调整的银行监管事项，中央行政机关和银行监管机构将可能不再加以规范。鉴于权力机关代表广泛的民意，其立法具备普遍意义的权威性，对于时机已经成熟的重要的银行监管事项，中央行政机关和银行监管机构应考虑提请中央权力机关制定法律；对于银行监管法律已经做出规定的监管事项，没有必要囿于形式完备要求而在监管法规与规章中照抄照搬；对于银行监管法律的规定中需要解释的问题，应尽可能由司法解释或法院通过裁判加以解决，而不必一律由中央行政机关或银行监管机构作出补充规定。

三、公众参与和透明度建设必将法治化

政府立法与规则制定过程中，社会民众参与程度如何，关系国家民主与法治的进程，关涉中国法治政府建设大局及其成败。[①] 中国《立法法》《法规与规章制定程序体例》等法律法规，已对政府立法与规则制定中的公众参与做出了相应规定。《立法法》要求，立法应当体现人民的意志，发扬社会主义民主，保障社会公众通过多种途径参与立

① 所谓公众参与，是指政府之外的个人或社会组织通过一系列正式的和非正式的途径直接参与到政府立法、规则制定和公共决策中，其含义包括公众在立法、规则制定和公共政策形成和实施过程中直接施加影响的各种行为的总和。现代政治学、法学理论认为，之所以在立法、规则制定和公共决策中提倡公众参与，是因为它是民主的基本要求，尤其是代议制民主的必要补充形式。在利益日益分散、需求更为多元、决策过程更为复杂的今天，立法与决策机关难以通过其有限的知识和自身能力作出符合公众广泛需求的决策，其代表性的天然不足更使决策过程欠缺合法性与合理性的基础，而公众参与则能更好地解决这些问题。参见北京大学公众参与研究与支持中心：《公众参与的含义与必要性》，载 http://www.cppss.cn/zn/detail.asp，最后访问日期：2007 年 2 月 2 日。

法活动。行政法规与规章制定两个程序条例规定，起草行政法规，应当深入调查研究，总结实践经验，广泛听取有关机关、组织和公民的意见。中国政府推进依法行政的纲要提出，在政府立法与规则制定中，要改进立法与规则制定方法，扩大政府立法与规则制定中的公众参与程度。中国早先的银行监管立法与规则制定过程中，银行管理机关和监管机构起着绝对的主导作用，银行监管立法与规则制定于公开、透明方面的机制保障不足，使银行监管立法与规则效果大打折扣，银行监管规章和其他规则的执行情况并不尽如人意。近年来，随着依法行政法治理念的逐步实现，银行监管立法与规则制定过程中，银行监管机构积极探索了不同形式的“开门立法”的方式和途径，比较普遍的方式和途径包括：召开银行监管立法相关的座谈会和论证会；于银行监管机构官方网站或大众媒介上发布信息以征集社会公众意见；注重采用听证会等形式允许各方主体对立法热点和难点各抒己见。改进中国银行监管立法与规则制定中的公众参与和透明度方面的规范体系，必然是中国银行业依法监管发展的战略重点。具体可能从如下层面加强规范建设：一是通过设置具体程序，赋予并保障社会公众参与银行监管立法与规则制定的权利，防止、约束银行监管机构的随意性、简略化和形式化。二是借鉴发达国家公众参与立法的良好做法，建立关于听取、吸收和采纳公众意见的说明与反馈制度，保障社会公众真实享有银行监管立法与规则制定的参与权。三是对于银行监管法律、法规、规章以及其他规范性文件的制定、修订或者废止等方面，赋予社会公众提出启动要求、意见和建议的权利。四是对于银行监管机构推动或者启动的银行监管法律、法规、规章和规范性文件的制定、修改和废除等事项,赋予并保障社会公众享有知情权。[①] 上述具体制度的构建及其发展,是新时期银行监管立法与规则制定的良好趋势,其能动实现,必然对改进公众参与方式和提高银行监管立法透明度等方面发挥实质作用。

四、问责制将得以构建并促进监管法治

推行行政问责制、建设责任政府,对制约公权力、推动政府工作高效廉洁具有重要意义。在当前及今后一段时期内,加快行政问责制度建设,既是转变政府职能的重要任务,也是社会公众的迫切要求。近年以来,按照党中央要求,随着政府管理体制改革的不断深化,中国行政问责在理论、实践和制度建设上都取得了一定的进展。2003 年 8 月长沙发布实施国内首个政府行政问责规则,之后,天津、重庆、成都、深圳等市和海南、河北、广西和甘肃等省区先后出台了行政问责的相关规则,[②]地方政府层面已次第展开了行政问责的制度化构建,这已成为中国建设责任政府的鲜活而真切的政府实践。基于日渐发展的地方政府实践,出于建设责任政府和深化政府管理改革需要,第十届全国人大第四次会议上的《政府工作报告》指出,要"建立健全行政问责制,提高政府执行力和公信力"。2006 年 9 月,时任总理温家宝在"加强政府自身建设,推进政府管理创新"电视电话会议上的讲话中再次强调,要"按照权责一致、依法有序、民主公开、客观公正的原则,加快建立以行政首长为重点的行政问责制度"。可以预期,在推进行政问

① 政府立法透明度建设有两个核心内容,一是信息公开,二是公众参与。全世界已经有 60 多个国家颁布了信息自由法或政府信息公开法,中国有超过 30 个省市公布了类似的地方性法规或规章。这些规则建设有利于保障政府立法、规则制定和公共决策方面的公众参与。参见贺诗礼等录制:《走向开放的政府——政府信息公开与公众参与制度的改革》,载 http://www.cppss.cn/zn/detail.asp,最后访问日期:2007 年 2 月 2 日。

② 唐铁汉:《我国开展行政问责制的理论与实践》,载《中国行政管理》2007 年第 1 期。

责制度的政府宏观背景下，中国银行监管问责制度势必得以构建，并将在银行监管再监督方面发挥重要作用。中国推行银行监管问责制度，必然要兼顾如下制度化重点：一是将监管问责与依法监管结合起来；二是将监管问责制与开展监管绩效评估结合起来；三是将监管问责制与监管监察、审计结合起来；四是将监管问责制与监管事务公开结合起来。中国推行银行监管问责制度，其核心在于建立健全银行监管责任体系和银行监管问责体系。根据《银行业监督管理法》和相关法律法规，中国已形成了银行业监管许可、机构准入、高管监管、现场检查、监管处罚等方面的监管责任体系；根据政府问责制度的基本原理，中国应当建立健全旨在主要问责各层级银行监管机构负责人的监管问责制度。当前，银行监管机构发布了监管者履职问责暂行办法，初步建立了银行监管者履职问责机制，但这一制度与机制侧重于银行监管系统所有工作人员的履职问责，大抵是对应于国家行政监察方面的具体制度构建。故而建立契合现代政府问责制度要求的旨在规范各层级监管机构负责人的问责制度，必将是推进和发展银行监管问责制度的要害。

五、内部纠错与救济机制将更加灵便有效

随着现代行政权与监管权的扩张，制度层面对行政权与监管权的监督控制的广度与深度也得到了加强，对行政权与监管权不当或违法行使而使公民合法权益受到侵害的情形提供救济的机制也愈加发达。现代政府管理中，对行政权与监管权的法制监督与公民权利救济机制主要有两种：一是外部监督与权利救济，即通过司法审查对行政行为和监管行为进行监督和规范，对损害公民合法权益的不当或违法行为

提供救济；二是内部监督与权利救济，即通过行政机关和监管机构内部复查对行政行为和监管行为进行纠错和监督，对损害公民合法权益的不当或违法行为提供救济。在中国银行监管中，外部监督和权利救济主要通过行政诉讼得以进行，内部监督和权利救济主要通过行政复议予以开展。随着国家推行依法行政，随着银行监管推行依法监管，这两种监督与救济制度都将得到进一步强化。而且，根据当前法治发展情况，国家很可能重点加强政府内部的监督与救济制度，[①]可以预计，银行机构内部监督、纠错与救济机制将变得更加灵便有效。

六、规则体系将因改进、补充而更为健全

当前中国银行监管领域还存在一定程度的立法空白，需要立法机关和银行监管机构共同加快立法进程。具体说来，未来一段时间将有以下 6 个方面的银行监管立法得到改进：一是政策性银行和邮政银行的监管立法。该项立法旨在确立政策性银行和邮政银行的法律地位，界定业务范围，明确经营目标，强化监管机制，以推进银行体制改革。二是信托业和融资租赁业的监管立法。该项立法旨在明确信托业和金融租赁业的监管体制，指明其业务方向，引导其规范发展。三是不良资产处置方面的监管立法。该项立法旨在规范商业银行、金融资产管理公司、机构投资人的管理和处置不良资产的行为，提高中介服务质量，培育资产处置市场机制。四是银行金融机构市场退出方面的监

---

① 作为政府自我纠错、满足民众合法诉求的重要机制，行政复议工作仍需不断改进。2006 年 12 月 2 日至 3 日，中央各部委，全国各省、自治区、直辖市分管法制工作的负责人共聚重庆，举行全国行政复议工作座谈会，总结交流《行政复议法》实施以来特别是近年来全国行政复议工作的做法和成效，研究当前存在的问题，商讨如何进一步加强行政复议工作。这是当前进一步加强政府内部纠错与救济制度建设的一个信号。载重庆市政府门户网：http://www.cq.gov.cn/jjsh/cqyw/20061204128.HTM，最后访问日期：2007 年 2 月 2 日。关于加强行政复议工作的迹象，还可参见华建敏：《加强行政复议工作，促进社会和谐稳定》，载 http://www.publiclaw.cn/index.asp，最后访问日期：2007 年 2 月 2 日。

管立法。该项立法旨在规范银行金融机构以接管、关闭、撤销、破产等方式退出市场时的资产清算、债务清偿以及相关程序问题，保护债权人利益，保障有序退出。五是存款保险方面的监管立法。该项立法旨在建立存款保险制度，强化银行金融机构的市场自律。六是形成内、外资银行统一标准的相关规则。在保障金融稳定的前提下，放松对外资银行机构与业务方面的管制，放弃或修正过去"内外有别"的监管制度，及时建立、健全相关标准统一的规范。这些监管规则的补充和改进，将进一步改进中国现代银行监管法律规则体系。

七、立法规划制度将使规则更具备前瞻性

为使银行监管满足现代银行发展的实际需要，提高银行监管立法质量和立法效率，落实依法行政和依法监管要求，2006 年 2 月开始，监管机构根据《银行业监管机构法律工作规定》，在研究有效银行业监管法律体系框架基础上，总结和借鉴国内外银行业监管的良好做法，开展了银行监管中长期立法规划工作。[①] 立法规划遵循了依法、可行性、重点突出与科学合理四个原则，按照逐步推进的方法，确定了未来银行监管立法的短期目标、中期目标和长期目标。具体表述为：

第一，短期目标。在 1 ~ 2 年内完成入世过渡期结束后的法规衔接工作，确保银行业立法符合中国的入世具体承诺和世界贸易组织对成员国法律的原则要求。

第二，中期目标。未来 5 ~ 8 年，对照《有效银行监管核心原则》的要求，形成结构完整、体系统一的银行业审慎监管规则体系，使银行业金融机构的安全稳健运行得到充分保障。

---

① 关于立法规划的一般理论，参见周旺生：《立法学》，法律出版社 2004 年版，第 296 ~ 307 页。

第三,长期目标。在已有银行监管法律规则体系的基础上,填补相关规则空白,着力构建一个由法律、行政法规和规章三个层次构成,包括银行业金融机构设立和运行规则以及监管行为规范两大方面内容,通过规范性文件具体实施的层次清晰、内容完整、体系统一、开放透明的银行业法律体系。立法规划制度的推行,将使中国银行监管规则更加具备前瞻性和科学性,最终有利于银行监管事业的长足发展。

八、法治指标与评价体系必将确立并运行

目前,中国政府推进依法行政虽然取得了较为显著的成效,但仍然存在不同程度的形式化、口号化、实用化和利益化倾向,这些法治发展中面临的问题和困难,需要政府切实采取有力措施,构建中国依法行政和法治政府建设的评价体系。[①] 在政府法治评价体系构建过程中,中国银行业依法监管必将建立和改进相关指标和评价制度,并且,这一制度必将因其真实运行而推动中国银行监管法治向纵深发展。银行监管法治指标与评价体系,是由反映银行监管法治本质要求、具有内在关联的指标和评价制度组成的检测系统。它以细化、量化和落实银行监管法治要求为着眼点,运用科学的标准和制度,选择和确定有代表性的运作机制,组成银行监管的指标评价体系,综合测算银行业依法监管水平,寻找推进银行业依法监管和银行监管法治建设中面临的问题及其解决对策。银行监管法治的指标与评价体系具有重要的法治意义和实践价值,具体而言,其意义与价值涵盖如下几个方面:

① 所谓法治政府指标体系,是由反映法治政府本质要求、具有内在关联的指标组成的评价系统。它是引导、评价和预测中国法治政府建设的一把标尺,对依法行政的推进具有重要意义和价值。当前,中国的法治政府指标体系的理论研究正处于可贵的探索阶段。参见袁曙宏:《行政管理体制改革与建设法治政府》(录音整理稿),载 http://www. publiclaw. cn/index. asp,最后访问日期:2007 年 2 月 3 日。

一是它具备引导功能,能够为推进依法监管提供具体而现实的内在动力;二是它具备评价功能,能够科学评定银行监管机构推进依法监管的成效;三是它具备预测功能,能够为银行业依法监管的阶段发展目标提供客观依据。2006年,中国银行监管机构通过颁行相关法律工作规定,已初步建立了旨在检测银行监管规则执行力和执行效果的检查评价制度,对中国银行监管立法质量和规则运行发挥了积极作用。

对照银行监管法治的指标与评价体系要求,这一制度尚有三个方面的内容亟须改进:其一为评价范围需要由侧重规则执行转向为侧重监管法治运行;其二为评价指标系统需要由无到有或者由不健全到严密周全;其三为评价指标运行和检查评价机制需要相关具体措施予以保障。在现代社会中,银行监管法治不仅是银行业发展中人们的共同理想,而且已成为现代国家银行监管的基本治理模式,成为政府监管中极为重要的实践活动。银行监管的未来时期,银行监管者必然通过深入研究,真正理解和掌握银行监管法治的内在要求及其运作规律,为银行监管法治的纵深发展确定指向;银行监管者也必然会收集和汇积监管法治数据,为银行监管法治建设的定量分析提供科学依据和条件;银行监管者还必然会以现有检查评价制度为基础,更进一步改进和改善银行监管法治建设的指标和评价机制。

九、依法监管因全球化影响而面临新课题

孙中山曾言:“世界潮流,浩浩荡荡;顺之者昌,逆之者亡。”当今世界正步入全球化时代,其主要体现是经济全球化、文化多元化和政治多极化。随着中国改革开放的纵深推进,中国经济、社会与文化将与

世界相融合,这种融合也必然要反映到银行监管领域。银行监管机构将更加重视借鉴国际上银行监管的良好做法,充分利用国际社会先进的银行监管理念和立法经验。当前国际上监管法则发展出现了新的动向,给中国银行监管带来了新的机遇和挑战。这些动向具体表现在以下三个方面:①一是世界各国实施《统一资本计量和资本标准的国际协议:修订框架》(以下简称巴塞尔新资本协议),这将会对中国银行监管造成很大的影响。2007 年,世界上相当一部分国家和地区开始实施这个新协议,中国从自身国情考虑,不会有全部采用新协议的做法,但中国有必要积极探索如何创造条件逐步实施新协议。二是国际会计准则理事会(IASC)公布了《国际会计准则 39 号》(简称 IAS39 的修订稿和实施指导原则),这个准则对全世界所有领域的企业都会产生影响甚或是震动,对商业银行资本充足率的计算、贷款损失准备金的计提和资产证券化等都会产生直接影响,这对中国银行监管来说无疑是一个巨大的挑战,银行监管机构正在对此进行认真研究,并将会同有关部门充分借鉴其精华,修改有关会计法规,加速推进中国银行业会计制度改革。三是美国出台萨班斯法案(《SOX 法案》),这个法案要求针对上市公司的弱点加强监管和信息披露,被称为"自罗斯福总统以来美国和世界商业界影响最为深远的改革法案",中国银行监管机构将认真研究这个法案的深刻内涵和执行中的利弊,关注法案未来可能的修改和对银行业的深远影响。应当同时予以重视的新动向还包括:巴塞尔《有效银行监管核心原则》和 OECD 公司治理原则的修改,这些修改都与银行监管和改革发展趋势密切相关;反洗钱、反恐融资方面的法规建设,需要监管当局及时跟踪衔接,在更新银行监

---

① 参见刘明康:《现代中国银行业监管法律体系的构建》,载《金融时报》2005 年 9 月 14 日,第 A02 版。

管规则时充分予以借鉴；加入世贸组织之过渡期结束后，中国银行业必将加快融入国际市场，如何加强对中外资银行的监管，制定既适合中国国情又符合国际标准的监管规则，对银行监管者来说也是一项崭新经历与严峻挑战，密切跟踪和研究国际银行监管发展趋势将显得尤其重要。

十、规则制定技术将得到进一步提高

行政与监管立法技术的改进，不仅对行政与监管立法质量的提升发挥作用，而且能对整个行政与监管立法的科学化产生非常重要的影响，它直接关系到实践中对行政法与监管法规范的准确理解和正确适用。当今世界各国规范立法的专门法律，大多把立法技术置于重要地位，有的国家和地区还以立法技术为主要内容制定了立法标准。[①] 在中国，由于银行监管立法的历史不长，各方对银行监管立法技术一直没有引起足够重视。银行监管立法技术落后和不规范的情况较为突出，具体表现在以下诸方面：一是监管立法和规则名称不够规范和统一；二是体例安排不当，规则整体失衡；三是内容含混、冗沓、重复或错位；四是语言失范，概念模糊，不符合逻辑要求；五是规范笼统，可操作性差；六是条款包含道德与理想要求，有明显政策痕迹；七是授权范围与幅度过大；八是法规整理、汇编、编纂工作滞后等。这些立法技术方面的局限，在最近一段时期已得到了较大程度的消解。为推进银行业依法监管，监管者在未来的监管立法与规则制定中将会更加注意立法

① 例如，1976 年 2 月，罗马尼亚颁布了《罗马尼亚规范性文件草案的制定和系统化的立法技术总方法》，对规则制定的技术和方法作出完整规范。又如，1983 年 6 月，美国制定了《美国统一州法典委员会统一和标准法案起草规则》，对法案起草提出了具体详尽的技术标准。在中国台湾地区，1970 年 8 月，立法机构颁布了“中央法规标准法”和“行政机关法制作业应注意事项”，对法规制定、施行、适用、修正、废止等关涉立法质量的技术事项作出规范。

技术的提升;将会考虑构建系统完备的立法技术规范;将会更加重视借鉴外国先进立法技术;将会进一步改进银行监管法规汇编;并且,很可能会考虑全面展开银行监管规则法典化编纂活动。

第五章　金融法治下的商业银行公司治理

商业银行公司治理体系的探索①

提示:本文是2005年银行业监管机构在研究加强商业银行公司治理工作时笔者的思考。文章开篇概述了国际上对公司治理问题的研究,以及公司治理失败在亚洲金融危机及新近欧美公司丑闻中的表现,指出中国对公司治理的理解有一个不断加深的过程,目前已由一个学术概念演变成企业改革的核心内容,成为商业银行改革与发展的核心环节。

文章第一部分在综述商业银行公司治理从1995年《商业银行法》正式发端,经由1999年十五届四中全会、2002年全国金融工作会议和十六大成为改革政策目标。一系列公司治理机制法律法规的出台推动中国商业银行公司机制的建立健全,中国商业银行公司治理的模式既吸收了西方经验又结合了中国国有制及党的领导;从中国商业银行公司治理机制的变革路径看,公司股份制度为建立科学的公司治理提供了良好的组织框架,引进战略投资者是改善中国商业银行公司治理的重要途径,公开上市是提升商业银行公司治理水平的有效方式。

文章第二部分分析了中国商业银行公司治理存在的问题,一是股权结构仍不合理,股权过于集中、国有股权比重过大;二是公司治理机

---

① 根据2005年系列研究成果整理。

制运行的科学性、有效性有待提高；三是商业银行公司治理相关的法律法规仍待改进。

文章第三部分提出了下一步改进商业银行公司治理需要关注的问题，一是要坚持公司化、股份制、公开上市以推动商业银行公司治理获得实质性进步的道路；二是政府的社会管理职能与国有资产管理职能应该作出明确的界限划分；三是维护股东权利是改进公司治理的重要议题；四是公司治理运行机制应当有新的突破；五是继续学习国际上有关公司治理的良好做法。

从1992年英国公布卡德伯瑞公司治理报告以来，各国际组织、各国政府、企业已经出台了大约80多个公司治理原则。其中影响较大的有：《OECD公司治理原则》《BASEL加强银行机构公司治理》《萨班斯—奥克斯利法案》《国际财务准则》、纽约证交所《关于改进上市公司治理标准建议书》、日本《商法修正案》等，这些法规文件构成了现代公司治理机制的核心原则。国际经验表明：公司治理的成败极大地影响着公司价值。良好的公司治理对于公司的重要性是不言而喻的。很多研究都证明，公司治理良好的企业往往具有更佳的经营绩效；公司治理越健全有效，其融资成本越低，股价表现也往往更好。而公司治理薄弱给全球带来的教训同样也是沉痛的。国际上对1997年亚洲金融危机的研究表明，公司治理存在严重缺陷是导致东亚金融危机的重要因素之一。近年来，美国和欧洲发生的一系列公司丑闻也再次凸显了公司治理的重要性。

根据学者研究，目前公司治理的模式大体可分为英美模式、日德模式。英美模式下股东高度分散化，股东只有有限的发言权，即使是最大的股东也只持有公司不足5%的股份，在这种情况下，股东不大可能对经理层实施有效的监督，主要通过在证券市场上采取“用脚投票”方式对董事会形成制衡影响。德日模式又称为出资人主导型公司治理模式，是以大股东掌握控制权为主的公司治理模式。在这种模式下，法人持股率较高，通常是由一个大股东持有公司较大份额的股份，对公司进行有效的控制，在机制上主要采取“用手投票”的方式。

从公司治理模式看，我国企业采取了特殊的二元模式。1993年《公司法》主要参考的是德日模式，采取双层制的结构，设有股东大会、董事会、监事会和高级管理层在内的“三会一层”的公司治理架构。2005年《公司法》修改时加入了独立董事等规定，是典型的英美模式中的制度。也就是说，在我国公司治理法律规定中，一方面吸收英美模式中“用脚投票”的优点，充分利用市场约束实现委托人对代理人的监督；另一方面，又吸收德日模式中“用手投票”的作用，适当增加法人在现代公司中的持股比例，充分利用法人股东作用提高公司的治理绩效。

可以看到，我们对公司治理的理解是一个不断加深的过程，目前已经由一个起初的学术概念演变为企业改革实践的核心内容。公司治理已经不仅是国有企业、民营企业改革中要强调的重要课题，而且也日益成为银行业改革与发展的核心环节。

一、中国商业银行公司治理的模式与路径

1995年《商业银行法》的颁布标志着中国国有专业银行向现代商业银行的转型，也标志了中国现代意义上的商业银行公司治理机制转轨的开始。但中国官方文件真正将公司治理提到议事日程始于1999

年,十五届四中全会《决定》首先在正式文件中提出“公司治理”的概念,提出“要明确股东会、董事会、监事会和经理层的职责,形成各负其责、协调运转、有效制衡的公司法人治理结构”。2002 年,全国金融工作会议具体提出国有银行以治理结构改进为改革目标之一。十六大报告又明确提出实行规范的公司制改革,改进法人治理结构的要求。这些政策文件都从战略的角度推动了商业银行公司治理机制的形成进程。

(一)中国商业银行公司治理机制形成的模式

中国商业银行公司治理机制的形成首先是初步建立健全了一系列关于公司治理机制的法律法规。例如,在法律层面,国家出台了《公司法》《商业银行法》《银行业监督管理法》等。在规章和规范性文件层级,银行业监管机构先后出台的《商业银行信息披露暂行办法》《股份制商业公司治理指引》《股份制商业银行独立董事和外部监事制度指引》《中国银行、中国建设银行公司治理改革与监管指引》《股份制商业银行董事会尽职指引(试行)》《商业银行内部控制指引》以及正在修改中的《银行业金融机构董事、高级管理人员任职资格管理办法》等一系列监管制度都对商业银行公司治理提出了相应的监管要求,对推动中国商业银行公司治理机制的形成起到了重要作用。在这些法律法规的规范和引导下,在监管部门的推动下,应当说,中国商业银行公司治理实践取得了一定的成效。

目前,大部分商业银行都能够按照《公司法》和公司治理相关法规、政策的要求,建立了包括股东大会、董事会、监事会和高级管理层在内的组织架构,作为公司治理运作的依托。各个公司治理机关的决策规则和程序进一步明确,运作日渐规范。董事会的职能得到逐步落实，内部审计的独立性得到进一步加强。绝大部分商业银行能按要求对社会公众披露经营管理信息，信息披露要素逐步健全，披露的真实性、准确性大大提高。

在借鉴各国公司治理经验的基础上，中国初步形成了自己独特的转型公司治理模式。就商业银行而言，中国目前有中央银行、金融监管机构、各级金融国资管理机构、各级政府金融工作部门、党委、股东大会、董事会、监事会、独立董事、独立监事、纪委、监察部门、内外部审计部门等十多个机构或部门同时对商业银行的公司治理起作用。这是中国的国情所决定的，也是中国商业银行公司治理机制演变特殊的路径依赖。在商业银行的经营激励上，既有市场经济条件下兴起的年薪制、股份或股票期权激励手段，也有传统的荣誉和政治地位等激励方式，这是西方经验与中国特色的结合；在监督制衡方面，外部有强制性信息披露和金融监管机构的监管，内部则有董事会、监事会、工会、党委会制衡，这也是世界多种治理模式和中国国情的结合。

（二）中国商业银行公司治理机制的变革路径

中国商业银行公司治理架构的确立和演变是中国商业银行体系市场化改革和对外开放的一部分，在相当大程度上是和中国商业银行的公司化改制、重组乃至上市的进程紧密联系，甚至可以说是重叠在一起的。

第一，采取股份制公司形式为商业银行建立科学的公司治理奠定良好的组织框架。大家知道，中国股份制商业银行和城市商业银行的设立一开始就是采取了股份制的形式。虽然这些商业银行普遍国有股比例较大，但是采取股份制形式还是较有利于形成科学的公司治理架构。尤其是国有商业银行实施股份制改造之后，公司治理就成为股份制改造的核心环节。中国银行(中行)和中国建设银行(建行)两家股份制改造的试点银行根据中国银行业监管机构颁布的《中国银行、中国建设银行公司治理改革和监管指引》的要求,建立了规范的股东大会、董事会、监事会,建立对高级管理层授权经营的目标和问责制度,按照“三会分设,三权分开,有效制约,协调发展”的原则实现有效制衡。同时,鉴于国有银行实际情况存在较大差异,国有银行公司治理改革将采取“一行一策”的原则,成熟一家,推出一家。各行根据实际设计改组模式。

第二,引进战略投资者是改善中国商业银行公司治理的重要途径。引进战略投资者既是股权多元化的重要手段,也是改善公司治理结构的重要途径。正是由于充分认识到引进战略投资者对于改善商业银行公司治理的重要性,国有商业银行在股份制改造之际就注重引进境内外战略投资者,改变单一的股权结构,实现投资主体多元化。目前,中行和建行的引进战略合作方已经完成。截至2005年9月底,已有15家中资商业银行先后接受了外资金融机构的入股。其中,外资入股的城市商业银行7家,股份制商业银行6家,国有商业银行2家。与此同时,在民营资本入股银行业方面也有了很大变化。截至2005年上半年,民营资本股金占农村商业银行、农村合作银行、农村信用社本金总额的21.3%。江苏省的农村商业银行和浙江的城市商业银行的股权结构变化较为典型。在江苏省10家农村商业银行中民营资本占商业银行总股本的比例平均约25.31%,其中有三家农村商业银行的民营资本比例在50%以上。在浙江省7家城市商业银行中民营资本占城市商业银行总股本的比例平均约53.21%,其中台州市商业银行的民营股占比达到90.77%。

第三,公开上市是提升商业银行公司治理水平的有效方式。公开上市让商业银行公司治理置于公众投资者、机构投资者、证券交易所、评级机构等更多市场主体的审视之下,置于更为严格的公开信息披露、公司运作、投资者保护等治理标准要求之下,有助于商业银行提高自身的公司治理水平。目前,中行和建行正在准备上市。11 家股份制商业银行中,有 5 家银行在国内上市。上市银行是中国商业银行公司治理建设的先锋。目前,各家上市银行的股东大会、董事会和监事会都能按照国家的有关法规和银行内部规章进行职能分工和开展工作,可以说都建立了符合上市公司标准的公司治理架构。为了进一步保障董事会和监事会的工作效率和科学决策,5 家银行还设立了专门委员会,其中包括董事会设立的风险管理委员会、审计与关联交易控制委员会、薪酬与考核委员会、提名委员会;监事会设立的提名委员会和审计委员会等。这些措施都在改进中国商业银行公司的治理机制。

二、中国商业银行公司治理机制存在的问题

虽然中国商业银行公司治理取得了一定的成效,但是同时也要看到,金融机构公司治理失败的例子在中国也屡见不鲜,大力改善公司治理机制已经刻不容缓。1998 年的广东国际信托投资公司破产关闭事件和最近对几家金融机构的救助,尤其是德隆事件,都充分说明了这一点。德隆系正是由于其违规关联交易而给多家银行、证券公司、信托公司及广大金融投资者、消费者造成了巨大损失。中国商业银行治理结构存在的问题具有一定的共通性。

第一,从各商业银行的股权结构看,相当多商业银行的股权过于集中,这可能会直接影响到银行的公司治理质量。据统计,2004 年

底,5 家上市银行前 10 家股东持股比例平均为 44.8%。

并且,商业银行当中的国有股比重普遍较大,银行的产权主体虚置,容易因此导致缺乏科学有效的监督和评估机制,缺乏改进的、清晰的、市场化的激励机制,甚至有可能发生“内部人控制”问题。

第二,从公司治理机制的运行情况看,各国具体治理环节上还存在诸多亟待解决的问题,内部控制机制和管理制度还不健全,银行内部的自我“造血机制”还未形成,甚至银行案件还时有发生。

例如,虽然目前商业银行都建立了“三会”制度,但是“三会”发挥作用的具体情况和最终效果还不尽如人意,董事会和监事会在履行自身职责方面还有很大的提升空间。董事会和监事会下设的专业委员会也没有充分发挥应有的作用,制衡的力量很弱。按照常规,银行的风险管理部门和审计部门应该接受董事会下设的风险管理委员会和审计委员会领导,这两个部门应该在向这两个委员会尽职的基础上服务于经理层。在中国现实却是倒过来了:董事会查账,这些部门先要报告行长,经过行长修改和审批才能到达董事会,董事会很难得到监督制衡的必须信息。

第三,从公司治理的监管法规上看,虽然银行监管的不同时期在公司治理方面都制定了一系列法律法规文件,但是还没有形成一个完整的商业银行公司治理的法律监管框架,甚至个别法律法规之间还存在冲突。中国已经将治理结构问题作为改善商业银行经营管理、提高竞争力的重要措施大力推进,先后出台了一系列具体的监管要求,力图通过法规的形式借助外部监管的力量来促进商业银行改善治理结构,但在实际执行过程中效果却难以保证。

例如,《中国银行、中国建设银行公司治理改革与监管指引》中提出具体的回报率指标,可以看作出资人(国家)对经营管理层的目标要求,但该指引中并未明确经营者实现目标之后的激励措施,更未涉及经营管理层未能实现目标的约束手段,如应该承担的责任和应如何承担责任。再如,中国股份制商业银行的治理结构自《股份制商业银行治理结构指引》颁布以来正在按指引的要求不断优化,但是距离规范的治理要求仍有不少的差距,而中国 112 家城市商业银行和众多的农村信用合作社的治理结构改革并未渐次推进。这意味着,在国家致力于 2007 年以前解决国有银行治理结构问题的背景下,通过外部监管来引导和促进商业银行治理结构改进仍然任重道远。

总之,我们要清醒地看到,商业银行市场化改革真正要取得成功,仅有注资、公司化改制、上市还是远远不够的,改进公司治理是中国商业银行股份制改革的核心内容,也是保障前期股份制改革真正取得成功的关键。进一步改进和健全商业银行公司治理机制应当是商业银行下一步改革工作的重点。

三、未来商业银行公司治理改革需要关注的问题

第一,从中国企业改革的实践看,目前在公司治理方面做的最好的总体上还是上市公司。因此,通过公司化改造、股份制改革,然后上市过去是、未来仍将是推动商业银行公司治理获得实质性进步的一种有效手段。

第二,政府的社会管理者职能与所有者职能要有明确的界限划分。国家作为国有商业银行的出资人出现时,应当根据《公司法》、公司章程等依法规范行使股东权利,不应当享有优越于其他股东的不合理地位,也不应当混淆出资人身份和社会行政管理者的身份,运用行

政权力强行介入公司治理,造成新的政企不分。在强调政企分开的同时,也要明确国有资产的管理责任,通过出资人的到位激活公司治理机制。

第三,当前,中国在公司治理方面出现的比较明显的偏差是忽视股东的利益。例如一些企业,到目前为止,始终不愿对股东分红,使得股东享受投资收益的权利变成一句空话。因此,更多地体现股东利益应当成为未来商业银行公司治理机制改进的重要目标。如何在公司治理框架中更多地体现股东利益,维护股东利益依然是中国改进公司治理的议题之一。

第四,公司治理机制的运作上应有新的突破。股东大会、董事会、监事会和高级管理人员应当明晰各自的职责,避免交叉和冲突。特别是要强化董事会的责任,改进董事会下设专业委员会的职能,努力建立符合中国国情的激励约束机制,加强对股东权利的保护,关注利益冲突问题的解决,强调对利益相关者的保护。要进一步规范信息披露的格式、内容、深度和广度,通过增强银行的透明度,加强对高级管理人员的市场约束,提高其经营管理水平。另外,还需要进一步探索和明确中国特色的公司治理有关问题的答案,例如进一步探讨党委在公司治理中的作用,等等。

第五,商业银行公司治理的改革还需要学习国际上有关治理机制的良好做法。要进一步研究国外银行业公司治理的最佳实践,特别是关于内部控制和风险管理的最佳做法,并结合中国银行业的实际情况,将这些国外商业银行公司治理的最佳做法中国化,运用到中国银行业公司治理的实践中去。

商业银行产权多元化和对外开放

提示：商业银行改革是中国金融改革的重头戏，经过二十多年的金融改革，中国银行商业化改革红利释放殆尽。在中国对外开放进程加快的压力下，股份制改革加上上市挂牌交易的制度约束，将中国商业银行改革推进到一个新的历史阶段。银行股权多元化使国有银行改革成为一个不可逆转的过程，扩大银行业开放、引入外资参股，改善公司治理、提升金融服务、激励金融创新，有助于金融市场发展、促进竞争、改进运营模式。尤为重要的是，推动了银行监者心态和角色的转变。为继续稳妥推进银行业对外开放，笔者提出银行业开放的目标应是最大化收益、最小化风险的复合函数。

1998 年东南亚金融危机，引发了国际社会对金融机构治理结构的广泛关注。巴塞尔银行监管委员会随后在总结经验教训时，相继发布了《加强银行的公司治理》《银行机构的内部控制体系框架》《提高银行的透明度》《有效银行监管的核心原则》等文件，突出强调商业银行应强调公司治理和内控机制建设。

我国在商业银行经营管理方面存在很多问题，如活力不足、资本金严重不足、不良贷款比例飙升的窘境，盈利能力和竞争力下降，也与商业银行的公司治理结构不健全有关。正因如此,从 2003 年开始,我国加快了商业银行的产权制度改革和银行业对外开放,希冀通过产权制度改革建立起现代化的股东、董事会、管理层和其他利益相关者的管理层,通过开放银行业提高商业银行战略决策效率、经营管理水平。

一、商业银行产权多元化实践

2004 年,中央政府反复强调要推动落实几项重要改革。其中,金融体制改革是尤为重要的一项。在中国金融资产结构中,银行资产占比高达 95%。银行体制改革的突破势必会带动整个经济体制的改革前进。

而银行商业化改革的路子走到今天,潜能已释放殆尽。要继续推动商业银行改革,就必须走产权改革之路。截至 2004 年,中国银行业监管机构监管的资产已达 29 万亿元之巨。其中,国有四大银行的资产规模为 15.8 万亿元,占国内银行总资产的 58%,四大银行吸收公共存款占全部银行业和其他非银行金融机构融资比率达 55%。同时银行业向企业、各类组织发放的贷款,占整个国家发放贷款总量的 90%。如果能解决银行业的产权改革问题,尤其是国有银行的产权问题,那就抓住了中国金融产权改革的“牛鼻子”。

改革开放以来,中国银行业大致先后进行了三轮大的制度性改革:一是 1986 年以“放权让利”为特征的经营体制改革,赋予了银行经营者一定程度的经营管理权,银行不再只是简单地附庸于财政,做财政“出纳”,而是开始发挥一定的银行基本功能,工、农、中、建四家专业银行在设定的特许范围内开展业务;二是 1994 年开始建立“产权明晰、权责明确、政企分开、管理科学”的银行现代管理制度;三是 2003

年以商业银行股份制产权结构改造为主体的公司治理改革。2003 年之前的银行改革目标，不是产权，亦未从良好的公司治理结构开始，而是简单地把银行定义为商业化，把商业化作为改革的目标。即便如此，沿上述方向进行的改革也让我们得到了许多好处，我们从体制上解决了证券、保险、银行的一些金融体制问题，开启了从国有融资到多种体制并存的一系列改革，金融发展成为中国经济利益最核心的一个产业，金融业作为国民经济的一个重要支柱开始立起来了。

但是 2001 年的入世（WTO）给中国内外部环境带来巨大机遇和挑战。入世五年过渡期期限的逐渐临近。根据中国的入世承诺，2006 年年底之前，中国全面取消银行、证券和保险业的地域和对象限制，国有银行将失去封闭垄断条件下的优越生存环境。届时，中国银行业将直面跨国金融机构的严峻挑战。中国银行业所处的环境由舒适转向严峻，此时银行商业化改革的改革红利也释放殆尽，留给金融改革可迂回的时间越来越少。

防范金融风险和来自跨国金融机构的竞争压力倒逼中国银行业离开“舒适区”，继续深化改革。此时，选择走产权改革的路子被视为是唯一有效的改革路径。20 世纪 70 年代以来，全球银行业呈现出一个较为明显的趋势，即国有股权比例降低，非公比例上升。1970 ~ 1995 年，世界范围内国有控股银行的平均比例从 59% 降至 42%，私人股份同期增加了 17 个百分点。因此，选择让银行进行股份制改革，实现产权多样化，不仅符合国际大趋势，也有助于提高经营管理水平和风险防范能力，同时健全完善政府金融监管与调控体制，提高金融监管与调控能力。

此次进行的银行业股份制改革，与过去商业银行的改革主要有四点不同：

第一，先试点，后铺开。此次改革选择了中国银行和建设银行两家国有银行作为试点，现在中国银行已经完成了股份制改造第一阶段的工作，建设银行已经基本完成了这一工作，马上就要挂牌了。在启动这两家试点的同时，又启动了交通银行，并准备把工商银行作为股份制改造的试点单位。而过去进行的银行商业化改革没有什么试点，中央基本上决定了体制怎么改、怎么调，发一个文件就决定了。

第二，改革要解决的问题不同。过去的银行商业化改革我们也向国有银行注资，剥离国有银行的不良资产，通过注资减轻国有银行的商业化过程中资本不足的问题，通过剥离不良资产，来提高银行的信贷资产问题。其目的是建立一个比较安全的银行运作体系，当时主要是从防范风险，从银行资本管理入手，来增加银行的资本竞争力。

这一次银行改革，我们也向银行的两家试点单位注资了 490 多亿美元，同时剥离了 2700 亿不良资产。但是，这次注资与上次注资是不一样的。过去注资重点解决的是风险问题和历史遗留问题，这一次注资主要是提高银行的资产存量问题，解决它的产权明晰化问题。

试点银行通过上市，把一部分产权卖给公众，这样一来解决了银行产权的多元化问题。此次银行改革就是想通过 5 ~ 10 年时间，让以后的股权持有者真正成为股东。

第三，改革目标不同。此次的银行股份制改革明确要建立良好的公司制度。现在挂牌的中国银行，已经建立了董事会、监事会，主要是在转换经营体制上下功夫。这是在上一次银行改革中没有解决的问题，而这一次作为改革的重点。

第四，此次改革与上一次改革时机不同。上一次我们国家处于改革开放初期,体制性问题、政策性问题,都是一步一步地走过来,银行改革也是一步一步地往下走。我们需要把中央银行与商业银行分开,而且需要在很多方面达成共识的情况下,才实施改革。

而这一次改革一开始就对银行的产权改革提出明确的目标,我们要用3年的时间,使试点的银行真正改造成符合现代企业要求的、具有国际先进管理水平的现代化银行。

银行业监管机构作为国家银行的监管者,对于此次银行改革依法提出了一些要求,这些要求总的有四个目标、七条标准。四个目标包括:一是建立和规范股东大会、董事会、监事会,和建立对高级官员的金融目标问责制度。二是要引进境内外的战略伙伴。现在交通银行的改革已经吸引国外银行注资,而且占整个股份的30%。其中英国银行业巨头汇丰公司已出资17.47亿美元,收购了交通银行19.9%的股权。另外有一家股份制银行将其属于政府持股的股份,直接卖给外资经营机构,使外资直接成为这个银行的控股股东,目前其审批程序还没有最后完成。三是对股份制银行的服务经营水平,提出要求。四是对股份制银行的内部体制、管理、经营、人员构成,都提了要求。上述七条标准涉及总资产的净回报率、成本收益率、不良资产率、不良贷款率等,并提出了具体、标准以及数量化的要求。

我们预设的改革目标是,未来通过一系列改革和转型,中国的银行经营不由政府决定,银行的好坏不以政府评价为最终标准,评判银行好坏的唯一准绳在消费者和市场手中。消费者根据市场表现判断一家银行的好与坏,并享受这些银行的服务。

二、对外开放给中国银行业带来机遇和挑战

2001年的入世让中国金融体制,尤其是银行业进入一个极其重

要的历史时期。中国银行业对外开放进程的加快正是在中国入世之后,开放成为2003年到2006年深化银行产权制度改革的重要推动力。银行业开放的必要性和重要意义毋庸置疑,但在银行业对外开放政策和操作上,有不少问题是值得探讨的。

中国银行业对外开放大致经历了四个时期:1979～1993年外资银行起步发展期。1994～1997年外资机构增加到90家,外资银行增加3.3倍。1998～2001年外资银行调整期。当时中国和WTO达成双边协议,这个期间外资银行在观望。2002～2006年是外资银行加速发展期。

经过上述四个时期的开放,外资银行在华经营业绩不断向好,业务范围和种类不断增多。经营业绩方面,2006年5月底外资银行总资产已经达到900多亿美元,同时外资银行的资产质量较高,不良贷款率很低,仅为0.94%。业务种类方面,在华经营的外资银行机构中,已有138家获准经营人民币业务,15家获准开办网上银行业务,41家获准从事衍生产品交易业务,5家外国银行分行获准开办QFII托管业务。除营业性机构外,另有40个国家和地区的173家银行在中国23个城市开设了238家代表处。

现在回过头看,持续扩大开放让中国银行业从中获益,但也带来挑战。让中国银行有所裨益的主要是以下六个方面:第一,股权多元化将使国有银行改革成为一个不可逆转的过程,有利于消除国有银行的"免费资本幻觉"。第二,外资参股有助于改进公司治理。外资参资入股中资银行后,董事会的履职和专业性得到明显加强。第三,中资银行因开放而提高金融服务质量和扩大金融服务的可获得性,激励金融创新。第四,促进金融市场发展。第五,促进竞争,改进运营模式。

外资的进入扩展了中资银行对人才价值的理解，商业银行对人才的定价有了不同的标准，人才价值取向发生了变化。第六，改善了中国的金融体系基础设施建设，特别是监管者的角色改变。过去对银行业的监管只有一家监管者，现在是三家监管者，过去监管者往往把自己当成商业银行的婆婆，完全采用行政管理手段进行管理。外资进来后，监管者的心态和角色开始改变，监管者从一般的行政管理者转变为专业的审慎监管者，至少银行业监管机构在发布规章、命令等时，首先考虑的是法律、规章、制度。

但是，银行业开放也给中资银行带来新挑战。第一，“摘樱桃”行为，即外资银行会将国内最优质的市场与客户吸引去，将风险较高的客户留给中资银行。第二，外资银行进入将考验金融监管能力。外资银行业带入很多技术含量很高的产品，我们银行要认真充分认识这些技术，但目前还是非常被动，需要相当长的时间准备。第三，人才的监管。现在媒体都说外资银行进入中国以后，中资银行找不到人了，人才都想到外资银行。从某种经济利益来看，这个将在很长一段时间内有突出的显现。第四，知识产权风险。外资银行拥有大量的知识产权专利，包括由知识产权带来的法律方面的风险，在今后将考验中资机构。

2006 年 12 月 11 日，中国银行业为期 5 年的入世过渡期即将结束。按照入世承诺，外资银行届时将享受国民待遇。我们通过的《外资金融机构管理条例》，坚持四项修订原则：全面兑现承诺；充分利用世贸规则和保护性条款允许的审慎原则，向外资银行开放中国居民个人人民币业务设置审慎性条件，保护条款人利益、维护金融体系安全；遵循国际监管惯例，体现审慎监管和风险监管；体现国家区域经济发展政策，鼓励并支持外资银行在东北、西部和中部发展。同时，我们也将继续坚定不移地引进战略投资者，并坚持五个标准：投资所占股份比例不低于5%；股权持有期在3年以上；派驻董事；入股中资同质银行不超过两家；技术和网络支持。

三、全面客观看待中国银行业公司治理改革成就

银行业的产权改革和对外开放是相辅相成的，为中国打造世界级的现代银行提供了制度性保障。加大中国银行业对国际战略投资者与外资金融机构的开放，中国可以更为直接地引进和学习世界先进的银行产品、技术和管理经验。

在看到中国银行业改革取得的巨大成就的同时，也应清醒地看到，中国银行业与国际先进银行相比还存在差距。在我看来，差距主要存在以下几个方面：

一是国有股东仍是国有大行的主要控股方。国内银行，特别是几大国有商业银行大部分股权依然掌握在国有股东手里，企业很难从政府行政机制的束缚下解脱出来，成为能够真正独立自主决策和运营的商业银行，这必然导致效率损失。但也为今后改革留下效率空间。

二是国内银行业在为客户服务方面，思想理念上距离真正以客户为中心还有差距，客户细分和产品创新还有相当大改进空间，产品存在不同程度的低端化、单一化、同质化。

三是国内银行在产品开发、定价和交易方面的竞争能力亟待提升。随着利率市场化、汇率市场化和产品复杂化的发展，以及日益增加的跨境复杂产品交易的需求，定价权越来越重要。

四是国内银行需进一步完善现代化风险防控体系。目前，中国银

行业的很多风险管理方法仍然是定性分析，风险管理的数据积累和挖掘尚处起步阶段。

五是国内银行董事会、监事会、股东大会等组织架构虽已搭建，但仍是“形似神异”，治理结构和激励机制仍不健全，不是真正意义上的现代企业，与改革目标存在较大差距。

中国政府现在完全兑现了入世以后对外资银行和市场开放的承诺。但是，考虑到中国银行业对外开放的经验，以及其他成员国对政策的实施情况，为了有效管理好外资，我认为，开放的目标函数应是最大化收益、最小化风险。下一阶段中国银行业改革的重点是巩固改革已经取得的积极成果，不断提高中国银行业的经营效率和盈利能力，成为真正的商业化金融机构。

大型国有企业投资金融机构问题研究

提示：本文是对2007年完成的系列研究成果的集大成之作。文章第一部分先从理论层面分析产融结合问题，梳理了当时中国大型国有企业投资金融机构的概况。为厘清产融结合问题，文章扼要讨论了产融结合的英美、日德两种模式，其中，还特别分析了美国GE集团产融结合的案例。笔者指出，一些大型国有企业盲目通过多元化经营而进入金融业，不能充分认识金融行业的风险性，逐步偏离主业，同时又不熟悉金融的运作规律，结果必然是丢掉主业，也没有成功发展金融业。对于那些纯粹为了占有金融资源的产融结合型企业，更蕴藏着巨大的潜在金融风险。[①] 大型国有企业投资金融机构一方面要结合自身的产业战略，另一方面也要结合自身发展实际。以占据金融资源为目标、在短时间内急剧向金融领域扩张并不符合产融结合的成功经验。文章第二部分对大型国有企业投资金融机构做了具体分析，从历史沿革、价值、风险、策略等方面进行了分析，最后对中国金融行业重中之中的银行业接受战略投资的情况做了具体分析。文章第三部分对大型国有企业投资金融机构提出了具体建议，一是认真研究大型国有企业投资金融机构的战略框架，建议适时制定大型国有企业投资金融机

---

① 王松华、胡敬新：《我国产融结合的发展现状及实证分析》，载《金融理论与实践》2007年第5期。

构的相关制度，确保大型国有企业增值保值和风险可控的前提下实现产业战略与金融战略共同发展；二是建议从国家战略和经济安全角度理解产融结合的重要意义；三是建议大型国有企业加强金融人才引进。

产融结合反映了一个国家金融部门与产业部门的经济效率和潜在能力，反映的是一个国家经济体系的风险防范能力。同时，产融结合是大型企业提高盈利能力和实现跨国经营的重要保障，也是提升综合国际竞争力的重要体现，但实现产融结合是一个市场选择，需要因地制宜。随着宝钢、招商局、五矿、中粮、国电电力等一批中央和地方国有企业集团纷纷进入金融业（银行、证券、保险），产融结合问题引起学术界新一轮的研究热点。因此，研究英美、日德等国际产融结合的发展经验，分析中国大型国有企业产业投资金融机构的价值、风险和策略，能对规范和发展中国大型企业产融结合提供重要借鉴。

一、对产融结合的理论探索

关于产融结合的定义很多，但是就产融结合的基本内涵来说主要是指产业部门和金融部门为了共同的发展目标和整体效益，通过股权关系相互渗透，实现产业资本和金融资本的内在结合与协同，实现实业或其他服务业与金融资本的相互转化和直接融合。[①] 这些产业基本上是具有多元化生产能力的大型企业，也是一个国家生产和经营的关键行业。从世界范围看，最具典型意义和代表性的产融结合主要有英美、日德两种模式，其他国家的银行与产业企业结合的模式均是在借

---

① 徐焕章、魏娟娟：《国际产融结合模式的比较分析》，载《财会研究》2007 年第 1 期。

鉴这两种模式的基础上,结合本国的经济发展水平和特点而形成的。[①]

(一)产融结合的主要模式

一般而言,产融结合模式的形成与各国经济发展水平和发展阶段、金融体制、法律法规制约、宏观经济调控能力、金融市场发育程度等条件有关。国际上产融结合的模式可主要分为两大类:成熟国家英美市场主导型和日德银行主导型两类。其差异主要表现为:

第一,以日德为主的银行主导型产融结合模式,主要是以信贷市场为基础的外部结合。从运作机制上来看其特征主要有:一是以市场经济为运行基础,银企间产权制约较强;企业以间接融资为主,银行在产融结合中处于主导地位。形成了以主银行制为核心的法人相互持股的产权关系,从而抑制了资本市场的作用。二是银行通过贷款契约、股权占有、人事结合及代理小股东的表决权等方式对企业经营决策产生影响。[②]

第二,以英美为主的市场主导型产融结合模式主要是以资本市场为基础的外部结合,任何金融中介都是市场的积极参与者。从运作机制上来看其特征主要有:一是以市场为运行基础,银企间产权制约较弱,股权结构更加分散和社会化,形成了以资本市场为主要机制的外部结合。二是商业银行在产融结合中处于非主导地位,而非银行金融机构在产融结合中的地位和作用日渐突出。[③]

美国GE公司在产业与金融结合上的做法是英美模式的典型代表。GE集团下设基础设施、工业、医疗、商务融资、消费者金融、NBC环球六个部门,涉及十几个行业,其中GE金融事业部对整个集团的

---

① 徐焕章、魏娟娟:《国际产融结合模式的比较分析》,载《财会研究》2007年第1期。

② 同上。

③ 同上。

影响是举足轻重的。在 20 世纪 80 年代和 90 年代，GE 金融服务公司对通用集团的增长和盈利做过重要的贡献。据统计，1991 年，GE 金融服务公司的利润占集团总利润的 30%；2000 年 GE 金融服务公司占整个 GE 集团利润的 40%，而到 2006 年接近 50%。因为担心整个集团被划为金融类公司，同时在未来逃避美国严厉的金融监管，GE 集团一直把金融和工业的收入比例控制在 4∶6 左右，尽量不让收入比例超过 50%。显然，GE 的金融服务部门从开始为自己的制造业服务，逐步发展到金融服务越来越成为整个集团的主营收入来源。这种产融结合的基础在于市场和产业发展战略是一致的，是自然而然结合在一起的。GE 集团的这种发展模式值得中国大型企业研究借鉴。

（二）主要影响因素

从上述国际产融结合的两种模式和差异看，影响产业与金融结合主要因素有：

第一，市场经济内在运行机制要求。产融结合是市场经济条件下的内在要求，是实现一国经济绩效和国际竞争力的需要，甚至是涉及一个国家经济安全的需要。从世界各国的历史发展来看，产融结合已经是历史事实，也是一种发展的趋势。目前，世界 500 强中的很多企业都是多元化经营，产融结合十分紧密。

第二，所在国国情。世界各国因经济、社会以及历史传统的不同，各国产业与金融结合的方式各有特色，即使在同一国家中，因经济与产业发展的阶段不同，产融结合的方式也存在着明显差异。因此，在产融结合选择上需要首先考虑本国产业结构和产业规划以及金融业发展的协调程度，使产融同生共长，达到相得益彰的效果，共同促进经济的有序发展。[①]

第三,金融市场条件和产业发展水平。产融结合过程中,必须充分发挥资本市场的作用,防止银行直接控制企业股权而影响了企业正常经营。同时,工业企业应根据自身生产经营的发展投资金融机构,应将产业战略和投资战略结合起来,不能为了利润和资金需求盲目投资金融机构。

第四,政府政策引导力。政府应通过立法形式把握重要政策环节,循序渐进地指导工业企业采取多种方式实现与金融的结合。同时,提高工业企业的金融风险意识,加强对产业投资金融机构的宏观和国家战略问题研究。

二、中国大型国有企业投资金融机构的发展进程

中国的产融结合实践开始于20世纪80年代。1993年金融分业经营格局确立之后,金融资本向产业领域的投资基本被禁止,而产业资本向金融企业投资而形成的产业资本与金融资本的融合获得了较快的发展,一些大型企业集团开始大规模的受让金融机构的股权,甚至由实业企业牵头发起设立金融机构,一批产融结合型企业集团逐步形成。[②] 目前颁布实施的《中资商业银行行政许可管理办法》《合作金融机构行政许可管理办法》等行政许可规章已经明确非金融企业可以投资银行业金融机构,在投资比例上对民营企业有不超过25%的限制,但对大型国有企业并无限制。

在20多年的产融结合实践中,中大型国有企业产融结合至少出

① 徐焕章、魏娟娟:《国际产融结合模式的比较分析》,载《财会研究》2007年第1期。

② 王松华、胡敬新:《我国产融结合的发展现状及实证分析》,载《金融理论与实践》2007年第5期。

现了两种情况：一是大型企业投资商业银行模式。除四大国有银行外，股份制银行和城市商业银行都有大型国有企业资本的投入。二是由于国家与商业银行相关政策的扶持，大型国有企业介入非银行金融机构较多，包括信托、证券、基金、保险、财务、期货等行业。大型企业集团投资证券、保险、信托、期货、投资基金、金融租赁等非银行金融机构，有些是通过发起设立的方式进入，但更多的是通过股权受让的方式进入非银行金融机构，[①]如招商局、海尔、宝钢、山东电力等一大批大型国有企业。

值得关注的是，很多大型国有企业在银行、证券、保险行业都有投资，甚至是有的企业几乎涉足所有金融行业，这种情况在国际范围内也是闻所未闻的事实。还有一些企业共同的特征就是为了准备建立金融控股公司，并把金融资源作为重要的战略资源对待。例如，以电力、能源开发为主业的申能集团，已经累计在金融领域投资 30 亿元，共投资太平洋保险集团、东方证券和海通证券等 14 家金融机构。以电力、能源的开发的核心产业山东电力集团，总资产 1000 亿元，通过鲁能集团控股湘财证券、蔚深证券、英大国际信托及山东金穗期货，鲁能保险经纪还是华夏银行、交通银行的重要股东。[②] 值得深思的是，虽然目前金融机构的改革对于产业资本的扩张既是机遇，但这种缺少规划的对金融资源的占据究竟和自己单一产业的发展规划是否一致值得研究。一些大型国有企业盲目通过多元化经营而进入金融业，未能充分认识到金融的风险性，逐渐偏离主业，同时又不熟悉金融的运作规律，结果往往是既削弱了主业，也没有成功发展金融业。对于那些

---

① 王松华、胡敬新：《我国产融结合的发展现状及实证分析》，载《金融理论与实践》2007 年第 5 期。

② 同上。

纯粹为了占有金融资源而涉足产融结合的企业，从中长期看，往往会面临巨大的潜在金融风险。[①] 因此，大型国企投资金融机构一方面要结合自身的产业战略，另一方面也要结合自身的发展实际。事实证明，这种在短时间内占据金融资源的现状从根本上说是不符合产融结合发展经验的。

三、大型国有企业投资金融机构的未来方向

从银行业的股权状况看，商业银行的引进战略投资者中，国家股占首位，外资股紧接其后。虽然国有法人股高于社会法人股，但是大型国有企业投资金融机构的比例较小仅占3.79%。[②] 仅就这一比例来看，大型国企投资金融机构仍有空间。

但金融业是一个高风险的行业，和宏观经济发展周期密切相关，因此大型国有银行要从国家宏观调控政策出发，着眼于金融、产业和宏观经济政策相互协调，结合自身风险管理的能力，确定风险较小、发展前景比较广阔的行业作为进入金融领域的切入点。

从金融业分类看，证券、保险、银行三类风险特点是十分不同的，证券和保险基本上是吸纳风险型的行业，而银行业则是规避风险型的行业。因此从整体上看，银行业风险较为稳健，收益也较为稳定，但是银行业中不同机构类别，如国有商业银行、股份制银行、城市商业银行、合作金融机构、信托公司等各类银行业金融机构由于历史和产权结构等诸多问题的存在，因而其在不同时期有自身不同的风险积淀和风险特征。从目前银行业情况来看，商业银行的风险低于非银行类金

---

① 王松华、胡敬新：《我国产融结合的发展现状及实证分析》，载《金融理论与实践》2007年第5期。

② 国家股指地方财政局、中央汇金公司、国有资产管理公司等；国有法人股指包括中央和地方的大型国有企业，社会法人股是民营企业。

融机构；商业银行中，国有、股份制和农村商业银行的风险要低于城市商业银行的风险。因此，大型国有企业要有正确的战略定位，对各类金融机构的风险状况应有充分的认识，在产融结合上应结合目前自身投资和产业分布以及产业与金融业业务的风险匹配情况，合理确定对金融机构的合理投资区。

但目前部分大型国有企业在产融结合上还具有很强的盲目性，主要是在短时间内以争夺金融资源和资金需求为主要目的，并不是根据自身业务多元化发展的需要逐步开展金融服务业务，有规划地投资金融机构。因此，需要我们及时制定相关政策进行引导和规划。一方面在投资目标上，应同时考虑宏观经济政策与微观营利性的结合；应考虑产业战略、产品战略以及自身投资战略与金融的结合是否适宜，以免盲目发展金融业影响了主营业务的发展；另一方面，选择三类主要金融机构时，在考虑盈利性的同时，还要考虑三类金融机构的风险特征。

因此，未来一段时间，银行还是产融结合的重要选择，主要是因为目前间接融资市场还占融资的主导地位，银行多元化的金融服务能够更好地适应和帮助产业集团改善生产经营现状，降低财务成本，提升生产企业的核心竞争力。但是，在银行业金融机构中还存在不同的机构，需要投资者进行甄别机构的风险状况。总体上看，可根据按分类监管的大型银行、中小银行、农村合作金融机构、非银行金融机构的主要指标分析，包括年利率、资本充足率、利息回收率、资本利润率、资产利润率、不良资产比率、资产流动性比例等方面进行分析判断。同时，还应根据工业企业在银行贷款的规模以及不良贷款的比例等因素来判断投资的价值。

目前，鉴于银行业风险分布和企业自身管理风险能力的差异，大型国有企业应侧重于增加对商业银行的投资，减少对非银行金融机构的投资。而出于产融结合的战略需要，在商业银行中应重点对大型银行进行财务型投资，在中小银行方面应以战略投资者的方式进行，提高企业的营利性。

四、政府未来政策着力点

从目前来看，金融业对产业发展的意义重大，但中国产融直接融合的程度较低，更多的是间接融资关系。在审慎衡量并保证风险可控的前提下，稳妥推进产融之间的直接融合将是今后的发展方向。中国需要对今后产融结合的发展积极引导，[①]尤其是关系国家经济安全的大型国有企业，如下建议：

第一，认真研究大型国有企业投资金融机构的战略框架，引导大型国有企业有条件有重点地投资金融机构。同时，建议适时制定大型国有企业投资金融机构的相关制度，确保大型国有企业在增值保值和风险可控的情况下实现产业战略和金融战略共同发展的良好目标。另外，还应加强和改进大型国有企业的现有金融功能，使得业务多元化发展的同时得到良好的金融服务，从而为提高大型国有企业的国际竞争力奠定坚实的基础。

第二，从国家战略和经济安全的角度理解产融结合的重要意义。主要是重点加强大型国有企业对国有商业银行和股份制商业银行的财务性投资，加强产融结合的力度，有利于提升大型国有企业的金融功能。同时，鼓励有实力的大型国有企业集团参与金融体制改革，发

① 王松华、胡敬新：《我国产融结合的发展现状及实证分析》，载《金融理论与实践》2007年第5期。

展优势产业集团的龙头地位。一方面是为了进一步提升大型国有企业产融结合的力度,另一方面是目前国有银行引进战略投资者,加强风险管理的同时,也应该考虑到金融资产的安全和国有资产的增值保值问题。

第三,大型国有企业加强金融专业人才的引进,通过资本市场收购上市商业银行的股票,做好产融结合的准备。产融结合要在产业资本成熟的前提下,在风险可控的前提下,审慎实施,如果离开实业盲目发展金融,可能会催生泡沫经济,最后带来金融危机。[①]

---

① 王松华、胡敬新:《我国产融结合的发展现状及实证分析》,载《金融理论与实践》2007 年第 5 期。

民间资本进入银行业的政策与展望[①]

提示：银行在中国金融版图中独大的格局，决定了其必将作为企业主要的融资渠道，对于民营企业亦是如此。在获得来自银行融资支持的同时，民间资本也从未放弃过进入银行业的努力。在正面回答监管当局是否在准入环节存在“政策歧视”问题的基础上，本文更加关注为民间资本进入银行业提供更加合理的预期和政策配套，以保障行业健康可持续发展。

改革开放三十多年，中国民营企业发展取得了举世瞩目的成就，在国民经济各个方面所占比重显著提高。民营企业的发展壮大离不开金融的支持，通过股票发行上市和银行信贷，民营企业获得了发展所需资金。发展至今，由于种种原因，股票市场不成熟，债券市场发展迟缓，银行信贷成了民营企业主要的融资渠道。从经济金融整体形势看，上年全国金融工作会议给出的数据是截至 2011 年 11 月末，我国金融业总资产达 119 万亿元，其中银行业总资产 108 万亿元。银行业资产一支独大的金融结构短时间内难以改变。银行业在集中资源的同时，也集中了风险，集中了社会公众的期待。无论是支持实体经济、

① 在 2012 年 8 月 21 日“中国民营经济发展论坛”上的演讲。

地方经济发展，还是应对国际金融危机，宽松的货币政策和宽松的银行信贷都是重要的政策措施，甚至被当成一种促进经济发展的常态措施。这种促进经济发展的外在需求与银行业控制风险的内在要求之间形成了巨大的张力。

大家知道，2012 年 5 月银行业监管机构公布了《关于鼓励和引导民间资本进入银行业的实施意见》（以下简称《实施意见》），具体贯彻落实国务院两个非公经济"36 条"的要求，即 2005 年的国务院《关于鼓励支持和引导个体私营等非公有制经济发展的若干意见》和 2010 年的国务院《关于鼓励和引导民间投资健康发展的若干意见》。所以今天我主要讲民间资本投资银行的问题。这里先对相关政策做一个宣讲与说明。由于政策的制定与目标的实现之间有一个过程，随后我再对民间资本入股银行业谈一谈个人认识与对其发展的展望。

在法律和政策层面，一言以蔽之，对民间资本投资入股银行业没有设置任何法律障碍。《银行业监督管理法》第 17 条规定，银行业监管机构应当对银行业金融机构股东的资金来源、财务状况、资本补充能力和诚信状况进行审查。在银行业监管机构制定的一系列银行业金融机构市场准入的规定中，对股东资格条件的细化规定均是从审慎监管角度，围绕上述四个方面进行，以防止经营不稳健、财务状况和资信不佳的投资者成为银行业金融机构的股东，对银行业体系和整个经济社会稳定造成不利影响。对股东的分类管理只是区分境内股东和境外股东、金融机构股东和非金融机构股东，没有针对不同所有制的投资者规定不同的标准，没有对民间资本入股银行业设置额外限制或者条件。上述《实施意见》也明确支持民营企业通过发起设立、认购新股、受让股权、并购重组等多种方式，参与城市商业银行的重组、农村信用社的股份制改造和农村商业银行的增资扩股,发起设立和参股包括村镇银行在内的新型农村金融组织以及各种非银行金融机构。《实施意见》还将村镇银行主发起行的最低持股比例要求由原来的 20% 降至 15% ,扩大主发起行以外的民营企业的入股空间。

近年来,我们进行了几次较大规模的法规清理,清理过程中对准入政策是否存在对民营企业,特别是经营比较好、诚信度比较高的民营企业有歧视的问题予以了重点关注。清理结果表明上述没有法律障碍、没有政策歧视的判断是站得住脚的。

上述判断亦有来自股权登记系统数据的支撑。截至 2011 年年底,民间资本在股份制商业银行和城市商业银行总股本中占比分别为 42% 和 54% ,在农村中小金融机构总股本中的占比达 92% 。在银行业监管机构已批准组建 726 家村镇银行中,民间资本在总股本中占比达 74% 。在江苏、浙江等经济发达地区,民间资本进入银行业的情况更为明显。据不完全统计,截至 2011 年年底,江苏 4 家城市商业银行和 104 家农村中小金融机构中民间资本分别占总股本 54% 和 96% 。截至 2012 年一季度末,浙江 156 家地方法人银行业机构中,民间资本持股合计 487 亿股,占总股本 74% 。其中有 40 家地方法人银行业金融机构为 100% 民间资本持股。在浙江已组建的 42 家新型农村金融机构(村镇银行 34 家、农村资金互助社 7 家、贷款公司 1 家)中,民营资本平均占比达 89% 。

三十多年银行业改革的过程,就是民间资本不断进入银行业的过程。与国民经济诸多领域一样,产权明晰化、多元化的改革提供了有效激励,为银行业的发展注入了活力,迎来了我们今天看到的银行业发展的“盛世”。但我今天不得不发出一点“盛世危言”。

第一,产权改革不是万能的。中国银行业高速发展的同时也积累了不少问题,突出表现为银行的高度同质化。无论是国有资本主导的银行还是民间资本主导的银行,都不约而同地垒大户,对中小企业(包括中小民营企业)金融供给不足。有民营企业家呼吁说允许民间资本办银行可以有效解决中小民营企业融资难的问题。我要说的是,这一问题的解决与所有制无关。以银行业监管机构2012年6月底公布的数据为例,大型企业贷款余额17余万亿元,不良贷款率仅为0.4%;小微型企业贷款余额11余万亿元,不良贷款率为2.4%,其中微型企业贷款不良率高达6.2%。相比于大型企业贷款,对小微民营企业贷款成本高、风险大是客观事实。市场经济条件下,无论何种所有制的资本都是逐利的,银行业整体的同质化是个体银行理性选择的结果。光靠产权改革,解决不了这一问题。

第二,银行控股权短期内不宜放开。前面的数据显示民间资本已经在四大国有商业银行以外的银行业金融机构总股本中占据很大比重。当前民间资本要求进入银行业的呼声主要集中在民间资本办银行上,即民营企业要求作为村镇银行的主发起人,或要求作为控股股东设立新的商业银行。银行是一个特殊行业,自己掏8元,可以撬动别人92元。为了控制银行控股股东滥用控股权,各国除了采取监管措施外,还对银行股权的集中度有所限制。美国一般要求银行股权多元化,对持有银行股份超过25%或虽不足此比例但对银行能行使控制权的,视为银行控股公司,须作为金融机构接受美国中央银行的严格监管。韩国法律规定产业资本对银行的持股比例不能超过9%,如想拥有更多的银行股份,只有成立金融控股公司才可,同时须接受监管机构的严格监管。另外,韩国金融监管机构对银行大股东还拥有检查权。目前我国在法律层面尚无对商业银行股权集中度的限制，法律也没有赋予银行业监管机构对银行股东的检查监督权。在防止大股东将银行作为融资平台、不当进行关联交易进而损害存款人利益方面比较薄弱。在这种情况下，我们作为银行业监管机构，要求银行业金融机构股权适度分散（一般情况下，中小商业银行和农信社单一股东持股不超过20%），通过银行内部的公司治理机制来控制股东滥权；要求新设村镇银行由我们有监管权的商业银行作为主发起人，确保村镇银行“起好步，开好头”。应当说，这种决策是审慎和负责任的。

第三，当前银行业健康发展的制度环境尚有欠缺。西方经济学界有所谓“超产权理论”，认为产权最主要的作用无非是激励，但激励的因素并不止产权，有效的市场竞争与其他制度条件同样深刻影响企业绩效和企业行为。当前存款保险制度和银行破产制度尚未建立，银行业金融机构只进不出、能生不能死，政府为银行提供隐性担保。这种隐性担保一方面，助长了银行道德风险，导致资产盲目扩张；另一方面，这种担保也不是免费的，政府在扶持银行的同时也要求银行迎合政府的政策性目标，其中某些目标违背了银行审慎经营和风险控制的要求。在这种大环境下，稳健的、符合市场经济规律的银行经营理念和经营模式难以形成。

我相信，随着银行业发展转型，利率市场化改革的深入，存款保险制度、银行破产制度的建立，银行经理人阶层的兴起以及由此带来的新的银行经营理念的深入人心，中国银行业的长足发展会有坚实稳定的基础，民间资本在银行业发展的机会将会越来越多，越来越好。

上市银行的法律困局与出路

提示：本文旨在研究上市银行面临的法律困境，启发中国银行从业人员反思当前中国商业银行面临的问题和存在的不足。文章提出并讨论了：资产质量问题，银行家的预期问题，依法合规问题，职业道德问题，监管取向问题。在冷静地揭示问题的同时，深度剖析了问题的根源，并指出了克服困难的出路。

上市银行三季度报告已陆续披露，如同半年报一样十分绚丽：商业银行不仅继续实现着超过20%和30%，乃至超过50%的高盈利增长，继续表现为只有1%左右坏账率的高资产质量，更彰显了资本回报率高达20%以上的国际一流经营能力。但市场也正如半年报时的情况一样仍在困惑：如此好的银行，市盈率低到六点几、甚至五点几的优质银行股票，投资人却并不认可。

于是，中国银行业在市场检验面前出现了很诡异的一幕：一方面是业界的官员和专家不断向人们描绘着中国银行业取得的巨大成就和美好的发展前景，另一方面是市场不断表现出来对银行业风险和发展前景的不信任。在部分境内媒体自豪地历数着国内银行的国际排名和国际化程度的同时，境外媒体却不断唱空中国银行业，而几乎所有的媒体都发现,我们所谓的"国际化"更多体现的是国内的"国际化",在真正有影响的国际市场和国外银行业务方面,仍难看到中资银行的身影。何以如此?难道所有中国股民甚至那些不断卖出中资银行股份的所谓境外战略投资人都缺乏专业水平,"有眼不识金镶玉"?难道真的如部分学者描绘的那样,这只是一场阴谋?如果我们这样认为,那我们可能就太小看市场智慧了。市场经济之所以先进就在于它通过市场聚集起来了众人的智慧,所有人虽然都可以与市场斗智斗勇,但是如果只相信自己而漠视市场智慧,最终的失败者一定不是市场。这是市场经济基本的逻辑和法则。

从这一角度来看,无论中国银行业是否真的存在危机或潜在风险,用市场的眼光审视一下自己,有则"避"之,无则加勉,才是解决市场困惑甚至避免危机之途。就这一角度而言,中国银行业目前的确存在一些让市场担忧的问题或者隐患。

一、资产质量问题

尽管目前中国银行业的不良贷款仍在"双降",但市场却并不会把它看作银行资产质量的根本性保障指标。其原因就在于市场对投资品的质量追求是一个持续过程,一个人现在不发烧并不代表他的身体就一定健康。

市场对银行资产质量可持续性的担忧大致分为三个层面:

第一个层面是表象层面,比如对 2009 年以来商业银行发放的大量地方融资平台贷款、房地产贷款等本身安全性的忧虑。就如同市场不会简单认可银行绚丽的数据一样,市场对表象层面的关注往往不像想象的那样重要,原因就在于市场和市场经济本身是允许人犯错误的，人们不会因为一个行业、一个企业或一个人的一次成功或失败，就对其“盖棺定论”。

第二个层面是认知层面，一个“智者”的“一失”，市场会谅解，但如果这“一失”是某种固定思维或意识的结果，市场就不会再简单地把它看作“一失”的问题。以房地产贷款为例，如果我们不断试图让市场相信我们的银行业可以承受大幅的房地产价格下降而不会产生危机，市场一定会马上忧虑。假如我们现在不采取额外措施，银行真的能够承受房地产价格40%甚至50%的下降？众所周知，中国银行业大量的贷款是抵押贷款，最普遍的抵押物是房地产。房地产价格下降50%，银行向房地产商和购房者发放的贷款可能没有问题，但中国经济可能就会乱了。抵押品价格的急剧下降会使银行要求企业增加抵押品、补足抵押价值，有多少企业可以再拿出同等抵押价值的抵押品以保证银行贷款的持续正常供给？不能补足抵押品，银行就会停止贷款供给，就可能会产生银行“挤兑”企业使其难以为继的问题。最终，经济可能会衰退，银行贷款仍然难逃一劫。

第三个层面是纠错层面。市场可能不会在意犯错误，但市场会很在意如何改正错误。以政府融资平台贷款为例，即使巨额的地方融资平台贷款真的是一个错误，对比欧美银行在危机前的表现而言，依然是可以被市场接受的。问题是如果我们面对问题时，忘记了金融的生命在于融通、在于运动，而不是以技术的、专业的措施使可能产生问题的贷款如何尽可能的保值，那这些贷款就真的会成为一个“地洞”。

二、银行家的预期问题

银行家的预期在形式上不如银行资产质量那样“实在”，但它对市场的影响却比银行任何看得见的指标都要实在的多。世界上任何一家具有投资价值的银行,都需要经营管理它的银行家们能够对未来的制度环境、发展方向等形成比较清晰的预期。银行家们能够形成预期,他们才可能为银行制定科学有效的发展战略,规划银行未来3年、5年乃至更加长远的发展重点和经营特色,才能保证银行的持续发展。反之,如果银行家们不能正常地形成对未来的预期,就可能会出现在发展方向上"脚踩西瓜皮",在业务模式上"一哄而上",这是市场最难容忍之处。

在诸多影响银行家预期形成的因素中,一个难以预期且多变的银行管理政策,往往是破坏银行家预期最厉害的因素。国际形势的变化、宏观经济的发展、市场的走势等,也会影响银行家的预期,但它们多少都会"有迹可循""有律可探"。而银行管理政策在两种情况下完全可以使银行家们搞不清未来的方向:一种是银行未来的管理政策没有主线,或者就根本"无迹可寻"。这种情况多发生在只需简单取悦"上者"即可获得激励的文化环境中。领导眼向东,领人向东行;领导眼往西,领人向西跑。如果确实看清楚了领导的目视战略方向,这种行为无可厚非,问题是领导可能只是随意一瞟,就匆忙改变原有的政策预期和变动政策,自己尚且不知所以然,就更勿论跟随者了。另一种情况是政策变动有主线,却不是中国的银行家们能够"踩着"的主线。比如,迅速将美英或巴塞尔的金融政策变化"移植"到中国银行业的管理政策之中,可以成为一条主线。问题是美英国家包括巴塞尔委员会的银行管理政策是建立在美英国家或几个主要发达国家经济变化分析之上,是建立在西方特定的社会制度、法律体系乃至文化背景之上,是建立在与中资银行处在不同发展量级的西方银行研究基础上，要使我们的银行家能够把握住这一主线的脉动，勉为其难了。

三、依法合规问题

依法合规经营是商业银行保持稳健和审慎的基础，也是有效避免法律风险、合规风险和声誉风险等直接外部风险冲击的根本。不合规不仅可能直接引致监管部门的经济处罚，也意味着商业银行未来的发展可能会因为监管约束而受阻，进而会引发市场对银行持续发展良好外部环境的忧虑。这是境外银行普遍重视合规的根本原因所在。

但是合规是需要成本的，脉络清晰、符合实际、便于操作的监管制度体系可以降低银行合规成本，反之则会导致银行合规成本的不断上升。就经济学意义而言，商业银行是否选择合规经营，实际上取决于合规成本与违规损失和公关成本之间的比较。如果监管部门对银行的违规行为不敏感甚至无视，银行违规行为被查处完全取决于"运气"；或者由于监管政策的混乱多变，使得合规成本远远高于公关成本，商业银行可选择的最优策略就是集体违规，否则就会在市场竞争中处于不利地位。

一旦违规成为一种策略选择，市场对银行业整体发展安全性的忧虑就无可避免。仍以地方融资平台贷款为例，利用信贷资金刺激经济发展并不会让市场大惊小怪，但如果这种行为是建立在普遍违规基础之上，市场就会难以接受。实际上，所谓的地方融资平台并不是2009年才有，2009年以前这类平台和相关贷款并不少见，过去市场之所以能够接受是因为这类贷款活动遵守着一个规则，即任何项目公司必须先拿出两成或三成的资本金，然后银行再给予配套贷款。这一规则既是我们对历史经验教训的总结，又符合银行业风险利益分担的审慎原则。2009 年这一规定却被普遍突破,项目公司不再需要拿出“真金白银”,由银行通过发行理财产品或信托替项目公司虚构资本金,然后跟进大量贷款。试想,如果这种行为扩展到一般市场主体,即使地方融资平台问题能解决,其他“平台”也最终会将银行拖入泥潭。

四、职业道德问题

金融界有句俗话:“投资银行是培养流氓的行业,商业银行是培养绅士的行业”,之所以如此,是因为商业银行长期稳定发展离不开与客户建立的长期乃至终身合作伙伴关系,离不开客户对银行必要的忠诚度,因此商业银行非常重视外部形象和社会观感。一家银行如果为了短期利益而放弃社会形象,在客户有选择权的情况下,一旦有风吹草动,客户必先抛弃之。

要维持良好的银行形象,保持一定的职业道德水准是必要条件。比如银行不能违规收费侵犯广大社会公众的利益,不能凭借其优势地位利用收费手段“压榨”客户,不能以贷款为条件要求客户去买资金以完成自身的存款目标,不能仅为盈利就与其他机构联手介入高利贷活动等。如果这种种的不能都变成了可能甚至现实,银行的道德水准就会降低到市场不可能给予信任的地步,发展下去就可能引发客户对银行的厌恶,甚至与银行业的社会责任冲突。

五、监管取向问题

银行业是一个高度管制的行业,银行监管在很大程度上决定着银行业的发展方向和行为模式,因此,监管活动也就成为市场考量银行业的一个重要指标。就监管对银行业发展的影响而言,监管效率、监管质量等是程度类指标,监管取向则是方向类指标,市场对其更加敏感。

一般而言,一个国家的银行监管取向主要取决于一国银行业的发展现实、发展环境和发展战略,为一国银行业发展的特定目标服务。但对于一些发展中国家而言,银行监管常会因为某些原因发生"异化"。这种异化通常会表现为三种形态:一种形态是监管取向的"跟随化",即以紧密跟随巴塞尔委员会或者美英国家监管政策的变化作为监管政策的取向,务求"形似",务求"时尚";第二种形态是监管取向的"数字化",如同地方政府以 GDP 作为管理取向一样,注重银行业增长而不是发展;第三种形态是"娱乐化",监管政策的演化一旦脱离了银行发展实际,银行监管就有可能陷入"自我生长、自我服务"的循环。

银行监管取向的异化,不仅会导致商业银行对发展方向的困惑,也会使监管队伍自身陷入彷徨。随之而来的就是监管体系的不稳定、监管不作为和寻租行为的上升。一旦这种现象成为一种趋势,市场对银行业前景的忧虑也就成为一种必然。

第六章　金融危机与法治问题讨论

金融危机与监管边界[①]

提示:本文成稿于发端于华尔街的次贷危机扩散演化为国际金融危机的2008年。本次危机起因于不受监管或监管不足的结构性投资工具、单一业务保险公司或其他金融机构失败与倒闭,进而引发银行倒闭形成系统性风险。因此,适当监管的范围,即监管的边界问题成为国际金融理论与实务界讨论的热点问题。笔者从中国金融立法与监管者的视角,对金融监管边界问题所涉及的内容,从金融监管的性质、监管与监管套利、监管制度之下资金流动的规律,指出监管边界问题所具有的普遍性。监管边界问题虽经由次贷危机而受到重视,但该命题所涉及的理论与实践事项与理论思考已有久远的历史与积淀,文章从国际金融监管潮流的变化、从银行监管的巴塞尔规则的演进,以及在实务操作中监管边界问题的复杂性与"脱媒"等变异做了层层剖析。指出良好的制度设计可以减轻监管边界问题的影响,但制度设计远远没有达到人们一致认同的程度,在理论与实践中,"自由银行业"主张与"窄银行"理论各有拥趸。但本次国际金融危机对监管边界问题确实给出了一些新的启示,是金融理论与实践主流观点所认可的,即监管者应明确认定具有系统重要性的金融机构和市场,对系统重要

① 本文为2009年5月19日国务院法制办"政府法制在应对国际金融危机冲击中的作用研讨会"参会稿。

性机构和市场实施特别的监管要求。

第二部分是国际社会对本次国际金融危机的反应。文章简要评述了2009年1月15日G30《金融改革:金融稳定的框架》,3月18日英国金融服务局(FSA)金融监管改革报告[特纳(Turner)报告],3月26日美国财长盖特纳在众议院金融服务委员会听证时的陈述,4月2日G20伦敦峰会公报,以及美联储主席伯南克的主张。

第三部分是对金融监管边界问题的思考。笔者在剖析金融监管边界国际各方面认识的基础上,提出中国金融监管问题所面临的特殊性,指出中国金融机构有时候甚至不需要更多的金融创新,即可实现资金流在不同性质的金融机构之间流动,说明中国金融监管制度的有效性值得怀疑,中国金融监管中的行政性管理手段存在重大弊端,使得中国金融监管边界问题更加突出、解决起来更加困难。在此清醒认识的基础上,笔者提出了对银行业跨境监管的改进意见,对金融监管与监管创新的矛盾统一关系的处理,对中介机构监管的思路,以及对系统性金融风险监管的策略。

第四部分是从规范与效率平衡的层面出发,讨论了重定监管边界需要克服的问题。讨论了需要平衡监管有效性与公平竞争的矛盾,重视被监管机构效率降低与成本过高问题,制度设计时就要考虑到监管规避与发挥被监管机构自身激励。

随着美国次贷危机向国际金融危机的演变,全球金融界和实体经济遭受了前所未有的重创。在痛苦的危机应对和危机原因反思过程中,国际社会已经逐步形成了对现行金融监管体系进行改革的共识。由于本次金融危机表现为,由不受监管或受监管较少的结构性投资工具、单一业务保险公司和其他机构的大量倒闭,导致受到严格监管的银行倒闭而形成系统风险,因此,理论界提出了金融监管边界问题理论,并得到广泛认同。实践中,重新确定金融监管的范围,即解决金融监管的边界问题(boundary problem)已毋庸置疑地成为国际社会应对危机的一项主要内容。

一、金融风险与金融监管边界问题

(一)问题的提出

何谓金融监管的边界问题?在金融监管制度仅涵盖市场中的部分金融中介机构和业务的前提下,有效金融监管在增进被监管对象稳定性的同时,也会限制监管边界内的被监管机构自由开展业务,从而降低其盈利和资本回报,导致被监管机构和被监管业务的经营绩效,低于提供类似服务的机构和业务。在这种情况下,出于监管套利的动机,被监管金融机构就会通过各种形式的操作,如设立关联机构、开发衍生工具等,将业务转移到监管边界外。在导致本次金融危机的金融泡沫期,商业银行是通过设立管道公司(conduits)、结构投资工具(SIVs)以及对冲基金等来实现这种转移的。[①] 在被监管的业务与不被监管的业务混合、公用事业机构相互之间竞争或与不受监管的产业竞争,或技术创新和新的组织形式给公用事业机构带来新的业务种类的情况下,就会产生边界问题。[②] 像对冲基金这样的不受监管机构监管,一国的监管者很难区分其应当监管哪些机构、监管哪些范围或哪

---

① Charles Goodhart, *National InstituteEconomic Review*, Vol. 206, No. 1, 48 – 55(2008).

② James W. McKie, "Regulation and the Free Market: The Problem of Boundaries", *The RAND Journal of Economics*, Spring 1970(Volume 1 – 1), p. 6. Accessed June 1, 2009. http://www.rje.org/abstracts/abstracts/1970/Spring_1970._pp._6_26.html.

些类别的资产,从而也是监管边界问题最容易产生的领域。[①]

资金的本质是流动的,监管边界内外的压力差,将导致资金和业务在监管边界内外转移。在经济繁荣时期,被监管机构为了获取更好的市场机会,会通过各种形式的关联操作将资金输送到不受监管领域,助推金融市场泡沫。因此,监管边界之外的领域往往成为金融危机的发源地。在泡沫破灭时,资金又会纷纷回流到被监管领域以寻求避风港保护,导致监管边界外严重失血,加剧不受监管领域的危机,并进而通过传染效应,导致整个金融体系的危机。因此,从理论上说,金融监管边界的设计应当能有效控制和引导金融资源的这种自然流动,才能解决金融监管的边界问题。但是,无论是在理论上,还是在实践中,金融监管边界的确定一直都难以有简单的解决方案。

(二)监管边界问题具有普遍性

因为在受管制的领域存在边界问题,监管当局总是在寻找一个中性的边界界面,以使边界的设定不会影响边界外的业务与被监管业务之间的关系。但是这种边界一直难以找到。在金融领域,自有金融监管历史以来,监管政策的不断调整过程也是一个不断修改监管边界的过程。在20世纪20年代以前,西方金融界奉行自由市场经济思想,金融体系受到的管制较少。但是,30年代世界经济大萧条时代,金融监管政策变得非常严格,采取了诸如利率管制、严格禁止银行业务与证券业务的混业经营等限制性的监管措施。随着金融市场的发展,严格的监管政策逐渐被视为发展的不利因素,因而不断受到挑战。自20世纪80年代初以来,西方国家掀起了一场以放松金融管制为主要目标的金融自由化运动,以1999年美国通过《金融服务现代化法》为

① Vincent Boland,"economists join drive for rethink on regulation",见FT中文网,2008年12月17日。

标志,金融业的管制政策已被新的审慎监管政策所替代。同时,自20世纪30年代以来,国际金融业经历的管制—放松管制—再监管的过程,就是一个不断调整监管边界的过程。直到最近,各国监管者又在探讨如何平衡原则监管和规则监管,以调整现有监管边界政策。每一次监管政策的调整,都会重新界定监管边界,同时又会逐渐产生新的边界问题。从实践看,放松金融管制的结果是明显地缩小了监管的范围和边界,扩大了不受监管或接受较少监管领域的范围,尤其是对近年来出现的创新金融衍生产品和基金业几乎没有监管。在此环境下,由于监管边界问题的作用,一些金融机构千方百计地摆脱了监管边界的束缚,投资人和商业银行的资金纷纷流向不受监管或受到较少监管的结构性衍生金融产品、投资银行和单一险种保险商等,这些金融产品或金融机构出问题后,商业银行也不可避免地受到沉重打击。

任何新的监管制度,如 Basel Ⅰ,Basel Ⅱ,或现在银行监管界正在酝酿的随经济周期调整的资本充足率要求,都难以避免带来新的边界问题。因为不管将边界限划在何处,被监管对象都会认为监管者限制了其盈利的机会,并寻找新的组织结构规避监管规则。[①] 在一定的监管制度下,只要监管者严格执行监管要求,被监管机构都会通过金融创新等方式规避监管限制。本次金融危机爆发后,对于现行银行监管制度的高度亲周期性已有了共识,金融监管界深感有必要逆经济周期调整监管制度:在经济景气时期限制信用扩张和提高杠杆率;而在经济下行期,由于金融机构的管理者自己会采取更加谨慎的态度,可以

① Chris Giles, "looks at the important themes that all regulators will need to address", *Financial Times*, 10 Oct. ,2008, p. 2.

放松监管要求。监管制度需要促使银行经营管理层逆经济周期行事,而不是鼓励或放任其顺周期行为。具体来说,就是建立随经济周期调整的资本充足率标准或杠杆率等机制,在市场资产价格高企时提高资本充足率要求,以限制被监管机构在经济繁荣表象下继续扩张信贷。监管的强制要求可以抵销银行经营管理层的从众心理和来自竞争的压力,迫使其按理性操作。但是,可以预见的是,这种逆周期的监管制度如果得到有效执行,同样也会带来监管边界的问题:在经济上行期,如果监管机构提高资本要求以抑制信贷扩张,就会相应减少被监管机构的盈利和回报,被监管机构将想方设法,将业务转移到不受监管的关联机构,从而导致资金从被监管机构流向不受监管机构;在危机期间,资金流向将逆转,并很可能恶化危机带来的后果。

金融监管边界问题,既然是由资金跨越法律确定的监管边界造成的,那么,监管边界问题,能否通过法律制度的设计得到解决呢?实践中,接受资金转移的不受监管机构,往往是被监管机构的关联机构或分支机构,这些机构还往往依靠被监管机构提供的服务,如支付清算和资产管理,以及授信融资等。如在商业银行资产证券化业务中,出售资产的商业银行,不仅继续为购买信贷资产的证券化机构,管理已被出售的资产,往往还会为该资产的增级提供担保支持。因此,如果法律禁止被监管机构投资入股不受监管机构,同时禁止被监管机构向不受监管机构提供授信融资,就能防止金融资源跨边界流动吗?答案是否定的。首先,限制被监管机构,如商业银行介入新业务领域,实际上等于削弱了被监管机构的竞争能力,而不具备竞争力的金融机构在市场上将出现生存问题,风险反而更大。其次,法律不能限制金融机构的投资人和消费者自主运用其资金,在被监管机构因受法律限制,而不能提供新型服务时,投资人和消费者的资金将流向其他机构,导致“脱媒”现象。最后,资金的跨边界流动往往以金融创新的名义进行,无论在政治上还是经济上考量,立法者都不可能完全禁止金融创新。如果不受监管领域利润更高,不受监管机构总能够通过各种方式吸引足够的资金进行扩张,不管两者之间的法律分界线多么严格。反过来看,即使法律能有效禁止资金的跨边界流动,一国法律也不能防止外国银行提供被禁止的服务。结果就是,大量资金将流向国外或者外资机构,从而削弱本国金融市场或本国金融机构的竞争力。例如,美国在 20 世纪中期后实行利率管制和较严格的金融分业政策,导致大量美元交易流向英国,成就了英国的欧洲美元市场和伦敦金融市场的繁荣。

（三）制度设计能减轻监管边界问题的影响

既然金融监管边界问题普遍存在,任何有效的金融监管制度下都不可避免,那么金融监管在防范金融危机方面到底还有没有作用呢?普遍认为,尽管不能消除监管边界问题,但是通过合理的制度设计,可以减轻其可能带来的负面影响。

因为监管边界的存在会带来边界问题,历史上曾出现了两个极端的观点:一是对金融机构完全不实施监管;二是对所有金融机构实施同等严格程度的监管。这两种观点都有拥趸。一些人提倡“自由银行业”(free banking),主张将银行业完全交由市场约束,或仅接受轻微的监管;[①]另一些人提倡全面受政府控制的金融体系,例如像 20 世纪 60 年代以前大多数国家所做的那样。实际上,现在看来,两种极端做

① 按照自由银行业经典理论,银行应当按照一般商业企业设立的方式设立,并遵守普通公司法,在发生危机时也无权寻求政府的救助。参见 Vera Smith [1936]。The Rationale of Central Banking and the Free Banking Alternative. Minneapolis, Minn. :Liberty Fund. ,pp. 169 - 70.

法都不可取。经过无数次金融危机的洗礼后，自由银行业的观点，在当今世界不论是在政治上，还是在社会理念上都无法被接受；而全面管制金融中介的观点，与自由市场经济的理念背道而驰，也与现代金融业的发展趋势相冲突。因此，金融监管者只能在一定的边界（范围）内进行监管，如此肯定会存在边界问题。在边界范围的划定上，还有人提出过“窄银行”（narrow bank）理论，即法律规定某些银行只能从事基本的存贷款（或不从事贷款业务）和支付业务，只允许持有“安全”的资产。当然，这类银行的资产收益相应也较低。政府的存款保险和安全网保护，只适用于这些低风险的“窄银行”。“窄银行”可以建立系统内的清算支付系统。除此之外的金融机构几乎不受特别监管，也可以自由倒闭。但这种理论也从来没有付诸实施。[①] 究其原因，一是因为“窄银行”人为地割裂了银行结合吸收存款和运用存款资金的功能，“窄银行”之外的银行体系比“窄银行”本身发展快得多，影响“窄银行”的盈利和生存能力。而我们不能期望生存能力差的银行体系能保持稳定。二是监管者为维护金融稳定，其监管目标远远不限于“窄银行”系统内的稳定与安全。因此，“窄银行”理论明显也是不现实的。

那么，监管者和制度设计者到底应当怎么来划分监管边界呢？本次金融危机给了国际社会一些新的启示：

首先，应当要求监管者明确认定，本国具有系统重要性的金融市场和金融机构。这种认定应当是双重的。第一步，找出对整个金融体系有关键影响的金融市场领域，如银行业市场、证券市场、支付清算市

① “窄银行”理论自提出以来，金融界围绕该理论已经讨论了 20 多年。本次国际金融危机爆发后，理论界在一定范围内又重提了此理论。“窄银行”模式的早期倡导者包括美国的 Satyajit Das，Mike Denoma 以及英格兰银行的 Kevin James 等人。

场等;第二步,审查关键金融市场中哪些金融机构,对该市场的安全稳健运行是重要的,即这些机构的倒闭,将会严重破坏该市场的运行,从而扰乱整个国家的金融体系。对具体机构的认定可以根据其业务性质、业务规模和市场影响力等因素作出区分。某些与金融机构业务相关的非金融机构,也可能被认定为具有系统重要性的机构。对于那些被认定为不能倒闭的金融机构或其他机构,应当对其进行严格的监管。同时,认定的标准也应当予以公开。

其次,为了避免私下的监管规避行为,法律还应当授权具体的机构,可以自己选择站在监管边界内还是边界外。如欲站在边界外,即不受监管或受到较为宽松的监管,相关金融机构,可以控制其在相关金融市场的风险敞口,否则将被列为被监管机构。例如,可以授权监管者,对总资产超过一定规模,或在一个市场中的投资超过一定规模的对冲基金,进行更为严格的监管。而达不到这个规模的将免于接受监管。这样,选择不接受监管的机构,由于其规模小、业务投资多元化,个别机构的倒闭不至于影响整个体系的稳定。过去一些年来,西方国家市场中很多小型对冲基金频频倒闭,但并没有影响到整个金融市场,这个事实就可以作为明证。

再次,监管者除了有权、有责任监测机构倒闭的情形外,还应当监测任何重要的市场失灵情形。因为市场失灵往往会导致市场资源配置不当,造成资产泡沫或市场萧条。监管者对市场失灵应当有权采取早期调整措施。

最后,随着市场的变化和发展,监管边界也应当随之作出调整,而不应一成不变。法律应当赋予监管者,获取必要市场信息的权力和进行调整的权力。在市场监测的基础上,当一些机构的规模和影响变得很大,其倒闭会扰乱关键金融市场的,监管者有权将其纳入监管范围。相反,当一些机构规模或影响缩小时,可以弱化或取消对其实施监管。

二、国际社会对本次国际金融危机的反应

本次国际金融危机爆发后,在各界分析原因和提出对策的努力中,普遍认为现行金融监管制度的监管范围过窄,监管者的权力不足以控制金融业的系统风险,[①]要求重新界定金融监管边界的呼声也越来越高。

"三十集团"于2009年1月15日发布《金融改革——金融稳定的框架》(*Financial Reform:A Framework for Financial Stability*)的报告。报告建议重新定义审慎性监管的范围和边界,消除审慎监管的漏洞和缺陷,所有对金融系统具有影响的金融机构,不管其机构类型如何,都必须接受适度的审慎监管。

G20伦敦峰会于2009年4月2日发表正式公报,公布成员国在会上达成的共识,其中包括要扩大监管措施的适用范围,将所有对整个金融系统来说都十分重要的金融机构、金融工具和金融市场涵盖在内,首次覆盖对整个金融系统来说都十分重要的对冲基金,并将信用评级机构涵盖在内。这已成为金融危机后各国痛定思痛的共识。《宣言》指出:"对冲基金或其管理人将进行登记,将被要求向监管机构披露适当的信息,使监管机构能够评估基金个体或整体产生的系统性风险。在适当的情况下,登记应适用于达到一定规模的基金。它们将受到监督,以确保它们有足够的风险管理。"各国领导人还决定,他们将确保本国监管机构拥有足够的权力,收集所有重要金融机构、市场和

---

① IMF Staff Position Note:*The Perimeter of Financial Regulation*,March 26,2009(SPN/09/07),pp. 5 - 6.

工具的相关信息，以评估其潜在风险，避免系统性风险。

2009年3月18日，英国金融服务局（FSA）公布了金融监管改革报告（《特纳（Turner）报告》），其中专门提出了改革监管范围的计划：（1）监管范围应按照金融机构所从事活动的实质，而不是其法律形态划分。监管机构应有权收集重大的、未受监管的金融机构的信息，如对冲基金，以评价其系统性风险；应有权扩大资本和流动性监管的审慎监管范围，若某一机构或某一类机构的性质类似于银行，威胁到金融稳定并且/具有系统性影响时，监管机构应有权对其进行审慎监管。（2）应对离岸金融中心实施全球统一的监管标准。监管机构可通过要求将相关活动纳入表内，并从集团的角度提出资本要求等方式，加强对在岸机构交易行为的监管，进而加强对离岸金融活动的监管。（3）对冲基金的管理人目前在英国已受到一定程度的监管，包括需要一定从事资产管理的资本和遵守行为准则等。但由于对冲基金的活动还不像银行，不直接与零售客户打交道，也不像银行、投行等那样进行到期日转换，因此还不应受到直接的审慎监管。当前，应从宏观审慎的角度加强央行与监管者之间的信息共享，一旦认为对冲基金或其他人和投资中介的活动与银行类似或者具有系统性的影响，则监管机构有权对其进行审慎监管。（4）在监管金融产品的问题上，FSA过去的理念是，监管产品会压抑金融创新，管理好的公司不会开发风险过高的产品，理性投资人也不会投资与其需求不匹配的产品。但事实证明，有些金融创新本身并不具有社会价值，仅是为了通过垄断地位获取高额利润。因此应当重新考虑对产品，包括零售和批发市场的产品进行监管的可行性。

2009年3月26日，美国财政部长盖特纳在众议院金融服务委员会表示,为防止当前金融危机再度发生,美国需对现行监管框架进行全面改革。其中重点包括对系统重要性公司和关键支付结算系统进行监管:一是对系统重要性公司进行界定。界定依据:金融系统与公司的相互关系;公司规模、杠杆比率(包括表外风险敞口)、短期融资依赖度;公司作为社会信贷来源和金融系统流动性来源的重要性。二是关注公司的类型而非采取的形式。系统重要性公司可以是任何金融机构,不限于银行和银行控股公司。根据公司的业务类型和可能带来的系统性风险决定由哪个机构对其进行监管。三是明确支付结算业务的管理部门。目前,对支付结算系统的联邦监管是不完整和被分割的。一些关键的融资市场和风险转移市场存在缺陷,特别是隔夜、短期借贷以及场外交易衍生品市场存在缺陷。当贝尔斯登这类关键机构几近倒闭时,市场的不确定性就大大提高了。虽然对信用违约掉期和场外交易衍生品市场的改革已取得了一些进展,监管部门还是不得不过分依靠道义劝告,来鼓励参与者加强市场建设。因此,需明确并扩大对这些系统和业务的监管,赋予某个部门权力,对这些关键领域进行监督、检查、设定审慎要求。具体措施将包括:对系统重要性公司制定更高的资本和风险管理标准;要求所有超过一定规模的对冲基金向联邦监管部门注册;建立对场外交易衍生品市场的监督、保护和信息披露框架;对货币市场共同基金提出新要求以降低快速撤资的风险;建立更加有力的清算管理部门以抵御复杂机构破产带来的冲击。

时任美联储主席伯南克也认为,要对所有类型的金融机构,尤其是规模庞大、与社会经济牵连至深的类似 AIG 的金融机构,实施更加严厉和有效的监管。对于面临破产的银行,美联储已有相应的规则和手段,如变卖掉银行资产、保护存款人、阻止风险蔓延到其他银行机构等,但这些规则和措施并不适用于 AIG 这样的保险集团,或其他大型金融控投公司。伯南克指出,对于非银行类的大型金融机构,一个良好有效的监管体系,应当允许监管者根据形势作出判断,采取相应的监管措施。

三、对金融监管边界问题的思考

金融监管的边界问题在中国同样存在。与其他国家不同的是,中国金融机构的资金跨边界流动,有时候不需要过多的金融创新,如商业银行的资金流向股市造成股市泡沫、流向房市助推房价飞涨,都是在现有经营模式下直接实现的。这说明两个问题:一是中国的监管制度有效性值得探讨。首先是监管制度的设计本身不够先进,实践中监管空白和监管漏洞还比较多,金融机构规避监管限制比较容易。其次是监管执法力度有待改进,一方面,我们的监管执法随意性较大,“运动式”执法仍然有很大市场,而非“运动”时期的执法一般比较松散;另一方面,我们的金融执法还存在一些法定手段以外的行政管制手段,执法机构以行政命令的方式,直接对金融机构发号施令,这样往往容易矫枉过正。尤其是在发生重大风险事件后,常常过分要求金融机构收缩业务。二是监管边界界面的设计还有待改进。首先是同类机构的监管不统一,如提供融资租赁服务的机构,目前分别由银行业监管机构和商务部实行监管,监管标准差别很大;提供小额贷款的机构分为小额贷款公司和贷款公司,两者的监管主体和监管标准完全不同;对为证券、保险公司提供服务的中介机构实施监管,而对为银行、信托等机构提供服务的中介机构却缺乏监管。其次是监管边界的划线模糊不清。如非法集资目前没有明确的事先认定标准,与合法融资,如私募股权投资等行为的界线并不确定;发行代币券行为的政策不统一,市场主体实践中无法把握。最后是监管界限的不确定性。如证券市场的内幕交易和操纵市场行为虽然大量存在,但只是在监管机构选择其为重点打击对象时,才作为非法行为予以处罚,一般情况下市场和监管者似乎都默然接受;非法集资行为、地下钱庄等往往只有在资金链断裂后才作为非法行为处理,而在"出事前",各管理部门都对其提供支持,有的甚至直接参与;金融监管机构之间的监管职责分工,存在诸多交叉重叠和职责不清,监管标准的设计混乱;形式上虽然强调按照法定标准进行依法监管,但是实践中政府政策和行政措施,往往代替了法定的监管标准。另外,中国目前虽然实行分业经营、分业监管体制,但是大型银行机构凭借政治上的特权,早就实现了混业经营,以金融控股集团的方式,在各个金融领域从事全方位金融服务,因此大型银行机构的资金跨边界流动,并不需要新设关联机构或开发创新型金融衍生产品。

上述这些问题的存在,严重弱化、扭曲了中国法律设定的监管边界,给市场机构提供了广阔的监管套利空间,因此中国的金融监管边界问题更为突出。虽然法律法规严格禁止商业银行信贷资金进入股市、过分投入房市,但是在股市、房市膨胀时期,这些法律限制基本都失去了作用,资金可以通过各种合法、非法的渠道跨越监管边界,进入不受监管或监管宽松的领域。

(一)银行业跨境监管的改进

对于在中国经营的跨国银行的监管,中国目前遵循的是国际通用的监管原则,即跨国银行主要由母国实行并表监管,银行出现问题时的救助责任也主要在母国。但是实际上,正如此次金融危机中所显现的,跨国银行母国监管当局在银行危机面前,应对政策的出发点也仅限于本国而不是从全球角度考虑,在银行倒闭的情况下,对债权人的保护一般也只适用其母国有关法律及程序。因此,我们需要考虑到这些情况,适当调整在中国经营的外资银行的监管政策,即调整对外资银行的监管边界界面。首先,要求外资银行,尤其是外国银行分行遵守中国监管机构确定的流动性标准,而不是像以前那样完全依赖母行或总行的流动性支持。其次,要通过法律确立银行跨境破产的处理原则,特别是破产清偿的原则,明确是否适用优先保护本国债权人的“栅栏原则”(ring-fencing)。最后,将我们的逆周期的监管措施同样适用于外资银行,要求其根据经济周期调整资本充足率水平和信贷政策,尽管该外资银行的母行或总行,或在其他国家的分支机构在此方面提出了不同的要求。

在跨境银行业监管边界设计方面,需要考虑的另一个问题是,是否需要将境外金融,直接向境内客户提供金融服务的行为纳入监管边界内。如现实中的跨境汇兑业务、跨境电子银行业务等。这类业务监管不易,但如果对其毫无监管,则不排除其引发系统问题的可能性。

(二)金融监管与金融创新的矛盾统一

通过本次金融危机,国际社会普遍认识到,尽管不能因为本次危机而否定金融创新,但至少可以得出一个教训:不是所有的创新对社会都是有益的。一些过去被广泛使用的金融创新,如资产证券化,为金融危机创造了条件,而并没有为实体经济提供具有真实价值的服务。在危机爆发前,中国市场上要求取消对金融创新进行监管的呼声很高;而在危机爆发后,市场和监管机构又都对金融创新过于谨慎,市场创新处于窒息状态。这两种极端情形其实也正凸显了金融创新和金融监管本质上的矛盾。但金融创新和金融监管是能实现统一的,关键是在金融创新方面如何合理设置监管边界。

首先,监管者需要能够掌握金融创新的信息,并能辨别金融创新的社会价值。为此,监管者应该具有要求金融机构报告金融创新的权力,以及否决社会负面影响大的金融创新的权力。在法律制度设计上,虽然并不要求监管者,必须对所有金融创新机制和创新产品进行审批,但至少应当给予监管者自主权,以根据自身的专业判断决定对哪些金融创新采取适当的监管措施。

其次,应当让市场和消费者对金融创新有足够的了解,以便在接受金融创新服务时,能最大限度克服信息不对称的问题。金融创新带来复杂性的提高和透明度的减少,如信用卡和抵押贷款的证券化等业务。这就需要监管制度的设计,应确保创新的足够透明和充分认知度,尽量避免产品设计过于复杂。只有真正让投资人和消费者有能力作出理性选择,才能促进金融创新的良性发展,监管制度也才能实现监管和创新的矛盾统一。

最后,在中国要注意区分新机制和新产品是否为真正的金融创新。对原创性的金融创新要加强监管,而对简单模仿国外机构、其他机构的所谓创新,则可以放松监管要求。从今后的趋势看,在监管边界的界定上,可按照金融产品的性质和金融企业的状况分类界定。对国际上已经成熟的金融产品,特别是面向机构投资者的产品,可通过所谓"负面清单"的办法界定监管边界,即法律上没有明令禁止的,都可以由金融企业自主去做。①

① 2005年11月18日由中国人民银行、瑞典中央银行主办,中国金融学会承办的放松金融管制研讨会上,时任央行副行长苏宁提出,在金融创新的监管边界界定上,对于国际上已经成熟的金融产品,特别是面对机构投资者的产品,可通过所谓"负面清单"的办法界定监管边界,即法律上没有明令禁止的都可以由金融企业自主去做。相反,如果是直接面对个人的金融产品或结构复杂的衍生产品,则需用一一准入的"正面清单"办法。

总之,金融监管制度的设计要实现平衡,监管边界的设置应当在不损害有效创新给消费者带来利益的前提下(如金融创新带来的信贷可获得性提高、成本降低以及可选信贷服务的种类增加等利益),为消费者提供最大限度的保护。

(三)中介机构的监管

在金融危机中,信用评级机构对抵押资产证券化债券评级过高致使声誉严重受损。究其原因,有人认为是因为评级机构中存在的利益冲突问题:一方面,评级机构从事评级业务是由被评级机构支付费用;另一方面,评级机构要给市场提供独立的评级意见。实际上,在这种情况下评级机构,很难拒绝被评级机构提出的给予过高评级的要求,这就导致了利益冲突。在中国,目前信用评级机构无序竞争激烈,利益冲突问题尤为突出,甚至已经严重危及整个信用评级行业的生存。于是,有人提出应当将中国的信用评级机构纳入监管边界内,由央行或金融监管机构进行全面监管。对中介机构的官方监管,可能会让市场误认为官方对中介机构的服务质量提供了保证。也有观点反对将信用评级机构纳入监管范围,认为政府不应干预本应由市场解决的问题。到底如何来认识这个问题呢?

对于国外评级机构的问题,目前还没有统一说法,如有人认为是由于评级机构对市场的宏观形势判断失误所致。但是在中国,利益冲突问题是主要原因:很多信用评级机构只对被评级机构负责,不对市场和消费者负责。那么,将评级机构纳入监管边界是否能解决这个问题呢?我个人认为答案是否定的。首先,市场信用评级的作用是给市场提供信用参考意见,如果由政府监管机构全面监管的评级机构来出具此等意见,政府将不得不为此等意见承担责任。而实践证明,政府是无法承担此等责任的。其次,政府也是债券的发行主体,自身也存在利益冲突问题。再次,信用评级机构不像银行等金融机构具有系统重要性,不必配置过多的监管资源对其实施全面监管。最后,银行和企业等市场主体应当自己对客户的信用状况负最终责任,而不能过分依赖信用评级机构的评级。银行等自负责任的态度,也有利于信用评级机构的发展。

当然,不对信用评级机构进行全面监管,并不意味着政府在此方面无所作为。为了推动中国的信用体系建设,目前阶段在信用评级机构发展的过程中,由政府推动信用评级机构的规范发展,加强信用评级行业的法制建设是必要的。除了信用评级机构,为金融机构提供其他服务的会计师事务所、律师事务所等中介机构,也宜采取类似的办法。

(四)金融系统风险的监管

在金融危机发生后,加强一国乃至全球的宏观审慎监管已成为各界共识。近几年,中国的银行监管机构,对宏观层面的银行业审慎监管给予了足够关注,如在房地产市场和股市价格持续上升,市场快速膨胀时,及时向银行机构发出风险提示,并强调风险拨备和压力测试要求;在国内市场受到国际金融危机冲击而进入经济下行期时,及时调整相关信贷政策,解除不合理的信贷限制,力促银行机构促内需、保增长。同时,在美国次贷危机发生后,及时掌握国内金融机构在问题产品上的风险敞口,并加强了对外资银行的风险监测力度。这些着眼宏观层面的措施,都取得了较好的效果。但是,采取这些措施目前主要依靠行政手段,为了维护金融体系的长期稳定和发展,非常有必要将相关的宏观考虑制度化。为此,首先需要考虑金融系统风险监管的边界问题。

第一,法律需要明确监管机构在宏观审慎监管方面的职责和手段,以及相关监管机构、政府部门、央行在宏观监管方面的职责分工与制度安排。目前中国法律在这方面的规定还是零散、抽象的,急需总结这些年中国银行风险宏观监管的实践经验,将其上升到法律的高度。我们面临的是金融全球化的环境,在确定宏观审慎监管的法律边界时,还需注意考虑将国内的监管分析与国际银行业的大环境相结合。如在职责分工上要考虑由哪个部门来进行全球信贷增长趋势分析,包括银行系统整体的到期转换、机构和产品杠杆率、不同的金融系统之间、银行和准银行之间的内部关联。在监管手段方面,需要强调赋予监管机构逆经济周期调整监管标准的监管措施和权力,使监管机构能根据经济周期的不同发展阶段灵活处置。第二,为银行体系建立合理的退出机制,包括监管机构、相关政府部门、央行在银行机构风险处置、救助重组、破产清算等方面的分工与协作,存款保障机制建设,跨国银行机构的破产机制,等等。如在银行破产方面,目前中国《企业破产法》在起草时考虑欠周全,使中国银行破产机制的安排面临很大的法律障碍,需要政府和立法机构作出进一步的努力,争取在这方面早日达成共识。第三,关于场外金融衍生交易是否纳入监管边界问题。目前中国境内的金融衍生交易基本都是在场内进行,但是很多金融机构、大型企业在境外进行大量的境外衍生交易,国内监管机构和有关主管部门却无法获取相关信息,只有在造成巨额损失后才能了解情况。对此,出于系统风险考虑,应当将中国所有金融机构和企业的境内外金融衍生交易,纳入监管视野,设计合理的监管制度予以规范。第四,银行机构的控股股东是否纳入监管边界问题。中国过去的教训证明大股东对金融机构的控股如果得不到规范，极容易导致控股权的滥用，并进而引发系统性风险。因此，金融机构尤其是银行机构的控股股东监管立法问题已刻不容缓。但是目前中国监管机构在这方面构建监管制度，还存在很大法律障碍，不管是建立金融控股公司制度，还是一般的控股股东监管制度，都需要立法机构作出努力。

四、重定监管边界需要克服的问题

改革监管体制，加强监管是必要的，但是由于监管行为是对金融机构追求市场效益的干预，如果制度设计不当，会带来一些负面影响。在改革金融监管边界时，需要克服的主要问题包括：监管有效性和公平监管的矛盾问题；被监管机构降低效率和成本增加问题；监管复杂性及监管规避问题。

（一）监管有效性和公平竞争的矛盾问题

如果存在监管边界，那么就肯定会存在市场公平竞争问题。如果监管边界内的金融机构，或其他机构受到严厉的有效监管，其业务经营受到的限制必将多于不受监管机构，从而导致边界外的不受监管的机构处于有利的竞争地位。由于竞争环境不公平，金融业务必然会从被监管机构流向不受监管机构，这就是平常说的“脱媒”现象。另外，不受监管机构的信息透明度低，其风险管理一般会比被监管机构更差。因此，发端于不受监管领域的金融泡沫或危机程度会更大。本次美国次贷危机中，我们看到，监管边界内的银行，由于受到资本要求和资产负债等监管限制，于是通过资产证券化的方式，将相关资产转移到监管边界外，导致了金融泡沫的无限制扩张，最终催生了次贷危机。因此，在重新设计监管制度时，要认识到确定边界的目的，是为防止主要金融机构过分承担风险以致倒闭,而不是要阻止其做业务。为此,新的监管制度应当考虑监管措施的适时性,严厉的监管措施只在真正需要额外限制的时候发挥作用,从而使被监管机构的成本收益比不会太不合理。

(二)被监管机构降低效率和成本过高问题

重新划定金融监管的边界,必然涉及加强监管的内容,而加强监管必然会招致,降低被监管机构效率和提高成本的指责。在经济景气时期,资产价格上升,泡沫逐渐积累,正是需要加强监管的时期,但是这时市场预期往往是很乐观的。此时采取紧缩性的监管措施,很有可能被认为是影响金融机构效率的。同样,监管机构在经济景气时期,采取提高资本充足率要求、提高利率或提高借款人借款条件等措施,很可能被认为增加了金融机构的额外成本,将极不受借款人、银行和政治家的欢迎。另外,如果监管成功地避免了一次将来的崩溃,也可能被外界认为这种监管根本是不必要的。因此,这就需要赋予监管者足够的手段,并规定采取监管措施的程序规则,如事先公开宣告在一定条件下将加强监管。美国《1991 年存款保险公司促进法》规定,监管机构在银行资本充足率降低不同水平时可采取的监管措施。这就是一个很好的例子。

(三)监管规避与激励机制的设计

监管越有效,被监管机构就越有动机去规避监管。一种监管制度推出后,随着时间的推移,在利益驱动下,边界内的机构将想方设法来规避新的监管制度,这实际上是监管者和被监管机构之间的博弈。被监管机构在这过程中不断发现监管漏洞,监管者然后逐渐弥补漏洞,这是一个没有止境的复杂过程。如在银行资本监管领域,国际惯例首先从 Basel Ⅰ演进到 Basel Ⅱ,本次国际金融危机后监管机构又发现还需要作逆经济周期调整,如此不断进化。如何降低这种博弈的负面作用,将此复杂过程中的成本尽量降低,需要在监管边界及其界面设置上多下功夫。如果边界点设置合理,金融机构让资金跨界流动的激励会较小,资金的跨界流动就会相对较低,从而泡沫的积累和脱媒问题就不会那么严重。

总之,金融监管的边界问题真实存在,而且对金融市场的影响很大。如何解决好这个问题没有现成的答案。我们需要不断探索、不断总结经验,不断修正现行的监管体制。重要的一点是,在由外部对金融机构施加干预时,不能忽视金融机构自身的激励问题,要在接受监管和不受监管的界面设计上,使金融机构向不受监管领域转移资金和业务的激励保持在很低的水平,从而减弱风险的系统性影响。

金融危机与金融法律检讨

提示:本文是笔者对本次国际金融危机反思的第二篇文章,写成于2010年。置身于国际金融危机中,金融法律人必须回答,被视为金融法治完备的美国金融为何酝酿了这次席卷全球的金融危机?金融法是否可以避免危机、抑或只能发挥处置危机收拾残局的作用?而作为中国金融法律人,思考这些问题最终指向在于加深对中国金融法治建设的思考,中国金融法治现状如何?如何认识法律在防范金融危机方面的作用?中国金融法律制度可从哪些方面加以改进?笔者对上述问题的深入思考促成了本文的形成。

20世纪中叶以来,美国等发达的金融体系和金融法律体系,一直是全球多国,包括中国学习和借鉴的标杆。2008年国际金融危机爆发,人们解读美国金融法律体系,为什么没有阻止金融危机的爆发和蔓延,不少人甚至认为,金融法律面对危机基本无能为力。但是危机变缓以后,大家开始从制度上反思,思考金融法律制度的改革问题。作为地处亚洲的发展中大国,我们对本次危机似乎感同身受,同时,也对10多年前发生的亚洲金融危机仍然记忆犹新。时隔10年的两次重大金融危机,都与我们擦肩而过,又都与我们关系密切。危机给中国留下的最有价值的遗产，不是中国损失了多少真金白银，而是危机的教训和处置危机的能力。当然，能否真正面对教训，寻找到中国金融发展和改革的途径和方向，建立一套解决危机的有效法律制度，不仅需要思考，更需要拿出真功夫去实证。本文从法律的角度，对照金融危机的教训，提出问题并作一些简要申述，期望引起大家的注意和讨论。这些问题是：如何认识中国金融法治的现状？如何认识法律在防范金融危机方面的作用？应该从哪些方面推动中国的金融法律制度改革？

一、影响中国金融法治水平的主要因素

金融法律作用的有效发挥，要受到多种因素的影响，理想的金融法治在现实中是不存在的。怎么看待中国金融法治的现状，我想应当结合几个因素来思考。

首先是金融法律进步的政府环境。中国现在已经确立了依法治国方略，法律主治、人民主权、政府法制和司法正义等基本法治价值，这在理论上已经不可争论，但是，在实践中，这些法治价值要深入人心，恐怕还得有一个过程，现实中的"良法"和法律救济途径，还需要人们去致力追求。具体到金融业法治，考虑到一般行政管理和专业监管的不同，我们在认识金融业法律进步的政府环境时，需要思考的问题包括：中国金融业立法的理念是否已经蕴含了"良法"、透明度和公共利益等共性法治理念；立法理念中除了安全与稳定外，是否还需强调效率与竞争；金融业法律体系的规则层级过多导致的问题，怎么处理；金融业立法水准和立法技术如何提高；金融业监管法制工作的长效机制如何建立与落实，等等。除此之外，我们必须面对的现实是，中

国是成文法国家,法律的确定性要求法律保持相对稳定,而金融市场不断发展变化,法规滞后的问题是成文法国家一个永恒研究的课题,我们讲金融业法治,还需要深刻把握法律进步与法律稳定之间的协调。

其次是金融全球化对金融法律的影响。发达国家推动的经济金融全球化,已经是当今不可阻挡的趋势。发达国家在全球化过程中有自己的利益考虑,其中对经济控制权的争夺是关键,这在近年石油、矿产、食品等领域的国际较量中,我们可以清楚地看到。而金融则是控制一国经济的制高点。在20世纪80年代拉美国家债务危机后,发达国家借“华盛顿共识”,成功实现了对发展中国家的金融影响和控制,使包括拉美国家在内的很多发展中国家,在金融上依附于发达国家。亚洲国家在亚洲金融危机后,也有深刻教训。在金融全球化继续深化的过程中,西方国家一定会利用其金融技术和金融实力优势,控制国际金融主导权,发展中国家应当对此有一个战略性的考虑,如何在金融开放中增进金融安全,这也是我们构建金融法律时必须考虑的因素。结合两次金融危机的教训,我想有四个问题值得我们审慎应对:第一,需要构建宏观监管法律制度,谨慎管理好系统风险。因为自由市场中单个市场主体容易忽视整体风险,即使是有计划的政府推动型金融市场,同样需要管理系统风险。第二,要随着金融业发展阶段的转变,及时推动治理模式和法治理念的转型。亚洲金融危机证明,政府主导的经济改革有助于经济快速起飞,但不可持续。缺乏法治的金融市场,改革无法有效深入。以香港和新加坡为例,经济起飞后,这两个地区的政府均构建了良好的治理和法律体系,从而得以经受住亚洲金融危机的考验。第三,金融市场的开放程度,应当与法律监管水平相适应。发展中国家应当以“风险可控”为市场开放的前提,谨慎确定并严格坚持金融市场与国际接轨应当具备的条件,有序开放。第四,在国际金融规则制定方面要有自己的声音。融入国际金融,就要遵守国际金融规则,但规则本身必须是有利于发展中国家的。所幸的是,经过几次金融危机的教训,发展中国家现在已经充分认识到了这个问题的重要性,近年来都积极参与了国际金融规则的制定。中国在本次金融危机后也积极介入了国际金融规则的制定。但要改变国际金融规则由发达国家主导的局面,还需要我们付出长期的、艰苦的努力。

最后是金融市场发展水平对金融法律的影响。也就是说,金融法治要适合本国国情。发展中国家的金融法既要考虑规范市场,又要考虑发展市场,规范与发展不可偏废。法律工作者要注意把握好两者的平衡。在金融法治方面,借鉴成熟市场经济国家的做法是必要的,但在借鉴国际经验的同时,要考虑具体国情。在别国完美的制度,移植到本国往往会发生目标错位。这就要求我们在借鉴具体制度时,必须对相关制度的动机、背景和实际效果等,做深入的研究和分析,不能人云亦云。在金融创新方面,每一个新产品的推出,都应当考虑风险管理和金融消费者保护问题,宏观管理和监管部门,还应当设计相应法律制度,对创新金融产品做系统风险的监测和管理。脱离金融机构自身的风险管理能力和发展水平的所谓创新产品,尤其需要谨慎监管。

二、金融危机与金融法律

亚洲金融危机的发生,可以说是因为亚洲国家金融治理不健全,金融法律制度和市场基础法律制度不同程度地存在问题。但是2008

年国际金融危机,发生在一贯被视为具有成熟法律治理的西方最发达国家,法律是否能防范金融危机,对国际社会来说,经历了一次沉重考验。监管法律能防范金融危机吗?抑或其只能处理危机后的问题?等等,对这些疑问,需要我们理性地看待金融危机与金融法律的关系。我想结合金融法律的发展规律、有效性和有效机制等来具体分析。

(一)法律缺陷是金融危机主要诱因

回顾亚洲金融危机后关于危机成因的解释,各种理论解释都有其合理性。从危机后亚洲国家和国际社会,采取的法律和制度改革措施来看,当时亚洲国家市场基础制度薄弱和金融体制的脆弱,可以说是亚洲金融危机的深层次原因。亚洲金融危机反映出受波及各国在各个层面上治理失效,它既包括私营部门也包括公共部门,既在国家层面也在全球层面。关于2008年国际金融危机的原因,说法也很多,如宏观经济失衡、非正规金融机构引发的、欧美国家对金融创新产品监管不足、中介机构,评级机构隐瞒产品风险,以及不当操作、系统性,跨境金融监管失效等,错综复杂,没人说法律有问题,但是也没人否认法律方面存在问题,包括美国在内的西方国家和国际社会在金融监管法律方面改革采取的重大举措,已经充分说明了这一点。具体来讲,我认为,法律方面的核心问题有两点:一是金融行业的现有规则有缺陷,且这些已有的规则没得到严格执行;二是法律规则与金融产品创新错配。

(二)金融法律的局限性主要是基于历史经验形成

现行法律大多是历史经验的总结,或者说是对过去事实的反应,虽说法律也应当具有前瞻性,无论哪个行业,尤其是金融行业,人们很难预料将来会发生什么问题。我们可以看到,美国于1929年发生严重金融危机,1933 年以后先后颁布了系列重大金融监管法,这些法律主宰美国市场长达 60 多年。英国过去强调自律监管,20 世纪 70 年代始制定《中央银行法》,2000 年又颁布了《金融服务与市场法》。日本在经历经济泡沫后,从 20 世纪 80 年代开始,由法律制度先设定好金融改革目标,后进行全面金融改革。中国在专业银行经历重大风险后,于 1995 年才制定了《商业银行法》,借鉴美国 1933 年的银行法,实行证券、信托、银行严格的分业经营。

现有法律可以防止金融危机在相同领域再度发生,却无法防止新的金融领域引发危机。如 20 世纪 80 年代拉美国家的债务危机是因为政府过度负债造成的,“华盛顿共识”主张财政领域的紧缩;而在亚洲金融危机前,政府的财政方面看来很稳健,但是问题却由私人部门过度负债引发,所以“华盛顿共识”框架下的制度,没有能够预见到亚洲金融危机。美国 20 世纪二三十年代的金融危机由银行的贷款引发,当时投行的影响不是很大;而本次金融危机却由证券化产品引发,那时因为美国的投行,在金融领域已经占有举足轻重的地位。正因如此,金融法律一般都赋予监管者较大的自由裁量权,以应对问题的不可预见性。本次金融危机后,金融监管者的权力,尤其是在危机处置方面的法律权力,有强化的趋势。

(三)金融法律有效性需要经受检验

正因为现有法律均是对历史经验的总结,又由于市场运行本身的复杂性和人类认识的局限性,加上立法过程中的利益博弈,面对未来的制度安排是否能解决未来可能发生的问题,需要实践检验。美国 1933 年立法实行分业经营,出于市场效率和竞争考虑,1999 年废止分业经营,但本次危机证明这种立法修改存在问题。本次金融危机爆发后,美国大型金融机构返回到银行控股公司时代,此种安排是否有效,也需要实践检验。当然,各国和国际社会在危机后的法律改革还正在进行中,但不管改革后形成何种法律制度,都不能当然视为有效的制度,都需要经受实践的检验。

在金融风险的控制方面,全世界的历史应当说还是短暂的,1933年到现在也不过几十年的时间,不像民商法领域已经有了几百年的历史。因此,很难认为金融危机防范的法律制度已经健全了,人类社会在金融法律制度的建设方面还不甚理想,发展中国家更是任重道远。

(四)法律制度的改进永远是开放的

从上文的分析也可看到,金融法律发展历史有一个显著特点,就是每次金融危机,都给金融法律体系的发展提供了契机。金融市场在危机中发展,金融法律也在随着金融市场的发展而不断改善,法律制度的发展永远是开放的。一个时代的法律是否需要改进,主要看其是否体现了5个方面的价值:第一,法律整体上符合道德,如果不符合道德,法律不具备法治品质;第二,法律制度承认利益差别,反映不同的利益诉求;第三,重视社会秩序;第四,最大限度地实现法律或者规则下的个人自由,包括金融交易的自由;第五,要平等运用法律。金融法律如果能体现上述价值,就是先进的,符合时代发展的,否则,就需要及时改进。

法律要发展,就要重视后评价。中国长期以来,实践中存在重立法、轻执法的现象,存在倾向于采用政策手段、忽视法律手段的现象。这些现象,都导致了我们法律发展滞后等问题。为解决这些问题,要求我们重视执法和法律的后评价——检验法律实施的效果。执法的问题,其实是一个普遍性问题。例如,美国次贷危机的爆发也可视为执法的失败,而不是立法本身的问题。由于住房抵押贷款证券化所带来的不正当激励,商业银行在住房抵押贷款业务中违背了贷款制度中的一些基本要求,信用风险管理制度没有得到很好的贯彻执行。银行监管机构在不正确思想的指导下,对这些问题也视而不见。当然,美国监管体制中存在的固有问题,也是造成执法失败的一个重要因素。很明显,及时、主动通过执法后评价改进法律,比被动应对金融危机而改进法律更为可取。

三、当前金融法律需要研究的问题

两次金融危机给予我们更多的经验教训,暴露了更多的法律和制度上的缺陷及漏洞,加速了各国对公司治理、高管薪酬、市场退出、金融创新监管、消费者保护和银行"大而不倒"等法律问题的研究探讨。其中一些问题是新问题,但多数是长期以来没有得到较好解决的问题。作为金融法律工作者或研究者,很有必要关注这些问题,认真研究。

(一)金融机构公司治理问题

在2008年国际金融危机之后,国际社会对金融机构及其高管人员的道德风险提出了尖锐的批评,并引发了各国对金融机构公司治理,尤其是高管薪酬限制方面的改革举措。欧盟、英国和美国的金融改革法案中,都包括了强化金融机构公司治理和公平高管薪酬的内容。巴塞尔银行监管委员会发布了《增进公司治理原则》征求意见稿,并且于2010年1月发布《薪酬原则与标准评估方法》,以帮助监管者评估重要金融机构遵守FSB的薪酬原则及其实施标准,促进薪酬机制能带来有效风险管理方面的正确激励,并避免过度承担风险。公司治理改革主要是为了通过改善公司治理，加强金融机构的有效风险管理，形成良好的风险文化、风险偏好与容忍，规范首席风险官的角色和风险管理职责，还包括风险模型的开发，以及风险管理职能的整合等方面内容。规范金融机构薪酬政策是为了禁止不当薪酬安排，以免激励高风险行为。金融机构风险管理与公司治理提升之间的关系问题，在这次金融危机中凸显出来。国际上提出了指导原则，我们如何采用国际社会的指引，根据中国金融机构现有公司治理状况和风险状况，从法律上具体改进中国商业银行和其他金融机构的治理结构，需要认真研究。

（二）“太大而不能倒”问题

此次金融危机表明，那些规模庞大、与社会经济牵连至深的类似 AIG 的金融机构，在面临破产时，现有的规则和手段，如变卖银行资产、保护存款人、阻止风险蔓延等，已不适用于这类大型金融控股公司。这些大型金融集团已经变得“太大而不能倒”，“太重要而不能倒”。金融危机爆发后，又引发了新一轮大型金融机构的购并，且有进一步加剧的趋势。因此，英美等国在监管改革中都考虑了如何应对“太大而不能倒”问题。可选方案包括设立系统风险监管机构、界定系统重要性公司、强化审慎标准（包括风险资本要求、杠杆率限制、流动性要求、处置计划和信用风险敞口要求、集中度限制等）、订立“生前遗嘱”（living will）、征税等。对于跨境金融机构，还应当考虑跨境监管机制的建立和提出减少全球系统风险的方法。通过采取综合性措施，减少银行业倒闭风险，并确保银行业自身承担风险成本。另外，对一个市场中的关键支付结算系统也应当予以考虑。总之，危机后各国和国际社会能否有效应对“太大而不能倒”问题，可能成为今后衡量金融系统稳定性的一个重要标准。在大型银行占据金融市场主导地位的中国，不管是从强化市场约束、降低道德风险，还是从防范系统金融风险的角度来看，研究和应对这一问题同样具有重要意义。

（三）银行机构市场退出问题

国际上关于银行业金融机构市场退出的立法模式差别较大。美国采用行政破产模式，由监管机构主导银行破产清算。英国则采用司法破产模式，银行破产完全由法院主导。金融危机后，各国也开始对银行破产法律制度进行反思，探求制度改革之路。如英国就开始改革银行破产制度，让金融监管机构在银行的市场退出中发挥更大的作用，方便倒闭机构的救助重组。中国自 2001 年《金融机构撤销条例》颁布以来，在银行业金融机构市场退出方面的法律制度建设基本上没有新的突破，实践中银行业金融机构存在“退而不出”的难题，长期以来影响金融机构的有效市场退出。因此，梳理整合中国法律法规中有关银行业金融机构市场退出的规定，研究银行业金融机构破产法规和存款保险法规制定问题，理顺、构建中国银行业金融机构的市场退出机制，是金融法律界的当务之急。

（四）业务创新与金融消费者保护问题

本次金融危机后，金融衍生品成为众矢之的，美国推出众多金融衍生产品的投资银行，以及其他金融机构甚至已被司法调查。各国对金融创新的法律机制也在进行反思。我认为，在制定金融法律规则时，在考虑鼓励创新的同时，也要考虑风险可控原则和金融消费者保护原则。在金融创新方面的风险管理应该根据本国，甚至本机构的具体情况而定，在发达金融市场被视为成熟的产品，不一定能照搬到我们的市场来；在西方国家被视为分散风险的产品，我们却可能成为境外对手风险的承担者，而根本不可能分散我们自己的风险。所以，问题的关键是我们需要平衡业务创新与风险管理。不管是何种创新产品，要把握的底线是风险可控。尽管风险不可预知，但是风险的后果必须要在可承受的范围之内。在金融创新产品方面，不仅金融机构自身应当严格掌握市场准入，而且金融监管机构也应当严格把握市场准入。只有这样，才能确保机构层面上和国家层面上风险可控，才能最大程度地维护消费者利益。中国这两年一些银行所推出的境外理财产品方面发生的纠纷，就给了国内银行很多教训。

在消费者保护方面，英、美等发达国家都意识到在这方面做的不够，纷纷采取法律措施加强消费者保护。美国准备设立消费者保护局（CFPB），确保消费者在接受按揭贷款、信用卡和其他金融产品服务时能够获得清晰准确的信息，并免受隐性收费、霸王性条款和欺诈性行为的损害。英国准备全面强化消费者权利保护和信息披露，设立联合消费者保护委员会，以尽快发现可能导致广泛影响的问题，并通过采取监管措施或消费者投诉快速有效解决问题。在监管方法上，英国金融服务局（FSA）将对侵害消费者权益和损害市场公平、效率的行为，采取更加主动的监管手段。反观中国，在金融消费者保护领域的制度建设几乎还处于空白状态。如何建立中国的金融消费者保护机制，如何进行法律上的改革，都有待进一步明确。

（五）如何处理好金融市场开放与维护金融主权的关系

虽然西方国家在金融危机的冲击下，宣布“华盛顿共识”已经终结，但是只要西方国家继续在金融技术和金融实力上占据优势，就还会以各种形式、各种手段继续推动全球金融自由化，包括利用 WTO 的这类国际组织予以推动。理论界倡导的金融自由化和全球化描述了一个美好的世界，然而现实世界却远远复杂得多。世界是平的，然而世界又是弯的。在现代社会，金融动荡对国家的冲击并不亚于政治动荡，两者很多时候是相伴而生的。金融大鳄们明白，控制一国经济的最有效办法就是控制其金融体系。在亚洲金融危机中，以美国为首的西方国家利用IMF的救援措施，迅速进入亚洲国家市场，以美元购买危机国家的廉价金融资产，控制亚洲国家的金融体系，牟取暴利。近几年，国际大投行利用其操纵的金融衍生市场，利用中国企业对金融衍生产品的无知，引诱中国若干大型企业进行金融衍生交易，动辄给我们带来上百亿美元的损失。我们明知金融衍生交易存在陷阱，却不能从法律上追究；明知竞争平台不对等，却还无法从法律上改变我们的被动局面。那么如何维护我们的金融主权？这是我们作为法律专业人士需要思考的问题。

（六）金融监管边界问题

由于金融监管仅涵盖市场中部分金融机构和金融业务，出于监管套利的目的，被监管者就会通过各种形式的操作，如设立关联机构、开发衍生产品等，将受监管的业务转移到监管边界外，从而规避监管。在被监管机构的业务与不被监管的业务混合、公用事业机构相互之间竞争或者与不受监管的产业竞争，或技术创新和新的组织形式给公用事业机构带来新的业务种类的情况下，就会产生边界问题。像对冲基金这样的不受监管机构，监管者很难区分其应当监管哪些机构、监管哪些范围或者哪些类别的产品，从而也是监管边界问题最容易产生的领域。尽管不能消除监管边界问题，但是通过合理的制度设计，可以减轻其可能带来的负面影响。本次金融危机给我们如何划分监管边界带来了一些新的启示：首先，监管者应当明确认定具有系统重要性的金融机构和市场。对于那些被认定为不能倒闭的机构,应当对其进行严格的监管,同时,认定标准也应当予以公开。其次,法律可授权具体机构,拥有站在监管边界内还是边界外的选择权,以避免隐蔽的监管套利行为。再者,监管者对市场失灵应当有权监测,并采取早期调整措施。最后,监管边界应当随市场变化进行调整,法律应当赋予监管者获取必要市场信息的权力和进行调整的权力。

目前国际上关于金融监管边界的法律制度改革主要集中于三个方面。一是引入对冲基金业监管制度。欧盟、英美等国提出的法律改革方案中,都包括对投资基金进行监管的内容,要求强制信息披露,进行审慎监管,以解决投资基金业的投资者保护问题。二是加强信用评级机构监管。监管体系方案包括确定信用评级机构的监管机构、监管登记(注册)、信息报送(主要是认定和管理利益冲突的程序、雇员资料、公布信用评级的方法等)以及对特定事项公开披露的独立性要求等。英国还授权金融监管机构对信用评级机构拥有调查权和违规处罚权。三是加强 OTC 衍生工具市场的监管。国际层面上,国际互换和衍生产品协会(ISDA)和其他市场交易商协会于 2010 年 3 月已经声明联合改进全球衍生品市场的结构,包括修订原 ISDA 管理框架、信贷衍生品的标准化、公布数据增加透明度等。欧盟、英国和美国等也都在考虑进行相应的法律改革。

在中国,金融机构的资金跨边界流动,有时候不需要通过金融创新,如商业银行的信贷资金流向股市和房市,都是在现有经营模式下直接实现的。这说明两个问题:一是中国的监管制度有效性值得探讨。首先是制度设计本身没有改进,其次是监管执法力度有待改进。二是监管边界界面的设计还有待改进。对于同类机构监管不统一的问题,监管边界划线模糊的问题,金融监管机构之间的监管职责分工的问题和金融控股集团等问题的存在,都使得中国的金融监管边界问题更为突出。目前,在监管边界问题上我们需要做几个方面的思考:一是金融系统风险的监管问题,包括监管机构和职责的调整;二是如何处理好金融监管与金融创新的问题;三是是否引入金融服务中介机构的监管制度问题;四是如何改进对跨境金融机构的监管问题。

金融危机与法治变革[①]

提示:1997年亚洲金融危机,促使中国坚定地调整金融监管结构、解决银行不良资产、实现银行股改上市以及建立微观审慎监管的法律体制。本轮国际金融危机对中国金融法治建设提出什么启示?

笔者在本文中,首先探讨了新兴国家金融法律跨越式发展的问题。跨越式发展学习借鉴的法律体系目前陷入了需要检讨的境地,金融危机之下发达国家法律与经济关系清晰展现,在解决金融法律面临问题时,新兴国家由于不涉及既有桎梏,可实现超越式发展。

其次,文章评述了欧美金融监管法律在危机之后的改进与发展。2010年年内,英国4月通过《2010年金融服务法案》,美国7月通过《多德—弗兰克法案》,9月欧盟议会通过了此前欧盟财长批准的泛欧金融监管体系,这些改革均加强了政府金融监管的职能,表现在:改进监管架构,加强了系统性风险的监管;强化了金融消费者保护;强调全面监管,填补监管漏洞;强化金融机构公司治理、推进高管薪酬改革;解决“大而不能倒”问题;加强国际监管合作,促进监管标准统一协调。

最后,文章对中国银行业监管法律体系下一步的发展进行了反思和展望。提出中国银行业立法未来发展的“一个主题,一根主线,两个

① 根据2012年6月研究手稿整理。

层次,两个方面”,即一个主题——坚持市场化改革方向不动摇;一根主线——抓住监管政策与未来银行发展相结合的主线;两个层次——银行业监管法律的基础性和工具性两个层次不可偏废;两个方面——机构监管和业务监管两方面并重。

2008 年国际金融危机爆发后,中国银行业经受住了严峻考验,并为支持国民经济率先向好发展做出了积极贡献。这来之不易的成就,在很大程度上得益于改革开放三十余年来、尤其是 1997 年亚洲金融危机以来,中国深化了金融监管体制改革,并及时与国际监管标准接轨,借鉴参照全面风险管理和会计制度等方面的全球标准,构建了审慎监管的法律框架与规则体系。

经济全球化让任何一个参与者都没有隔岸观火的悠游。尽管中国不是金融危机的爆发地和重灾区,但是也不能不躬身自省:别人的问题我们有吗?如果我们发生了同样的问题,能比别人应对得更好吗?教训是一种财富。1997 年亚洲金融危机以后,中国调整了金融监管结构,确立了“一行三会”的管理体制;加速了银行业风险处置,补充四家国有商业银行资本金,成立四大金融资产管理公司处置不良资产,启动国有商业银行股份制改革进程;以《银行业监督管理法》和《商业银行法》为核心构建银行业审慎监管法律制度。这些均奠定了今天应对本轮危机的基础。

本轮金融危机以及由此而来的国际金融监管变革,为我们提供了难得的停一停、看一看、想一想的机会,来审视中国银行业当前发展面临的突出问题,检视中国银行业立法的现状与未来发展方向。

一、新兴国家金融法律的跨越式发展

三十余年经济改革的过程，是不断对外开放的过程，也是不断认可与接受普遍遵行的国际规则、并将之内化为本国法的法律移植过程。在这一进程中，我们享受到了经济文明的成果，包括金融业在内诸多产业的面貌焕然一新。法律移植历经学习理解、文本移植和实践磨合等多个相互衔接、相互转化的阶段，因为毕竟与本土法律、习俗存在着断裂，加之解读别国法律文本易、理解制度生发的土壤难，水土不服、食洋不化短期内在所难免。

此次金融危机和欧美发达国家对于危机的应对以及由此引发的制度变革，给我们这些新兴的后起国家提供了一次很好的剖析机会。一次剖析比一次常规检查发现的信息要多得多。因为异常事件暴露了制度的特征和缺陷，而后者在制度运行顺畅时，往往无声无息地消失于我们的视线中。从以下几个意义讲，这种剖析对于我们移植发达国家金融法律、实现跨越式发展，是一个难能可贵的机会。

第一，我们面对的不再是静态的、无声的法律文本，而是正在发生的历史。与之前割裂地看待个别制度不同，亲历历史有助于我们与发达国家保持一种“视野的融合”。摆在我们面前的，不再是一个个孤立的解决方案，而是一个出了问题、并为解决问题而改变旧有制度的前后相继的过程。因此当我们考虑应不应该移植相关制度时，可以首先问自己是不是存在类似的问题，妥善解决法律移植过程中针对性和有效性的问题。

第二，法律与经济、与金融发展的关系再次清晰展现。综观历次重大金融危机，除了种种宏观经济因素外，从中不难发现微观主体的欺诈、背信和违法行为，本次金融危机也不例外。传统上，美国商业银行和储蓄贷款机构发放住宅抵押贷款，需将每一笔贷款保留在账上，在这种“发起并持有”模式下机构会严密监控这些资产的信用风险。随着20世纪70年代证券化金融技术的发明，“发起并分销”的模式兴起，银行和专业贷款机构将房贷证券出售给国内外的各式买家，将风险分散到银行系统以外。不守风险管理底线、问题重重的贷款被大量发放，2007年年末美国新增住宅抵押贷款中有50%属于次级。投资者的回报不再来自真实的商业业务，而是来自新加入投资者投入的资金，融资体系陷入明斯基所称的“庞式融资”。从这个意义上说，次贷危机的爆发不是立法的问题，而是经济繁荣时期监管松懈、不严格执法所致。不可以金融创新为借口突破法律框架的底线，因为危机所造成的社会损失将会大大抵销金融创新带来的社会收益。

第三，认识到发达国家经验成熟的相对性，要实现跨越式发展，新兴国家大有可为。法律是治理经验的累积，在面对未来时总需要不断更新。金融危机留下的如何防范系统性风险、解决大而不倒的话题，即使是在发达国家也还远未结束探讨与论争。特定时点上人类总受有限理性的局限，而且为了保持竞争力和优势地位，发达国家在解决问题时的迟疑和犹豫，都可能会为以后的金融发展埋下隐患。对于新兴国家而言，要求我们不能偷懒，既要解决法律移植过程中的问题，又要保持清醒，运用自身的智识力量去分析问题和解决问题。

二、欧美金融监管法律改革的进展

随着危机之后市场渐趋稳定，各主要国家痛定思痛，纷纷着手进行金融法律革新，以期改进监管环境，提升公众信心，促进经济复苏。

2010 年 4 月英国通过《2010 年金融服务法案》,同年 7 月美国通过 80 年来最大规模的金融监管体制法案《多德—弗兰克法案》,同年 9 月欧洲议会通过此前欧盟财长批准的泛欧金融监管体系。尽管具体的方案设计上存在差异,但是欧美监管架构改革的核心目标表现出了一致性,这些目标主要包括:(1)防范系统性风险,加强金融稳定,防止金融危机的再度发生;(2)解决金融机构"大而不能倒"的问题,确保金融机构倒闭损失由金融业自身承担,而不是由全体纳税人承受;(3)保护金融消费者,防止金融机构侵害消费者权益。各国和地区为实现上述目标所达成的具体方案、措施的有效性,还有待时间和实践的检验,但是应该说,上述三项目标,准确揭示了金融机构和金融市场赖以长期稳定发展的根基。

综观各国监管改革方案,均加强了政府的监管职能,提出的主要方案包括如下几个方面的内容。

第一,改进监管架构,加强系统性风险的监管。各主要国家和地区的金融改革法案都提出了力度较大的监管体制改革建议,一个核心特征是加强防范系统性风险的跨部门监管。美国法案提出设立由财长牵头、各大金融监管机构为其成员的金融稳定监督委员会(FSOC),负责系统风险的监测与应对。欧盟法案提出设立欧洲系统性风险委员会(ESRB),负责宏观审慎监管,对系统性风险提供早期预警,并提出处理建议。

第二,强化金融消费者保护。消费者承担了他们既不了解、又无法承受的债务,是引发此次次贷危机和金融危机的直接原因。危机发生以后,金融体系的功能不可避免地受到削弱,消费者无法得到所需的金融服务,这种状况不仅会伤害金融消费者的利益,也损害了他们对于金融市场的信心。因此加强金融消费者保护,成为各主要国家和地区金融监管当局反思和改革的重要内容,并被提升到维护金融稳定的战略高度。美国法案提出设立独立的消费者保护局(CFPB),其主要职责是确保消费者在接受按揭贷款、信用卡和其他金融产品服务时能够获得清晰准确的信息,并免受隐形收费、欺诈性行为的损害,同时开通消费者投诉专线负责金融产品服务问题的举报处理。英国法案提出要增强对消费者的金融教育,并专列了包括消费者救济计划在内的诸种消费者保护措施。

第三,强调全面监管,填补监管漏洞。一直以来,影子银行不受银行业监管当局监管,不能像商业银行那样得到央行的流动性和存款保险等信用支持。它们在为金融市场带来繁荣的同时,也累积了巨大风险,给整个金融体系带来了巨大的脆弱性。本次金融危机是由次贷危机引发的,但却因影子银行的挤兑而深陷泥沼。美国法案授权 FSOC 将其认为对金融体系稳定产生威胁的非银行机构纳入监管范围,受审慎监管标准的约束。此外,欧美主要国家的改革方案中还有将信用评级机构纳入监管范围和加强 OTC 衍生工具市场监管的内容,监管边界得到了扩大。

第四,提升公司治理和薪酬改革。公司治理的核心是解决代理人问题,不当的薪酬激励会诱发道德风险。金融危机之后,国际社会对金融机构及其高管人员的道德风险提出了尖锐的批评。巴塞尔银行监管委员会发布了《增进公司治理原则》征求意见稿,并发布了《薪酬原则与标准评估方法》,强化董事会职责、集团治理以及审计和薪酬控制等方面,促进薪酬机制带来有效风险管理方面的正确激励,避免过度承担风险。美国、英国和欧洲银行监管者委员会均提出了提升金融机构公司治理质量方面的设想和举措。

第五，解决“太大而不能倒”问题。此次金融危机表明，如 AIG 一样规模庞大、与社会经济牵连至深的金融机构，在面临破产时现有的规则和手段已不能适用，这些大型金融集团已经变得太大而不能倒、太重要而不能倒。现有为避免其倒闭而采取的措施对公共财政造成了巨大的冲击。欧美主要国家的监管改革均对此作了考虑。可选方案包括界定系统重要性公司、强化审慎标准、订立“生前遗嘱”和开征银行税等，通过采取综合性措施，减少银行业倒闭风险，并确保银行业自身承担风险成本。

第六，加强国际监管合作，促进国际监管标准的统一和协调。本次危机暴露出了金融活动全球化与金融监管属地化之间的矛盾。监管标准的高低差异一定时期内会对本国金融市场的竞争力产生影响，有必要加强国际监管标准的统一与协调。

三、银行业监管法律体系展望

古人云，“吾日三省吾身”。在学习借鉴发达国家经验时，作为后发国家银行业的监管者，也常常做“三省”的功课：“人有我有”“人无我有”“人有我无”。即(1)哪些问题是共性的，别国有，中国也有？(2)哪些问题是地方性的，别国没有，而中国独有？(3)或者相反，别国有，而中国无？作为制度应对：(1)哪些制度、监管工具是别国有，中国也有？在中国运行情况如何？(2)哪些是别国无，中国有？有存在的合理性吗？(3)哪些是别国有，而中国无？中国应该引入吗？

在这种对比反思中，我认为，中国银行业立法的未来发展可以概括为：一个主题，一根主线，两个层次，两个方面。

一个主题,坚持银行的市场化改革方向不动摇。中国现代的银行业监管在银行市场化改革中起步,并与之相伴。过于紧密的"银政合作"对整个银行业的贻害,可从2003年四大国有商业银行股份制改造时国家付出的代价和努力中窥见一斑。2008年国际金融风暴时,发达国家的金融系统受到很大冲击,这段时期,中国的银行资产普遍被认为是优质资产。但是2009年年初以后,国内银行为配合政府的刺激经济政策,大量发放贷款,巨额资金流入地方融资平台。纵使当前银行报表业绩持续改善,不良贷款率持续下降,出于对银行盈利前景、融资压力和整体独立性的担忧,资本市场上银行股的表现明显落后于大市,并成为拖累大市的重要因素。在地方政府发展经济的冲动强劲、土地经济成为地方经济发展重要引擎的条件下,重建投资者信心将是一个长期的过程。此外,长期以来有保障的息差收入,使得银行的自我风险管理意识较为薄弱,盲目追求规模的膨胀,也许利率市场化改革的最终完成才能将银行最终推向市场。符合市场经济条件下银行业发展的一般规律和市场经济对法治政府的要求,是银行业监管立法应该牢牢把握的原则。

一根主线,监管政策与未来银行发展相结合。与发达国家的监管机构具有高度独立性不同,无论是否恰当,对于发展是第一要务的新兴国家,监管机构总是或多或少担负着促进银行业发展、以银行业发展促进区域经济和产业经济发展的任务。在监管者的心目中,应该存在着对一个好的银行和银行业体系的设想,监管工作中以监管政策为导向,通过推动银行业发展方式转变来实现这种设想。第一,一个好的银行和银行业体系应该是安全和稳定的。我们2003年修改《商业银行法》,对第4条关于商业银行的经营原则作了重新表述,调整了

“三性”的顺序，将安全性、流动性置于效益性之先，从各国此番金融监管变革突出地强调金融稳定来看，我们当初的判断是科学的、有前瞻性的。第二，一个好的银行业生态环境，应该具有“物种的多样性”。规模上应该有大、中、小型银行，种类上应该有商业银行和多种类型的非银行金融机构，服务对象上应该有主要服务于大企业的银行和服务于中小企业的银行，业务上应该有主要做批发和主要做零售的银行，地域上应该有主要服务于城市和主要服务于农村的银行以及全国性和社区性的银行，既要有全能的银行，又要有多种专业化的机构，满足不同层次的金融需求。第三，一个好的银行，应该是让消费者叫好的银行。一个运行良好的金融市场必然是公平正义的市场，不可能将一方的盈利建立在对另一方的掠夺上。规范金融机构的经营行为，制止损害金融市场秩序的反竞争行为和侵害消费者利益的行为，是监管者不可推卸的职责。第四，一个好的银行，应该是具有竞争力和可持续发展能力、承担社会责任的银行。银行业金融机构履行社会责任的途径主要有两条：一条是以优质的服务履行社会责任，另一条是灵活运用信贷杠杆实现社会责任。银行业金融机构通过不断改进服务帮助客户创造价值，同时不断提高金融服务的可获得性。另外，银行在信贷资源配置中，按照国家的宏观政策和产业政策的要求，严控信贷资源投向高能耗、高污染的项目，积极支持科技创新企业、环保型和低能耗型企业的信贷需求。

两个层次，银行业监管法律体系包括基础性和工具性两个层次。基础性层次的法律制度直接规范金融参与主体和监管主体的组织与行为；工具性层次的规定是金融机构风险管理的精细化和数字化，监管机构据此监测金融机构风险并采取相应的监管行为。基础性层次的法律制度，从法律渊源上来看，包括法律、行政法规、司法解释以及监管机构制定的规章、规范性文件；从规范对象上来说，既有规范金融机构的，也有规范金融监管机构的；就规范金融机构的制度而言，既有《公司法》《合同法》《物权法》《担保法》《企业破产法》《信托法》《票据法》等一般性商事法律，也有专门适用于金融机构的规定；就规范监管机构的制度而言，包括对其职权以及许可、处罚等行为的规范；此外，还有会计、统计以及信息系统建设的相关制度。工具性层次的法律制度包括资本充足率、杠杆率、流动性风险监管指标、贷款拨备率和拨备覆盖率等多种指标体系。上述两个层次的内容不是割裂的，工具的确定以及后续处理须符合监管机构的职权及其行为方式的规范，而且基础性层次的制度规定以及执行好坏情况决定了工具性手段获取数据的真实性、有效性。

两个方面，银行业监管法律体系包括机构监管和业务监管两方面的内容。机构监管涵盖机构的准入、公司治理和内部控制以及退出等各个环节；既包括对商业银行的监管，也包括对农村信用社、农村商业银行和农村新型金融机构以及信托、财务公司等非银行金融机构的监管。业务监管则包括对贷款、票据、银行卡和金融衍生品等金融业务的监管。从目前立法现状来看，在机构监管中亟待改进的是金融机构的市场退出制度，自2001年制定《金融机构撤销条例》以来，银行业金融机构的市场退出法制建设方面尚无新的突破，应抓紧制定和改进存款保险、银行业金融机构破产和跨境破产等相关制度。业务监管方面，银行业监管机构发布了贷款新规，并规范通过银信合作等方式进行的监管套利行为，但全面有效地规范金融机构行为，保护消费者利益，始终是一个需要不断推进的工作。值得一提的是，当前诸如担保公司、小额贷款公司和典当行等非由金融监管机构监管的公司，实质上提供了贷款等服务，业务监管有助于监管者将监管的视角和触角不局限于所监管的金融机构，而关注真实的资金、资本市场的风险，并对其业务发展加以妥善引导，相关的立法规范工作也需推进。

历经几代法律人的探索与努力，2010 年中国已建成中国特色社会主义法律体系。法律必须保持稳定，同时又不能一成不变。这就意味着以后的法律变革需要在保守与进步、一成不变和变化无常之间需求妥善的平衡。金融法律的发展改进与变革，需要资源，也需要时机，监管者经常体会到实现理念与设想的资源有限性，以及等不得又急不得的焦灼。这就需要我们更好地学习借鉴别国先进经验，用更多的智慧，坚守已有的成果，同时根据变化的社会需求推动金融法治建设和经济社会的发展。

问题金融机构处置研究[1]

2011 年 10 月,FSB(金融稳定理事会)发布了《金融机构有效处置核心要素》(以下简称《核心要素》),其中吸收了 2008 年国际金融危机以来世界主要贸易国对金融机构处置的总结和共识。目前,该《核心要素》为国际货币基金组织和世界银行等主要国际金融机构所推崇,也是国际评估中的重要标准。

一、FSB《核心要素》的基本内容

在《核心要素》中,FSB 提出了“有效处置”应满足处置快速有序、存款人利益通过存保等制度得到保护、金融机构关键经济功能得以持续且未造成严重系统性破坏、避免使纳税人蒙受损失并使股东和无担保债权人按破产清算分配顺位分担损失、尽量采用市场化处置措施以使处置成本最小等目标。

为达到上述目标,《核心要素》从十二个方面提出了有效处置机制的基本要求:

(一)处置机制适用范围

1. 要求任何有系统重要性或关键地位的金融机构都应纳入处置

---

① 根据 2012 年系列研究成果整理。

机制的适用范围，且应包括这些金融机构的控股公司、在金融集团内举足轻重但却不属于监管范围的经营性实体、外国公司的分支机构。

2. 要求金融市场基础设施（包括运营支付结算系统的功能性机构，如中央清算机构）也应纳入适用范围。

3. 特别强调了应对全球系统重要性金融机构适用恢复与处置计划、可处置性评估和针对单家机构的跨境合作协议等处置机制。

（二）处置部门

1. 要求各国应指定一个主管部门（“处置部门”）负责行使处置权力，如果涉及多个部门，则应明晰各部门之间的角色和责任并确定一个牵头部门来协调处置工作。

2. 处置部门应致力于维护金融稳定以及系统性重要金融服务的可持续性、确保存款人通过存保等安排得到保护、避免不必要的资产减值并尽量降低处置成本、避免处置措施对其他国家和地区的金融稳定造成潜在影响。

3. 处置部门应有权与其他国家和地区的处置部门签订合作协议。

4. 为制定处置计划、实施处置措施，处置部门应有权毫无障碍地进入金融机构处置相关事务。

5. 处置部门的权力应有充分的人力资源等方面的实施能力保障，并接受严格的评估和问责，同时也享有尽职免责的法律保护。

（三）处置权力

1. 提前启动权，即在金融机构未及破产标准但应当采取处置时启动处置程序的权力。

2. 人事管理权，即更换、任命董事、高管的权力，以及向问题董事、高管追索薪酬的权力。

3. 经营管理权，为促成重组等处置安排，无须经股东同意，决定终结、续签或签署合同、购买或卖出资产、核销债务等权力。

4. 特别处置权，如暂停衍生品合同债权人按照合同行使提前终止权的权力。

5. 设立过桥银行权，即设立临时性过桥银行接管并维持问题机构的某些关键功能及可持续业务的权力。

6. 自救保障权，即通过强制金融机构的股东和无担保债权人按照清算分配顺位分担损失、强制债转股等方式保障自救的权力。

（四）抵销、净额结算、担保和客户资产的隔离

1. 要求法律对处置期间的抵销、净额结算、担保、客户资产隔离等权利义务的行使做明晰规定，以防妨碍处置措施的有效实施。

2. 一般情况下，启动处置或处置权力的实施应避免触犯法定或合约规定的抵消权或导致交易对手加速合同到期或提前终止合同，因其他原因触发交易对手的抵消权和加速合同到期权或提前终止合同权，处置当局应有权要求合同暂停，这种暂停可能由处置当局自主执行或在处置程序启动时自动执行。

（五）保障措施

1. 应按清算分配顺位使股东和债权人分担损失，如首先应由股东吸收损失，然后再是次级债，如果次级债尚未被全部冲销，则更高级的债权不能成为损失分担的对象。

2. 可在实际操作中适当偏离上述清算分配顺位原则，必要时可以对同一顺位的不同债权人进行区别处理，但必须明确区别处理的理由，如为避免机构失败可能导致的系统性冲击或为了使所有债权人整体价值最大化等。

3. 如果所得少于按照破产清算可获得的最少资金，债权人有权要求补偿，即“没有债权人会比在破产情况下更差”的保护。

4. 处置程序中，公司董事和高管遵照执行处置部门决策的行为应受到法律保护，处置部门基于其法律授权和善意而采取的处置措施也应受到法律保护，但应对不良效果予以适当补偿。

5. 处置部门权力的行使应符合相关法律救济和法定诉讼程序，若某处置措施须事先得到法院令，处置部门应将此审批程序纳入整体考虑，以确保留出足够时间以执行司法程序，从而不影响处置措施执行效果。

（六）处置资金筹集

1. 各国家和地区应建立私营机构注资形成的存款保险基金或处置基金，或建立一个用于事后恢复的融资制度，只有在私有资金已用尽或无法达到良好效果的情况下，才能通过政府进行临时融资以取得额外资金。

2. 政府融资的目的在于维护金融稳定、实现有序处置，同时应尽量避免道德风险，应使股东和无担保债权人酌情分担损失。

3. 维护整体金融稳定的最后一种手段为：将被处置机构暂时国有化并接管其关键业务，同时寻找长期解决途径，即将机构出售给私营机构或促成收购兼并，此时应当有相应制度以确保国家的损失可以从未投保债权人或更广泛金融体系中得到抵补。

（七）跨境合作的法律框架

1. 处置部门应有随时与外国处置部门合作的法律授权。

2. 一国法律不应规定他国相关处置自动触发本国处置，同时以保证国内金融稳定之名在无有效国际合作和信息共享的情况下保留本国处置部门的充分自主处置权，此外当一国处置部门采取自主行动时，必须考虑该行动对其他国家和地区金融稳定的影响。

3. 一国处置部门应享有对外国金融机构在本国的分支机构的管辖权，并有权对其母国所实施的处置措施予以支持，或在其母国未采取行动或者采取的行动不能有效维持本国金融稳定的情况下主动采取行动，但须事先通知和咨询外国金融机构的母国处置部门。

4. 一国的法律不得因国籍、索偿地或支付地的不同而对债权人进行歧视，对债权人的安排须以合理透明的方式进行披露。

5. 处置部门在与国外处置部门共同执行恢复和处置计划或进行其他处置协作时，应在满足保密要求的前提下尽量做到信息共享，各国应保护从国外处置部门接收的信息，避免信息泄密。

（八）危机管理小组

1. 危机管理小组的目标是为跨境金融危机的管理和处置做好准备并提供便利，其目前主要针对的是全球系统重要性金融机构。

2. 危机管理小组应包括监管部门、中央银行、处置部门、财政部和负责为处置提供保障的其他公共部门（如存款保险）。

3. 危机管理小组应及时向 FSB 报告一国国际协作和信息共享进展、全球系统重要性金融机构的恢复与处置计划、全球系统重要性金融机构的可处置性。

（九）针对单家机构的跨境合作协议

1. 对于所有全球系统重要性金融机构而言，母国至少和需要参与处置计划制定和实施的东道国之间应签订针对单家机构的合作协议，以对危机前和危机中各有关处置部门的角色与责任、信息共享流程、建立机构恢复和处置计划协作流程等事项作出安排。

2. 协议中应安排全球系统重要性金融机构的母国和东道国至少每年举行一次会议以使母国和相关东道国处置部门的主要领导对全球系统重要性金融机构整体处置策略进行评估，并使实施处置策略的高级官员对处置计划进行至少每年一次的定期评估。

3. 应向公众披露存在协议，且经协议方同意，母国处置部门可公布协议的主体架构。

（十）处置有效性评估

1. 全球系统重要性金融机构的母国处置部门应定期牵头对该机构的可持续性、处置策略的可行性及其倒闭对金融体系和整体经济影响的评估，评估由危机管理小组负责实施。

2. 各相关东道国处置部门可对其辖区内设立的子机构进行可处置性评估，并尽力与母国对整个集团的整体评估相协调。

3. 为提高机构的可处置性，监管当局或处置当局应有权在必要情况下采取适当措施，如改变机构业务、结构或组织模式，隔离具有系统性功能的业务等，以降低处置的复杂性和成本，提升现有业务的安全性和稳定性。

（十一）恢复和处置计划

1. 各国应对具有系统重要性或其失败会造成重大影响的金融机构制定恢复和处置计划，全球系统重要性金融机构的恢复和处置计划应由母国处置部门与机构危机管理小组协调制定。

2. 东道国处置部门可以对其辖区内的机构制定处置计划，但应充分与母国合作，尽量使东道国的计划与集团整体计划一致。

3. 监管和处置部门应对恢复和处置计划进行至少每年一次的定期更新，或在机构的业务或结构发生重大调整时进行更新，并需经危机管理小组定期评估,如果处置部门对于机构的恢复和处置计划有异议,则应要求及时采取整改措施。

(十二)信息的获取和共享

1. 各国应确保信息在监管部门、央行、处置部门、财政部和负责为处置提供保障的其他公共部门(如存款保险)间的适当交换无任何法律、法规或政策障碍。

2. 各国应要求金融机构建立信息管理系统,使信息在平时的恢复和处置计划制定评估阶段及处置实施阶段都能及时向上报告。

二、中国银行业处置规则现状与特点

(一)中国银行业处置规则现状

当前中国尚不存在专门的商业银行处置法律制度,相关银行处置规则散见于《企业破产法》、《商业银行法》、《银行业监督管理法》、《金融机构撤销条例》和《中国人民银行紧急贷款管理暂行办法》等不同层次的法律法规中,基本形成了具有多种处置类型的处置框架:

在处置模式方面,相关立法规定了破产、撤销、关闭、解散并清算、重组、接管和托管等方式,如《企业破产法》第134条规定:“商业银行、证券公司、保险公司等金融机构有本法第二条规定情形的,国务院金融监督管理机构可以向人民法院提出对该金融机构进行重整或者破产清算的申请。国务院金融监督管理机构依法对出现重大经营风险的金融机构采取接管、托管等措施的,可以向人民法院申请中止以该金融机构为被告或者被执行人的民事诉讼程序或者执行程序。”《商业银行法》第71条规定:“商业银行不能支付到期债务,经国务院银行业监督管理机构同意,由人民法院依法宣告其破产。商业银行被宣告破产的，由人民法院组织国务院银行业监督管理机构等有关部门和有关人员成立清算组，进行清算。”同时，该法第64～68条对商业银行接管做了比较详细的规定，第70条则规定：“商业银行因吊销经营许可证被撤销的，国务院银行业监督管理机构应当依法及时组织成立清算组，进行清算，按照清偿计划及时偿还存款本金和利息等债务。”这一规范是行政监管机关对问题银行撤销、关闭权力的法律依据。但中国实践中并未适用过银行破产制度，主要的处置方式为撤销和重组。

在权力设置方面，立法规定了人事变更权、人事处置权等，如《银行业监督管理法》第40条规定：“银行业金融机构被接管、重组或者被撤销的，国务院银行业监管机构有权要求该银行业金融机构的董事、高管和其他工作人员，按照国务院银行业监督管理机构的要求履行职责”。但立法未规定财产处置权。

在保障措施方面，相关立法修正了商业银行破产债权的清偿顺序，把个人储蓄存款置于了普通债权优先支付之列，确立了人民银行作为“最后贷款人”的地位，以及通过诉讼或执行中止提供程序保障，但未建立存款保险制度，也未规定处置中的免责条款。

（二）中国银行业处置规则基本特点

结合实践，中国银行处置制度呈现出以下特点：

第一，多为行政处置方式，由地方政府主导。中国银行处置多以行政方式解决，旨在稳定市场、保护存款人利益。尽管《企业破产法》《商业银行法》等法律法规规定了国务院金融管理机构对问题金融机构具有的一系列处置权，但银行业监督管理机构和地方政府的处置权力存在一定的重合与冲突，实践中地方政府在银行处置方面发挥了主要作用,其根据相关法律规定组织清算组开展清算,从事催收债权、维护治安、查办违法等具体事务。

第二,过度依赖公共救助,未形成市场化思路。1999 年《紧急贷款管理暂行办法》授权人民银行对发生支付危机的银行业金融机构发放人民币贷款,以帮助这些机构缓解支付压力、恢复信誉,并防止出现系统性或区域性金融风险。然而,《紧急贷款管理暂行办法》并未对“发生支付危机”“系统性或区域性危机”等启动救助的关键因素作出严格限定,因此紧急贷款成为中国银行业金融机构处置的主要融资途径;此外,《紧急贷款管理暂行办法》虽然规定了贷款最长期限、展期规则以及贷款逾期的罚息,但实践中贷款返还的情况并不理想。因此,发放条件相对宽松、还款缺乏强制等原因使得中国银行处置规则呈现出了严重依赖公共救助的特点。

第三,处置程序缺乏可操作性,效率不高。目前中国银行接管、清算等程序缺乏切合实际的可操作性。尽管法律已授权人民法院协同国务院银行业监督管理机构来主持组成清算组,并简要规定了破产财产的清偿顺序,但在具体细节问题的处理上并不尽如人意,例如在实践操作中人民法院与银行监管机关的权限边界该如何划定、储蓄存款人债权无法得到全部清偿时该如何救济、破产管理人的具体权限、银行营业活动的开展与限制等。对于这些实际操作性问题,现行法律尚不能妥善解决。

第四,存款保险机制缺失,处置措施不足。存款保障是处置中的核心问题,尽管中国法律已规定了一些保障措施,但其局限性在于:首先,完成应优先支付的债权后所剩的资产数额具有不确定性,一般情况下已不具备清偿个人储蓄存款的能力;其次,过分依赖人民银行发放紧急贷款以清偿个人储蓄存款，其实质为将银行业金融机构经营失败的风险转嫁给了政府和公众，在增加机构道德风险之余，绝非长久的、有效率的保障机制。因此，中国亟须引入市场化的存款保险制度，建立行业内分担处置成本、强化机构经营责任的存款保障机制。此外，关键的提前启动权、部门之间的组织协调权、对金融合同等民商事关系的特殊处置权等目前都没有规定。

三、中国银行业实施《核心要素》存在的主要问题和困难

FSB 推出的《核心要素》建立在总结了各国处置问题金融机构成败经验的基础上。其提出的十二项要求具有权威性与合理性，得到了主要经济体的认可且已被 G20 采纳和推广。作为各国银行处置机制改革的重要参考，该标准赋予处置当局一套基本处置工具，力求快速有效地处置问题银行、保障存款人利益、避免纳税人承受损失乃至维护全球金融体系的稳定。对比《核心要素》，中国的法律规定和实践仍存在较大差距。《核心要素》中一些举措较易在国内推行，如制定恢复计划、建立评估小组以对银行处置进行有效性评估、实现国家间及国内各部门之间信息共享等，但另一些要求和标准在国内的实施却存在法律和现实的障碍，分析如下：

（一）处置机关权力不够充分

《核心要素》要求各国应指定一个主管部门负责行使处置权力或在牵头部门协调下的多部门来负责银行处置工作，并在明晰各部门角色和责任的前提下赋予处置机构广泛的处置权力。然而，当前中国银行处置工作在实践中由包括银行监督管理机构、人民银行、地方政府、人民法院等在内的多部门交叉处理，相关部门之间分工不清且法律法

规赋予的处置权力不够充分。就《核心要素》规定的部分内容，如处置中有权转让资产和负债、忽视股东权利、建立临时搭桥机构、建立独立资产管理工具、制定处置计划、暂停合同提前终止权等，中国现行法律体系中暂无明确规定。处置权力的有限决定了处置方式的单一，也决定了处置机关难以有效应对金融机构和金融业务活动的复杂化态势。

（二）法定式自救安排难以推广

自救安排是银行处置框架的重要组成部分，包括合同式自救和法定式自救两种类型。目前，国际社会重点关注的处置内自救属于法定式自救，它须以处置当局具有行使自救的法定权力为前提。通过法律形式规定自救机制，设定债务减记和债转股等工具，并明确赋予处置当局必要的处置权力，是实施金融机构有效自救的先决条件。然而，中国自救机制的创设存在以下困难：首先，债务减记和债转股等问题在国内缺乏明确的法律依据，也无先例可循，因而在制度设计上面临一定困难。其次，法定式自救可能剥夺资本持有人的财产，这种侵犯财产权的行为是否违宪尚有争论。此外，部分核销与债转股均须发行新股，其发行条件、程序等问题很可能与公司法和证券法冲突。因此，合同式自救较容易通过立法规定，但法定式自救却难以在国内推广。

（三）损失分担难以确立合理的机制

《核心要素》要求处置当局不能只依赖公共部门注资来解决问题银行的困境，而应建立私营机构注资形成的存款保险基金或处置基金，且股东和无担保的债权人及更广泛的金融体系也将承担损失。中国过去实行银行倒闭后完全由政府兜底的做法，存在助长道德风险、政府财政包袱重等弊端。银行经营失败的损失应由股东、董事、高管层、大额债权人合理分担，这既是维系银行市场竞争纪律的需要，也是避免银行经营管理层道德风险的重要手段。但损失分担原则的国际通行做法在中国不具备完全适用性，其关于存款保险基金对储户实现限额赔付的要求会严重打击中国储户存款的信心，也会给中小银行带来严重的流动性危机。因此，如何建立合理且符合中国国情的损失分担机制仍需仔细设计、充分考虑。

（四）跨境合作停留在原则性层面

跨境金融集团以全球视角从事全球金融活动，在促进全球经济增长、创造财富和满足贸易需求方面发挥了重要作用，对此类问题集团的处置不应阻碍上述功能的实现。但当前问题是集团仍分散由各国当局处置，国际社会在跨境银行处置方面尚未形成统一的公约，英美及欧盟等国家间或区域性的跨境合作目前停留在意向性方面，表现为备忘录形式的笼统性规定。究其原因，一则国家间相关法律规定不一，法律之间存在不兼容现象，建立较为类似或统一的银行处置机制尚需时日；二则跨境破产、金融集团破产的问题较为复杂，且涉及国家之间的合作、谈判，政治性强，难以作细化规定，当前只能先做出原则性规定。

四、中国实施《核心要素》的立法建议

当前中国应立足银行业发展实际，在总结以往银行退市、处置的经验和教训的基础上，充分借鉴《核心要素》和国外成功经验，努力构建具有中国特色的银行破产处置法律制度，以实现快速救助、安全退市。在设计银行破产处置框架时可通过立法（以《条例》形式）落实《核心要素》的要求，特提出以下立法建议：

（一）行政处置为主，司法处置为辅

各国金融立法和处置实践表明，银行破产具有较强的特殊性，不宜适用法院主持下的普通破产程序，政府应在银行破产处置中发挥主导作用。金融危机后欧美国家更是在银行破产处置立法中进一步扩大了行政处置权力。其原因在于，单靠司法体系难以处理银行破产引发的社会问题，而政府权力渗透到经济生活的各领域，能充分调动诸多资源，实现对被处置银行的个人储蓄存款和其他债务的特殊保护，或对经营失败的金融机构进行救助。为利于发挥行政、司法各自的优势，我们建议确立“一路两段、一体两翼、一事两做”的分工合作破产处置机制：“一路两段”是以法院受理为界，划分行政、司法权的职责边界，即受理前的事务由行政处理，受理后的事务由法院处理；“一体两翼”是接管以行政清理为主线，重组和稳定措施为辅助；“一事两做”即涉及公共性、易引发系统性风险和社会稳定的事务由政府部门主导处理，破产管理人的权利义务、财产确认、债权人会议等由法院主导处理。

（二）设立主导部门，分清部门权责

问题银行处置涉及多个政府部门，必须科学确定各自职责与分工，以保证协同作战，实现高效处置。一方面，立法应明确由银行监管部门负责牵头银行处置问题，明确监管机构、人民银行、存保基金、财政部门、税务部门、劳动与社会保障部门、省级政府等部门的职责，并建立银行业金融机构破产处置联席会议，要求各相关部门全力配合与协助；另一方面，根据“权责”一致的原则，立法在授予各处置主体较大权力的同时，也应通过审计、监察部门对处置机关行使权力及使用公共资金等情况进行有效监督，防止权力滥用。对于监管机构、管理人等处置主体，规定违规履职或怠于履职的法律责任，以及司法监督程序，避免不当履职；如果动用财政资金救助银行，应当进行审计监督，避免资金滥用。

（三）鼓励银行自救，合理分担损失

鉴于银行处置框架的不同，欧美国家就是否适用处置内自救的态度存有差异：欧盟积极倡导和推广法定式自救，但美国认为若合同式自救不能挽救问题银行，则法定式自救则无存在的必要，可对问题银行直接实行清算。我们认为，应首先倡导银行自救。股东对银行濒临倒闭负有当然的救助义务，不能坐等政府救助；董事和高管层对经营失败负有不可推卸的责任；对于大额债权人，可以债务减免、延期清偿、债转股等方式承担损失。在推进自救安排实施方面，基于中国现行法律框架，可以在立法中规定合同式自救安排，但规定法定式自救安排势必引起与上位法的明显冲突，如强制补充资本与《公司法》规定的股东有限责任相冲突，强制减免债权、责令实施债转股与《合同法》的相关规定相冲突，因此，对于法定式自救安排可在立法中给予模糊处理，暂不作明确规定，留待实践中探讨。此外，为了防止发生系统性危机，政府有权采取各种类型的公共救助措施，但应规定严格的适用条件，避免银行倒闭由政府承担主要损失。从中国公众偏好储蓄的国情出发，中小储户不应承担银行破产损失，存款保险基金应对中小储户存款予以清偿。

（四）建立专业团队，走市场化道路

专业人才的缺乏是制约银行快速有效处置的因素之一。当前中国迫切需要熟悉金融发展和银行业现状的专业人才来研究银行破产处置运作规则，推动相关制度的建立。为此，政府与学界、国内与国际的交流与合作必不可少,以确保有一支专业的团队来研究和应对银行处置问题。同时,针对以往银行退市“国家兜底”的教训,以及“撤而不销”“退而不出”等问题,新的立法应注重发挥市场作用,在破产处置方式及措施的设计上引进市场机制,力图以市场化的手段解决银行退市问题。一是要求股东以注资等方式自救,鼓励银行同业救助和债权人减免债务,避免“国家兜底”。二是由存保基金负责赔付存款,或将存款及相应资产转让至其他银行,尽量避免使用人民银行再贷款或财政资金。三是遵循“失败者退出”的市场规律,以行政清理、破产清算为重点,畅通退市道路,重组作为例外。四是严格限制公共救助条件、程序,防范道德风险。五是针对以往的清算组存在的人员变动大、缺乏激励机制、专业性不强等问题,建立管理人制度,由专业机构实施破产处置,提高效率。

后　记

市场经济的魅力在于有效配置资源，而市场经济的基础源于法治。自改革开放以来，中国之所以取得了举世瞩目的历史成就，其中一个关键是将法治理念纳入政府治理现代化、经济现代化进程，以法治建设助推市场经济框架的形成。2008 年国际金融危机，全球金融系统陷入自 1929 年以来的最大厄难之中。这场“百年一遇”的灾难暴露出新自由主义、经济自由主义、经济原教旨主义、撒切尔主义或华盛顿共识等的缺陷和弊端。值得庆幸的是，我们坚持走社会主义法治化和市场化改革方向，有力支撑了中国特色社会主义的道路自信。

过去 30 年，我有幸主持和参与了多项国家经济金融法律法规的研究和起草，与其他法律界、金融经济界同人一起探索中国金融的法治化道路。我们坚持中国特色、中国风格、中国品质的法治实践，从纷繁复杂的法治语境中提炼出借以融合金融监管的法治精华，并以此确立中国金融监管法治的原则与制度。

三十年来中国金融法治建设历史可以说成就斐然。《中国人民银行法》、《商业银行法》、《票据法》、《保险法》、《证券法》、《信托法》、《银行业监督管理法》、《证券投资基金法》以及《反洗钱法》等金融法律陆续发布实施，保障中国金融业稳健运行，有效应对各类风险和挑战。譬如,中国金融业经受住了1998年亚洲金融危机和2008年国际金融危机就是最好的佐证。我们在用法律手段处置国内各类金融风险的过程中,还积累了一些解决当代金融立法和有效执法等问题的经验。

今天,中国已经走向世界经济舞台中心。要实现中华民族伟大复兴的中国梦,法治建设仍然任重道远。让我难以释怀的是,一些金融法治建设的问题和难题,依然没有得到有效处理。一些所谓的新问题,多数是长期以来没有解决好的老问题。比如,如何从法律上更加清晰地界定监管边界、域外银行如何有效监管、国外先进监管经验如何本地化等。诸多理论和实践问题仍每每念念于心。鉴于此,我将参加《商业银行法》、《人民银行法》、《银行业监督管理法》以及一系列金融监管规则制定和修改过程中的思考、研究文稿,包括研究美国金融服务现代化法的一些成果集结出版。主要考量是将这些历史沉淀系统地奉献给有志于研究金融法律的后生,也算是对他们的期许和激励。

必须特别说明的是,本书对集结出版的文稿进行全面细致的文献检索和诚信压力测试,基本达到原创造性思考和研究的标准。本书是二十多年间不同时段形成的研究成果,一些成果未公开发表,一些成果发表前在不同会议和场合曾与参与人分享,部分内容和观点曾被一些报纸书刊和网络等媒体的公开发表文章引用并形成了事实上的版权。对此,本书公开出版前对照电脑记录和原始纸质文稿进行了细致考证,本着尊重历史和尊重相关制作者劳动的原则作了技术处理。但是对于不便作引注处理和无法替代的文字描述,如法律文告、法学专业经典表述、超过保护期的知识产权(版权)等公共信息和公共资源,未能加注和特别说明。

本书的思想、立论、观点不能用好与坏、正确与错误来判断,一些个人的价值判断未必都能被认可,但我懂得文责自负的道理,并诚恳接受大家的批评,愿与大家讨论。同时,我也相信天下智识唯有传承分享方能发扬光大,只要人人公心为上,则人类社会就会保持一种健康的秩序,这也是法治的真谛。

本书的出版没有占用包括建设银行在内的其他公共资源。同时,也是我无法抗拒的内心表白是,本书付梓出版得到家人、同人们的支持和帮助,在此表示诚挚感谢。

2019 年 11 月北京

图书在版编目(CIP)数据

中国金融法治三十年 / 黄毅著. -- 北京 : 法律出版社, 2020
ISBN 978-7-5197-4609-4

Ⅰ. ①中… Ⅱ. ①黄… Ⅲ. ①金融法-法制史-研究-中国 Ⅳ. ①D922.280.2

中国版本图书馆 CIP 数据核字(2020)第 093876 号

中国金融法治三十年
ZHONGGUO JINRONG FAZHI SANSHINIAN

黄 毅 著

策划编辑 赵明霞 肖 越
责任编辑 赵明霞 肖 越
装帧设计 汪奇峰

出版 法律出版社
总发行 中国法律图书有限公司
经销 新华书店
印刷 固安华明印业有限公司
责任校对 马 丽
责任印制 胡晓雅

编辑统筹 法商分社
开本 787 毫米×1092 毫米 1/16
印张 28.5
字数 295 千
版本 2020 年 8 月第 1 版
印次 2020 年 8 月第 1 次印刷

法律出版社/北京市丰台区莲花池西里 7 号(100073)
网址/www.lawpress.com.cn
投稿邮箱/info@lawpress.com.cn
举报维权邮箱/jbwq@lawpress.com.cn
销售热线/400-660-8393
咨询电话/010-63939796

中国法律图书有限公司/北京市丰台区莲花池西里 7 号(100073)
全国各地中法图分、子公司销售电话:
统一销售客服/400-660-8393/6393
第一法律书店/010-83938432/8433 西安分公司/029-85330678 重庆分公司/023-67453036
上海分公司/021-62071639/1636 深圳分公司/0755-83072995

书号:ISBN 978-7-5197-4609-4
定价:118.00 元